10
18

12, AVENUE D'ITALIE. PARIS XIIIe

Sur l'auteur

Née en 1938 à Londres, Anne Perry vit aujourd'hui en Écosse. Depuis le succès international des enquêtes du couple Pitt et de celles de William Monk, elle s'est intéressée à d'autres périodes historiques telles que la Révolution française, la Première Guerre mondiale ou encore la Byzance du XIIIe siècle dans sa fresque équipe *Du sang sur la soie*.

ANNE PERRY

DES CONTES DE NOËL

La Disparue de Noël – Le Voyageur de Noël
La Détective de Noël – Le Secret de Noël

Traduit de l'anglais
par Éric Moreau et Pascale Haas

Préface inédite de l'auteur

10
18

Grands détectives

créé par Jean-Claude Zylberstein

ISBN 978-2-264-05945-1

PRÉFACE

L'idée de mon premier petit crime de Noël, *La Disparue de Noël*, m'est venue d'un ami qui me parlait des pèlerinages que l'on effectuait au Moyen Âge dans le but d'expier ses péchés. En ces temps-là, entreprendre un voyage pouvait être fort dangereux, mais si vous alliez au bout et en reveniez, plus jamais les offenses que vous aviez commises ne seraient mentionnées. Il m'a semblé que c'était là un message parfait pour Noël. Et bien que mon intention ait été d'écrire une histoire assez courte, le concept s'est de lui-même développé.

L'explication tient en partie au fait que j'ai choisi comme principal protagoniste mon personnage favori dans la série des Pitt, la grand-tante Vespasia. À cause des conditions matérielles du voyage et de la nécessité que celui-ci ait lieu au milieu de l'hiver afin d'atteindre son point culminant à Noël, j'ai placé le récit à une époque où elle était plus jeune.

J'ai par ailleurs situé une bonne partie de l'action en Écosse. Car, croyez-moi, si les contrées sauvages de Rannoch Moor et de Glencoe sont à couper le souffle en toute saison, lorsque s'abat une tempête de neige, elles ressemblent à la fin du monde. Imaginez un instant voyager avec des jupes qui vous entravent les chevilles, et la plupart du temps à cheval ou à pied. De quoi mettre à l'épreuve le courage et l'amitié de n'importe qui !

Tenter de saisir la sauvagerie et la beauté d'un tel paysage avec des mots constitue un défi pour tout écrivain. Et offre en outre un formidable contraste à l'esprit acerbe et à l'atmosphère de claustrophobie qui régnaient dans les salons au milieu de l'époque victorienne. J'ai introduit un nouveau personnage, Omegus Jones, que j'ai toujours eu envie de reprendre, même si je n'en ai pas encore trouvé l'occasion en raison de la période dans laquelle il vit.

J'ai eu beaucoup de chance. Ce conte a été un succès, de sorte que l'éditeur m'en a réclamé plusieurs autres ! C'est une bonne longueur – environ cent cinquante pages. Elle me donne l'opportunité de transformer les personnages mineurs de mes autres séries en héros, et de les placer dans un décor différent en les laissant évoluer et vivre leurs propres aventures. Je suis libre de raconter leur passé, ce qui leur ajoute de la profondeur dans les autres livres. Je prends plaisir à leur inventer de nouveaux liens, mais plus encore à décrire d'autres environnements. Et bien que je doive m'en tenir à la saison, dans l'un des contes suivants, j'ai fui l'hiver en autorisant mon héros (Victor Narraway, de la série des Pitt) à séjourner en Inde ! Noël, mais en pleine chaleur !

Le deuxième conte, *Le Voyageur de Noël*, a pour personnage central Henry Rathbone, le père d'Oliver dans la série des Monk. Lui aussi est un de mes personnages préférés – et est très vaguement inspiré de mon père. Le cadre en est la région des lacs au nord-ouest de l'Angleterre. L'étincelle qui a déclenché mon imagination a été l'histoire des trois rois mages et des présents qu'ils apportent à l'enfant Jésus. Nous décidons si souvent des cadeaux que nous allons faire sans nous interroger sur ce qui serait essentiel !

Dans ce conte, trois frères qui vivent à l'autre bout du monde rentrent fêter Noël chez eux, où ils découvrent que leur frère aîné a été tué. Chacun fait don de son temps et de ses compétences en vue de comprendre ce qui s'est passé et qui est le meurtrier. Toutefois, résoudre l'énigme exigera des sacrifices bien plus grands de leur part et leur offrira en retour de plus amples récompenses.

Une des autres particularités de ces contes, c'est que tant qu'on est fidèle au thème, et qu'on reste bref, il est possible d'être aussi direct qu'on le veut pour transmettre un message spirituel adapté à la période de Noël. L'espoir et la compassion ont-ils jamais fait le moindre mal ?

La Détective de Noël est une histoire d'un tout autre genre. L'héroïne, si on peut l'appeler ainsi, est la grand-mère de Charlotte Pitt, un véritable dragon qui n'a quasiment jamais un mot aimable pour personne. Écrire sur elle est très amusant, dans la mesure où je peux lui faire dire toutes les choses scandaleuses qui me passent par la tête mais que jamais je n'oserais formuler !

Grand-Maman voulait passer Noël à Londres, cependant aucun membre de sa famille ne reste en ville pendant les fêtes. Aussi se voit-elle expédiée dans les marais de Romney, où elle séjournera chez la veuve de son fils (la mère de Charlotte) et son second mari, lequel représente tout ce que la grand-mère exècre. Elle est déterminée à faire tout son possible pour que cette situation abominable s'envenime encore plus.

Les rejoint alors une « intruse », une femme d'âge mûr aussi drôle que charmante qui a vécu d'innombrables aventures en Afrique du Nord. D'emblée, la nouvelle venue éclipse totalement Grand-Maman.

Lorsque survient ensuite un meurtre, la grand-mère se pique de jouer les détectives, une profession qu'elle déplore – en même temps qu'elle l'envie. Et elle s'en sort remarquablement bien. C'est la première fois dans sa vie d'adulte qu'elle a le sentiment d'être à la fois admirée et sincèrement appréciée. Devenue l'héroïne du jour, elle vivra son premier Noël réellement « joyeux ».

Le Secret de Noël met en scène Dominic Corde, l'ex beau-frère de Charlotte, dont elle a été autrefois secrètement amoureuse, et sa nouvelle épouse, Clarice – que Charlotte approuve à tout point de vue.

C'est un Noël dans un village de la campagne anglaise, où il y a d'idylliques cottages à toit de chaume, une vieille église et une épaisse couche de neige sur les avant-toits, ainsi que partout alentour, de sorte que la petite communauté se retrouve coupée du reste du monde. Dominic, au mitan de sa vie, a été nommé pasteur de l'église, et ce village est son premier poste, un poste qui, quoique temporaire, correspond à ce qu'il attendait depuis longtemps. C'est à lui que reviendra de prononcer le sermon de Noël à la place du vieux pasteur très aimé qui officie d'ordinaire. Voilà pour le houx et le lierre, les carillons, les gâteaux et le vin chaud…

Dans ce village, tout le monde dissimule un secret, honteux ou dérisoire. Clarice découvre la preuve de la pire chose que l'on pouvait imaginer quand elle trébuche sur un cadavre au fond de la cave et manque elle-même d'être tuée. Néanmoins, puisque c'est Noël, tout finira bien, et Dominic délivrera le sermon de sa vie – « C'est là le sens de Noël : un espoir éternel, un chemin qui mène vers le meilleur de nous-mêmes… »

Joyeux Noël !

Anne PERRY

LA DISPARUE DE NOËL

Traduit de l'anglais
par Éric Moreau

PREMIÈRE PARTIE

Hésitante, Lady Vespasia Cumming-Gould resta un instant au sommet des marches. Applecross, dans le Berkshire, était une de ces splendides résidences de campagne où l'on empruntait un majestueux escalier de marbre pour gagner le vaste salon, dans lequel les convives patientaient avant qu'on annonce le dîner.

Certains levèrent les yeux vers elle, mais il aurait été prétentieux de sa part d'attendre que tout le monde la regarde. Vespasia était vêtue d'une robe de satin nacré, une teinte que tout le monde ne pouvait se permettre de porter, mais le prince Albert en personne disait qu'elle était la plus belle femme d'Europe. Un tel compliment ne lui avait sans doute pas attiré la sympathie de la reine.

Quoi qu'il en soit, il ne s'agissait pas là d'un bal royal mais d'une simple réception au début du mois de décembre. La saison londonienne avec son tourbillon de mondanités était terminée, et ceux qui possédaient une demeure à la campagne y étaient retournés attendre Noël. À part les rumeurs qui circulaient sur une guerre possible en Crimée, on ne connaissait en ce milieu de siècle qu'un progrès sans cesse plus dynamique et la prospérité au sein d'un empire qui s'étendait sur toute la planète.

Omegus Jones vint accueillir son invitée au pied de l'escalier. C'était un hôte parfait, certes, mais surtout un ami de longue date, même si à cinquante ans passés il était son aîné de plus de vingt ans. Ils s'étaient connus par le mari de Vespasia, lui aussi plus âgé qu'elle. Elle avait laissé ses enfants à Londres, entre de bonnes mains.

— Ma chère Vespasia, vous êtes exquise, déclara Omegus, un léger sourire aux lèvres. Vous ne pouvez l'ignorer, alors je vous prierai de ne pas insulter mon intelligence en feignant la surprise, ou, pis encore, en cherchant à le nier.

Grand et mince, il affichait toujours un air amusé, qu'on le croise sur un sentier champêtre ou dans un salon privé à Londres.

— Je vous remercie, dit-elle.

Un mot d'esprit aurait été malvenu, et quoi qu'il en soit la franchise de Jones empêchait toute repartie.

Une dizaine de personnes étaient présentes. Ceux qui occupaient le plus haut rang social étaient Lord et Lady Salchester, suivis de près par Sir John et Lady Warburton. Cette dernière ne manquait jamais une occasion de rappeler que sa sœur avait épousé un duc. Vespasia avait beau être fille de comte, elle ne s'en vantait jamais. Il s'agissait d'un privilège de naissance, pas d'un succès personnel, et, qui plus est, ceux qui comptaient connaissaient déjà son rang. Le crier sur les toits était indélicat, comme si l'on n'accordait aucune valeur ni à soi ni aux autres.

Parmi les convives se trouvaient aussi Fenton et Blanche Twyford, Peter Hanning et Bertie Rosythe – deux très bons partis –, Gwendolen Kilmuir, veuve depuis un an, et Isobel Alvie, qui avait perdu son mari presque trois ans auparavant.

La coutume voulait qu'on ne serve pas de rafraîchissements avant le dîner mais qu'on se contente de discuter en attendant que le majordome fasse tinter la cloche. Les invités se rendaient alors dans la salle à manger selon l'ordre strict des préséances, régi par des règles complexes auxquelles il ne fallait surtout pas déroger.

Lady Salchester, formidable cavalière, portait une robe lie-de-vin pourvue d'un jupon de crinoline aux dimensions impressionnantes. Elle discutait des courses de la dernière saison, en particulier celle de Royal Ascot.

— Quel magnifique animal ! s'enthousiasma-t-elle d'une voix un peu trop forte. Les autres n'avaient aucune chance.

Lady Warburton sourit.

Bertie Rosythe, vêtu d'un habit de la plus belle qualité, réussissait à dissimuler son ennui. Si Vespasia ne l'avait pas si bien connu, elle aurait pu croire qu'il s'intéressait à la conversation.

À côté d'elle, Isobel, qui possédait un charme ténébreux sans être vraiment belle, avait l'esprit affûté.

— Magnifique animal, en effet, chuchota cette dernière. Lady Salchester elle-même n'a sans doute jamais eu la moindre chance non plus.

— Qu'est-ce que vous racontez ? s'enquit Vespasia, se doutant que cette remarque avait un sens caché.

— Fanny Oakley, répondit Isobel en s'approchant encore un peu plus d'elle. Vous ne l'avez pas vue à Ascot ? Que fabriquiez-vous donc ?

— Je regardais les chevaux, répliqua Vespasia d'un ton sec.

— Ne dites pas de bêtises ! s'esclaffa Isobel. Grands dieux ! Vous n'avez pas parié, j'espère ? De grosses sommes, j'entends…

Isobel craignit soudain qu'elle se soit endettée, mésaventure assez fréquente chez les jeunes femmes fortunées et désœuvrées dont le mari s'absentait la plupart du temps et qui disposaient d'une armée de domestiques pour s'occuper du foyer et des enfants.

L'espace d'un instant, Vespasia se demanda si Isobel avait subodoré l'ennui qui s'immisçait dans son mariage et avait l'intelligence de le comprendre. Tout le monde voulait posséder des amis – sans eux la vie n'offrait que des plaisirs futiles –, mais certaines parties du cœur devaient rester des sanctuaires. Il était des fardeaux qu'il fallait porter en secret. Isobel ne pouvait deviner ce qui s'était passé à Rome pendant les révoltes de 1848. Nul ne le pouvait. Il s'agissait d'un amour qu'on ne connaissait qu'une fois dans sa vie, qu'il fallait enterrer et ne revivre qu'en rêve. Mario Corena et elle ne se reverraient jamais. Le monde réel se trouvait là, à Applecross.

— Pas du tout, répondit Vespasia d'un ton léger. Pas besoin du piquant de l'argent pour rendre les courses amusantes.

— Vous voulez parler des chevaux ?

— Quoi d'autre ?

Isobel rit.

Lord Salchester salua Vespasia d'un air appréciateur. Lady Salchester lui adressa un sourire chaleureux mais un regard glacial.

— Bonsoir, Lady Vespasia, dit-elle d'une voix pénétrante. Quel plaisir de vous voir ! Vous semblez vous être bien remise de cette saison éreintante.

C'était là une référence peu amène au rhume d'été qui avait diminué Vespasia à la régate d'Henley.

— Espérons que l'été prochain vous éprouvera moins, ajouta-t-elle.

De vingt ans son aînée, c'était une femme acariâtre qui n'avait jamais été belle.

Vespasia sentait sur elle le regard de Lord Salchester, et plus encore celui de Jones. Ce fut pour ménager ce dernier qu'elle tempéra sa réponse. Un bon mot n'était pas toujours drôle s'il visait un adversaire déjà blessé.

— Je l'espère. Quand l'un de nous ne peut suivre la cadence, tout le monde en fait les frais. Je m'attacherai à ne plus m'y laisser prendre, à l'avenir.

Isobel fut surprise. Lady Salchester, elle, en resta bouche bée.

Vespasia esquissa un sourire et se retira.

Gwendolen Kilmuir était en grande conversation avec Bertie Rosythe. La lumière se reflétait dans ses cheveux d'un brun profond et sur sa robe lilas. Elle avait sauté sur la première occasion pour se débarrasser de ses vêtements noirs. À vingt-huit ans seulement, elle se refusait à porter le deuil plus longtemps que ne l'exigeaient les conventions. Malgré son air sage, son affabilité trahissait ses intentions.

Vespasia trouva un air songeur à Isobel.

Bertie se tourna vers elles. Comme à son habitude, il fit preuve d'une grande courtoisie. Gwendolen, elle, eut plus de mal à se montrer enthousiaste. Elle affichait un sourire crispé.

— Bonsoir, Lady Vespasia, Mrs. Alvie. Je me réjouis à l'idée de dîner avec vous.

— C'est toujours un plaisir, murmura Isobel. Je crois vous avoir vue chez Lady Cranbourne, cet été, également. Et à la garden-party de la reine.

Elle la jaugea brièvement.

— Je me souviens de votre robe.

Gwendolen rougit. Bertie eut un sourire confus.

Vespasia s'aperçut soudain, à son grand étonnement, que l'intérêt d'Isobel pour Bertie n'était pas si détaché qu'elle l'avait cru, comme l'attestait la pique qu'elle venait de lancer. Une telle cruauté ne lui ressemblait guère.

— Vous vous souvenez de sa robe ? demanda-t-elle en feignant la surprise. Comme c'est charmant !

Elle considéra d'un air dédaigneux la robe mordorée à amples jupons d'Isobel.

— Il est si rare qu'une robe soit digne d'intérêt, de nos jours, n'est-ce pas ?

Isobel lui lança un regard noir.

Gwendolen, soulagée, s'esclaffa et se tourna de nouveau vers Bertie.

Lady Warburton se joignit à elles, et la conversation s'empêtra dans un bourbier de potins, de « il paraît que », « d'après elle » et « le croirez-vous, mais… ».

Quand on annonça le dîner, Omegus Jones offrit son bras à Vespasia, ce qu'en la présence de Lady Salchester elle considéra comme un honneur particulier, et les convives, respectueux de l'étiquette, pénétrèrent d'un air solennel dans la longue salle à manger bleu et or, chacun s'installant à la place qui lui était attribuée.

La lumière des chandeliers se reflétait sur l'argenterie étincelante et se divisait en prismes multicolores dans les verres en cristal disposés parmi les serviettes de lin pliées en forme de lis. Un grand feu de cheminée chauffait la pièce. Des chrysanthèmes blancs du jardin diffusaient un parfum de terre et de feuilles mortes, une douce fragrance de terres boisées.

Le repas commença par un consommé des plus légers. Neuf plats étaient prévus, mais personne n'était censé goûter à tous. Les dames en particulier, soucieuses de conserver la taille fine et la silhouette délicate qu'imposait la mode, choisiraient avec soin. Quand la survie physique s'avérait relativement aisée, on créait des règles pour compliquer la survie sociale. Ne pas être accepté, c'était devenir un paria.

La conversation s'orienta vers des sujets plus sérieux. Sir John Warburton évoqua la situation politique, exprimant son opinion avec gravité, ses frêles mains se détachant sur la nappe blanche.

— Allons-nous vraiment vers la guerre, selon vous ? s'enquit Peter Hanning, l'air perplexe.

— Avec la Russie ? répondit Sir John en haussant les sourcils. Ce n'est pas impossible.

— Balivernes ! intervint Lord Salchester d'un ton vif en brandissant son verre de vin. Personne n'osera nous déclarer la guerre ! Surtout pour une raison aussi absurde que la

Crimée ! Ils se souviendront de Waterloo et nous laisseront tranquilles.

— Waterloo remonte à plus de trente-cinq ans, fit remarquer Omegus Jones. Ceux qui y ont combattu ont rangé l'épée il y a bien longtemps.

— L'armée britannique reste la même, monsieur ! rétorqua Salchester.

— Je le crains, en effet, répondit Omegus d'un ton posé, les lèvres pincées, le regard triste et lointain.

— Nous avions alors les meilleures troupes du monde, une armée invincible, répliqua Salchester en haussant le ton.

— Nous avons vaincu Napoléon, certes, le reprit Omegus, mais les temps changent. Le bien et le mal demeurent immuables, en revanche, tout comme l'orgueil et la compassion. La guerre, elle, évolue sans cesse – avec des armes, des idées et des stratégies nouvelles.

— Je ne souhaite pas vous contredire à votre table, monsieur. La courtoisie m'interdit de vous donner mon avis.

Omegus sourit avec une douceur et un naturel surprenants.

— Espérons qu'aucun événement ne viendra nous départager.

Domestiques en livrée et servantes vêtues de tabliers blancs garnis de dentelle vinrent débarrasser les assiettes à soupe et apportèrent le poisson. Le majordome servit le vin et la conversation reprit.

Vespasia, plutôt que d'écouter, se contentait d'observer. Les visages et les gestes lui en disaient plus long sur les émotions des uns et des autres que leurs propos. Elle vit que Gwendolen, les joues empourprées, portait souvent le regard vers Bertie, qu'elle riait volontiers à ses plaisanteries. Quant à lui, ravi de cette attention, il s'intéressait aussi beaucoup à elle, même s'il prenait garde de ne pas le montrer aussi ouvertement.

Vespasia ne fut pas la seule à s'en apercevoir. Elle remarqua la satisfaction de Blanche Twyford et se rappela ses propos, qu'à présent elle comprenait mieux : elle avait parlé des mariages qui auraient lieu au printemps, et Gwendolen avait rougi. Il fallait sans doute s'attendre à une annonce au cours de cette réunion mondaine.

Fenton Twyford, de son côté, semblait moins s'en réjouir. Ses regards furtifs lancés à Bertie laissaient deviner son malaise, comme si une ombre du passé lui voilait l'esprit, mais Vespasia ignorait de quoi il pouvait s'agir. Bertie n'était-il pas un si bon parti qu'il en avait l'air ? Ou bien était-ce Gwendolen qui ne se montrait pas à la hauteur ? À la connaissance de Vespasia, la jeune veuve venait d'une bonne famille, fortunée bien que sans distinction, et ne portait la tache d'aucun soupçon de scandale. Feu son mari, Roger Kilmuir, était lui aussi irréprochable et issu d'une famille de l'aristocratie. Si son frère aîné, bien plus âgé que lui, avait disparu sans laisser de descendant – ce qui paraissait probable –, c'est lui qui aurait hérité du titre et du patrimoine.

Hélas, il avait trouvé la mort dans un accident de cabriolet, ce qui arrivait même aux meilleurs cavaliers. Gwendolen en avait beaucoup souffert, aussi Vespasia se réjouissait-elle de la voir recouvrer une certaine joie de vivre.

On débarrassa les assiettes à bord doré, on apporta de nouveaux plats et on resservit du vin, jusqu'à ce qu'il ne reste plus que des monceaux de grappes de raisin frais de la serre et des rince-doigts en argent.

Les dames se retirèrent dans le petit salon et laissèrent les gentlemen boire le porto et, pour ceux qui le désiraient, fumer le cigare.

Vespasia suivit Isobel et Lady Salchester. Gwendolen, Lady Warburton et Blanche Twyford leur emboîtèrent le pas. Elles s'installèrent dans la pièce à rideaux de velours, arrangeant leurs jupons pour à la fois rester à leur avantage et ne pas gêner le passage.

C'était le moment de la soirée que Vespasia aimait le moins. La conversation tournait toujours autour de la famille, et, depuis Rome, elle peinait à se concentrer sur de tels sujets. Elle adorait ses enfants – elle leur portait un amour profond, au-delà des mots et des exigences de la société –, et sa vie était loin d'être déplaisante. Son mari, aimable et brillant, était fort respectable. Plus d'une femme lui aurait envié une telle situation. Comblée socialement et matériellement, elle ne manquait de rien. Seuls les besoins du cœur, la soif de sentiments enfouie au plus profond de son être, lui faisaient défaut.

Elle observa les visages autour d'elle et se demanda ce que cachaient ces masques avenants. Lady Salchester, malgré son énergie et son intelligence, était tout à fait quelconque, plus encore que sa servante ou sa cuisinière. Nombreux étaient ceux qui soupçonnaient Lord Salchester d'avoir l'esprit vagabond, au sens propre comme au figuré.

— Je sais ce que vous pensez, dit Isobel qui se pencha vers elle afin de pouvoir chuchoter.

Vespasia fut stupéfaite.

— Ah bon ?

Isobel sourit.

— Bien sûr ! Je pensais la même chose que vous. Et c'est tout à fait injuste. Si elle l'imitait avec ce séduisant domestique, par exemple, ce serait un scandale, et pour elle, finie la vie sociale. Elle ne serait plus invitée nulle part !

— Des tas de femmes mariées se lassent de leur mari, et lorsqu'elles ont eu le nombre adéquat d'enfants, elles ont des liaisons, fit remarquer Vespasia avec tristesse. Je ne crois pas les admirer, mais je sais en revanche que ça existe. Je pourrais vous en nommer des dizaines.

— Et moi donc ! acquiesça Isobel d'un air désinvolte. Nous devrions essayer pour voir si nous connaissons les mêmes.

Blanche Twyford discutait avec Gwendolen ; la première hochait la tête de temps à autre et la seconde souriait. Il était aisé de deviner le sujet de leur enthousiasme.

Vespasia lança un regard en coin à Isobel et vit de nouveau l'ombre qui lui voilait les yeux. Si Bertie demandait la main de Gwendolen dans les jours à venir, Isobel perdrait-elle plus qu'un éventuel soupirant ? Éprouvait-elle des sentiments pour lui, nourrissait-elle même quelque espoir ? Elle avait aimé son mari, Vespasia le savait, mais il était décédé trois ans plus tôt, et Isobel n'était guère plus âgée qu'elle. Une femme pouvait tomber amoureuse une nouvelle fois – d'ailleurs, à trente ans, le contraire aurait été une dure épreuve.

Devait-elle l'interroger ? Était-ce un moment où l'amitié sincère devait braver la gêne, la peur du rejet et de la rebuffade ? Ou bien devait-elle garder le silence, feindre l'ignorance et laisser les blessures profondes rester dans le domaine de l'intime ?

Lady Warburton coupa court à son hésitation en se joignant à elles ; la conversation s'orienta alors vers la mode, les dernières idées du prince Albert pour l'enrichissement de l'esprit, et bien sûr l'enthousiasme de la reine à leur sujet. Elle semblait approuver toutes ses théories.

Lorsque les hommes les rejoignirent, l'atmosphère changea de nouveau. Les dames devinrent plus timides, les dos se firent plus droits, les rires et les gestes plus empruntés. Les domestiques, qui termineraient de nettoyer quand leurs maîtres iraient se coucher, s'étaient retirés.

Tous étaient tournés vers Gwendolen et Bertie quand Isobel fit la remarque qui déclencha le drame. Gwendolen, assise au milieu d'un océan de jupons, la tête haute, son cou élancé paraissant pâle à la lumière des chandelles, était radieuse. Bertie se tenait à côté d'elle, l'air légèrement possessif.

— C'est charmant, dit Lady Warburton à voix basse, comme s'ils avaient déjà annoncé leur mariage.

Vespasia sentit Isobel se raidir. L'espace d'un instant, elle éprouva une grande tristesse à son égard. Quel qu'en soit le prix, la défaite a toujours un goût amer.

Tout le monde rit à une plaisanterie triviale de Peter Hanning. Gwendolen demanda qu'on lui donne le verre d'eau posé sur le bord de la table.

Bertie s'empressa de le poser sur le plateau qu'on avait laissé là et le lui présenta en esquissant une courbette.

— Madame, dit-il d'un ton humble. Pour vous servir.

Gwendolen tendit la main.

— Dieu du ciel, on dirait un laquais ! railla Isobel. J'ose espérer que vous avez d'autres ambitions. Elle ne risque pas d'accorder ses faveurs à un domestique ! En tout cas, pas dans l'idée de le garder !

Tout le monde se figea. C'était là une attaque terrible ; Vespasia grimaça.

— Ce qu'elle voudra, c'est un gentleman, poursuivit Isobel. Après tout, une Kilmuir ne dédaignerait pas un titre.

Elle se tourna vers Gwendolen.

— N'est-ce pas ?

Gwendolen était livide.

— Si j'aime un homme, répondit-elle d'une voix rauque, son rang m'importe peu.

Isobel haussa les sourcils.

— Vous accepteriez sa demande s'il était valet pour de bon ? Laissez-moi rire, ma chère !

Le regard absent, Gwendolen semblait en proie à des réminiscences indicibles. Elle se leva lentement.

— Gwendolen ! s'exclama Bertie pour la retenir.

Elle passa pourtant à côté de lui comme s'il était soudain devenu invisible. Elle alla à la porte d'un pas hésitant, mit quelques instants à saisir la poignée, puis gagna le salon.

— Vraiment, Mrs. Alvie, déclara Lady Warburton, je sais que vous vous croyez drôle, du moins de temps en temps, mais cette remarque n'a fait que dévoiler votre jalousie, et c'est fort inconvenant.

Elle se tourna vers Omegus Jones.

— Veuillez m'excuser, je vais m'assurer que cette pauvre Gwendolen va bien.

Elle sortit d'un pas vif.

La gêne s'installa. Vespasia décida de reprendre les choses en main avant que la situation devienne incontrôlable. Elle se tourna vers Isobel.

— À mon avis, vous ne pourrez pas vous rattraper avec élégance. Nous ferions mieux de nous retirer. Venez, il est tard, de toute façon.

Indécise, Isobel contempla les visages stupéfaits et embarrassés autour d'elle et comprit qu'elle ne pouvait qu'acquiescer.

Dans le salon, Vespasia la prit par le bras et la força à s'arrêter au bas de l'escalier.

— Qu'est-ce qui vous a pris, bon sang ? Demain, il faudra demander pardon à Gwendolen et à tout le monde. Être amoureuse de Bertie n'est pas une excuse, et si vous vous étiez montrée plus discrète, vous vous en porteriez bien mieux !

Le visage livide malgré ses joues empourprées, Isobel lui lança un regard noir, mais elle était trop proche des larmes pour rétorquer. Elle se rendait compte à présent de sa sottise, que c'était elle et non Gwendolen qui avait paru vulnérable. Elle se libéra et monta les marches quatre à quatre.

Vespasia ne dormit pas bien. Isobel s'était certes mal conduite, mais le mariage, avec ou sans amour, était une affaire très sérieuse. Pour une femme, c'était la seule occupation respectable, et les luttes pour trouver un parti possédant le charme et les moyens financiers de Bertie Rosythe se révélaient impitoyables. Savoir qu'Isobel souffrait et venait d'aggraver sa situation la peinait. Cependant, Vespasia ne pouvait qu'imaginer ses sentiments. Son mariage à elle avait été très facile à arranger. Fille de comte, d'une beauté prodigieuse, elle aurait pu devenir duchesse mais avait préféré un homme intelligent qui nourrissait l'ambition d'accomplir un projet utile, l'aimait pour ce qu'elle était et lui laissait une grande liberté. C'était un bon compromis. Le genre d'amour dont elle rêvait, elle l'avait trouvé en songe, et à Rome, au cours d'un été passé sur les barricades à mener un combat inégal contre des forces en surnombre. On se livre à l'amour corps et âme, puis on se plie au devoir et à l'honneur, et l'on rentre chez soi retrouver d'autres réalités, abandonnant les moments forts et la douleur de la passion.

Quand elle se leva le lendemain matin, sa servante l'aida à enfiler une robe en laine bleu-gris bien chaude pour lutter contre les frimas de décembre et un vent cinglant qui gémissait sous les avant-toits et cherchait à s'infiltrer par tous les interstices des fenêtres. Elle descendit au rez-de-chaussée retrouver les autres invités et les difficultés que la nuit n'avait pas résolues.

Dans le salon, elle croisa Omegus Jones. Vêtu d'une veste d'extérieur, il portait des bottes crottées de boue. Les cheveux hirsutes, il était si blême qu'on l'aurait cru de cire.

— Vespasia…

— Que se passe-t-il ? Vous avez l'air souffrant ! Puis-je vous aider ?

Elle lui toucha légèrement la main, qui était glaciale – et mouillée. La peur la gagna soudain. Omegus, d'habitude, paraissait toujours maître de lui et des événements.

— Que se passe-t-il ? répéta-t-elle d'un ton plus pressant.

Il ne tergiversa pas. Il lui prit les mains avec une grande douceur.

— Nous avons retrouvé le corps de Gwendolen dans l'étang.

D'un geste vague, il indiqua l'étendue d'eau bordée de cèdres et de plantes herbacées.

— Nous l'en avons ressortie, mais nous ne pouvons plus rien pour elle. Il semblerait que sa mort soit survenue dans le courant de la nuit.

Vespasia était stupéfaite. C'était impossible.

— Comment a-t-elle pu tomber ? demanda-t-elle, repoussant cette idée de toutes ses forces. Les berges sont peu profondes. Il y pousse des plantes, des roseaux ! On ne peut que s'enliser dans la vase ! Et puis pourquoi diable serait-elle allée se promener au bord de l'eau en pleine nuit ? Quelle idée !

Omegus paraissait très grave, insensible à ses arguments, gagné par la seule pitié.

— Je suis navré, ma chère, répondit-il, le regard vague. Elle est tombée du petit pont, là où c'est profond. La conclusion qui s'impose, c'est qu'elle a sauté de son plein gré. La rambarde est assez haute pour empêcher une chute accidentelle, même dans l'obscurité. C'est moi qui l'ai conçue ainsi.

— Quel malheur !

La première pensée de Vespasia fut pour lui – elle songea à l'affliction dans laquelle cet événement allait le plonger, à l'ombre qu'il allait jeter sur Applecross. Ce domaine possédait une beauté bien supérieure à celle des autres grandes propriétés : art et nature s'y combinaient pour créer un paysage idéal composé de fleurs, d'arbres, d'eau, avec un panorama de collines et de champs. On parvenait à la demeure côté sud-ouest par une allée d'immenses ormes, et l'après-midi le soleil illuminait sa façade classique de style georgien. Limitée par une balustrade, la cour de gravier donnait sur une série de marches basses qui passaient entre les talus jusqu'à la vaste pelouse, au-delà de laquelle se trouvait le plan d'eau. C'était un lieu paisible, où l'amour pour cette terre s'était infiltré pendant des générations, y laissant un reste de chaleur que l'on percevait malgré l'austérité de l'hiver.

— Je crains que cet endroit ne devienne fort déplaisant, déclara-t-il d'un ton triste. On y aura peur, car la mort subite d'une jeune personne rappelle cruellement la fragilité de la vie. Elle semblait sur le point de connaître à nouveau le bonheur, et cette chance lui a été arrachée. Seuls les plus hardis d'entre nous, et les moins imaginatifs, ne craignent jamais, au petit matin, de connaître le même sort. Nul ne comprendra pourquoi c'est arrivé. On cherchera quelqu'un sur qui rejeter la faute, car la colère est plus supportable que la peur.

— C'est insensé ! s'exclama-t-elle, la gorge nouée. Pourquoi diable aurait-elle fait une chose pareille ? Isobel s'est montrée méchante, mais si quelqu'un devait se sentir honteux, c'était bien elle ! Elle a dévoilé sa propre vulnérabilité devant ceux qui ne lui témoigneront aucune compassion ni pitié.

— Vous et moi le savons, ma chère Vespasia, mais pas eux, dit-il d'une voix faible. Ils ne verront qu'une femme qui s'attendait à recevoir une demande en mariage mais qu'on a publiquement insultée en insinuant qu'elle était plus motivée par son ascension sociale que par l'amour.

Il grimaça d'un air ironique.

— Belle preuve d'hypocrisie, j'en conviens. Nous avons façonné une société où les femmes n'ont d'autre choix que de faire un beau mariage pour réussir, car nous leur avons rendu impossible de subvenir à leurs besoins ou de connaître le succès seules, quand bien même elles le souhaiteraient. Pourtant, il nous arrive d'émettre des critiques au vitriol contre une situation que nous avons largement contribué à créer.

— Êtes-vous… êtes-vous en train de dire que la remarque d'Isobel a poussé Gwendolen au suicide ?

La voix de Vespasia se cassa comme si elle avait la gorge desséchée.

— Il semblerait, oui. À moins que Bertie et elle n'aient eu une altercation après qu'elle a quitté le petit salon, une dispute qui à ses yeux ne pouvait être réparée.

Vespasia ne sut quoi dire. Tout cela était atroce.

— Vous m'avez proposé votre aide, lui rappela Omegus. Il est possible que je vous la demande.

— Comment ?

— Je n'ai pas encore d'idée précise. C'est peut-être pour cette raison que j'ai besoin de vous.

— Je préviendrai Isobel, annonça-t-elle, se demandant comment elle pourrait rendre cette nouvelle supportable.

La journée à venir se présentait comme un abysse de chagrin et d'angoisse.

— Merci, dit-il. Les domestiques demanderont à tout le monde d'être présent au petit déjeuner, au cours duquel j'annoncerai la nouvelle.

Elle hocha la tête, puis monta à l'étage et gagna la chambre d'Isobel. Elle frappa et attendit qu'on l'invite à entrer.

Isobel était encore au lit, ses cheveux bruns étalés sur l'oreiller, les yeux cernés comme si elle aussi avait mal dormi. Regardant Vespasia d'un air surpris, elle se redressa lentement.

Vespasia s'assit sans hésiter sur le lit ; Isobel n'eut pas le temps de protester.

— Je viens de croiser Omegus, commença-t-elle. Ils ont retrouvé le corps de Gwendolen dans l'étang. Au vu des circonstances, la seule hypothèse possible, c'est que peu après la malheureuse conversation d'hier soir elle soit sortie et, sur un coup de folie, ait sauté du pont. C'est très grave, j'en ai bien peur.

Isobel se redressa et, bien que la chambre ne fût pas froide, tira le drap sur elle.

— Est-ce qu'elle est… ?

— Bien sûr. On est en plein mois de décembre ! Si elle ne s'était pas noyée, c'est le froid qui l'aurait tuée.

— Elle a plutôt dû tomber ! protesta Isobel. Pourquoi aurait-elle sauté, voyons ! C'est ridicule ! Je ne peux pas le croire !

— La balustrade du pont est trop haute pour qu'on puisse en tomber par accident. De toute façon, pourquoi serait-elle allée se pencher à la rambarde en pleine nuit ? Et toute seule, qui plus est !

Le visage d'Isobel s'était vidé du peu de couleurs qui lui restait et avait pris un teint crayeux. Agrippée au drap, elle se mit à trembler.

— Vous insinuez que c'est ma remarque idiote qui l'y a poussée ? Je n'ai fait que l'insulter ! Elle n'aurait pas été la première qu'on eût soupçonnée d'être vénale ou prête à tout pour arriver. C'est absurde ! répliqua-t-elle d'une voix presque stridente.

— Occulter les faits ne sert à rien, Isobel, rétorqua Vespasia, s'efforçant de se montrer sensée. Il va falloir que vous descendiez à un moment ou à un autre et affrontiez tout le monde, quoi qu'ils pensent. Plus vous retarderez l'échéance, plus cela passera pour un aveu de culpabilité.

— Je n'ai rien à me reprocher ! s'indigna Isobel. J'ai tenu des propos désobligeants, et je comptais m'excuser auprès d'elle aujourd'hui. Mais si elle a sauté du petit pont, je n'y suis pour rien, et je ne laisserai personne m'accuser !

Elle repoussa le drap et se leva, un peu vacillante. Elle resta dos à Vespasia, comme si elle lui en voulait. Vespasia remarqua cependant que son *peignoir*[1] glissait de ses doigts raides et qu'elle dut s'y reprendre à trois fois pour le ramasser.

L'ambiance au petit déjeuner fut épouvantable. Quand Vespasia et Isobel descendirent, tout le monde était déjà rassemblé autour de la table et la nourriture était disposée sur le buffet dans des poêlons en argent : haddock, pilaf de poisson, œufs, saucisses, rognons à la moutarde, bacon et, bien sûr, pain grillé en abondance, beurre, confiture et thé. Certains s'étaient servis avant qu'Omegus Jones leur annonce la nouvelle, mais à présent ils avaient tous perdu l'appétit.

À son arrivée, Isobel fut accueillie par un mur de silence, et on évita de la regarder.

Vespasia remarqua l'air navré d'Omegus et la mise en garde implicite qui perçait dans son regard.

Isobel marqua un temps d'hésitation. Personne n'était vêtu de noir, car, n'ayant évidemment pas prévu ce malheur, nul n'en avait apporté. Seule à avoir été prévenue avant de s'habiller, elle portait une robe d'un vert foncé discret.

Lady Warburton, la figure fermée par le dégoût, fut la première à lui parler. D'un air glacial, elle étudia d'abord longuement sa tenue puis, après un bon moment seulement, son visage.

— Vous avez appris cette tragédie avant de vous vêtir, à ce que je vois, commenta-t-elle. Vous saviez d'ailleurs peut-être depuis hier soir, en fait ?

— Ma chère Evelyn, ne laissez pas le chagrin vous… commença Sir John avant de battre en retraite quand sa femme le foudroya du regard.

— De toute évidence, elle était au courant de la mort de Gwendolen ! dit-elle d'une voix grave et grinçante.

1. En français dans le texte.

Pourquoi porterait-elle le deuil dès le petit déjeuner, sinon ?

— Quelle hypocrite ! bougonna Blanche Twyford.

Nul ne douta qu'elle parlait d'Isobel et non de Lady Warburton.

Faisant mine de n'avoir rien entendu, Isobel prit une tranche de pain qu'elle fut incapable d'avaler. Elle la tritura pour se donner une contenance et sans doute cacher que ses mains tremblaient.

Bertie avait l'air hagard et accablé.

Vespasia se demanda s'il avait rejoint Gwendolen la veille au soir. Sans doute. Ou bien n'en avait-il rien fait ? S'il l'avait retrouvée pour lui déclarer ses sentiments et la demander en mariage, comme tous s'y attendaient, rien n'aurait pu entamer son bonheur. Était-ce ce qu'il pensait à présent, pour avoir le regard aussi fuyant ? Et Lady Warburton ? Avait-elle vraiment suivi Gwendolen, ou bien n'avait-elle lancé que des paroles en l'air pour échapper au malaise général ?

— C'est d'une horreur sans nom ! explosa Lady Salchester. Nous ne pouvons rester les bras croisés sans savoir ce qui s'est passé ou quoi se dire !

— Nous savons très bien ce qui s'est passé, répliqua Blanche Twyford avec colère. Mrs. Alvie a tenu hier soir des propos impardonnables, et cette pauvre Mrs. Kilmuir en a été si ébranlée qu'elle a mis fin à ses jours. C'est clair comme de l'eau de roche.

— Tout de même, vu les circonstances, votre comparaison n'est pas des plus heureuses, répliqua Lord Salchester pour venir en aide à sa femme.

Vespasia réprima un rire nerveux.

Blanche lança un regard assassin à Lord Salchester, qui ouvrit de grands yeux.

— Pourquoi une jeune femme en pleine santé et sur le point de se marier se jetterait-elle dans un étang à cause d'une simple insulte ? Je ne comprends pas, commenta-t-il, l'air déconcerté. Ah, les femmes ! À sa place, un homme se serait contenté de répliquer, et ils se seraient quittés réconciliés.

— Taisez-vous donc, Ernest ! le rabroua Lady Salchester. Vous racontez n'importe quoi !

— Ah bon ? N'allait-elle pas convoler ? C'est ce que tout le monde disait.

Livide, Bertie se leva et sortit.

— Dieu du ciel ! Il ne va pas lui aussi se jeter dans le lac ? s'écria Salchester, dont la serviette tomba par terre.

Isobel quitta la table à son tour mais, malgré la pluie et le grand froid, elle passa par la porte menant au jardin.

— Ça, c'est la culpabilité ! commenta Lady Warburton.

— Je vous trouve un peu dure, protesta Sir John. Elle était…

— Bertie aussi ! le coupa sa femme, qui parvint à le réduire au silence.

Omegus se leva.

— Lady Vespasia, pourrais-je vous parler en privé, dans la bibliothèque ?

— Bien sûr, répondit-elle, heureuse de pouvoir échapper à ce pénible repas.

Elle repoussa sa chaise avant que le domestique ait eu le temps de s'en charger.

— Vous n'allez pas en rester là ! reprocha Lady Warburton à son hôte. Vous ne pouvez laisser les choses en l'état. Je ne le permettrai pas !

Omegus lui lança un regard glacial.

— Je veux réfléchir avant d'agir. Une erreur, même commise avec la meilleure des intentions, pourrait causer des dégâts impossibles à réparer. Je vous prie de m'excuser.

Laissant Lady Warburton déconcertée, il quitta la pièce, suivi de près par Vespasia.

Dans la bibliothèque décorée de bronzes délicats, il ferma la porte et se tourna vers elle.

— Evelyn Warburton a raison, déclara-t-il d'un ton maussade.

Une extrême tristesse se dégageait de son regard, et les rides autour de sa bouche étaient creusées.

— Isobel s'est comportée de façon idiote, reconnut Vespasia. Et méchante. Ce sont deux fautes graves, mais en aucun cas un crime, sinon la société tout entière se retrouverait en prison. Que Gwendolen se soit donné la mort est un grand malheur, mais c'est sans doute parce qu'elle a cru que Bertie ne voulait plus l'épouser. Ça ne peut pas être à cause du comportement d'Isobel, si malheureux fût-il.

Il la dévisagea avec patience.

— La société ne jugera pas forcément les faits, mais la façon dont ils sont perçus. Que ce soit juste ou non ne sera que très peu pris en considération. Si nous laissons cette perception s'installer, quand on relatera de nouveau les événements, le phénomène ira en empirant. Les propos d'Isobel vont se perdre dans le tourbillon des exagérations, au point qu'on finira par oublier la vérité. Les récits se distordent chaque fois qu'on les raconte, sachez-le, ma chère, dit-il avec un léger ton de réprimande.

Évidemment, elle le savait et sentit le rouge lui monter aux joues.

— Que pouvons-nous faire ? s'enquit-elle, impuissante. Quelle est la vérité, à votre avis ? Comment le savoir ? Gwendolen n'est plus là pour nous la dire, et si Bertie s'est querellé avec elle, croyez-vous qu'il l'avouera ? Lady Warburton l'a-t-elle rejointe ?

— Apparemment non. Savez-vous comment se passaient les procès, au Moyen Âge, quand quelqu'un était accusé d'un crime ? demanda-t-il.

Vespasia fut stupéfaite. Elle avait dû mal entendre.

— Je vous demande pardon ?

Quelque part dans le jardin, un chien aboyait, et on entendit les pas rapides d'un domestique qui traversait le salon. Un sourire effleura les lèvres d'Omegus.

— Je ne parle pas des duels judiciaires, ni de la torture. Je songeais à une sorte de procès au cours duquel nous chercherions de notre mieux à découvrir la vérité, et si Isobel ou Bertie étaient en effet coupables de quoi que ce soit, nous conviendrions alors d'une peine expiatoire, après quoi nous déclarerions l'affaire close.

L'espérance envahit Vespasia. Elle tâcha d'y croire de toutes ses forces.

— Y parviendrons-nous ? Réussirons-nous à nous mettre d'accord ? Pourrons-nous découvrir la vérité ? Et si le coupable refuse la sentence ? Quelle pourrait-elle être, d'ailleurs ? demanda-t-elle. Et s'il se contente de nous tourner le dos ? Nous n'avons aucun pouvoir. Pourquoi nous croirait-il capables de garder le silence par la suite, et plus encore de lui pardonner ?

Il alla à la fenêtre, qui donnait sur le parc, ses reliefs herbeux et ses grands arbres dénudés. La pluie éclaboussait les vitres.

— J'y ai réfléchi, déclara-t-il, presque à part soi. L'idée m'a toujours séduit, cette foi en l'expiation et en l'absolution, en un nouveau départ. C'est sans doute notre seul espoir. Il nous faut à la fois pardonner et être pardonné.

Dans la lumière crue, Vespasia décela en lui plus de souffrance que jamais, ainsi qu'une plus grande compréhension de la paix de l'esprit. À cet instant, elle souhaitait par-dessus tout se montrer à la hauteur de sa confiance, lui donner raison de s'être adressé à elle.

— Pourquoi le coupable accepterait-il cette solution ? s'enquit-elle, nerveuse. Nous n'avons d'autre pouvoir que celui de la persuasion.

Il sourit et se tourna vers elle.

— Au contraire ! Le pouvoir de la bonne société est quasi sans limites, ma chère. S'en voir exclu équivaut presque à la mort. Si l'on répand assez de venin contre vous, les invitations se tarissent, les portes se ferment, vous devenez invisible. On vous croise sans vous accorder un regard, et vous vous apercevez que, pour tout ce qui compte, vous n'existez plus. Les jeunes femmes ne peuvent plus espérer se marier, les hommes n'ont plus de perspective de carrière, plus de position sociale, tous les clubs leur sont clos.

C'était la vérité. Vespasia avait déjà été témoin de ces pratiques. Pour ceux qui en étaient victimes, il s'agissait du sort le plus cruel, car ils étaient incapables de subsister autrement. Ils ignoraient comment gagner leur vie comme un citoyen ordinaire. De toute façon, les métiers du peuple leur étaient interdits. Aucune femme bien née ne pourrait jamais devenir domestique ou blanchisseuse. En eût-elle la capacité, le tempérament et l'énergie, nul ne l'accepterait, ni un employeur appartenant à sa classe sociale, ni les autres employés, pour qui elle ne serait jamais du même monde. Qui plus est, elle ne serait pas qualifiée pour les autres métiers réservés aux femmes.

Vespasia, consciente de la menace qui pesait sur Isobel, eut soudain froid et mal au cœur.

— En quoi cette solution va-t-elle nous aider ? demanda-t-elle d'une voix rauque.

Il lui lança un regard plein d'enthousiasme.

— Si j'explique à tout le monde ce que j'ai en tête et qu'ils sont d'accord, nous serons alors tous tenus par cet engagement. La punition pour ceux qui manqueraient à leur parole serait un ostracisme total. Celui qui refusera de respecter ce pacte se mettra à l'écart du groupe. Nul n'en aura envie.

Les lèvres pincées, il secoua la tête.

— Je sais bien qu'il s'agit de coercition. Si l'on n'y avait pas recours, peu accepteraient le jugement de leurs pairs.

Ce choix nous offrira un moyen de prévenir la souffrance et peut-être l'injustice qui pourraient découler d'une autre forme de procès.

Sa voix se fit plus douce.

— Et tout aussi important, il donnera à Isobel ou à Bertie, si c'est lui qui est en faute, une chance d'expier leur acte cruel.

— De quelle manière ?

— Gwendolen a laissé une lettre d'adieu, expliqua-t-il. Elle est cachetée et le restera. Elle est destinée à sa mère, Mrs. Naylor, qui vit près d'Inverness, tout au nord de l'Écosse. Nous pourrions l'envoyer, mais ce serait là une façon violente d'apprendre à une mère la mort de son enfant.

Vespasia était horrifiée.

— Vous voulez dire qu'il leur faudra porter cette lettre à cette malheureuse femme ? C'est…

Elle peinait à trouver ses mots.

— Isobel s'y refusera ! Et Bertie Rosythe aussi. Ni l'un ni l'autre n'en auront le courage. Sans parler du voyage jusqu'en Écosse.

Omegus haussa les sourcils.

— Croyez-vous au pardon sans douleur, sans un pèlerinage éprouvant pour l'esprit, le corps et le cœur ?

— Je ne crois pas que cela fonctionnera.

— M'aiderez-vous au moins à essayer ?

Elle considéra Omegus, son buste droit, son élégance singulière, ses rides creusées par la lumière matinale, et ne put le lui refuser.

— Bien sûr.

— Quoi ? s'exclama un Lord Salchester stupéfait, lors du déjeuner.

Alors qu'ils venaient de terminer le hors-d'œuvre, Omegus avait demandé leur attention et commencé à expliquer son plan.

— Grotesque ! renchérit Lady Warburton. Nous savons tous ce qui s'est passé. Seigneur, nous l'avons vu de nos yeux !

— Nous l'avons entendu, plutôt, rectifia Sir John. À mon sens, ce n'est pas du tout une mauvaise idée.

Lady Warburton pivota vivement sur sa chaise et le fixa d'un air glacial.

— C'est ridicule. Si nous concluons à la culpabilité de Mrs. Alvie, et ce sera le cas, quelle différence cela fera-t-il ?

— La question ne s'arrête pas là, la coupa Omegus.

Vespasia le vit lutter pour dissimuler son antipathie.

— À l'époque médiévale, tous les crimes n'étaient pas punis par l'exécution ou la prison, reprit-il. On autorisait parfois les coupables à accomplir un pèlerinage expiatoire. S'ils en revenaient, ce qui en ces temps très dangereux n'arrivait pas très souvent, on considérait leur péché comme lavé. On était tenu de leur pardonner et d'accepter leur retour comme si rien ne s'était passé. On n'en reparlait plus jamais, et ils jouissaient d'autant d'amour et de confiance qu'avant.

— Un pèlerinage ? s'étonna Peter Hanning, goguenard. Où ça, bon sang ? Walsingham ? Canterbury ? Jérusalem, peut-être ? En tout cas, voyager est plutôt plaisant, de nos jours, si on en a les moyens. Je ne suis pas très porté sur la religion. Je me fiche que Mrs. Alvie, ou qui que ce soit, entreprenne un tel périple.

— Vous n'y êtes pas, Peter, rétorqua Omegus. C'est moi qui choisirai la destination, et croyez-moi, le voyage aura beau ne pas être très coûteux, il n'aura rien d'agréable. En tout cas, il se révélera d'une difficulté extrême pour quiconque porte une part de culpabilité dans la mort de Gwendolen Kilmuir. Et si nous prétendons à la justice, nous devrons garder toute notre objectivité.

— Je suis d'accord, répondit Sir John.

— Moi aussi, ajouta Vespasia. Je suis partisane du jugement comme du pardon.

— Et si je m'y oppose ? demanda Lady Warburton d'un ton acéré en dévisageant Vespasia d'un air méprisant.

— Dans ce cas, nous serons forcés de nous interroger sur vos motivations, répliqua cette dernière avec un sourire.

— Je suis d'accord, moi aussi, déclara Blanche Twyford. En dehors de ces murs, nul ne devra alors évoquer cette affaire. Une telle mesure empêchera tout commérage chez ceux qui n'étaient pas présents, et toute tentative de diffamation visant l'un ou l'une d'entre nous, laissant chacun libre de spéculer comme il l'entend. Si nous sommes tous liés par cet engagement et que la sentence est décidée ici, alors ce problème ne concerne que nous. Vous approuvez sans doute, n'est-ce pas ?

— Formulé ainsi… céda Lady Warburton à contrecœur.

Lord Salchester donna son accord à son tour.

Omegus dévisagea Bertie d'un air interrogateur.

— Qui sera juge de cette affaire ? s'enquit Bertie, méfiant.

Son élégance, sa cravate et son costume raffinés semblaient déplacés.

— Ce sera Omegus, lui répondit Vespasia avant qu'un autre ait pu prendre la parole. Puisqu'il n'est pas impliqué, nous pourrons lui accorder notre confiance.

— Vous croyez ? Nous sommes ici chez lui. Il est au contraire fort impliqué.

Vespasia peinait de plus en plus à garder son calme.

— Il n'a rien à se reprocher dans la mort de Gwendolen. Préférez-vous qu'un autre s'en charge ?

— Je trouve tout cela absurde et fantaisiste.

— Je ne suis pas d'accord, intervint Lord Salchester d'une voix tranchante, avec une fermeté soudaine. À mon sens, c'est une excellente idée. Je suis très heureux d'être tenu par cet engagement, et ma femme aussi, déclara-t-il sans même consulter cette dernière. Cette solution nous sera bénéfique à tous, nous permettra de traiter le problème sur-le-champ et de servir la justice.

Il regarda les autres d'un œil torve.

— Qui s'y oppose ? À part ceux qui se sentent coupables ou ceux qui n'ont pas la clairvoyance d'en saisir les avantages indéniables.

Omegus eut un sourire morne, mais il ne fit pas remarquer à Salchester le côté tendancieux de sa remarque. Ils acceptèrent l'un après l'autre, à l'exception d'Isobel.

Vespasia la regarda droit dans les yeux.

— Tout autre choix ne pourra être que pire, je crois, dit-elle d'un ton doux. Donnons tous notre parole, sous peine de nous voir ostracisés si nous y manquons, jurons de garder un silence absolu sur l'affaire après que le jugement aura été rendu, pourvu que le pèlerinage ait été accompli. Alors le coupable, s'il y en a un, repartira de zéro, et nous oublierons sa faute.

Un par un, malgré une certaine réticence, ils prêtèrent serment.

— Merci, déclara Omegus avec gravité. Bon, si vous voulez bien m'excuser, je dois me charger de dispositions pour Gwendolen. J'aimerais que tout se passe... de la façon la plus délicate possible.

Ils se réunirent dans le petit salon, dont les fenêtres donnaient sur le jardin à la française qui descendait vers les eaux de l'étang ridées par le vent. C'était la seule pièce leur permettant d'être assis plus ou moins en cercle, et l'on renvoya les domestiques. Nul ne devait les interrompre.

Omegus exigea le silence, puis demanda à chacun de raconter ce qu'il savait des faits et gestes de Gwendolen Kilmuir depuis son arrivée à Applecross trois jours plus tôt, de ses sentiments et des propos qu'elle avait pu tenir concernant ses espérances.

Tout d'abord hésitants, ne sachant jusqu'à quel point se fier aux autres, ils commencèrent, puis au fur et à mesure les souvenirs réveillèrent leurs émotions.

— Elle était pleine d'espoir, déclara Blanche, les larmes aux yeux. Elle voyait sa période de deuil toucher à sa fin.

Elle regarda Isobel avec une profonde antipathie.

— La mort de son mari lui a été très pénible.

— À tel point qu'elle comptait se remarier moins d'un an et demi après, fit remarquer Peter Hanning, qui se cala dans son fauteuil, la cravate un peu de travers, un petit rictus ironique aux lèvres.

— Ils avaient traversé un passage difficile, expliqua Blanche avec humeur. Ce n'était pas un homme facile à vivre.

— C'est elle qui n'était pas facile à vivre, intervint Fenton Twyford. Elle a mis longtemps avant d'accepter ses responsabilités. Kilmuir s'est montré très patient avec elle, mais à force il a fini par supporter la situation avec moins d'élégance.

— Avec beaucoup moins d'élégance, convint Blanche. En tout cas, il essayait de s'amender. Leurs relations étaient en train de se réchauffer quand il a été tué.

— Tué ? répéta Sir John d'un ton brusque.

— Dans un accident de cabriolet, expliqua Blanche. Quand elle a appris sa mort, cette pauvre Gwendolen en a été abattue. C'est pour ça qu'avoir une deuxième chance de connaître le bonheur était formidable pour elle.

Elle lança un regard lourd de sens à Bertie, qui rougit d'un air malheureux.

Le récit progressa, chacun apportant sa pièce à l'édifice, jusqu'à ce qu'on aborde la demande en mariage qui paraissait imminente. Plus d'un avait remarqué le mécontentement d'Isobel à ce sujet malgré ses efforts pour le cacher.

Maintenant que chacun formulait ses pensées, elle se sentait humiliée au plus profond d'elle-même mais n'osa pas s'enfuir. Ç'aurait été synonyme d'aveu, et elle avait la ferme intention de ne pas céder.

Pourtant, la vague poursuivit son avancée implacable : elle emporta même Vespasia, qui se retrouva au pied du mur et dut prendre la parole soit pour soit contre Isobel. Elle fut forcée de saisir plus clairement l'intensité des sentiments de part et d'autre. Derrière les mots d'esprit et une amitié de surface s'était caché un combat pour une victoire qui aurait redonné à l'heureuse élue toute sa place dans la bonne société, lui aurait assuré confort et reconnaissance. L'autre aurait rejoint les rangs des femmes seules, toujours un peu isolées et perdues, qui attendent avec espoir la prochaine invitation sans jamais être certaines qu'elle arrivera, et qui, redoutant de ne pouvoir régler la prochaine facture, se voient obligées de déployer des trésors d'ingéniosité.

Sans savoir pourquoi, Vespasia prit la défense d'Isobel. Ceux qui ne demandaient qu'à l'accabler étaient bien assez nombreux, et de toute façon elle ne pouvait plus rien pour Gwendolen.

— Nous employons les atouts dont nous disposons, déclara-t-elle, en s'adressant plus à Omegus qu'aux autres. Gwendolen était jolie et séduisante. Elle flattait les gens de son entourage en les laissant l'aider et en se montrant reconnaissante. Isobel, elle, est bien trop orgueilleuse et trop honnête pour cela. Son arme, c'est l'esprit, et parfois ses remarques se révèlent cruelles. D'après moi, quand Gwendolen se trouvait à la place de la victime, elle aimait se prétendre plus blessée qu'elle ne l'était en réalité. Elle avait besoin d'attirer la compassion et y parvenait. Isobel a eu le tort de ne pas s'en apercevoir.

— Si Gwendolen ne souffrait pas autant qu'elle le laissait croire, pourquoi s'est-elle suicidée ? Voilà qui me semble un appel à la compassion un peu trop définitif pour être utile ! déclara Blanche d'un ton sarcastique, un rictus de mépris aux lèvres.

Vespasia se tourna vers Bertie.

— Quand Gwendolen est partie après la remarque d'Isobel, hier soir, l'avez-vous rejointe pour voir si elle allait bien ? Lui avez-vous assuré que vous ne croyiez pas un instant les accusations dont elle venait de faire l'objet ?

Bertie s'empourpra.

Tout le monde attendait sa réponse.

— Alors ? fit Omegus d'une voix limpide.

Bertie releva les yeux.

— Non. Je l'avoue, Isobel s'est exprimée avec tant de… certitude, que je me suis vraiment posé des questions. Que Dieu me pardonne, j'ai douté d'elle.

Il remua sur son siège.

— J'ai repensé à des propos qu'elle avait tenus, à ce qui se racontait et à des mises en garde qu'on m'avait adressées.

Il tenta de rire.

— Bien sûr, je me rends compte à présent qu'elles n'étaient motivées que par la méchanceté et la jalousie. Pourtant, hier soir, j'ai hésité. Si ça n'avait pas été le cas, Gwendolen serait encore en vie, et moi je ne me retrouverais pas seul, à la pleurer.

Il foudroya Isobel d'un regard lourd de reproches et d'une intensité venimeuse.

Vespasia n'en revenait pas. C'était la dernière réaction qu'elle avait eu l'intention de provoquer. Loin d'aider Isobel, elle avait scellé son sort.

Omegus paraissait abattu lui aussi, mais il était prisonnier des règles qu'il avait lui-même imposées.

Le verdict ne fut qu'une formalité. À une majorité écrasante, on déclara Isobel coupable d'avoir fait preuve d'une cruauté débridée dans le but de discréditer Gwendolen à tort aux yeux de l'homme qu'elle aimait. On éprouvait pour Bertie de la commisération, mêlée néanmoins d'un certain mépris.

— Quel est ce pèlerinage que devra accomplir Mrs. Alvie ? s'enquit Fenton Twyford d'un ton acerbe. Je dois avouer que je suis d'accord avec Peter. Peu m'importe où elle ira, tant que ce n'est pas sur mon chemin. Je ne supporte pas les langues de vipère. Son acte est impardonnable.

— Rares sont les fautes impardonnables, répondit Omegus avec une autorité soudaine, le visage à la fois sombre et empreint d'une grande compassion. Vous avez juré devant nous tous que, si elle réalisait ce voyage, vous effaceriez cette affaire de votre mémoire – sans quoi vous manquerez à votre parole, ce qui sera aussi impardonnable. Tout homme qui ne respecte pas un serment n'est pas digne d'appartenir à une société civilisée.

Twyford blêmit. Il lança des regards nerveux autour de lui. Personne ne lui sourit.

Lord Salchester acquiesça d'un signe de tête.

— Tout à fait, dit-il. Tout à fait.

— Alors, sommes-nous d'accord ? demanda Omegus.

— Oui, répondit-on à l'unisson, à l'exception d'Isobel.

Omegus se tourna vers elle et attendit.

— Quel sera ce voyage ? s'enquit-elle d'une voix rauque.

Omegus le lui expliqua.

— Gwendolen a laissé une lettre destinée à sa mère, Mrs. Naylor. Je ne l'ai pas ouverte. À l'évidence, elle est personnelle. Vous la lui apporterez, lui expliquerez que Gwendolen a mis fin à ses jours et quel rôle vous avez joué. Si Mrs. Naylor souhaite se rendre à Londres ou à Applecross, vous l'accompagnerez, à moins qu'elle refuse. Mais vous ferez votre possible pour y parvenir. Elle vit près d'Inverness, dans les Highlands. Son adresse figure sur l'enveloppe.

Un silence absolu pesait sur la pièce. On n'entendait plus que le bruit assourdissant de l'averse qui battait les vitres.

— Je refuse ! déclara Isobel dans un accès d'indignation. Le nord de l'Écosse ! À cette période de l'année ? Et puis… se présenter devant… non, jamais de la vie !

Tremblante, le visage d'un rouge fiévreux, elle repoussa son fauteuil.

— Je ne le ferai pas.

Après un moment passé à les fixer du regard, elle quitta la pièce, ouvrant la porte si brusquement que celle-ci heurta le mur et se referma en claquant.

Vespasia voulut se lever à son tour mais, se rendant compte de la futilité de la manœuvre, se rassit aussitôt.

— Je savais qu'elle refuserait, déclara Lady Warburton, un sourire satisfait aux lèvres.

Vespasia la vit un instant comme un crocodile qui craint de voir sa proie lui échapper puis sent finalement ses crocs s'enfoncer dans la chair.

— Vous devez être ravie, dit-elle. J'imagine qu'il aurait été quasi impossible de connaître des détails désobligeants sur quelqu'un et de ne pas les répéter.

Soudain livide, les yeux brillants de haine, Lady Warburton la regarda d'un air glacial.

— À votre place, Lady Vespasia, je choisirais mes amies avec plus de prudence. Le titre de votre père ne vous protégera pas toute votre vie. Si vous exagérez, même vous devrez payer les pots cassés.

— Vous me suggérez d'abandonner mes amis au moment où ils deviennent gênants pour moi ? C'est drôle, ça ne me surprend pas.

Cette fois-ci, elle se leva.

— Excusez-moi, lança-t-elle à l'assemblée avant de quitter la pièce.

Dans le grand salon, elle se retrouva seule. Aucun serviteur en vue, aucun valet attendant qu'on l'appelle. Tous avaient appliqué au pied de la lettre la requête d'Omegus. L'atmosphère avait un étrange côté judiciaire, comme si tout allait désormais être différent, y compris l'organisation domestique.

Elle traversa la salle parquetée et gravit lentement l'escalier majestueux. Quelques paroles avaient tout changé. Pourtant, plus que de simples mots, c'était l'expression des pensées et des passions des uns et des autres, des sentiments qui couvaient depuis longtemps : la seule nouveauté, c'était qu'ils éclatent au grand jour.

Vespasia eut le plus grand mal à se concentrer pour choisir ce qu'elle allait porter au dîner. Sa servante lui suggéra une robe après l'autre, mais rien ne semblait approprié, et, une fois n'est pas coutume, elle ne s'en souciait pas vraiment. Soies, dentelles et broderies, toute la palette de couleurs splendides et subtiles ne lui apportaient aucun plaisir. Gwendolen était morte de désespoir, réel ou imaginaire, et Isobel était sur le point de souffrir plus qu'elle ne pouvait le concevoir.

Vespasia prévit que les autres se vêtiraient sobrement pour porter le deuil et aussi étaler leur sentiment de triomphe, lugubre mais éclatant. Elle préféra le violet. Ce coloris seyait à son teint de porcelaine et à ses cheveux flamboyants. Ce serait magnifique, tout à fait approprié, mais également scandaleux pour une femme aussi jeune. Bref, cette tenue remplirait sa fonction à merveille.

Comme la veille, elle descendit l'escalier, suscitant la surprise chez la plupart, admiration chez Lord Salchester et jalousie chez Lady Warburton. D'un seul regard, elle sut qu'Isobel n'était pas encore là. Aurait-elle le courage de se joindre à eux ?

Omegus vint lui prendre le bras ; malgré son visage soigneusement dépourvu de toute expression, elle perçut chez lui une grande nervosité.

— Elle ne va pas s'enfuir, n'est-ce pas ? demanda-t-il d'une voix si discrète que Blanche Twyford, qui ne se trouvait qu'à un ou deux mètres d'eux, n'aurait pu l'entendre.

Vespasia nourrissait les mêmes craintes.

— Je n'en sais rien, admit-elle. Je crois qu'elle est très en colère. Il est assez injuste de rejeter toute la faute sur elle. S'il a été aussi facile de désarçonner Bertie, c'est qu'il ne portait pas un amour très profond à Gwendolen.

— Bien sûr que non, ma chère, murmura Omegus. C'est sans doute la désillusion qui a blessé Gwendolen plus qu'elle ne pouvait le supporter.

Soudain, tout devint limpide. Ce qui avait accablé Gwendolen, ce n'était pas les propos d'Isobel, mais le fait qu'on expose le caractère futile de ses rêves, qu'on brise le vernis d'espoir derrière lequel elle se cachait. Elle n'avait pas perdu l'objet de sa convoitise mais s'était rendu compte qu'il n'existait pas, du moins pas comme elle en avait besoin.

— Était-ce vraiment de la cruauté de la part d'Isobel ? demanda-t-elle en le regardant pour la première fois dans les yeux depuis le début de leur conciliabule.

Omegus n'hésita pas un instant.

— Oui. Il existe certaines choses que l'on doit découvrir petit à petit, et les défauts de l'être aimé en font partie.

— Pourtant, il lui fallait bien savoir quel homme faible il était avant de l'épouser ! protesta Vespasia.

Il sourit.

— Voyons, je vous en prie, poussez votre réflexion un peu plus loin, ma chère.

Elle s'étonna de se sentir blessée à ce point – sa blessure n'était pas semblable à l'entaille grossière laissée par un couteau, mais la plaie, profonde et presque indolore les premières secondes, infligée par une lame de rasoir. Jusqu'alors, elle n'avait jamais eu conscience de se soucier autant de l'opinion d'Omegus à son égard.

Peut-être perçut-il le changement sur son visage, car son expression s'adoucit.

Gênée de se montrer aussi vulnérable, elle s'écarta de lui.

Il s'en aperçut aussi et fit comme si de rien n'était.

— Elle lui aurait dit oui, déclara-t-il. Elle n'avait pas reçu de meilleure demande, et le temps qu'elle se rende compte des défauts de Bertie, celui-ci aurait peut-être commencé à les surmonter. Qui plus est, l'habitude, la tendresse et d'autres promesses, tenues celles-ci, auraient pu émousser le tranchant de sa déception et lui offrir des compensations suffisantes.

Il posa la main sur son bras avec une telle douceur qu'elle la sentit à peine.

— L'amour ne se construit pas sur la perfection, reprit-il, mais sur la tolérance, les rêves passés et un avenir commun. S'il doit durer, ma chère, il faut une grande part d'amitié – rien n'est plus précieux qu'une profonde amitié. C'est le socle sur lequel tout amour doit reposer. Gwendolen aurait dû prendre sa décision elle-même, et non pas laisser une autre la prendre à sa place.

Incapable d'organiser ses pensées tant les paroles d'Omegus saturaient son esprit, elle ne répondit rien.

Dix minutes plus tard, Isobel ne s'étant toujours pas montrée, Vespasia décida d'aller la chercher. Elle remonta à l'étage et alla frapper à sa porte. N'obtenant pas de réponse, elle entra.

Isobel se regardait d'un air critique dans le grand miroir. Sans être belle, elle possédait une grâce exceptionnelle et, vêtue de sa robe bronze et noir, elle était splendide, plus éblouissante et plus remarquable que Gwendolen ne l'avait jamais été. Pour la première fois, Vespasia saisit l'origine du problème : Bertie Rosythe ne voulait pas d'une femme remarquable. Il avait beau aimer jouer avec le feu, il ne comptait pas vivre avec. Isobel n'aurait jamais remporté la partie.

— Si vous ne descendez pas tout de suite, vous allez être en retard, dit Vespasia d'un ton calme.

Isobel fit volte-face, déconcertée. À l'évidence, c'est sa servante qu'elle s'attendait à voir.

— Je ne sais pas encore si je viens. Je ne vous ai pas entendue frapper !

— Il faut croire que vous étiez trop plongée dans vos pensées. Vous devez nous rejoindre, insista-t-elle, sinon on prendra votre absence pour un aveu de culpabilité.

— À leurs yeux, je suis coupable de toute façon, répliqua Isobel, amère. N'essayez pas de me faire croire que vous ne vous en apercevez pas ! Même vous avec vos…

— Mes remarques n'étaient pas destinées à les conforter dans leurs conclusions. Je vous demande pardon. Je m'y suis mal prise.

Isobel regardait toujours ailleurs.

— De toute façon, ils seraient parvenus au même verdict. Ça leur aurait pris un peu plus longtemps, c'est tout. Enfin, je l'aurais moins mal pris si le coup de grâce n'était pas venu d'une amie.

— Dans ce cas, considérez votre revanche comme acquise. Croyez-moi, je me mords les doigts d'avoir commis cette erreur. Bon, on descend dîner, maintenant ? Plus vous attendrez, plus ce sera difficile. Peu importe qui doit être la cible des reproches, voilà la vérité.

Isobel tourna la tête très lentement.

— Pourquoi avez-vous mis du violet, bon sang ? Quelqu'un d'autre porte-t-il le deuil ?

— Bien sûr que non ! Personne n'avait prévu un tel événement. Je porte du violet parce que ça me sied.

— Tout vous sied ! rétorqua Isobel.

— Vous vous trompez. Toute ma garde-robe me va, en effet, parce que je n'achète pas ce qui ne me convient pas. Allez, passez votre armure et venez dîner.

— Mon armure, quelle armure ?

— De courage, de dignité, d'espoir... Ayez l'intelligence de ne parler que si l'on vous adresse la parole et n'essayez pas de faire de l'humour.

— De l'humour ! Je n'arriverais pas à rire même si Lord Salchester s'amusait à marcher sur les mains dans le jardin !

— Peut-être y parviendriez-vous si Lady Warburton s'étouffait avec sa soupe.

Isobel eut un pâle sourire.

— C'est vrai, vous avez raison.

Le repas fut un cauchemar. Personne, à l'exception d'Omegus, ne la salua. On eût dit que nul ne l'avait vue, même si elle avait descendu l'escalier d'un pas cérémonieux, accompagnée par le bruissement sonore de sa robe en satin, et que ses jupons évasés avaient frôlé ceux de Blanche Twyford, qui ne s'était pas écartée pour la laisser passer. Un instant plus tard, voyant Vespasia approcher, celle-ci fit pourtant de bonne grâce un pas de côté.

La conversation se poursuivit sans heurts, mais Isobel n'y fut pas mêlée. Elle eut beau prendre la parole une fois, personne ne sembla l'avoir entendue.

Quand le majordome annonça le dîner, Omegus lui offrit son bras, car de toute évidence aucun autre ne comptait le faire. Lorsqu'ils furent à table, Lady Warburton lança un regard à Vespasia puis à Omegus.

— Ai-je tort, Mr. Jones, ou avez-vous établi les règles de votre fameux procès médiéval de façon que nous y soyons tous astreints sous peine de le payer de notre honneur ?

— En effet, Lady Warburton, répondit-il.

— En ce cas, vous pourrez sans doute me les rappeler, ces règles. Il semblerait que vous passiez outre, si je vous ai bien compris.

Elle lança un regard lourd de sens à Isobel, puis se tourna vers Omegus avec un air de défi.

Ce dernier s'empourpra.

— Vous avez raison, admit-il. J'y suis astreint comme tout un chacun, mais j'espère cependant que Mrs. Alvie reviendra sur son refus et que nous pourrons prendre une décision définitive. Je préfère attendre avant d'agir.

— Vous avez ce privilège, c'est vrai, reconnut-elle à contrecœur. Du moins tant que nous sommes à Applecross.

Le repas commença, et Isobel fut servie comme tous les autres, mais quand elle demanda le sel, Fenton Twyford, assis à côté d'elle, interrogea Peter Hanning sur ses pronostics concernant le vainqueur du prochain Derby.

— Auriez-vous l'amabilité de me passer le sel ? répéta Isobel.

— Je ne partage pas votre opinion, déclara Twyford d'une voix forte au milieu du silence qui s'était installé. À mon avis, c'est l'étalon de Bamburgh qui va l'emporter. Qu'en pensez-vous, Rosythe ?

Isobel ne réitéra pas sa demande.

Le reste du dîner se déroula de la même manière. On l'ignora comme si son siège était vide. On discuta de Noël, de l'année à venir, de qui assisterait aux différents événements de la saison – bals, courses, régates, garden-parties, expositions, équitation à Rotten Row, promenades aux jardins botaniques, opéras, pièces de théâtre, plaisance sur la Tamise. Personne ne demanda à Isobel où elle irait. Ils se comportèrent comme si elle ne devait participer à rien. Contrairement à la mort de Gwendolen, cet ostracisme ne suscitait chez eux aucun émoi – à leurs yeux, elle n'avait pas seulement cessé d'exister, elle n'avait jamais été.

Elle resta cependant à table, mais elle pâlissait à vue d'œil. Vespasia marcha à ses côtés quand les dames se retirèrent. Il lui fut douloureux de se souvenir de la veille, quand Gwendolen était encore parmi eux. À présent, sa dépouille attendait dans une pièce inoccupée, et le lendemain le fossoyeur viendrait la préparer pour les funérailles.

Devinant peut-être qu'on approchait de l'heure à laquelle tout avait commencé, elles se turent en entrant dans le petit salon. Vespasia frissonna. Toutes avaient un jour ou l'autre côtoyé la mort. Nul n'était à l'abri des nombreuses maladies qui sévissaient partout, des risques de l'accouchement, des accidents qui pouvaient survenir même lors des voyages les plus ordinaires, mais ce drame était différent, et sa noirceur particulière les affectait toutes.

Moins de vingt minutes plus tard, Isobel se leva et, personne ne s'étant soucié de sa présence, sortit sans prendre la peine de s'excuser auprès des autres.

Vespasia lui emboîta le pas. En plus de devoir convaincre Isobel d'accomplir son voyage en Écosse, elle se sentait incapable de subir plus longtemps la jubilation malveillante des autres. Leur satisfaction de voir Isobel en mauvaise posture et de lui administrer son châtiment au compte-gouttes lui répugnait, car elle ne prenait pas sa source dans le désir de rendre la justice ou de permettre à la coupable d'expier sa faute. Elles ne se réjouissaient que de leur sécurité personnelle et se félicitaient d'être dans le cercle et non en dehors.

Vespasia traversa le grand salon, où le majordome la salua avec courtoisie. Elle lui souhaita bonne nuit, songeant qu'il allait être très délicat pour le personnel de choisir quelle attitude adopter au milieu de tous ces silences et de toutes ces rebuffades. La véritable question était sans doute de savoir combien de temps Omegus parviendrait à résister aux règles qu'il avait lui-même édictées.

À l'étage, Vespasia frappa à la porte d'Isobel.

N'obtenant encore une fois pas de réponse, elle entra.

Isobel se tenait au milieu de la chambre, raide et blême.

— N'attendez-vous jamais qu'on vous invite à entrer ? demanda-t-elle d'une voix rauque, sur le point de s'effondrer.

— Je crois ne pas pouvoir me permettre d'attendre, répliqua-t-elle.

Isobel respira à fond dans un effort visible pour se calmer.

— Qu'y a-t-il de si urgent, d'après vous ?

Vespasia écarta ses jupons et s'assit sur le fauteuil comme si elle comptait rester un moment.

— Avez-vous l'intention d'accepter ce bannissement ? Ne vous faites aucune illusion, il ne se limitera pas à ceux qui sont présents ici. Dès leur retour à Londres, ils raconteront leur version des faits à qui voudra l'entendre. À la prochaine saison, toute la bonne société en connaîtra au moins une. Ne vous voilez pas la face, vous savez que c'est la vérité.

Les yeux d'Isobel s'emplirent de larmes mais elle refusa de pleurer.

— Vous allez me dire que je dois accepter qu'on me mette la mort de Gwendolen sur le dos et apporter cette maudite lettre à sa mère ? demanda-t-elle d'une voix étranglée. Je n'ai fait qu'insinuer qu'elle était ambitieuse, ce qui était la stricte vérité. La plupart des femmes le sont. Nous n'avons pas le choix.

— Vous vous êtes montrée cruelle et vous avez fait de l'esprit à ses dépens. Vous avez non seulement insinué qu'elle était ambitieuse, mais aussi que son amour pour Bertie n'aurait jamais existé s'il avait appartenu à une autre classe sociale.

Isobel ouvrit des yeux ronds.

— Vous prétendez le contraire ? Vous croyez qu'elle aurait épousé un épicier ou un domestique ?

— Bien sûr que non, répondit Vespasia, agacée. De toute façon, jamais un épicier ou un valet ne l'aurait demandée en mariage. Cet argument n'est pas valable. Votre remarque avait pour seul objectif de l'accabler, de la taxer de cupidité, et surtout de faire croire à Bertie qu'elle ne s'intéressait à lui que par opportunisme. Ne jouez pas les ingénues.

Isobel la foudroya du regard, mais elle craignait trop de perdre pied pour oser répliquer.

— Bref, reprit Vespasia d'un ton sec, ça n'a guère d'importance…

— C'est pour me dire ça que vous avez fait irruption ici ? demanda Isobel d'une voix haletante, les larmes roulant à présent sur ses joues. Sortez d'ici ! Vous êtes encore pire qu'eux ! Moi qui vous croyais mon amie, je me suis bien trompée. Vous n'êtes qu'une hypocrite !

Vespasia ne bougea pas d'un pouce.

— Ce qui compte, déclara-t-elle d'un ton posé, c'est d'affronter la situation telle qu'elle est. Aucun d'entre eux ne s'intéresse à la vérité. Et je doute qu'on découvre un jour ce qui a vraiment poussé Gwendolen au suicide, et encore moins qu'on puisse le prouver à des gens qui n'ont aucune envie de le savoir. En tout cas, Omegus vous offre une chance d'expier votre éventuelle culpabilité et surtout de conserver votre place dans la bonne société, et d'obliger tous les autres ici à un silence absolu sur ce qui s'est passé, sous peine qu'ils ne soient ostracisés à leur tour – ce qui d'après moi est un coup de maître.

Elle esquissa un sourire.

— Si vous réussissez, vous aurez le plaisir lors de la prochaine saison de les voir vous observer sans pouvoir dire un mot. Ce sera un véritable calvaire pour Lady Warburton et Blanche Twyford. Chaque fois qu'elles devront se montrer courtoises avec vous, elles souffriront en silence. Cette seule perspective devrait vous apporter une immense satisfaction. Moi, je m'en régale d'avance !

Isobel sourit timidement.

— Il faudra faire tout le trajet jusqu'à Inverness ?

— La ville est desservie par le train, maintenant.

Isobel détourna le regard.

— Ce ne sera pas le plus dur. Le voyage me prendra des jours, il y aura des arrêts incessants, j'aurai froid et je serai mal installée. Mais aller voir cette femme et lui remettre cette lettre dans laquelle Gwendolen risque de dire du mal de moi, devoir endurer son chagrin, ce sera… insupportable !

— Ce sera difficile, mais pas insurmontable, rectifia Vespasia.

Isobel la dévisagea d'un air furieux.

— Vous le feriez, vous ? Et ne vous avisez pas de me mentir !

Vespasia fut la première surprise de sa réponse.

— Je le ferais, oui. Je vais même vous accompagner.

— C'est vrai ? Vous me le promettez ?

Vespasia soupira. À quoi s'était-elle engagée, bon sang ? Elle n'était coupable d'aucune offense envers Gwendolen Kilmuir. Enfin, y avait-il vraiment un rapport ? La question n'était ni la culpabilité ni le mérite ; c'était l'amitié – et la nécessité.

— Oui, répondit-elle. Nous partirons demain matin. Il nous faudra d'abord passer par Londres, bien entendu, et prendre le premier train pour l'Écosse. Nous porterons la lettre à Mrs. Naylor et l'accompagnerons au retour si elle le souhaite. Omegus n'a jamais spécifié que vous deviez y aller seule.

— Merci, dit Isobel, le visage baigné de larmes. Merci infiniment.

Vespasia se leva.

— Nous les préviendrons demain au petit déjeuner. Dites à votre servante de préparer vos valises et habillez-vous pour le voyage. Mettez votre manteau le plus chaud et vos meilleures bottines. Il y aura sans doute de la neige dans le nord et il fera plus froid. Tâchez de bien dormir.

Isobel répondit par un petit gémissement.

La gravité de sa décision plongea Vespasia dans un grand tourment. Elle dormit malgré tout plutôt bien, mais ses rêves furent peuplés de trains rugissants, de vents violents et de paysages enneigés, et d'une femme qui, endeuillée par la perte de son enfant, se refusait à pardonner.

Elle se réveilla avec une migraine, enfila une tenue de voyage et chargea sa servante de faire ses bagages pendant le petit déjeuner.

Tous les autres étaient déjà réunis. Un feu répandait une chaleur agréable et des arômes exquis émanaient d'une multitude de plats en argent disposés sur le buffet. Seul Omegus semblait chagriné. Lorsqu'il rencontra le regard de Vespasia, celle-ci lui sourit et lui adressa un signe de tête quasi imperceptible. Elle le vit se détendre.

Comme si elle avait attendu le bon moment, Isobel arriva presque sur ses talons.

Tout le monde salua Vespasia, lui demanda si elle allait bien et si elle avait passé une bonne nuit. De nouveau, on ignora Isobel. Cette fois-ci, elle s'assit avec calme, sans un mot, la figure livide, et commença à manger après s'être servi thé et pain grillé.

Après quelques considérations sur le temps qu'il faisait, Peter Hanning invita Bertie à une partie de billard dans l'après-midi. Lord Salchester annonça qu'il comptait aller se promener. Sa femme déclara qu'elle l'accompagnerait, ce qui eut le don de lui ôter son sourire.

Isobel termina son petit déjeuner, se leva et se tourna vers Omegus.

— Mr. Jones, j'ai bien réfléchi à votre offre. J'ai eu tort de la repousser. La possibilité de se racheter et d'effacer ses erreurs passées ne se présente que trop rarement pour qu'on puisse la refuser. Je vais quitter Applecross dans la matinée, munie de la lettre destinée à Mrs. Naylor, et prendre le train pour l'Écosse. Si elle le veut bien, je l'accompagnerai au retour. À notre arrivée à Londres, je vous tiendrai au courant de l'issue de mon périple et attendrai de toutes les personnes ici présentes qu'elles respectent leur engagement.

Lady Warburton eut l'air penaud de celle qui vient de porter un morceau des plus délicats à ses lèvres et le voit tomber par terre au dernier moment.

Un léger sourire éclaira le visage d'Isobel.

— Comment savoir que vous ne nous mentirez pas et que vous aurez bien remis la lettre à Mrs. Naylor ? demanda Lady Warburton d'un ton agacé.

— Mrs. Alvie vous en donnera sa parole, répondit froidement Omegus.

— Vous aurez aussi celle de Mrs. Naylor, si vous prenez la peine de l'interroger, précisa Isobel.

— Quel culot !

Lady Warburton s'enfonça dans un silence indigné.

— Bravo, déclara Lord Salchester. Vous êtes très courageuse, ma petite. Ce voyage n'aura rien d'agréable.

— Ce sera même épouvantable ! renchérit Fenton Twyford. À Inverness, vous risquez d'avoir de la neige jusqu'aux genoux, et la journée la plus courte de l'année tombe dans moins de trois semaines. Là où vous allez, cela peut signifier que vous ne verrez pas la lumière du jour. Vous savez sans doute qu'Inverness se trouve à cent cinquante miles d'Édimbourg. Au bas mot !

— Et si le train est bloqué par une congère ? demanda Blanche d'un ton plein d'espoir.

— Nous sommes début décembre, pas en janvier, fit remarquer Sir John Warburton. Un séjour là-bas peut très bien se révéler fort plaisant. Le comté d'Inverness est une région magnifique.

— Quand y êtes-vous allé ? s'enquit sa femme, surprise.

Il sourit.

— Oh, à une ou deux occasions. Fenton aussi, d'ailleurs.

— Dans quel but ?

— C'est une région idéale pour la randonnée.

— En plein mois de décembre ? s'étonna Hanning d'une voix aiguë en haussant les sourcils.

— Peu importe, les interrompit Vespasia. C'est maintenant que nous partons. Nous prendrons la route dès que nos bagages seront prêts, si le cabriolet peut nous emmener à la gare.

— Vous nous quittez aussi ? fit Lord Salchester sans cacher sa déception.

Omegus interrogea Vespasia du regard.

— Oui, répondit-elle.

Isobel eut un sourire où se mêlaient fierté et incertitude.

— Lady Vespasia m'a proposé son concours.

Le visage d'Omegus s'éclaira ; son regard doux et pétillant le rendait très séduisant.

— Pour remettre la lettre à Mrs. Naylor si Mrs. Alvie perdait courage ? commenta Blanche Twyford d'un ton acerbe. Vous parlez d'une corvée !

Elle se tourna vers Omegus.

— Sommes-nous toujours tenus par notre serment, au vu de ce dernier développement ?

— Dans les procès médiévaux sur lesquels je me suis basé, on avait la permission de se faire représenter par un ami, lequel risquait alors le même châtiment que l'accusé. Si celui-ci était reconnu coupable, il promettait d'accomplir le pèlerinage imposé, et si son ami était assez sûr de sa valeur, qu'il avait le courage et l'abnégation nécessaires pour l'accompagner, il lui offrait alors la plus grande preuve d'amitié possible. La difficulté du périple n'en sera pas amoindrie, pas plus que les dangers qui se présenteront à elles. Elles ne feront que les affronter ensemble. Pour répondre à votre question, Mrs. Twyford, vous êtes donc toujours tenue par votre serment.

— Remarquable, dit Lord Salchester à Vespasia, avec une admiration évidente. Je vous félicite pour votre loyauté, ma chère.

— De l'entêtement, oui ! grommela Lady Warburton.

Vespasia vit qu'Omegus la regardait avec une satisfaction qui la dérouta. Elle se demanda même un instant si sa promesse irréfléchie était vraiment destinée à aider Isobel, ou juste à provoquer la joie d'Omegus. Puis, concluant à l'absurdité de ces interrogations, elle termina son petit déjeuner.

Les servantes partiraient plus tard avec les bagages de leurs maîtresses et resteraient à Londres. Ce voyage expiatoire devait être accompli sans aide. Que ces femmes les accompagnent serait injuste et compromettrait la validité du serment. En plus de ne pas mériter une telle épreuve, elles n'étaient tenues à aucun secret.

Isobel et Vespasia partirent peu après dix heures avec une avance confortable. Omegus les conduisit jusqu'au perron, où le vent cinglant et frais chargé de l'odeur pure de la pluie lui battit les cheveux.

— Prévenez-moi quand vous serez à Londres, dit-il. Bon voyage.

— Êtes-vous sûr que Vespasia peut m'accompagner ? demanda Isobel. Je n'ai aucune intention d'accomplir ce périple pour m'apercevoir à la fin qu'il n'a aucune valeur.

— Il n'en sera rien, la rassura-t-il. Ne sous-estimez pas les difficultés qui vous guettent. Vespasia vous facilitera peut-être la tâche, à la fois par sa présence, son courage et son intelligence, mais c'est vous qui devrez vous présenter devant Mrs. Naylor. Si Vespasia devait le faire à votre place, alors, en effet, vous n'auriez pas expié votre faute. Si vous mentez, la bonne société, incapable de déceler votre tromperie, vous pardonnera, mais vous, vous saurez, et en définitive c'est tout ce qui comptera.

— Je ne mentirai pas ! s'offusqua Isobel.

— Je le sais, répondit-il. En outre, Vespasia témoignera de votre bonne foi au cas où Mrs. Naylor s'y refuserait.

Isobel se mordit la lèvre.

— Je reconnais que je n'y avais pas songé. C'est vrai que ça n'aurait rien de surprenant. Je… j'aimerais connaître le contenu de la lettre.

Omegus se rembrunit.

— C'est impossible, répondit-il, un soupçon de mise en garde dans la voix. L'incertitude fera partie de votre voyage, je le crains. Bon, il est temps de partir, maintenant, ou vous allez manquer votre train. Le suivant n'arrivera pas avant longtemps.

Il se tourna vers Vespasia.

— Il va se passer beaucoup de choses avant votre retour, ma chère. Plaise à Dieu que tout cela vous soit bénéfique. Bonne route.

— Au revoir, Omegus.

Avec son aide elle monta à bord du cabriolet, puis elle s'enveloppa les genoux d'un plaid.

Le valet d'écurie fit claquer les rênes pour faire avancer le poney. Isobel regardait devant elle, le visage fouetté par le vent ; Vespasia se détourna une dernière fois et vit Omegus qui, les bras le long du corps, se tenait toujours sur le pas de la porte. Il les observa jusqu'à ce qu'elles disparaissent derrière les grands ormes.

Le trajet jusqu'à Londres eut beau leur paraître ennuyeux, il fut en fait très court – un peu plus de deux heures – comparé au voyage qui les attendait ensuite. À leur arrivée, elles prirent chacune un cab pour gagner leurs demeures respectives et préparer des vêtements plus adéquats. Nul besoin de robes de soirée, en revanche, jupons d'hiver, manteaux, bottes et capes plus chaudes s'avéraient indispensables. Elles convinrent de se retrouver à la gare d'Euston afin de prendre le train pour le Nord à six heures le soir même.

Ce fut Vespasia qui arriva la première, et elle s'en voulut de craindre qu'Isobel ne se ravise au dernier moment. Elle fit les cent pas sur le quai glacial et constata avec étonnement que les gares semblaient toujours canaliser le vent jusqu'à en augmenter la force et le rendre deux fois plus mordant que partout ailleurs. Bien entendu, l'air était en outre saturé de vapeur, de volutes de suie et de bruit – cris, portes qui claquent et voyageurs qui vont et viennent.

Quinze minutes avant le départ, elle repéra Isobel qui, avançant d'un pas énergique devant un porteur chargé de ses bagages, lançait des regards affolés à droite et à gauche, à l'évidence en proie à la peur de devoir affronter seule le voyage et son but plus redoutable encore.

— Dieu soit loué ! s'exclama-t-elle, la voix tremblante de soulagement quand elle vit Vespasia.

Elle fit signe au porteur.

— Merci ! Ici, ce sera très bien. Veuillez les monter dans la voiture pour moi.

Sur quoi, elle ouvrit son réticule pour lui remettre le pourboire adéquat.

— Avez-vous douté de moi ? demanda Vespasia.

— Bien sûr que non, dit Isobel, vexée. Et vous ?

— Bien sûr que non, répondit Vespasia en souriant.

— Menteuse ! s'exclama Isobel en lui rendant son sourire. Ça va être affreux, pas vrai ?

Sa remarque n'avait rien d'une question.

— À mon avis, oui. Vous voulez renoncer ?

Isobel fit une moue contrite ; dans ses yeux, on lisait la peur et la franchise.

— J'adorerais, mais ça n'arrangerait rien, bien au contraire. Qui plus est, maintenant que je me suis engagée devant ces butors, je n'ai plus le choix. Rien de ce qui m'attend ne pourra être pire que les affronter si j'échouais !

— C'est certain. C'était sans doute le but de la manœuvre.

Vespasia arrêta le porteur, qui lui montait aussi son unique valise, et le récompensa à son tour.

Avec un peu de chance, une journée suffirait à leur mission. À leur retour, la longue réunion à Applecross s'achèverait à peine.

Le train démarra dans un concert de coups de sifflet, de cliquetis et de jets de vapeur. Prenant petit à petit de la vitesse, il passa devant des habitations collées les unes aux autres, des étendues de verdure, des usines, encore des maisons, puis finit par s'enfoncer dans la campagne où se détachaient la terre brune des champs labourés et les rares bosquets d'arbres dénudés. Fussent-elles parties pour une autre destination, la cadence des roues sur la voie aurait apaisé les deux voyageuses.

Le jour déclina vite, et en moins d'une heure elles filaient dans la nuit. On ne voyait de la vapeur que les lignes rouges laissées par les flammèches incandescentes ; le paysage se brouillait en une masse indistincte et obscure.

Le train fit des arrêts réguliers pour laisser descendre ou prendre des passagers, permettre aux autres de se dégourdir les jambes, d'utiliser les sanitaires et de se procurer des rafraîchissements.

Vespasia tâcha de dormir le plus possible. Le mouvement du train était agréable et produisait une sorte de petite musique régulière, mais être assise plus ou moins droit se révélait fort inconfortable. Elle voyait Isobel regarder passer les lumières des gares et des bourgs qu'elles traversaient, et la savait inquiète. Mais elles avaient abordé le sujet de leur mission sous tous les angles, et Vespasia refusait de se perdre davantage en conjectures.

Quand l'aube se leva, grise et venteuse, le train dépassait les landes du Yorkshire pour gravir les hauteurs de Durham, plus mornes et désolées, avant de s'enfoncer dans le Northumberland et passer enfin la frontière de l'Écosse. Elles descendirent dans une des gares pour s'acheter un petit déjeuner, qu'elles mangèrent en route dans leur compartiment.

Vespasia parla de sujets qui d'ordinaire auraient aiguisé leur intérêt : mode, théâtre, potins et politique. En ces circonstances, l'une et l'autre n'en avaient que faire, mais toutes les deux se prêtèrent au jeu.

Alors qu'elles traversaient les Lowlands en direction d'Édimbourg, cette ville à la fois magnifique et troublante qui était le siège du pouvoir et du savoir en Écosse, le ciel se dégagea. Les deux femmes descendirent de voiture et, avec l'aide d'un porteur, prirent leurs bagages, puis attendirent le train qui les conduirait à Inverness, à cent cinquante miles de là.

Une heure et demie plus tard elles étaient à bord, engourdies, gelées et fourbues, mais de nouveau en route vers le nord. À leur arrivée dans le Stirlingshire, de la neige recouvrait les premiers contreforts montagneux ; la couronne noire que formait le château de Stirling se détachait sur un ciel bleu où filaient des nuages chahutés par le vent.

La campagne se fit plus sauvage. Les versants des collines étaient noirs de bruyère fanée, les pics plus hauts et d'un blanc brillant. Sur les coteaux moins élevés, elles aperçurent des troupeaux de cerfs, et même une tache sombre semblable à un aigle mais qui n'était sans doute qu'une buse. Le jour baissait quand enfin elles entrèrent dans Inverness, où le rougeoiement du coucher de soleil se réfléchissait sur la mer. Au nord se dressait l'île Noire, et au-delà on distinguait les montagnes étincelantes du Ross-shire et du Sutherland.

Sur le quai, un vent aussi acéré qu'une faux, chargé de l'odeur de la neige et des grands espaces vierges, traversait même les vêtements en laine les plus épais. Elles prirent la décision tacite de s'arrêter pour la nuit plutôt que de chercher la maison de Mrs. Naylor dans l'obscurité, dans une ville qu'aucune d'elles ne connaissait. L'hôtel de la gare semblait proposer d'excellentes chambres. Le matin, et avec lui l'épreuve finale de ce voyage, arriverait bien assez tôt.

Elles se renseignèrent auprès du personnel et apprirent que le manoir de Mrs. Naylor ne se trouvait pas dans Inverness même mais aux abords de Muir of Ord, un bourg sis à quelques miles de là, où il faudrait se rendre en calèche, et que le trajet leur prendrait une bonne partie de la matinée.

Il était donc aux alentours de midi quand Vespasia et Isobel se présentèrent devant les grilles de la demeure, construite sur plusieurs acres d'un domaine richement boisé qui s'étendait vers l'estuaire de la Beauly jusqu'à la mer.

— Vous êtes prête ? demanda Vespasia à Isobel avec douceur.

— Non, et je ne le serai jamais, mais j'ai tellement froid que je ne suis même pas sûre de pouvoir tenir debout, alors tout ce qui me guette dans cette maison ne pourra être pire que rester ici.

Vespasia le souhaitait de tout son cœur mais ne lui en fit pas part.

Elles descendirent de voiture, remercièrent le cocher et lui demandèrent de les attendre au cas où on ne les inviterait pas à rester, pour ne pas se retrouver sans moyen de regagner la ville. Vespasia resta en retrait pour qu'Isobel puisse actionner la cloche à côté de la porte. Alors qu'elle s'apprêtait à tirer une deuxième fois sur la chaînette, impatiente de mettre fin à son calvaire, un vieux domestique lui ouvrit et la dévisagea d'un air inquisiteur.

— Bonjour, dit Isobel d'une voix hésitante. Je m'appelle Isobel Alvie. Je suis venue de Londres afin de remettre une lettre très importante à Mrs. Naylor. Mon amie, Lady Vespasia Cumming-Gould, m'accompagne. Je vous serais fort reconnaissante de transmettre ce message à Mrs. Naylor. Je m'excuse de ne pas avoir annoncé ma visite, mais ce voyage était urgent et inattendu.

— Si vous voulez bien entrer, Mrs. Alvie, Lady Vespasia, je vais réfléchir à la meilleure décision à prendre, déclara l'homme avec un léger accent du nord.

Isobel hésita.

— La meilleure décision à prendre ? répéta-t-elle.

— Oui, madame. Mrs. Naylor est absente, mais elle aurait sûrement voulu vous offrir l'hospitalité. Entrez, je vous prie.

Il ouvrit la porte en grand.

Isobel jeta un coup d'œil à Vespasia puis, après un haussement d'épaules quasi imperceptible, suivit le domestique à l'intérieur. Vespasia lui emboîta le pas – elles pénétrèrent dans une grande salle à poutres basses où brûlait un feu dans un âtre ouvert, puis passèrent dans un petit salon tout simple inondé de soleil. La fenêtre donnait sur une pelouse en pente qui laissait place à un panorama splendide, mais il y faisait plus froid que dans la première pièce.

— Quand Mrs. Naylor doit-elle rentrer ? s'enquit Isobel d'une voix âpre qui trahissait sa nervosité.

— Hélas, madame, je l'ignore. Je suis navré de ne pouvoir vous aider après tout le chemin que vous avez parcouru.

— Où est-elle partie ? demanda Isobel. Vous devez bien le savoir !

Il parut interloqué par une telle insistance, pour le moins grossière.

Vespasia intervint.

— Veuillez nous pardonner si nous vous paraissons indiscrètes, déclara-t-elle avec douceur, mais il est arrivé un grand malheur à la fille de Mrs. Naylor. Nous devons lui porter la nouvelle, coûte que coûte. Veuillez comprendre notre peine, et notre inquiétude.

— Miss Gwendolen ?

Le visage du domestique s'assombrit, mais il fut impossible de déchiffrer ses émotions.

— Pauvre enfant, dit-il d'un ton triste. La pauvre enfant…

— Nous devons prévenir Mrs. Naylor, répéta Vespasia, et lui remettre cette lettre en mains propres. Nous nous y sommes engagées.

L'homme secoua la tête.

— Encore un décès, n'est-ce pas ? demanda-t-il en les regardant tour à tour.

Vespasia laissa Isobel répondre.

— Oui, j'en suis navrée. Vous comprendrez donc que nous devons nous adresser à Mrs. Naylor en personne. Puisque nous étions toutes les deux présentes là-bas, nous pourrons au moins l'éclairer sur les circonstances du drame, si elle le souhaite.

— Il s'agit de Miss Gwendolen elle-même, cette fois, hein ? dit-il en secouant la tête avec raideur, le regard brillant et distant.

À le voir si ébranlé, Vespasia eut l'impression d'être de trop.

— Oui. Je suis profondément désolée, répondit Isobel. Où pouvons-nous la trouver, ou bien lui envoyer un message afin qu'elle rentre ? Nous sommes disposées à l'accompagner jusqu'à Londres, si elle nous le permet.

— Ah, peut-être bien.

Le domestique hocha la tête.

— Ce n'est pas impossible. Ce qui est sûr, c'est que ça fait un long voyage.

— En effet, mais le changement à Édimbourg n'est pas trop pénible.

— Ah, ma petite, aucun train ne part de Ballachulish, et, de votre vivant, vous n'êtes pas près d'en voir un… pas même vos petits-enfants, d'ailleurs, expliqua-t-il avec un petit sourire triste. Si ça se trouve, c'est mieux comme ça. Il faut prendre le bateau jusqu'à Glasgow. J'ai cru comprendre que le chemin de fer y va, maintenant.

Il parlait de cette ville comme d'une Babylone lointaine et exotique.

— Ballachulish ? fit Isobel d'un ton hésitant. Où est-ce ? Comment s'y rend-on ?

— Par Inverness, pardi. Ensuite il faut descendre le loch jusqu'au canal Calédonien, et peut-être même jusqu'à Fort William. Ou sinon vous traversez la lande de Rannoch et les montagnes de Glencoe. Ballachulish se trouve de l'autre côté, à ce qu'on m'a dit.

— Est-ce loin ? demanda Isobel.

— Ma pauvre petite, c'est à l'autre bout de l'Écosse ! Sur la côte ouest.

Isobel soupira.

— Quand Mrs. Naylor revient-elle ?

— C'est là tout le problème. Elle n'a pas prévu de rentrer, du moins pas à notre connaissance. Peut-être au printemps prochain, mais là encore, rien n'est sûr.

Isobel fut horrifiée.

— Au printemps prochain ? Mais c'est… c'est dans très longtemps !

— Eh oui. Nous serons heureux de vous accueillir ici cette nuit, le temps que vous réfléchissiez. Nous avons de nombreuses chambres. Il ne vient presque plus personne ici depuis l'accident de ce pauvre Mr. Kilmuir. Ce sera un plaisir de devoir cuisiner pour quelqu'un et d'entendre d'autres voix que les nôtres.

— Mrs. Naylor est-elle absente depuis tout ce temps ? demanda Vespasia, surprise. Je croyais que cet événement remontait à plus d'un an…

— Un an et demi, précisa-t-il. C'est arrivé au début de l'été 1851. Bon, peut-être désirez-vous déjeuner ? Vous n'avez sans doute pas encore mangé.

— Oui, merci, accepta Vespasia avant qu'Isobel ait eu le temps de décliner l'offre.

Elles avaient besoin de se nourrir et, surtout, besoin de temps pour prendre une décision face à cette nouvelle terrible.

— Qu'allons-nous bien pouvoir faire ? demanda Isobel dès qu'elles furent seules dans la grande salle. M'écouteront-ils si je leur explique que Mrs. Naylor était absente, qu'elle se trouve sur la côte ouest et qu'il n'existe aucun moyen de la rejoindre ?

— Non, répondit Vespasia en toute franchise. Pour commencer, si elle est là-bas, il nous sera forcément possible de nous y rendre aussi.

Alors qu'elle prononçait ces mots, elle se sentit prise de panique. Quand elle avait promis à Isobel de l'accompagner jusqu'à Inverness, ç'avait été sur un coup de tête, en partie par compassion et en partie à cause de son antipathie croissante pour Lady Warburton, dont elle voulait voir les espoirs contrariés, et surtout, bien plus qu'elle ne s'en était rendu compte jusqu'à présent, par désir de s'attirer le respect et même l'admiration d'Omegus. Hélas, la tâche s'annonçait beaucoup plus ardue que prévu. Néanmoins, son orgueil lui interdisait de renoncer, et, par honnêteté, elle ne laisserait pas Isobel croire qu'être venues jusqu'à Inverness suffirait à honorer leur serment.

— C'est absurde ! s'exclama Isobel en fixant le feu du regard. Pourquoi cette bonne femme est-elle allée se terrer au bout du monde ? Comment Gwendolen a-t-elle pu penser qu'on allait lui remettre sa lettre ? Personne n'y a songé quand on nous a envoyées courir tout le pays pour rien !

Ses reproches implicites visaient Omegus, et Vespasia s'en sentit blessée.

— Personne ne nous a envoyées ici, rétorqua-t-elle. On vous a offert la chance de vous racheter pour une remarque cruelle et idiote qui a fini en tragédie, ce dont Omegus n'était en rien responsable.

Isobel pivota vivement dans son fauteuil.

— Si Gwendolen avait eu un minimum de courage, elle se serait contentée de me répondre au lieu d'aller se jeter dans l'étang ! Ou encore, si elle désirait faire sensation, elle aurait agi en plein jour, à un moment où on aurait pu la voir et la repêcher !

— Ah oui, trempée jusqu'aux os, les vêtements qui lui collent à la peau, les cheveux comme des queues de rat, recouverte de vase et d'herbes aquatiques ? Dans quel but, bon sang ? Se jeter dans un étang est un acte romantique, mais en être repêché, c'est en revanche tout bonnement ridicule !

Alors qu'elle s'approchait de la fenêtre, d'autres pensées s'immiscèrent dans son esprit, des souvenirs d'une Gwendolen joyeuse et confiante. Elle choisit alors de se représenter le moment où Isobel avait pris la parole, les secondes glaçantes avant que tout bascule, puis le visage horrifié de Gwendolen. Voilà ce qu'elle ne comprenait pas : sa réaction était disproportionnée. Ce qui l'avait le plus meurtrie, c'était sans doute le fait que Bertie n'ait pas pris sa défense et ne l'ait même pas rejointe pour lui expliquer qu'il ne croyait pas un mot des accusations portées contre elle. C'est la désillusion qui l'avait minée. Elle devait être amoureuse de lui pour de bon et n'avoir jamais cerné sa véritable personnalité.

Elle tenta de se rappeler le comportement de Gwendolen au cours de la saison. Lui avait-elle paru fragile à ce point ? Les images lui revinrent une par une. Aucune ne lui mit la puce à l'oreille : elle revoyait une jeune femme qui, sortant d'un deuil, recommençait à s'amuser, à rire, à flirter, et qui, même si elle dépensait avec parcimonie, ne semblait pas connaître de difficultés financières. Cependant, l'avait-elle considérée autrement que de façon superficielle ?

D'ailleurs, voyait-elle en Isobel plus qu'une amie intelligente, un peu à part, qu'elle appréciait pour ses opinions et son franc parler ? Vespasia n'avait jamais rien cherché d'autre chez elle qu'un remède à l'ennui. Elle ne lui avait rien confié d'intime, surtout pas son aventure à Rome. Elle n'en avait parlé à personne.

Il lui semblait singulier que Mrs. Naylor soit partie si vite après la mort de Kilmuir, apparemment sans intention de revenir. Qu'est-ce qui avait pu déclencher une telle décision ?

Elle quitta la pièce et alla jusqu'à une porte qui donnait sur une allée de gravier. La journée était belle et un vent glacial soufflait en provenance du large. Le jardin était splendide, la pelouse aussi lisse qu'un terrain de cricket, les fleurs étaient bien taillées et les arbres fruitiers cultivés en espaliers le long des murs orientés plein sud. En s'y promenant, elle croisa un homme qui sortait du potager ; elle se présenta et le complimenta sur l'aspect des lieux. Il la remercia avec courtoisie.

— Tout ça doit beaucoup manquer à Mrs. Naylor, dit-elle pour engager la conversation. Ballachulish est-il aussi agréable ?

— Oh, c'est drôlement beau, avec les montagnes, la vallée et tout ça. Enfin moi, je trouve l'ouest trop humide. C'est un pays capricieux. Très spectaculaire. Pas besoin d'un jardin comme celui-ci, là-bas.

— Pourquoi irait-on s'y installer ? Il faut être très téméraire…

— Là, vous me posez une colle, madame. Pour sûr, moi, je pourrais pas y vivre. Mais quand on est de la région, c'est différent. Ils ont leur terre dans le sang.

— Mrs. Naylor en est originaire, alors ? Voilà qui explique tout.

— Non, pas elle ! Elle est anglaise, tout comme vous, répondit-il comme si la décision de sa patronne le surprenait aussi. Quand Mr. Kilmuir est mort, ça lui a pris comme ça. Elle l'a drôlement mal encaissé. Remarquez, ç'a été un coup dur, et puis soudain, en plus.

— C'est certain, dit-elle avec compassion, frissonnant un peu sous les assauts du vent qui s'élevait des eaux à présent agitées et blanches d'écume. Je n'ai jamais su ce qui était arrivé. Gwendolen était trop sous le choc pour pouvoir en parler.

— Le cheval s'est emballé, dit-il plus bas. Kilmuir et Mrs. Naylor étaient dans le cabriolet. Lui a été éjecté par une branche, et il est resté accroché aux rênes par le poignet.

— Il a été traîné ? C'est horrible ! Pas étonnant que Gwendolen ait été bouleversée ! Pauvre Mrs. Naylor ! Elle a dû avoir une peur de tous les diables !

— Pensez-vous ! rétorqua-t-il d'un ton vif. On voit que vous la connaissez pas ! Y a pas un homme qu'ait plus de courage qu'elle. Et même deux réunis, tiens !

Il releva le menton d'un air fier et la dévisagea, les sourcils froncés.

— Ça vous fait peut-être sourire, mais c'est vrai. Elle a arrêté le cheval toute seule, hélas trop tard pour sauver Kilmuir. Il a dû mourir très vite. Mrs. Naylor a coupé les rênes et est revenue à cheval jusqu'ici pour nous prévenir. Quand on a retrouvé le cabriolet et Kilmuir, on voyait exactement ce qui s'était passé.

— Et Mrs. Kilmuir ?

Il eut l'air dépité.

— C'est ça le plus moche, madame. Elle montait elle aussi ce jour-là. Elle a assisté à la scène mais n'a rien pu faire. La pauvre enfant, commenta-t-il en secouant la tête. Sûr qu'elle serait plus jamais la même. Inconsolable, qu'elle était. Elle errait dans la maison tel un fantôme, n'avalait plus rien et ne prononçait plus le moindre mot. Ça nous a fait plaisir quand elle est repartie à Londres, et quand on a appris qu'elle avait commencé une nouvelle vie.

— Mrs. Naylor ne l'a pas accompagnée ?

Le visage du jardinier se figea et quelque chose en lui se ferma.

— Non. Elle n'apprécie guère Londres et a bien trop à faire ici. Bon, je vous demande pardon, madame, mais je dois apporter tout ça à la cuisinière, puisque votre amie et vous restez à dîner. Nous souhaitons vous offrir le meilleur accueil possible et vous traiter comme des invitées de Mrs. Kilmuir. Promenez-vous dans le jardin autant que vous le voulez et soyez la bienvenue.

Elle le remercia et reprit sa marche, l'esprit accaparé par la mort de Kilmuir, la réaction de Mrs. Naylor et ses efforts pour consoler sa fille. Elle fut prise d'une terrible sensation de culpabilité à l'idée de devoir lui annoncer la pire des nouvelles. La perspective de rentrer à Londres en laissant là la lettre de Gwendolen pour qu'elle la trouve à son retour était désormais exclue.

Lorsqu'elles se retrouvèrent seules après le dîner, elle en fit part à Isobel.

Cette dernière se détourna de la fenêtre, où elle se tenait, regardant fixement l'obscurité.

— Descendre le canal Calédonien puis traverser les terres jusqu'à Balla-je-ne-sais-quoi... dit-elle d'un ton angoissé. Comment y parviendrons-nous ? Quelle personne saine d'esprit tenterait ce voyage à cette période de l'année, à part des bergers et des brigands ?

— En tout cas, je vais essayer. Si vous désirez retourner à Londres, je suis sûre que quelqu'un vous raccompagnera jusqu'à Inverness. En ce qui me concerne, je ferai tout mon possible pour remettre cette lettre à Mrs. Naylor et lui raconter ce que je sais.

Livide, Isobel avait les yeux pleins de colère.

— Vous savez bien les commentaires que les autres feraient si je rentrais sans vous ! Ce serait encore pire que si je n'étais jamais venue jusqu'ici !

— Oui, sans doute. Donc vous allez me faire du chantage pour que je rentre aussi et que je laisse cette malheureuse femme découvrir à son retour, que ce soit dans un mois ou dans un an, que sa fille est morte ?

DEUXIÈME PARTIE

— J'ai l'impression que nous sommes dans une impasse, commenta Vespasia d'un ton froid. Peut-être devrions-nous agir chacune comme bon nous semble ? En ce qui me concerne, j'irai à Ballachulish, ou du moins je tâcherai de m'en rapprocher le plus possible. Comme vous l'avez sans doute remarqué, on n'a vu que très peu de neige pour l'instant.

Isobel se mordit la lèvre et se détourna.

— Vous finissez toujours par obtenir ce que vous voulez, n'est-ce pas ? dit-elle d'une voix tremblante, sans qu'on sache si c'était dû à la colère ou à la peur. Vous avez l'argent, la beauté et un titre et savez vous en servir à merveille !

Sur quoi, elle quitta la pièce d'un pas vif, sans un regard.

Vespasia resta seule. Les reproches d'Isobel ne pouvaient être justifiés ! Était-elle à ce point gâtée et coupée de la réalité ? Certes, elle ne pouvait ignorer qu'elle était une femme magnifique. Si le miroir n'avait pas suffi à lui en faire prendre conscience, la jalousie des femmes et l'admiration des hommes s'en seraient chargées. C'était fort agréable – elle ne pouvait le nier –, mais cela en valait-il la peine ? D'ici à quelques années, son éclat se fanerait, et ceux qui ne l'appréciaient que pour ce seul atout l'abandonneraient pour la Vénus du moment, plus jeune et plus fraîche.

Certes, elle avait de l'argent. Elle reconnaissait n'avoir jamais manqué de rien. Et son titre ? Exact aussi. Il lui ouvrait des portes qui pour d'autres resteraient toujours fermées. Était-elle gâtée ? L'imagination et la compassion lui faisaient-elles défaut ? N'ayant jamais été mise à l'épreuve, manquait-elle de force ?

Non, c'était faux ! Rome l'avait poussée dans ses derniers retranchements. Elle aurait tout donné pour rester là-bas avec Mario malgré leurs divergences idéologiques : lui était républicain, et elle monarchiste. Il possédait la passion et la flamme des révolutionnaires, alors que de son côté elle chérissait les vieilles et belles traditions qui avaient fait leurs preuves au fil des siècles. Ce qui ressortait de cette aventure, c'était le rire de Mario, sa chaleur, son courage d'idéaliste. Comme ce caractère était à l'opposé de la douceur ordinaire et dépourvue d'imagination de son mari, qui lui laissait toute sa liberté mais ne parvenait pas à combler le vide de son âme !

Quoi qu'il en soit, tout cela ne concernait pas Isobel, qui n'en saurait jamais rien. C'était son voyage expiatoire, pas celui de Vespasia.

Elles partirent tout de suite après le petit déjeuner, avec l'aide des gens de Mrs. Naylor, qui les accompagnèrent en cabriolet à Inverness, puis au-delà, jusqu'à l'extrémité orientale du Loch Ness, où elles pourraient louer une barque. De là, elles longeraient la rive de ce lac bordé de montagnes escarpées, qui semblait une immense faille remplie d'eaux insondables luisantes comme l'acier. Durant tout le trajet en cabriolet, elles ne s'étaient presque pas parlé, assises côte à côte, le visage battu par le vent, les jambes emmitouflées dans un plaid.

— Fort Augustus se trouve à trente miles d'ici, déclara le marinier en secouant la tête quand elles montèrent à bord. Ensuite, il faut remonter le canal sur encore trente bons miles avant d'atteindre Fort William, sur la côte.

Les yeux plissés, il observa le ciel.

— Dans l'ouest, on dit toujours que si on voit les collines, c'est la pluie assurée.

— Et si on ne les voit pas ? demanda Isobel.

— C'est qu'il pleut déjà, répondit-il en souriant.

— Dans ce cas, mieux vaut ne pas traîner, rétorqua-t-elle d'un ton vif. Si pour l'instant il fait beau, c'est qu'il va bientôt pleuvoir !

— Exact. Vous êtes sûre de vouloir y aller ?

Sans un regard à Vespasia, Isobel confirma que oui, et elle accepta l'aide du batelier pour s'installer à la poupe de la petite embarcation, dont la plus grande partie était ouverte à tous les vents. C'était pour elles la seule façon d'entamer leur voyage.

Ils s'avancèrent dans les eaux plus propices à la navigation, mais sans trop s'éloigner de la rive septentrionale, comme si le centre du lac promettait d'être le théâtre de tempêtes subites. En effet, des bourrasques sorties de nulle part soufflèrent à plusieurs reprises. Au départ, l'eau scintillait de reflets argentés éblouissants, et les flancs des montagnes resplendissaient de verts vifs. Soudain, tout s'obscurcit, les sommets furent ensevelis sous un linceul de nuages, et le lointain fut voilé par d'impénétrables rideaux de pluie grise.

S'étant abritées dans la minuscule cabine, elles furent bringuebalées d'un bord à l'autre par le tangage et le roulis. Elles restèrent silencieuses, les mâchoires serrées, tremblant de froid.

Vespasia maudit ce qui l'avait poussée à venir jusque-là : son orgueil, Isobel et sa langue de vipère, Omegus et ses idées de rédemption, et enfin Gwendolen, qui avait voulu épouser un homme aussi superficiel que Bertie Rosythe et s'était effondrée quand elle avait vu clair en lui.

— Vous croyez que Gwendolen était encore amoureuse de Kilmuir ? demanda-t-elle à Isobel quand le déluge cessa.

Autour d'elles, tout était redevenu scintillant ; le lac, aussi plat qu'un miroir, ressemblait en son centre à un brasier de lumière, les monts étaient noirs comme le basalte, et des traînées de pluie assombrissaient l'horizon.

Surprise, Isobel la dévisagea.

— Vous voulez dire qu'elle s'en serait aperçue ce soir-là et que son chagrin aurait refait surface ? demanda-t-elle d'une voix où transparaissait l'espoir.

— La connaissiez-vous bien ?

Isobel réfléchit quelques instants. Elles passèrent devant un château construit au bord de l'eau qui, dans ce décor montagneux, avait un côté théâtral.

— Un peu, répondit-elle. Je sais que sous son air gai se cachait une grande tristesse. Cela dit, elle était veuve. Je sais ce que c'est. Qu'on ait aimé son mari à la folie ou pas, on se sent parfois très esseulée.

Vespasia ressentit un accès de culpabilité.

— Je comprends.

Isobel n'avait pas besoin de savoir que ce manque la touchait aussi, qu'elle ressentait une autre sorte de solitude, une soif qu'elle n'avait jamais pu étancher, sauf lors de brefs moments périlleux, en partageant une cause commune avec l'être aimé, pendant une période vouée à rester éphémère.

— Pour tout vous dire, Kilmuir était un mufle, d'après moi, reprit Isobel d'un air songeur. Je suis sûre qu'il ne valait pas mieux que Bertie Rosythe. Enfin, bon, c'est normal de ne se souvenir que des traits positifs de quelqu'un après sa mort.

Vespasia lut le doute sur son visage et crut déceler en elle une certaine amertume. Après cette remarque, Isobel ne soutint pas une seule fois son regard et n'évoqua plus jamais ce sujet.

Ils passèrent la nuit sur la terre ferme, reprirent la route dès le lendemain matin et atteignirent Fort Augustus dans la soirée. Au lever du soleil, elles changèrent d'embarcation pour amorcer la descente du canal. Le froid mordant, le sentiment de claustrophobie sur cette longue barge étroite et l'idée de s'éloigner de plus en plus d'une région qui leur était plus familière, ne fût-ce que de réputation, atténuèrent en partie la tension qui régnait entre elles. Ce qui primait pourtant, c'était l'appréhension due à la perspective de rencontrer Mrs. Naylor. Elles discutèrent afin de briser le silence de ces immensités et de conjurer la singularité de leur situation. Elles se rapprochèrent l'une de l'autre pour trouver un peu de chaleur, partagèrent la nourriture qu'on leur offrait et rirent avec embarras du côté peu commode des exigences de la nature. Pour passer le temps et se dégourdir les jambes pendant les longs moments ennuyeux où ils franchissaient une écluse, elles descendaient de la péniche pour faire les cent pas dans le vent cinglant et observer les cimes blanches des hauteurs.

Dans la soirée du quatrième jour de voyage depuis Inverness, elles arrivèrent à Fort William, où de nouveau elles trouvèrent un hébergement. Tremblant de froid et d'épuisement, elles étaient trop accablées pour réfléchir à la façon dont elles rejoindraient ensuite Ballachulish. Elles se pelotonnèrent près du feu afin de se réchauffer.

— Qu'est-ce qui a pris à Mrs. Naylor de venir ici, au nom du ciel ? demanda Isobel, dépitée, en frictionnant ses mains tendues vers les flammes. Et d'y rester un an et demi, en plus ? Pas étonnant que Gwendolen n'ait jamais parlé d'elle. Elle devait être terrifiée à l'idée qu'on découvre que sa mère était folle !

— Elle n'en a jamais parlé ? s'étonna Vespasia, bien que le commentaire d'Isobel lui parût plutôt sensé.

Elle-même s'était déjà demandé pourquoi Mrs. Naylor ne préférait pas sa splendide demeure de Muir of Ord. Si l'on désirait vivre en reclus, cet endroit était déjà bien assez isolé !

— Jamais, répondit Isobel avec franchise. Avouez que c'est surprenant.

Vespasia eut une nouvelle révélation : elle n'avait jamais remarqué auparavant qu'Isobel connaissait aussi bien Gwendolen. En fait, Isobel en savait bien plus qu'elle n'avait voulu l'admettre, et son désir d'obtenir l'affection de Bertie Rosythe était peut-être plus profond qu'il n'y paraissait.

— En effet, reconnut Vespasia. C'est assez surprenant.

Elle se demandait pourquoi Mrs. Naylor n'avait pas accompagné Gwendolen pour la chaperonner et l'aider de son mieux à trouver un second mari dès que les convenances l'auraient permis.

Isobel voulut approcher encore un peu plus son fauteuil du feu, mais se ravisa quand elle se rendit compte qu'elle se retrouverait presque les pieds dans l'âtre et que ses jupons seraient alors à la merci de la moindre flammèche.

— J'appréhende beaucoup de rencontrer cette femme. Croyez-vous qu'elle puisse être dangereuse ?

Vespasia réfléchit au besoin de mener leur voyage à terme, où qu'il les conduise, et à sa soif grandissante de vérité quant aux raisons qui avaient poussé Gwendolen à se donner la mort. Elle commençait à craindre de n'avoir vu à Applecross que la partie émergée de l'iceberg. Plus elle y songeait, moins la pique cruelle d'Isobel lui paraissait un motif suffisant.

— C'est possible, répondit-elle. Que disait Gwendolen de sa famille si elle ne mentionnait jamais sa mère ?

— Très peu de chose. Il n'y en avait que pour Kilmuir, et elle évoquait seulement à quel point il lui manquait. Bien entendu, elle ne parlait jamais de l'accident, ce qui semblait normal. Ç'aurait été de très mauvais goût, pénible pour elle et gênant pour tous les autres.

Prise d'un frisson, elle resserra sa cape autour de ses épaules.

— Je dois reconnaître qu'en de telles circonstances j'aurais agi comme elle. Je n'ai rien à lui reprocher. Je trouve étrange qu'elle n'ait jamais parlé de sa mère, c'est tout. Bref, si cette dernière est folle à lier, ça expliquerait tout.

Elle se frotta le front.

— Devons-nous vraiment continuer ?

— Vous avez envie de renoncer ?

Isobel fit une moue contrite.

— J'en ai eu envie dès notre départ, mais pas autant que maintenant, croyez-moi. Pourtant, puisqu'on touche au but, je détesterais avoir accompli tout ce trajet pour rien.

Elle sourit, et l'espace d'un instant ses yeux se firent brillants.

— Quand je suis sur le point de m'effondrer, je pense à la fureur de Lady Warburton et de Blanche Twyford qui seront obligées de me pardonner, et ça me donne du courage.

Vespasia comprenait son sentiment. L'idée de voir Lady Warburton se montrer courtoise et ravaler ses jugements lui avait plus d'une fois réchauffé le corps et redonné de l'allant.

Elle sourit.

— Et Kilmuir, comment était-il ?

Isobel se détourna, et une ombre s'immisça de nouveau entre elles.

— Je n'en sais rien.

— Oh si, vous le savez, insista Vespasia. Vous connaissiez Gwendolen bien mieux et depuis bien plus longtemps que vous ne me l'avez laissé entendre.

Isobel lui lança un regard plein de défi.

— Et alors, en quoi cela vous concerne-t-il ? Je vais expier ma faute, ça ne vous suffit pas ? C'est vous la mieux placée pour voir ce que ça me coûte !

Elle prit une profonde inspiration.

— C'est pour ça que vous m'accompagnez ? Pour vous assurer que je vais bien jusqu'au bout ? C'est la mission que vous a confiée Omegus Jones ?

Cette accusation était si injuste que Vespasia fut prise de court.

— Si je suis venue, c'est parce que d'après moi ce voyage risquait d'être long et pénible, voire dangereux, que son terme serait l'étape la plus difficile et que vous auriez sans doute besoin d'une amie. Si c'est moi qui avais dû m'en acquitter, je n'aurais pas voulu le faire seule. Et puis Omegus ne m'a confié aucune mission.

Isobel fut submergée par la honte.

— Je vous demande pardon, dit-elle d'une voix rauque. Je n'ai jamais été capable d'une telle preuve d'amitié. J'ai du mal à croire que vous puissiez vous donner tant de mal pour moi. Qu'est-ce qui vous y pousse ? Je… je ne pense pas que moi je l'aurais fait.

Elle détourna le regard.

— Enfin, vous n'aurez jamais besoin de moi de cette manière, bien sûr.

Vespasia fut tentée de lui dire la vérité, de lui parler du fardeau qu'elle portait, non seulement celui de la solitude mais aussi, si elle se montrait honnête, de la culpabilité et de la peur. Elle avait enterré ses souvenirs de Rome, de la passion, de la joie intime à ne pas être seule dans ses rêves. Elle s'était efforcée de nc plus espérer une relation avec un homme qui la comprendrait sans même qu'elle ait besoin de parler, qui comblerait chez elle un manque tout en en créant d'autres, et s'était interdit de repenser à l'exaltation que l'on ressentait en luttant corps et âme pour une cause. Elle était retournée à ses devoirs, aux bavardages mondains sur des kyrielles de sujets sans intérêt. À présent, elle se retrouvait avec Isobel, dont elle savait très peu de chose, et qui la connaissait encore moins, à partager les difficultés extérieures d'un voyage éprouvant, séparées par un fossé infranchissable concernant son but intrinsèque, puisqu'elle n'avait plus aucune croisade à mener. La seule bataille qu'elle devait livrer, c'était contre l'ennui, et cette lutte ne s'achevait jamais par une victoire, seulement par un autre jour à remplir avec des passe-temps qui ne lui apportaient rien.

— Vous ne pouvez pas savoir si j'en aurai besoin ou pas, répondit-elle d'une voix posée. Vous ne savez rien de moi, sauf ce que vous voyez en surface, c'est-à-dire ce que je veux bien montrer, comme tout un chacun.

Isobel parut ébranlée. Il ne lui était jamais venu à l'idée que Vespasia puisse être plus que la jeune femme parfaite dont elle renvoyait l'image.

Le feu commençait à faiblir. Le vent plaquait la pluie contre les vitres et gémissait sous les avant-toits. À moins qu'il se calme, le trajet en barque jusqu'à Ballachulish allait être rude, mais à cette période de l'année, il pouvait s'écouler des jours, voire des semaines, avant la prochaine belle journée. Attendre n'était pas envisageable.

Isobel semblait songeuse.

— Pourquoi avez-vous dit cela à Gwendolen ? s'enquit Vespasia. Vous l'avez accusée à mots couverts d'avoir le choix entre les domestiques et les gentlemen, et de préférer ces derniers pour des motifs d'argent et d'ambition.

Malgré la pénombre, elle vit rougir Isobel. Plusieurs secondes s'écoulèrent avant qu'elle réponde, et elle le fit sans regarder Vespasia.

— Je sais bien que c'était cruel. C'est sans doute pour cette raison que j'accomplis ce périple ridicule, sinon, quand nous avons appris que Mrs. Naylor était absente, j'aurais posté la lettre et dit que j'avais fait de mon mieux.

Elle frissonna.

— Non… c'est faux, avoua-t-elle. Si je le fais, c'est parce que je ne survivrai pas dans la bonne société si je n'honore pas ma promesse, et que je n'ai nulle part ailleurs où aller, nulle part où je sache comment me comporter.

— Pourquoi avez-vous tenu ces propos ? la pressa Vespasia.

— À cause des commérages. C'est sans doute stupide, mais je les ai entendus plus d'une fois.

Vespasia attendit la suite.

— Vous ne me dites pas tout, commenta-t-elle.

Isobel se mordilla la lèvre.

— On ferme toujours les yeux quand un homme couche avec une ou deux soubrettes, tant qu'il reste discret sur ses aventures. Une femme, elle, serait détruite si on lui découvrait une liaison avec un domestique. On la traiterait de catin. Son mari la renierait, et personne ne le lui reprocherait.

Vespasia n'en croyait pas ses oreilles.

— Êtes-vous en train de me dire que Gwendolen Kilmuir a couché avec un valet ? Elle devait avoir perdu la raison ! Plus encore que sa mère !

Isobel leva enfin les yeux vers elle.

— Non, je n'insinue rien de tel, mais des rumeurs couraient à ce sujet. En fait, je crois que c'est Kilmuir en personne qui les avait lancées.

Comme torturée par une profonde douleur, elle ferma les yeux.

— De son côté, il s'intéressait de très près à Dolly Twyford, la sœur cadette de Fenton.

— Je croyais qu'elle n'était pas mariée ! s'exclama Vespasia, perplexe.

Dans certains cercles, on acceptait qu'une femme mariée, lorsqu'elle avait donné assez d'enfants à son mari, cède à ses envies, et on n'y trouvait rien à redire à condition qu'elle agisse avec assez de discrétion. En revanche, si une célibataire fréquentait un homme, c'était une autre histoire. Cela pouvait ruiner sa réputation et lui interdire tout mariage convenable.

— Non, elle ne l'était pas, reconnut Isobel. C'était bien là le problème. Le bruit a couru que Gwendolen se comportait de manière si scandaleuse qu'il comptait divorcer d'elle et épouser Dolly.

— Ils étaient amoureux ?

— Amoureux de quoi ? fit Isobel d'un air moqueur. Dolly voulait obtenir une position dans la bonne société et le titre qui allait revenir à Kilmuir ; lui, de son côté, voulait des enfants. Au bout de six ans de mariage avec Gwendolen, il n'en avait toujours pas. Il commençait à s'impatienter. D'après les potins, en tout cas. Et je le savais, conclut-elle d'une voix étouffée.

Vespasia resta silencieuse. Minimiser la gravité de son acte ne servirait à rien. Une telle cruauté exigeait une pénitence, et toutes les deux en avaient une conscience aiguë. Mais ce qui la taraudait surtout, c'était le nouveau portrait de Gwendolen qui émergeait de ces révélations. Bertie Rosythe avait-il entendu ces rumeurs, lui aussi ? Était-ce la raison pour laquelle il n'avait pas cherché à la rassurer quant à son amour pour elle ? L'avait-il au contraire rejointe pour lui signifier qu'il n'avait aucune intention de lui demander sa main ? Gwendolen s'était-elle vue perdue, condamnée à ne jamais se remarier ?

Ou pis encore, ces rumeurs étaient-elles fondées ? Voilà qui soulevait une question des plus déplaisantes : la mort de Kilmuir avait-elle été fort opportune pour Gwendolen, effaçant d'un coup d'éponge la menace d'un divorce houleux qui aurait terni sa réputation ? Au lieu de cela, elle était devenue veuve, avait bénéficié de la sympathie générale et gardé toutes les chances de se remarier un jour.

Heureusement, c'était sa mère, et non Gwendolen, qui se trouvait dans la voiture avec Kilmuir.

Elles n'abordèrent plus ce sujet. Le sommeil les attirait dans ses bras apaisants. Toutes les deux se réjouissaient d'oublier leurs soucis jusqu'au lendemain, quand il faudrait de nouveau affronter les éléments et tenter de gagner Ballachulish.

Le voyage fut éprouvant. Un vent d'ouest violent forçait le batelier à louvoyer le long de la côte sur une mer agitée, aussi Isobel et Vespasia furent soulagées d'accoster enfin dans le petit village de Ballachulish et de poser le pied sur la terre ferme. Elles traversèrent la route qui longeait l'enceinte du port et, tête baissée pour se protéger des rafales de neige fondue, leurs jupons violentés par le vent, avancèrent vers l'auberge. Elles se renseignèrent auprès de l'aubergiste pour savoir où trouver Mrs. Naylor, mais sa réponse les plongea dans un état proche du découragement.

— Ah, je suis désolé, mais ça fait pas loin d'un an que Mrs. Naylor a quitté Ballachulish !

— Quoi ? s'étonna Isobel. Mais c'est impossible ! Ses gens de maison à Inverness nous ont dit que nous la trouverions ici !

— Oui, ç'a été vrai à une époque, reconnut-il, mais à la Noël, ça fera un an qu'elle est partie. Une grande dame, que c'était. J'ai jamais connu une femme aussi courageuse, même si elle était anglaise comme vous.

Isobel déglutit.

— Où est-elle allée ? Vous le savez ?

— Oui, je le sais. Elle s'est installée dans la région de l'Orchy, de l'autre côté de la vallée et de la lande. Vous pourrez pas l'y rejoindre avant mai, par contre. Même au printemps, le voyage n'a rien de drôle. Il vous faudra des chevaux. La grand-route passe juste à côté avant de continuer vers le sud.

Vespasia perçut chez Isobel les premiers signes du désespoir.

Sachant ce qui l'attendait à Londres si elle échouait, elle ressentit à son égard de la pitié. Ses juges n'auraient que faire des raisons qu'elle invoquerait et ne se soucieraient pas de savoir si eux auraient agi différemment. Ils chercheraient des excuses et s'accommoderaient de n'importe laquelle. Puis elle songea à Mrs. Naylor. Folle à lier ou pas, quelle que soit la raison qui l'avait poussée à s'installer ici puis à partir plus loin encore, elle méritait d'apprendre la mort de sa fille de vive voix et non par lettre six mois après le drame.

— La difficulté ne m'effraie pas, dit-elle à l'aubergiste. Est-il possible de s'y rendre maintenant avec de bons chevaux ?

L'homme réfléchit un instant.

— Oui, répondit-il enfin. Vous savez monter, j'imagine ?

Vespasia se tourna vers Isobel, qui hocha la tête.

— Tout à fait. Je l'ai fait très souvent, à Londres.

— Il vous faudra un guide, alors, les prévint-il.

— Bien entendu, acquiesça Vespasia. Voudrez-vous bien nous en trouver un, au prix qui vous semblera juste ?

Isobel cligna des paupières mais ne protesta pas.

Le lendemain matin, elles prirent la route en compagnie d'un homme grisonnant, un dénommé MacIan. Tous trois étaient pourvus d'un robuste poney des Highlands et trois autres s'y ajoutaient pour porter bagages et vivres.

— Ne vous éloignez pas, les mit en garde leur guide, en posant sur elles un regard sceptique. J'aurai pas le temps de vous dorloter, alors si vous avez un problème, criez, restez pas plantées là en espérant que je m'en apercevrai. Je serai occupé à guider nos poneys sur la piste, et puis surtout il faudra que j'arrive à la trouver, si le temps se gâte.

Il contempla le ciel qui projetait une lumière éblouissante sur les hauteurs et se couvrait par intermittence de nuages violacés ou noirs. De l'écume se formait sur l'eau agitée de l'écluse. Le vent glacial, chargé d'iode et de l'odeur piquante des algues, fouettait la peau et le sang.

Isobel lança un regard à Vespasia. Pour une fois, elles se comprirent sur-le-champ. L'orgueil leur interdisait de renoncer.

— Bien sûr, acquiescèrent-elles.

Quand MacIan fut convaincu de leur sincérité, ils quittèrent le village par la route qui traversait les montagnes de plus en plus escarpées en direction de la grande vallée où s'était déroulée la tuerie la plus perfide de l'histoire de l'Écosse. Pendant l'hiver 1692, les Campbell, invités des MacDonald, s'étaient levés dans la nuit pour massacrer leurs hôtes, hommes, femmes et enfants, par dévouement pour le roi d'Angleterre, Guillaume d'Orange.

Elles voyagèrent en silence. Quand bien même auraient-elles eu l'envie de parler malgré la splendeur du paysage et les efforts requis pour monter en file indienne, la force du vent rendait toute conversation impossible.

Vers une heure, ils s'arrêtèrent pour laisser leurs montures se reposer et en profitèrent pour manger, en partie abrités par une proéminence rocheuse contre laquelle Vespasia s'adossa et contempla le panorama. De toute part, des montagnes déchiquetées perçaient le ciel. Certaines étaient sombres et couvertes de bruyère, leurs pics semblables à des crocs dans le crâne de quelque bête gigantesque abandonnée là depuis la nuit des temps. L'odeur de la neige aiguisait le tranchant du vent. C'était une terre de cerfs et d'aigles dorés, d'étendues d'eau noire comme la tourbe, d'avalanches et de tempêtes de neige. Il s'en dégageait une majesté, une impression de terreur et une beauté qui s'imprimaient à jamais dans l'esprit de quiconque les traversait.

Ils reprirent leur route et s'aventurèrent encore plus haut. Le jour déclina vite, et ils s'arrêtèrent dans un petit refuge dressé au milieu des aspérités rocheuses, presque invisible dans la pénombre du crépuscule. La cabane offrait peu de confort à part un abri contre les éléments, à la fois pour eux trois et leurs poneys. Vespasia s'en réjouit. Elle n'aurait jamais laissé un animal à la merci de la tempête qui menaçait, et encore moins ceux dont leur vie pouvait dépendre.

— Mrs. Naylor doit être bonne pour l'asile d'aliénés, déclara Isobel d'un air sévère alors qu'elle s'apprêtait à se coucher tout habillée.

Le seul confort qu'elle s'accorda fut d'ôter ses épingles à cheveux.

— D'ailleurs, je commence à penser que nous le sommes aussi.

Vespasia ne put que lui donner raison. Plus ce voyage se prolongeait, plus elle s'inquiétait du genre de femme qu'elles allaient rencontrer, et plus elle s'interrogeait sur la nature véritable du mariage de Gwendolen et Kilmuir, et sur la façon dont était mort ce dernier. Pourquoi Gwendolen n'avait-elle jamais parlé de sa mère ? Quelle était la raison de ce qui ressemblait fort à une brouille ?

Ni l'une ni l'autre ne dormit bien. Il faisait trop froid et les couchettes en bois étaient trop dures. Ce fut un grand soulagement quand le jour se leva et qu'elles purent prendre un petit déjeuner de porridge salé et de thé brûlant, sans lait, et repartir.

Dehors, elles furent stupéfaites de découvrir un monde totalement différent. Il avait neigé pendant la nuit, le ciel s'était dégagé, et la lumière était aveuglante. Le soleil miroitait sur des rubans d'eau qui tombaient en cascade sur les parois, s'écrasaient sur la pierre et rebondissaient en formant de l'écume. Un aigle, point noir se détachant sur l'immensité bleue, se laissait porter par le vent.

Ils voyagèrent toute la journée, ne s'arrêtant que pour ménager les poneys. Vespasia avait chaque muscle et chaque os de son corps endoloris tant cet exercice inhabituel la fatiguait ; elle savait qu'Isobel souffrait sans doute autant, mais aucune d'elles ne l'admettrait, tout en sachant ne tromper personne, et surtout pas MacIan – ce n'était qu'une question de maîtrise de soi. La moindre plainte en entraînerait une autre et risquerait de réveiller la tentation de renoncer. Dès lors qu'elles l'évoqueraient, l'abandon deviendrait une possibilité, ce qu'il fallait à tout prix éviter. Elles préférèrent donc se concentrer sur le chemin, quelques mètres à la fois, visant le prochain virage, le prochain bout de route.

Puis, juste avant le crépuscule, la vallée s'ouvrit sur la vaste étendue de Rannoch Moor, parsemée de parcelles sombres de bruyère, de tourbières et de mares qui brillaient d'une lueur cuivrée dans la lumière déclinante. Au loin, dans le ciel, le turquoise passait à un bleu des plus clairs avant de s'effacer devant la marche implacable des ombres de la nuit.

Nul ne prononça un mot, mais Vespasia se demanda si Mrs. Naylor était si folle que ça, après tout. Vivre là devait procurer une quiétude inimaginable à Londres.

Elles trouvèrent un refuge, mais le froid était si rude qu'au réveil leurs courbatures, encore légères la veille, s'étaient accentuées et les faisaient souffrir à chaque mouvement. Vespasia avait besoin de toute sa concentration rien que pour rester sur son poney et regarder où elle allait. Elle avait mal à la tête à force de serrer les mâchoires et se crispait sous l'effet du froid. Ne pas se plaindre était devenu une question d'honneur, presque une condition de survie.

À l'horizon apparurent des nuages qui s'élevaient en volutes, embrasés de lumière, comme si une explosion avait eu lieu au-delà de leur champ de vision. Puis ils furent suivis sur-le-champ par des bourrasques de pluie battante qui se transforma en neige fondue, en flocons de glace qui piquaient la peau. Vespasia, Isobel et leur guide se recroquevillèrent sur leurs montures et s'enfoncèrent tête baissée dans la tempête. Rien n'en brisait la force, rien ne les en protégeait. Ils durent avancer avec précaution, un pas après l'autre.

Quand le ciel se dégagea tout aussi soudainement, ils purent accélérer.

— Il faut que nous ayons atteint le Glen Orchy avant la nuit, déclara MacIan d'un ton maussade. D'ici là, il n'y a nulle part où s'abriter, et l'Orchy, c'est pas une rivière près de laquelle il fait bon s'arrêter si on n'a pas une maison ou un refuge pour se protéger.

Vespasia ne prit pas la peine de demander pourquoi : son imagination lui fournit une dizaine de réponses. Que Mrs. Naylor soit folle ou pas, elle se disait de plus en plus que la trouver et s'acquitter de leur devoir allait être un grand soulagement. Rien ne pouvait être pire que l'épreuve qu'elles enduraient en ce moment. Leur périple se révélait digne d'un cauchemar. Les Vikings avaient peut-être raison : l'enfer devait être une étendue glaciale infinie battue par des vents rugissants, un voyage sans fin pendant lequel on devait avancer sans cesse malgré la douleur.

Sauf que l'enfer ne pouvait être d'une beauté aussi époustouflante.

Devant elle, Isobel tanguait sur sa selle, et elle-même eut plus d'une fois peur de tomber, mais au crépuscule elles aperçurent enfin des lumières. Il s'écoula une heure interminable et éreintante avant qu'ils les atteignent et arrivent devant les fenêtres d'une vaste demeure, bien trop grande pour n'abriter qu'une seule famille.

On avait dû les voir arriver car la porte s'ouvrit en grand lorsque les sabots de leurs montures claquèrent dans la cour ; un homme de belle carrure et au visage buriné apparut, tenant une lanterne haut devant lui.

— Eh ben, c'est toi, MacIan ? Qu'est-ce que tu fiches dehors par une nuit pareille ? Qui c'est que tu nous amènes ? Des dames, hein ? Allez, entrez donc. Andrew et Willie vont s'occuper de vos poneys.

— T'as raison, Finn, tu parles d'un temps ! fit MacIan d'un air bonhomme, avant de mettre pied à terre avec aisance et d'aller aider Isobel et Vespasia à faire de même.

Vespasia se rendit compte avec horreur qu'elle tenait à peine debout, et sans la main de leur guide elle aurait perdu l'équilibre.

Deux jeunes gens sortirent de la maison, lui adressèrent un signe de tête timide et emmenèrent les poneys. À l'intérieur, il régnait une chaleur providentielle. Vespasia fut si soulagée qu'elle en eut le tournis. Elle ôta sa cape trempée et s'essuya le visage avec la serviette propre et rêche qu'on lui tendit – alors seulement elle se détourna et vit la femme qui l'observait avec intérêt depuis l'embrasure de la porte. Aussi grande qu'elle, elle avait des cheveux cuivrés noués par simple commodité en un chignon négligé. Elle avait le regard vif, le visage intelligent et, à sa manière, séduisant. Avant même qu'elle prenne la parole, Vespasia sut qu'elle se trouvait en présence de Mrs. Naylor.

Elle se tourna alors vers Isobel, qui paraissait figée, comme si tout courage l'avait abandonnée au moment crucial. La traversée de la lande avait épuisé toutes ses ressources.

Vespasia s'avança vers la femme.

— Mrs. Naylor ? Je m'appelle Vespasia Cumming-Gould, et voici mon amie Isobel Alvie. Veuillez nous pardonner d'arriver si tard sans avoir prévenu. Nous avions sous-estimé les difficultés du voyage depuis Inverness.

— Beatrice Naylor, répondit la femme, un sourire franc aux lèvres. C'est le cas de tout le monde, la première fois. Mais c'est une expérience qui reste à jamais gravée dans la mémoire. Qu'est-ce qui vous amène ici en plein mois de décembre ? Ce doit être une affaire de la plus haute importance.

Vespasia se tourna vers Isobel. Elles avaient déjà franchi la porte. Pouvaient-elles accepter l'hospitalité de cette femme, même par une pareille nuit, au bout du monde, en lui répondant par un mensonge ?

Isobel, le visage empourpré à cause de la chaleur soudaine, avait malgré tout le pourtour des yeux et des lèvres livide. Le moment de l'épreuve ultime, de loin la plus difficile et de laquelle dépendait tout le reste, était arrivé.

Vespasia s'aperçut qu'elle retenait son souffle et serrait les poings. Elle ne pouvait lui apporter aucune aide. Si elle intervenait, elle volerait à Isobel toute chance de se racheter.

Mrs. Naylor attendait.

— En effet, répondit Isobel d'une voix faible et tremblante, en avalant à demi ses mots. Rien ne m'a jamais été plus difficile que de venir vous annoncer la mort de votre fille Gwendolen. Je dois aussi avouer, à ma grande honte, que je suis en partie responsable de ce drame.

Elle lui tendit l'enveloppe.

— Voici la lettre qu'elle vous a écrite.

Le voyage l'avait un peu froissée, mais le sceau était resté intact.

L'homme qui leur avait ouvert la porte alla en silence auprès de Mrs. Naylor et la prit par l'épaule pour la soutenir. Il le fit avec le plus grand naturel, comme si le contact physique entre eux était une affaire entendue. On lisait sur son visage beaucoup de tendresse, mais il ne prononça pas un seul mot.

La douleur que charriait le silence parut palpable tant celui-ci s'éternisa.

— Comment est-ce arrivé ? demanda enfin Mrs. Naylor.

Elle fixait Isobel presque sans ciller, comme si elle parvenait à sonder son âme à la recherche d'une vérité qu'elle-même n'osait pas voir.

Isobel tenta de se soustraire à cc regard inquisiteur, sans y parvenir.

— C'était à Applecross, commença-t-elle d'un ton incertain. Nous étions conviées à une longue réception, qui devait durer une bonne semaine. J'ignore si vous…

— Je vois tout à fait de quoi vous parlez, Mrs. Alvie, répliqua Mrs. Naylor d'un ton froid. Inutile de m'expliquer les pratiques de la bonne société. Comment ma fille est-elle morte et qu'avez-vous à vous reprocher dans ce malheur ? J'aurais pu croire vos paroles motivées par la seule compassion, mais je vois à votre visage que vous portez d'une manière ou d'une autre une véritable part de responsabilité.

Elle lança un bref regard à Vespasia.

— Êtes-vous impliquée vous aussi, Lady Vespasia, ou n'êtes-vous ici que pour la chaperonner ?

Vespasia fut stupéfaite que Mrs. Naylor ait entendu parler d'elle, comme l'indiquait l'emploi de son titre.

— Mrs. Alvie se sentait le devoir de venir vous prévenir en personne, malgré ce qu'impliquait le voyage jusqu'ici, répondit-elle. En tant qu'amie, je ne pouvais la laisser l'entreprendre seule.

— Quelle loyauté !… murmura Mrs. Naylor. À moins que vous ne partagiez sa culpabilité ?

— Non, pas du tout, intervint Isobel. C'est moi seule qui ai fait cette remarque. Lady Vespasia n'est responsable de rien.

Mrs. Naylor cligna des paupières.

— Quelle remarque ?

Finn tenta de s'interposer mais Mrs. Naylor le fit taire d'un geste autoritaire.

— Je veux savoir de quoi il s'agit ! Vous me connaissez trop bien pour craindre que je m'évanouisse. Alors, Mrs. Alvie, qu'est-il arrivé à ma fille ?

Isobel prit une profonde inspiration tremblante. Elles se trouvaient encore dans le vaste vestibule. Nul n'avait bu ou mangé quoi que ce soit.

— Pendant la nuit, après que nous nous sommes tous retirés, elle est allée se jeter du petit pont qui se trouve au bout de l'étang d'agrément, répondit Isobel. Nous ne l'avons appris que le lendemain matin.

Finn saisit Mrs. Naylor par les bras, mais, bien qu'elle fût livide, elle ne vacilla pas et ne s'appuya pas davantage contre lui.

— Et de quelle manière êtes-vous responsable de son acte, Mrs. Alvie ?

Personne dans la pièce ne bougea. On ne lui accorderait aucune pitié.

— Nous croyions tous que Bertie Rosythe allait la demander en mariage avant la fin du séjour, expliqua Isobel d'une voix rauque. J'ai insinué qu'elle ne se serait pas intéressée à lui s'il avait été pauvre ou domestique. C'est par jalousie que j'ai agi, car, étant veuve moi aussi, j'espérais me remarier, si possible avec Mr. Rosythe.

Elle poussa un soupir.

— J'étais loin de me douter que mes paroles auraient de telles conséquences, mais je reconnais mon tort. Il semblerait que Bertie ne soit pas allé la rassurer. Je… je ressens une profonde honte.

Elle eut le courage de ne pas détourner le regard.

— Je devine sans mal pourquoi vous avez choisi de lui porter cette attaque-là, déclara Mrs. Naylor d'une voix calme et claire. Votre visage vous trahit : vous aviez entendu les rumeurs et connaissiez le point faible de ma fille. Ne vous discréditez pas en le niant, je vous prie.

— Je n'en avais pas l'intention, déclara Isobel, les yeux emplis de larmes.

Vespasia, qui se demandait si c'était vrai, se réjouissait que la sincérité de son amie n'ait pas été mise à l'épreuve. Rester là à ne rien faire, impuissante, la rebutait, mais pour avoir de la valeur, la confrontation entre les deux femmes devait se dérouler entre elles seules jusqu'au bout.

— Qui d'autre est au courant ? s'enquit Mrs. Naylor.

— Personne, à ma connaissance, répondit Isobel. À part Lady Vespasia.

Mrs. Naylor se tourna vers cette dernière.

— C'est juste, confirma Vespasia. Mr. Omegus Jones a pris les dispositions nécessaires pour que Gwendolen soit enterrée en privé, dans la chapelle de son domaine, par un pasteur de sa connaissance pour qui ce drame est un accident. Nous devions vous apporter la nouvelle en personne, en contrepartie de quoi les autres convives présents à Applecross seront tenus par serment de garder le secret sur cet événement.

— Ah bon ? En quel honneur ? demanda Mrs. Naylor, dubitative. Les membres de la bonne société raffolent du scandale. Sont-ils donc des saints, tous ces gens ?

Le chagrin et le souvenir amer d'une expérience douloureuse conféraient une certaine dureté à sa voix.

— Pas du tout, répondit Vespasia avant qu'Isobel en ait eu le temps, s'approchant un peu plus du centre de la pièce pour accaparer le regard de Mrs. Naylor. Ce sont des individus des plus ordinaires, aussi égoïstes, ambitieux et fragiles que ceux que vous semblez connaître. Tout le tort revenant d'après eux à Mrs. Alvie, ils étaient prêts à la bannir, avec d'autant plus de plaisir qu'ils auraient eu la morale pour eux.

Mrs. Naylor grimaça mais ne l'interrompit pas. Vespasia bénéficiait de toute son attention. Finn, le feu qui crépitait dans la cheminée et le vent qui battait contre la fenêtre semblaient ne plus exister.

— Mr. Jones a suggéré que nous organisions nous-mêmes un procès, sachant que nous serions tenus d'en respecter le verdict, poursuivit Vespasia. La personne que l'on aurait désignée coupable devrait entreprendre un voyage expiatoire qui, à condition d'être accompli, la laverait de ses fautes. Si elle échouait, alors les autres étaient libres de la mettre à l'écart, de saisir toutes les occasions de la vilipender, de l'exclure de tout événement ou de toute discussion comme si elle avait cessé d'exister. Si elle réussissait, en revanche, quiconque évoquerait plus tard cette tragédie subirait ce même ostracisme.

— C'est brillant, commenta Mrs. Naylor d'une voix posée. Ce Mr. Jones est un homme d'une grande sagesse. L'expiation… ce mot me plaît. Il implique bien plus que le châtiment, ou même que le rachat. C'est une purification. Suis-je liée par ce verdict, moi aussi ? demanda-t-elle, regardant Isobel un bref instant.

— Non, en aucun cas, répondit Vespasia, qui comprit alors l'unique mais terrible faille du plan d'Omegus. Vous n'avez pas prêté ce serment.

Elle eut un petit sourire.

— Qui plus est, si la bonne société vous ignorait, vous n'en souffririez guère. J'ai même l'impression que vous n'en sauriez rien, alors de là à vous en soucier…

— C'est tout à fait juste, convint Mrs. Naylor. Bon, vos explications suffisent pour ce soir. Vous avez accompli un long voyage dans des conditions peu clémentes. Nous avons de la nourriture à profusion et beaucoup de place. En outre, vos poneys ont besoin de repos, que vous soyez fatiguées ou pas, dit-elle en regardant Isobel. Vous aurez peut-être plus de mal à accepter mon hospitalité que moi à vous l'offrir, mais comme vous ne trouverez aucune autre habitation à des lieues à la ronde, cela vaudrait mieux pour vous. Jean va vous montrer vos chambres et vous servir un repas. Quant à moi, je souhaite me retirer pour lire l'ultime lettre de ma fille.

Sur quoi, elle prit Finn par le bras, et tous les deux sortirent sans se retourner.

Isobel et Vespasia n'eurent d'autre choix que de suivre Jean, une femme bien en chair qui s'acquitta de ses tâches en silence.

Lorsqu'elles furent installées et qu'on leur eut apporté leurs bagages, Isobel se présenta à la porte de Vespasia et accepta sans hésiter son invitation à entrer. Elle avait le visage blême et le regard assombri par la détresse.

— Je préférerais presque passer la nuit dans la lande ! déclara-t-elle d'un ton misérable. Elle le sait ! Que va-t-elle faire demain, à votre avis ? Pourrons-nous partir ?

— Non. Nous sommes tenues de l'accompagner jusqu'à Londres si elle nous y autorise.

Isobel ferma les paupières et serra les poings.

— Je crois que ce sera au-dessus de mes forces ! Sept cents miles, voire plus, avec cette femme ! Je n'ai pas mérité un tel châtiment ! J'ai dit quelque chose d'idiot, une dizaine de mots en tout, rien de plus !

— Votre remarque était cruelle, précisa Vespasia avec calme.

Elle regretta immédiatement sa brusquerie. Isobel avait tout à fait conscience de sa faute. Vespasia n'avait pas le droit d'en exiger des preuves à chaque instant.

— De toute façon, ajouta-t-elle d'un ton plus doux, je ne crois pas que nous puissions repartir d'ici sans l'aide de Mrs. Naylor. Avez-vous la moindre idée de la route à prendre ? Je ne sais même pas où nous sommes. Et vous ?

— J'ai sûrement perdu la tête ! s'exclama Isobel, proche du désespoir. Vous avez raison. MacIan doit être de son côté ; quant à Finn, ça ne fait aucun doute. Qui est-ce, celui-là, d'ailleurs ? Et qu'est-ce que c'est, cet endroit ? Que peut bien y fabriquer Mrs. Naylor, à part vivre dans le péché ?

Vespasia ne releva pas la moquerie.

— Je l'ignore, mais c'est une question intéressante. Pourquoi une femme fortunée choisirait-elle de passer sa vie non seulement à l'écart de la bonne société, mais en plus dans un endroit quasi inaccessible ? Pourquoi n'est-elle pas rentrée à Londres en même temps que Gwendolen, à la mort de Kilmuir ? Ç'aurait été la réaction la plus naturelle.

— La seule réponse envisageable, à mon avis, c'est qu'elles se sont brouillées. Il est possible qu'elle refuse de revenir à Londres, seule ou avec nous.

— Réfléchissez-y pendant la nuit si vous en avez envie, dit Vespasia d'un ton sec. Mais passé demain matin, n'y pensez plus.

Elle lui sourit avec le plus de chaleur qu'elle put trouver en elle.

— Nous devons compter sur son accord, ajouta-t-elle. Imaginez la tête de Lady Warburton. Elle risque de s'étrangler !

Isobel se força à lui rendre son sourire, reconnaissante de sa gentillesse à défaut d'une aide plus concrète, et lui souhaita bonne nuit.

Vespasia comptait réfléchir à cette question troublante une fois seule, mais, sous les couvertures bien chaudes, elle sombra vite dans un sommeil presque dénué de rêves. À son réveil, Mrs. Naylor se tenait au pied de son lit. Elle posa sur la table de chevet le plateau de thé qu'elle tenait à la main, puis s'assit. De toute évidence, elle n'avait pas l'intention qu'on la renvoie avant d'être disposée à s'en aller. Vespasia avait beau être fille de comte, Mrs. Naylor était là chez elle, nul ne pouvait s'y tromper.

— Merci, dit Vespasia avec le plus de calme possible.

— Buvez, répondit Mrs. Naylor. J'ai déjà pris le mien.

Elle lui servit une tasse.

— J'ai lu la lettre de ma fille. Je n'ai aucune intention de vous en relater le contenu, ni à vous ni à Mrs. Alvie, mais j'aimerais que vous répondiez à quelques questions avant que je vous accompagne en Angleterre.

En temps normal, Vespasia aurait fulminé, mais elle décela chez cette femme tant de douleur et de gravité qu'une réaction aussi égoïste lui parut absurde.

— Je vous éclairerai au mieux, dit-elle en se redressant dans son lit.

Vêtue de sa seule chemise de nuit, les cheveux détachés, elle aurait dû se sentir à son désavantage, mais la franchise de Mrs. Naylor l'en empêchait.

— Quelle véritable motivation vous a poussée à accompagner Mrs. Alvie jusqu'ici ? demanda Mrs. Naylor.

Décontenancée, Vespasia ravala sa réponse toute préparée. Cet endroit sauvage, où la vie et la mort dépendaient du pas d'un poney, des quelques centimètres qui séparaient le chemin sûr du bord de la falaise ou du marécage visqueux et glacé, interdisait ces faux-semblants qui comptaient tant dans la société.

— En ce cas, c'est moi qui vais vous le dire, déclara Mrs. Naylor. Vous craigniez qu'en partant seule elle échoue, que son courage l'abandonne et qu'elle renonce. Pourquoi ? Pourquoi tenez-vous tant à ce qu'elle réussisse ?

Vespasia y réfléchit un instant, puis s'exprima avec une grande certitude :

— Omegus Jones a évoqué ces pèlerinages expiatoires qui se pratiquaient au Moyen Âge. À l'époque, un tel périple était si dangereux que souvent le voyageur y laissait la vie, mais un compagnon pouvait lui témoigner une preuve d'amitié suprême en partant avec lui. Il m'a semblé juste de l'épauler dans cette épreuve, sans doute autant pour moi que pour elle.

Elle se rendit compte à cet instant seulement de la justesse de ses propos. Elle aussi devait laver ses fautes : Rome, les rêves qu'elle n'aurait pas dû s'autoriser à poursuivre, les transports du cœur contre lesquels elle aurait dû lutter.

— Je vois, dit Mrs. Naylor. Ce Mr. Jones m'a tout l'air d'un homme remarquable.

— C'est vrai, convint Vespasia avec un peu trop d'empressement et de franchise.

Mrs. Naylor sourit.

— C'est là une autre motivation pour vous, à mon avis !

Vespasia se prit à rougir, ce qui ne lui arrivait pas souvent. Si elle n'avait pas toujours la maîtrise de la situation, elle était habituée à garder au moins la maîtrise de soi.

— Celles d'entre nous qui ont laissé libre cours à une de leurs passions ont quelque chose à expier, commenta Mrs. Naylor avec douceur. Les plus à plaindre sont celles pour qui ce n'est pas le cas. Mon père répétait toujours que si on n'a jamais commis d'erreur, c'est sans doute qu'on n'a jamais rien fait du tout. Le moment voulu, Mrs. Alvie le comprendra peut-être. Je partirai avec vous, demain, quand les poneys auront eu le temps de se reposer. J'ai moi aussi mon pèlerinage à entreprendre. Nous emprunterons la grand-route jusqu'à Tyndrum, puis Crianlarich, Loch Lomond et enfin Glasgow, d'où nous prendrons le train pour Londres. Le voyage durera plusieurs jours. Sa longueur dépendra du temps, mais nous devrions arriver à Applecross avant Noël.

Elle se leva.

— Aujourd'hui, occupez-vous à votre guise, mais je vous déconseille de quitter la maison. Vous ne connaissez pas les environs, et l'Orchy est une rivière vorace. Elle jaillit souvent hors de son lit pour voler de nombreuses vies.

— Mrs. Naylor ?

— Oui ?

— Qu'est-ce qui vous retient dans cet endroit ?

Il s'agissait d'une question impertinente, mais Vespasia désirait tant en connaître la réponse qu'elle préférait braver toutes les règles de la politesse.

— C'est une étape de repos au cours de mon périple personnel. Lorsque j'aurai dit adieu à ma fille, il pourrait même s'en révéler le point final. Pourquoi ou comment, cela ne vous regarde pas.

Le dos raide et la tête haute, elle quitta la pièce.

Vespasia devina que l'attrait de Glen Orchy devait beaucoup à Finn, mais elle continua à s'interroger sur les motivations de Mrs. Naylor. Elles avaient discuté des vertus du voyage pour répondre de ses fautes, un terme moins désagréable que « péché », mais qui suggérait davantage que la simple notion d'erreur. Toutes deux savaient qu'en plus du jugement elles parlaient aussi de la morale.

Vespasia but son thé en songeant à la mort effroyable de Kilmuir, aux rumeurs qu'avait entendues Isobel, au silence soudain du jardinier de Muir of Ord, et surtout au visage de Gwendolen quand Isobel l'avait indirectement accusée de pouvoir s'intéresser à un valet.

Le désir d'enfant de Kilmuir était-il si profond qu'il aurait été capable de rejeter Gwendolen, de la traîner dans la boue pour justifier sa décision, de la mettre au ban de la société salie d'une réputation de catin, puis d'épouser Dolly Twyford ?

Son imagination s'emballait. Les hypothèses étaient monstrueuses ! Elle songea à ses propres enfants, encore petits, mais qui un jour grandiraient et feraient un bon mariage, par chance avec quelqu'un qu'ils aimeraient. Comment réagirait-elle si sa fille risquait une telle disgrâce ? Elle se représenta Kilmuir conduisant le cabriolet, le cheval qui prend peur, Kilmuir qui perd l'équilibre et tombe, les poignets pris dans les rênes. La réponse lui parut évidente : elle aurait profité de l'occasion pour le pousser et lancer les chevaux plus vite encore – du moins, l'idée lui aurait traversé l'esprit ! Impossible de savoir si elle aurait osé passer à l'acte, et elle espérait de tout son cœur ne jamais connaître la réponse.

Le drame s'était-il déroulé ainsi, sous les yeux de Gwendolen ? Était-ce là l'origine de sa brouille avec sa mère ? N'avait-elle jamais soupçonné les projets de Kilmuir, ou bien avait-elle refusé d'y croire ? Peut-être s'était-elle efforcée de les oublier, de s'imaginer que pour une raison ou une autre il se raviserait et que tout continuerait pour le mieux, qu'il l'aimerait de nouveau et nierait les rumeurs, que Dolly Twyford sombrerait alors dans l'oubli, et qu'un jour elle lui donnerait ces enfants si désirés…

Puis Mrs. Naylor avait tout gâché ! Voilà qui constituait une source de rancœur suffisante pour pousser Gwendolen à s'installer à Londres et sa mère à se retirer au fin fond de l'Écosse. Peut-être que seule une retraite dans le domaine de Glen Orchy pouvait étouffer sa culpabilité, et même sa peur de voir son crime dévoilé au grand jour… Qui d'autre pouvait être au courant ? Seuls les gens de maison de Muir of Ord, qui garderaient le silence par loyauté ou manque de preuves. Quoi qu'il en soit, Mrs. Naylor ne voudrait plus y résider.

Si elle n'avait pas pris cette mesure radicale, Kilmuir aurait-il abandonné Gwendolen, alors condamnée à vendre son corps pour survivre, ou plus probablement à mettre fin à ses jours – comme elle avait fini par le faire ?

La pique d'Isobel lui avait-elle rappelé ces vieilles accusations ? Avait-elle craint de voir l'histoire se répéter et Bertie Rosythe croire à son tour aux rumeurs ? Voilà en effet qui aurait pu la plonger dans le désespoir et la pousser à choisir la mort pour ne pas sombrer dans la déchéance. Cette fois-ci, pas de mère pour la défendre.

Quelle terrible solitude elle avait dû ressentir – accusée à tort une deuxième fois, sans aucun espoir de trouver le salut dans la dénégation ! Comment nier quelque chose qui avait seulement été insinué mais jamais formulé ? Certains auraient pu contre-attaquer, alors quelle aurait été l'issue de cette histoire ? Sans doute une défaite plus douloureuse encore. Sa décision avait mis fin au problème presque avant qu'il ait commencé, en tout cas bien avant que l'affaire ne s'ébruite.

Soudain, Vespasia envisagea la pire des hypothèses. Gwendolen avait-elle cru qu'Isobel était au courant des accusations de Kilmuir, qu'elle le lui faisait savoir de façon subtile et la menaçait d'un chantage à vie, d'une torture sans fin ? Si c'était le cas, son suicide n'avait rien de surprenant. Une telle ignominie dépassait l'entendement. Était-ce même possible ? Vespasia s'en voulut d'en avoir esquissé l'idée, mais la colère et la jalousie d'Isobel lui revinrent avec une grande clarté, comme si la scène n'avait eu lieu que quelques secondes plus tôt. Puis elle retrouva son bon sens et écarta cette hypothèse. Isobel s'était laissée aller à un moment de méchanceté gratuite, rien de plus.

Elle se leva enfin et s'habilla, accablée de tristesse et de pitié pour Gwendolen et Mrs. Naylor. Assez sage pour ne rien entreprendre le ventre vide, elle descendit prendre le petit déjeuner, même si l'appétit lui manquait.

En bas, Isobel faisait les cent pas – elle se retourna à l'instant où elle entendit Vespasia approcher. Elle était blême, et de gros cernes noirs lui donnaient l'air malade.

— Où étiez-vous passée ? demanda-t-elle d'un ton agacé.

— Je me suis réveillée tard et je ne me suis pas levée tout de suite.

Jusque-là, il s'agissait de la vérité. Elle ne lui raconterait rien de sa conversation avec Mrs. Naylor, ni bien sûr des conjectures qui en avaient résulté. Elle avait honte d'être parvenue à ces considérations. Elle appréciait Isobel mais ne lui accordait peut-être plus la même confiance qu'auparavant.

— Qu'allons-nous faire toute la journée ? Qu'est-ce que c'est ici, à votre avis ? J'ai vu toutes sortes de gens, on se croirait dans une retraite religieuse.

— C'est possible.

Cette hypothèse n'avait rien d'absurde, car il était difficile de trouver endroit plus reculé.

Vespasia déjeuna de flocons d'avoine et de pain grillé agrémenté d'une marmelade très savoureuse et relevée qui, lui apprit-on, était faite sur place. Elle en acheta tout de suite deux bocaux malgré la gêne supplémentaire qu'ils constitueraient pour le voyage. Elle en garderait un pour elle et offrirait l'autre à Omegus. Souvent invitée à sa table, elle avait fini par connaître ses goûts.

La journée passa tranquillement. La maison se révéla en effet une sorte de retraite – non pas religieuse, mais de toute évidence spirituelle. Mrs. Naylor s'était découvert une vocation d'écoute auprès des âmes en peine, solitaires ou coupables, à qui la peur ôtait tout courage ou tout espoir de relever la tête.

Vespasia se prit à regretter de ne pouvoir rester plus longtemps et s'efforça de se rappeler que la décision ne lui revenait pas, surtout maintenant que l'hiver s'installait. Il leur fallait accompagner Mrs. Naylor à Londres, puis retourner à Applecross pour rendre compte de leur succès à Omegus et affronter les autres. L'attente ne les contraindrait pas très longtemps au silence.

Ayant pu observer Finn à plusieurs reprises, elle décela chez lui beaucoup d'humour et une grande force d'introspection, et perçut sans mal pourquoi Mrs. Naylor se plaisait auprès de lui. Sa capacité à s'émerveiller et à rêver semblait encore intacte.

Ce fut à regret qu'au lever du jour le lendemain elle prit la route avec Isobel et Mrs. Naylor, MacIan et toute une caravane de poneys. Finn les accompagna à la grille de la cour, les cheveux et son manteau battus par le vent violent. Vespasia savait qu'il avait déjà fait ses adieux à Mrs. Naylor et qu'à cet instant les mots auraient gêné la compréhension qui régnait entre eux.

Ils prirent le chemin du sud par la grand-route. Presque sept miles les séparaient de Tyndrum, et environ cinq autres de Crianlarich. En gardant une cadence soutenue, ils arriveraient à la nuit tombée. Sur de bonnes routes, à bord d'une voiture, le voyage n'aurait pris que la matinée, mais la région était hostile, les pics couverts de neige, et ils subirent les assauts de bourrasques glaciales. Ils étaient à la merci de la première grosse tempête de neige.

Malgré ces difficultés, Mrs. Naylor n'eut pas un seul moment d'hésitation. Ouvrant la marche aux côtés de MacIan, elle laissa Isobel et Vespasia suivre de leur mieux. Les poneys de ces dernières étaient aussi bons qu'un autre – tout n'était qu'une question d'endurance humaine. Si Mrs. Naylor avait le moindre doute à leur égard, elle n'en montra rien.

Ils traversèrent d'un pas lourd ce pays sauvage tout en montagnes et en ciel, parfois illuminé par un soleil vif dont les rayons aveuglants se reflétaient sur les pentes neigeuses. Quand une rafale surgie de nulle part s'abattait sur eux, ils resserraient les rangs, le dos tourné vers le vent jusqu'à ce qu'il retombe, et reprenaient leur chemin.

Vespasia regarda Isobel et reçut en réponse un sourire contrit. Elles se comprirent sans un mot : ce froid mordant, leur progression lente et inégale, le besoin de guider leurs montures avec la plus grande attention, et même le temps perdu quand elles devaient mettre pied à terre et marcher dans la neige qui leur arrivait aux genoux, leurs jupons trempés jusqu'aux cuisses, rendaient au moins toute conversation impossible. Peu importait l'artifice, c'était une bénédiction, la mort de Gwendolen pesant sur le cœur et l'esprit de chacun.

Ils n'atteignirent l'auberge de Tyndrum que bien après midi, et le temps se gâtait comme si à trois heures le soleil serait déjà couché.

— On ne sera pas à Crianlarich avant la nuit, déclara MacIan en jetant un regard circonspect vers le ciel. Il est déjà une heure passée et il nous reste encore cinq miles difficiles. Mieux vaut laisser les poneys se reposer et repartir bien frais demain matin.

— On doit pouvoir parcourir cette distance dans l'obscurité, non ? dit Isobel d'un ton pressant. Nous avons déjà fait le plus gros !

— Nous avons avancé de sept miles, Mrs. Alvie, lui répondit MacIan d'un air renfrogné. Si vous croyez pouvoir accomplir le même trajet en deux heures, vous vous trompez. En ce qui me concerne, j'infligerai pas ça à mes poneys. Profitez de l'occasion pour reprendre des forces et réjouissez-vous d'avoir trouvé un endroit confortable.

Il se tourna vers Mrs. Naylor.

— Allez donc boire un petit verre, madame. Moi, je vais m'occuper des bêtes. Mettez-vous au chaud.

Elles allaient être confrontées à ce que Vespasia redoutait elle aussi : un après-midi au coin du feu en compagnie de Mrs. Naylor. Le déjeuner fut supportable. Encore tout engourdies par le froid, elles furent heureuses de pouvoir manger, surtout le haggis savoureux relevé aux herbes qu'on leur offrit malgré la Burns Night[1] qui approchait. On le leur servit accompagné de purée de pommes de terre

1. Fête écossaise à la gloire du poète Robert Burns, où l'on sert du haggis. *(N.d.T.)*

et de rutabagas, de galettes sans levain et d'un fromage à la saveur délicate recouvert d'avoine, le *cabac*.

Quand ils eurent terminé, on débarrassa la table, et après avoir jeté de la tourbe dans le feu pour le raviver, on laissa les voyageurs dans le petit salon décoré de têtes de cerf. Dans le silence pesant, Vespasia remarqua le bref sourire qui passa sur les lèvres de Mrs. Naylor. Elle comprit alors que cette dernière devinait leurs pensées et était assez maîtresse d'elle-même pour mieux supporter cette épreuve qu'elles. Le chagrin lui porterait sans doute un coup au cœur, mais elle ne ploierait ni ne se briserait sous ses assauts. C'est elle qui imposerait sa volonté.

Par deux fois, Isobel fit mine de vouloir parler mais se ravisa.

— Avez-vous quelque chose à nous dire, Mrs. Alvie ? finit par lui demander Mrs. Naylor.

— Seulement que nous ne pouvons rester dans le silence tout l'après-midi, mais j'ai l'impression que c'est ce que vous souhaitez.

— De quoi voulez-vous donc discuter ?

Isobel ne sut que répondre.

— De Glen Orchy, intervint Vespasia. J'aimerais savoir comment vous avez trouvé ce lieu, comment on peut apprendre son existence et qui vous y accueillez.

Mrs. Naylor la considéra avec un sourire ironique, comme si elle était enfin confrontée à un moment de décision.

— Vous ne me demandez pas ce que j'y fais, ni pourquoi j'y demeure, commenta-t-elle. Est-ce parce que d'après vous je ne vous répondrai pas, ou parce que la bienséance vous dicte que ce serait indiscret ?

— Les deux, mais surtout parce que je crois déjà le savoir.

Isobel parut surprise.

Mrs. Naylor l'ignora.

— Vraiment ? Permettez-moi d'en douter, mais nous n'en débattrons pas. Si l'une d'entre nous est redevable à l'autre, ce dont je ne suis pas sûre, alors c'est vous.

— J'ai des enfants, expliqua Vespasia avec douceur.

Elle allait ajouter qu'elle connaissait l'amour maternel et l'instinct protecteur d'une mère, mais elle lut la mise en garde dans le regard de Mrs. Naylor et vit la peur la crisper. Elle préféra donc se taire, mais elle savait qu'elle avait raison, tout comme le savait Mrs. Naylor. Pour la première fois, ce fut Vespasia qui dirigea la conversation. Elle répéta ses questions. Mrs. Naylor y répondit, et à mesure que le jour déclinait, les deux jeunes femmes entendirent conter une histoire de courage et de force de caractère incroyables, de compassion et de détermination, mais racontée de telle façon qu'elle leur parut des plus naturelles et ordinaires, comme si elle avait en fait agi de la seule manière possible.

Ayant acquis une maison qui menaçait ruine, Mrs. Naylor et Finn l'avaient rénovée jusqu'à lui rendre son confort initial. Puis, accueillant un hôte après l'autre – le premier était arrivé par hasard –, le lieu était devenu un refuge pour les voyageurs qui avaient non seulement besoin de se protéger de la rudesse des Highlands en hiver, mais aussi des périodes les plus difficiles de l'existence, et qui venaient s'y reposer, recouvrer leurs forces, mais, plus encore, retrouver un sens à la vie, une orientation et surtout l'espoir.

Quand elles se retirèrent après le dîner, Isobel suivit Vespasia à l'étage.

— Qu'est-ce que je vais faire ? demanda-t-elle avec une pointe de désespoir dans la voix, une fois dans la chambre qu'elles allaient partager.

— Ce que vous avez promis à Omegus. Mrs. Naylor ne dira rien de plus que ce que vous relaterez aux autres.

— Ça, je m'en fiche ! rétorqua Isobel, agacée. C'est à ma vie que je pense ! Je ne veux pas épouser Bertie Rosythe, même s'il me demandait en mariage ! Je ne veux pas de ce genre d'homme. Je préfère la solitude, au risque d'en mourir à petit feu, dit-elle d'une voix soudain plus stridente, comme si sa colère devenait incontrôlable. Bon sang, êtes-vous suffisante au point de ne même pas comprendre de quoi je parle ? Ne vous souciez-vous jamais que de l'argent, de la mode ou de la saison ? Apprendre quels sont ceux qui comptent, trouver moyen de vous en faire connaître et choisir les bonnes réceptions, n'est-ce pas tout pour vous ? Une fois chez vous, quand vous enlevez votre diadème et que vos domestiques suspendent votre robe, qui êtes-vous alors ?

Elle pleurait presque, à présent.

— Qu'est-ce qui vous reste ? Qu'est-ce qui compte pour vous ? Est-ce là tout ce que vous a apporté le confort ? Êtes-vous imbue de vous-même au point d'en avoir le cœur desséché ?

Vespasia lut le mépris dans son regard et comprit qu'il couvait depuis toujours. Cela la touchait-il assez pour qu'elle baisse enfin sa garde et lui réponde avec franchise ? Se taire reviendrait à se renier, presque à lui donner raison.

— J'ai en moi trop de douleur et d'espoir pour cela, répondit-elle avec gravité. Les plus beaux jours de ma vie, je ne les ai pas passés en robe de bal. J'apportais eau et bandages à des blessés, et j'étais parfois armée d'un pistolet. Je portais une robe grise ordinaire qu'on m'avait prêtée, je combattais sur les barricades à Rome lors d'une révolution qui a échoué.

La voix étranglée par les larmes, elle dut parler plus bas.

— Et j'étais amoureuse d'un homme que je ne reverrai jamais. Vous n'avez aucun droit de mépriser quelqu'un tant que vous ne connaissez pas sa véritable personnalité, Isobel. Et ni vous ni moi ne connaîtrons jamais personne assez bien pour cela. Réjouissez-vous-en. Le dédain n'a rien d'un sentiment noble.

Elle respira à fond.

— Dormez bien. Nous devons atteindre au moins Crianlarich avant demain soir. Je sais que ce n'est qu'à cinq miles, mais parcourir cette distance dans les collines en pleine tempête, ça nous semblera plus dur que trente miles chez nous. Bonne nuit.

— Bonne nuit, répondit Isobel avec douceur.

Le lendemain, ils durent avancer sous les assauts des tempêtes de neige, dont une fut assez violente pour les arrêter plus de deux heures, mais ils arrivèrent malgré tout à Crianlarich avant le coucher du soleil et avancèrent le jour suivant jusqu'à la pointe du Loch Lomond, avec en vue le sommet blanc du Ben Lomond.

Ensuite, ils longèrent la rive du lac jusqu'à dépasser le Ben, et, le matin du cinquième jour après leur départ de Glen Orchy, les trois femmes firent leurs adieux à MacIan et le remercièrent de tout cœur. Elles rejoignirent en barque l'autre rive, qui ne se trouvait plus qu'à une vingtaine de miles de Glasgow. De là, il ne leur resterait plus qu'à louer un attelage et gagner la gare. En calèche, sur une bonne route, elles pourraient accomplir le trajet en une journée.

Après le petit déjeuner, on aida Isobel à monter en voiture, puis Vespasia, et enfin Mrs. Naylor. Sachant que cette dernière conduisait très bien, Vespasia avait choisi de lui laisser les rênes. D'ailleurs, c'est elle qui avait repris le contrôle du cheval fou qui avait tué Kilmuir. Bonne cavalière elle aussi, Vespasia n'avait cependant pas une grande expérience de la conduite, qui exigeait des aptitudes tout à fait différentes.

Mrs. Naylor se montra hésitante.

Vespasia se demanda si c'étaient les souvenirs de la mort de Kilmuir qui lui revenaient : le doute, la culpabilité, les regrets – et même la crainte que ce soit le fait d'avoir assisté à la scène qui avait tellement fragilisé Gwendolen. Cette dernière savait-elle que sa mère avait tué pour la sauver ? Était-ce là le fardeau qu'elle ne pouvait porter ?

Mrs. Naylor s'installa à la place du cocher et s'empara des rênes avec maladresse. Elle les tenait les mains jointes au lieu de les écarter de façon à contrôler le cheval.

Le valet d'écurie lui montra patiemment comment s'y prendre mais elle paraissait toujours mal à l'aise. Le cheval le sentit et s'agita.

Soudain, Vespasia comprit tout. Mrs. Naylor ne savait pas conduire. Ce n'était pas elle qui tenait les rênes quand Kilmuir était tombé, mais Gwendolen ! Vespasia l'avait vue faire à Londres : elle excellait dans cette pratique ! C'était Mrs. Naylor qui avait assisté à la scène. Tout s'expliquait, à présent. Elle avait dû protéger sa fille, et Gwendolen, sous le choc, s'était autorisée à oublier, à transformer la vérité pour la rendre plus supportable.

Mrs. Naylor se reprochait d'avoir arrangé un mariage avec un homme tel que Kilmuir, de ne pas l'avoir jugé à sa juste valeur. C'était pourtant le premier devoir d'une mère envers sa fille, et Mrs. Naylor avait manifestement échoué. Voilà pourquoi elle était disposée à porter le fardeau de la culpabilité, ce que Gwendolen avait accepté.

Puis une seule remarque banale et cruelle avait brisé la nouvelle image qu'elle voulait renvoyer – disparus, l'espoir et le bouclier protecteur de l'oubli, remplacés par le spectre d'un chantage à vie par ceux qui savaient ou devinaient au moins une partie de la vérité.

— Laissez-moi faire ! déclara Vespasia d'une voix étonnamment calme.

On pouvait attribuer au froid le léger tremblement qui y subsistait.

— Donnez-moi les rênes. Je ne suis pas aussi douée que Gwendolen, mais je suis tout à fait capable.

Elle se hissa devant pour prendre la place de Mrs. Naylor. Lorsque leurs regards se croisèrent, cette dernière sut qu'elle avait tout compris.

Vespasia lui sourit. On n'évoquerait plus jamais le sujet. Isobel ne pouvait se le permettre – elle avait ses propres secrets à garder –, et Vespasia n'en avait aucune envie.

Elles entamèrent la dernière partie de leur voyage.

Après un trajet en train long et ennuyeux, elles arrivèrent enfin à Londres. Dans trois jours, c'était Noël. Il ne leur restait plus qu'à gagner Applecross, où Omegus Jones se trouvait déjà, Vespasia le savait. Ne voyant aucune raison de s'attarder en ville, elle convia Mrs. Naylor et Isobel dans sa résidence de campagne, située à dix miles d'Applecross. Quand Mrs. Naylor accepta son invitation, la joie qu'elle en ressentit la surprit.

Après avoir embrassé son mari et ses enfants, Vespasia s'empressa d'écrire une lettre à Omegus pour lui dire qu'elles étaient rentrées, et que pour valider le serment du petit groupe, il ne leur restait plus qu'à annoncer qu'elles avaient accompli leur mission. Puis elle cacheta l'enveloppe et confia à un domestique la charge de remettre ce mot à son destinataire.

— Dois-je attendre la réponse, Madame ? demanda l'homme.

— Oui ! C'est de la plus grande importance !

— Très bien, Madame.

Lorsqu'il revint quelques heures plus tard, elle ouvrit la missive sans attendre qu'il soit reparti.

Ma chère Vespasia,

Vous n'imaginez pas comme je suis soulagé d'apprendre que vous êtes revenue saine et sauve, et que vous avez réussi. La lettre de la loi aurait suffi à contraindre nos amis au silence, mais c'est l'esprit qui guérit le pécheur, et c'est au fond tout ce qui compte.

J'avoue m'être inquiété pour vous ; il m'est arrivé de passer de la certitude absolue que rien de fâcheux ne vous arriverait à la peur écrasante d'apprendre qu'une catastrophe vous avait emportée. Si j'avais connu la teneur véritable de votre périple, je ne vous aurais jamais permis de l'entreprendre, et rien de tout cela n'aurait été accompli. Peut-être est-il parfois préférable de ne pas savoir ce qui nous attend, car sinon nous ne tenterions rien et l'échec serait inévitable.

Bien sûr, vous voudrez passer Noël auprès de votre famille, mais accepterez-vous de venir accompagnée d'Isobel et de Mrs. Naylor à Applecross pour le réveillon, de façon à entériner notre engagement et libérer Isobel ? Les autres seront présents aussi.

J'attends votre réponse avec espoir,
Votre ami et serviteur,
Omegus Jones.

Elle replia la lettre en souriant et la rangea dans le tiroir de son écritoire, qu'elle ferma à clé. Puis elle alla faire part de l'invitation d'Omegus à Isobel et Mrs. Naylor. Le lendemain matin, elle envoya le même domestique annoncer qu'elles l'acceptaient.

Elles partirent dans l'après-midi afin d'être à Applecross pour le dîner. Le temps était froid et piquant, mais la neige n'était pas encore tombée, et l'on sentait juste dans l'air un goût de givre. Lorsqu'elles arrivèrent, elles tremblaient malgré les plaids qui les couvraient et se réjouirent de pouvoir mettre pied à terre et s'abriter dans la grande salle décorée de houx et de gui, de rubans écarlates, de pommes de pin dorées et de saladiers de fruits.

Dans un coin, un énorme sapin chargé de décorations, de bougies, de guirlandes de papier coloré et de petits paquets aux couleurs joyeuses, diffusait une odeur boisée qui se mêlait aux senteurs d'épices et de feu de bois, et au fumet discret de la viande rôtie et du pudding. On percevait une certaine excitation dans les voix étouffées des servantes, dans leurs petits rires et les bruissements de leurs jupons. Dans la cheminée, un feu ardent crépitait. Des valets leur apportèrent vin chaud et friandises à la pâte d'amandes, tartelettes de Noël tièdes et zestes d'agrumes confits.

Omegus fut ravi de les voir. Il complimenta Isobel, présenta ses plus sincères condoléances à Mrs. Naylor et lui assura qu'il lui expliquerait tout ce qu'elle souhaiterait savoir quand elle se sentirait prête à l'interroger, et qu'il la conduirait à sa convenance sur la tombe de Gwendolen.

Elle le remercia et déclara que les fêtes devaient primer sur tout le reste. C'était un comportement courageux et généreux, et Vespasia n'en attendait pas moins d'elle.

Dix minutes plus tard, lorsqu'ils furent seuls, Omegus prit Vespasia par le bras et la retint avec une fermeté surprenante quand elle tenta de se libérer.

— Vous ne m'avez pas tout raconté, je crois, déclara-t-il d'une voix calme.

Elle fit volte-face.

— Comment ça ?

Il sourit.

— Je vous connais, ma chère. Vous n'apprécieriez pas autant Mrs. Naylor, comme c'est visiblement le cas, si vous n'étiez devenue plus intime avec elle. Vous avez appris quelque chose à son sujet qui a suscité votre admiration, sentiment que vous n'éprouvez jamais sans une bonne raison. N'ayant rien perçu de semblable chez Isobel, j'en conclus que vous ne lui en avez pas fait part. Je me demande pourquoi, mais la réponse a sans doute un rapport avec la mort de Gwendolen. Est-ce un détail que je devrais connaître ?

Vespasia rougit. Bien qu'elle n'eût jamais envisagé de tout lui raconter, elle se sentit incapable de lui mentir. Non pas qu'il lui manquât l'imagination nécessaire – c'eût été assez facile –, mais si elle plaçait une telle barrière entre eux, elle perdrait quelque chose auquel elle accordait une immense valeur.

D'une voix très douce, elle lui raconta ses soupçons, ce qu'elle avait fini par conclure, et la vérité sur la mort de Kilmuir.

— Et vous n'avez rien dit à Isobel ? demanda-t-il d'un ton grave.

— Non. Ça ne...

Elle lut dans son regard les reproches qu'elle-même refoulait.

— Elle est en droit de le savoir, n'est-ce pas ? reprit-elle.

— Oui, répondit-il sans équivoque.

— Je lui raconterai tout après le repas, promit-elle. Lorsqu'elle aura fait la paix avec Lady Warburton.

Il haussa les sourcils d'un air interrogateur.

— Vous craignez qu'elle ne sache pas se montrer discrète alors qu'elle compte sur le silence des autres ?

Vespasia sentit de nouveau le sang lui monter aux joues.

— Je ne sais pas, reconnut-elle. Mrs. Naylor mérite cette discrétion, et elle est indispensable pour Gwendolen.

Omegus posa un instant la main sur la sienne puis lui offrit son bras.

— Et si nous allions dîner ?

Le repas fut somptueux et excellent. Après les plats principaux, mais bien avant que les dames songent à se retirer, Omegus se leva et les conversations cessèrent.

— Mes chers amis, nous sommes réunis en cette veille de Noël afin d'honorer un serment que nous avons prêté il y a moins d'un mois. Nous avions alors promis que si Isobel Alvie allait en Écosse remettre la lettre de Gwendolen à Mrs. Naylor et qu'elle l'accompagnait jusqu'ici, nous devions effacer ses torts de notre mémoire. Elle a accompli sa part...

— Vous espérez qu'on la croira sur parole ? demanda Fenton Twyford, un rictus sarcastique aux lèvres.

— Mrs. Naylor est ici avec nous, rétorqua Omegus. Si vous doutez d'Isobel, ou de moi, vous pouvez l'interroger.

Il désigna Mrs. Naylor, qui demeurait calme et très digne.

Fenton Twyford se tourna vers elle et, accueilli par un regard glacial, se ravisa. Se rendant compte de son impertinence, il rougit.

Un sourire effleura les lèvres d'Omegus.

— C'est à présent notre tour de respecter notre engagement. Celui ou celle qui le rompra n'existera plus à nos yeux. Nous cesserons de lui parler, de l'inviter aux événements mondains et l'ignorerons en toutes circonstances. Il ou elle aura choisi d'être quelqu'un dont la parole n'a aucune valeur. Je ne puis concevoir qu'on veuille être un tel… individu. Mrs. Naylor a juré d'être tenue par le même code.

— C'est juste, déclara-t-elle avec clarté. Je souhaite apporter une précision inconnue de Mr. Jones. Le rôle qu'a joué Mrs. Alvie dans la mort de ma fille est bien plus ténu que vous ne le croyez. Sa remarque n'a été que la dernière goutte qui a fait déborder le vase déjà rempli par d'autres, ce dont Mrs. Alvie n'avait qu'une connaissance restreinte. Je n'ai pas l'intention de vous expliquer quels fardeaux portait ma fille. Leur place est dans la tombe avec elle. En tout cas, il serait injuste que Mrs. Alvie paie davantage pour une faute qu'elle a déjà expiée par ses efforts à mon égard. L'affaire est close.

Les yeux écarquillés, les lèvres ouvertes sous l'effet de l'étonnement et de la colère naissante, Isobel se tourna vers elle.

— Si je comprends bien, ils allaient me punir alors que je n'étais qu'en partie coupable ?

— Oui.

Isobel lança un regard noir à Lady Warburton.

— Vous alliez me détruire, me laisser dans un désert d'où je ne serais jamais sortie !

— Je ne savais pas, protesta Lady Warburton, tremblante. Je vous croyais fautive.

— Vous le croyiez vous-même, ajouta Blanche Twyford. Ne le niez pas !

— Oui, c'est exact ! cracha Isobel. Mais vous n'avez montré aucune pitié.

— C'est la vérité, la coupa Omegus, d'une voix claire et catégorique. La pitié, la capacité à pardonner, à effacer une faute de sa mémoire, à accepter ces cadeaux divins que sont l'amour et l'espoir, le courage de repartir de zéro en étant animé par la foi en la rédemption, c'est là tout le sens de Noël. Voilà pourquoi nous sommes réunis aujourd'hui. Voilà pourquoi nous décorons la salle de houx, pourquoi les cloches résonneront cette nuit de village en village jusqu'à emplir la terre et le ciel de leur son.

Il attendit la réponse d'Isobel, non pas exprimée par des mots mais par son regard.

Elle n'hésita qu'un instant.

— Bien sûr, fit-elle. Je suis revenue de ce périple à Noël, et mon voyage ne s'achève peut-être qu'à cet instant même. Toute ma vie je vous serai reconnaissante, à vous pour m'avoir offert cette chance, et à Vespasia pour m'avoir accompagnée alors que rien ne l'y obligeait. Comment pourrais-je accepter le pardon pour mes fautes et ne pas l'accorder aux autres ?

— C'est le voyage de tout un chacun, déclara Omegus en souriant. Nul n'est obligé de l'accomplir seul. Mais le choix d'accompagner quelqu'un est l'ultime acte d'amitié qui nous rapproche le plus de l'homme dont nous fêtons la naissance à Noël, et le plus beau cadeau de tous.

Il leva son verre.

— À l'amitié éternelle !

Tous les convives répondirent en levant leur verre.

— À l'amitié éternelle !

LE VOYAGEUR
DE NOËL

Traduit de l'anglais
par Pascale Haas

À ceux qui veulent donner
le meilleur d'eux-mêmes.

— Là, vous êtes bien installé, Mr. Rathbone ? demanda le vieil homme avec sollicitude.

Assis dans la voiture attelée, son bagage posé à côté de lui, Henry Rathbone ramena la couverture sur ses jambes.

— Oui, Wiggins, merci, répondit-il, reconnaissant.

Un vent violent cinglait même ici devant la gare de chemin de fer de Penrith. Et sur la route d'une dizaine de kilomètres qui menait à Ullswater à travers les montagnes enneigées, ce serait encore pire. On était à peu près à la mi-décembre, et exactement à la moitié du siècle.

Wiggins grimpa sur le siège du cocher et fouetta le cheval. L'animal devait connaître le chemin par cœur. Ce trajet, il l'avait effectué presque tous les jours, du temps où Judah Dreghorn était en vie.

Telle était la triste raison qui ramenait Henry dans cette contrée sauvage et magnifique qu'il adorait, et où il s'était si souvent promené avec Judah par le passé. Rien que le nom des lieux lui rappelait le souvenir de journées de marche à flanc de collines, de l'herbe rêche sous les pieds, de la douce brise sur son visage et des panoramas qui s'étendaient à l'infini. Il revoyait les eaux bleu pâle du lac Stickle, dans lesquelles se reflétait le sommet de l'arche Pavey, ou les collines striées de neige du col Honister. Combien de fois avaient-ils escaladé ensemble le pic de Scafell pour se retrouver sur le toit du monde, assis le dos contre la pierre chaude, à manger du pain et du fromage et à boire du vin rouge comme si c'était la nourriture et la boisson des dieux ?

Cependant, deux jours plus tôt, il avait reçu une lettre d'Antonia, des mots quasi illisibles qui lui annonçaient la mort de Judah dans un accident stupide. Le drame ne s'était pas déroulé sur le lac, ni même au cours d'une de ces tempêtes hivernales où le vent et la neige faisaient rage dans la vallée, mais sur les pierres de gué de la rivière.

À la sortie de la ville, Henry jeta des regards alentour tandis qu'ils s'engageaient sur la route qui serpentait vers l'ouest. La beauté âpre et austère du paysage s'accordait à son humeur. Le relief escarpé se détachait sur un ciel sans nuages, la neige scintillait avec tant d'éclat qu'il en avait mal aux yeux, d'un blanc étincelant sur les crêtes, plus sombre au creux des vallons, et plus encore dans les ravins hérissés d'arbres et de rochers.

La dernière fois où les quatre frères Dreghorn s'étaient retrouvés à la maison remontait à dix ans. L'aubaine dont avait profité la famille en acquérant le domaine leur avait permis de réaliser leurs rêves, où que ceux-ci les mènent. Benjamin avait abandonné son ministère de pasteur à l'église pour partir en Palestine se consacrer à l'archéologie biblique. Ephraim avait suivi sa passion de la botanique jusque dans le sud de l'Afrique. Ses lettres regorgeaient de dessins de plantes fabuleuses, que l'on ne trouvait que dans ce pays, et qui se révélaient pour la plupart si utiles à l'humanité.

Nathaniel, le seul autre frère à s'être marié, s'était embarqué vers l'Amérique afin d'étudier la géologie extraordinaire du pays et explorer des particularités inconnues en Europe. Il s'était même aventuré très loin dans l'Ouest, jusqu'aux formations rocheuses des territoires désertiques et à la grande faille de San Andreas, en Californie. C'était là qu'il avait succombé à une fièvre, laissant sa veuve Naomi revenir seule cette fois-ci.

Dans sa lettre, Antonia avait écrit qu'ils rentreraient tous pour Noël, même si leur retour promettait d'être amer et très différent des fois précédentes. Qu'Antonia ait réclamé la présence de son parrain n'était guère surprenant. Elle avait de terribles nouvelles à annoncer et n'avait pas d'autre famille pour l'aider. Ses parents étaient morts jeunes, et elle n'avait ni frère ni sœur, seulement un fils de neuf ans, Joshua, aussi endeuillé qu'elle.

Henry avait toujours connu Antonia, d'abord comme une enfant grave et heureuse, curieuse d'apprendre et passant tout son temps à lire. Elle ne s'était jamais lassée de lui poser des questions. Ils avaient été amis dans la découverte.

Par la suite, lorsqu'elle était devenue une jeune femme, une sorte de timidité avait mis une distance entre eux deux. Antonia s'était alors confiée avec plus de réticence, mais Henry n'en avait pas moins été le premier à être au courant de son amour pour Judah et, comme ses parents n'étaient plus là, c'était lui qui l'avait accompagnée à l'autel le jour de son mariage.

Mais à présent, que pouvait-il faire pour elle ?

Henry s'emmitoufla plus étroitement dans la couverture et regarda droit devant lui. Bientôt, il apercevrait le bouclier étincelant d'Ullswater et, par une journée aussi claire, les montagnes qui se dressaient derrière : le Helvellyn, au sud, et les monts du Blencathra, au nord. Les petits lacs d'altitude devaient être gelés, bleutés sous les ombres. Certains animaux sauvages auraient revêtu leur blanche parure d'hiver, et les cerfs seraient descendus dans les vallées. Les bergers partiraient à la recherche de leurs brebis égarées. Henry esquissa un sourire. Les brebis survivaient très bien sous la neige ; leur haleine tiède formait un cône à travers lequel respirer, et l'odeur de leur sueur les rendait assez faciles à retrouver par n'importe quel chien de troupeau digne de ce nom.

Le domaine des Dreghorn s'étendait sur un terrain en pente qui dominait le lac, à quelques kilomètres du village. Les terres, les plus vastes à des lieues à la ronde regroupant de riches pâturages, des bois, des rivières et des fermes de métayers, descendaient vers les rives du lac sur plus de deux kilomètres. Le manoir, construit en pierres de la région, comportait deux étages et était orienté vers le sud.

Après avoir franchi les grilles, ils remontèrent l'allée. Antonia apparut si vite sur le seuil qu'elle avait dû les attendre, guettant derrière la fenêtre. Elle était grande, avec des cheveux lisses et bruns, et Henry se rappela qu'elle possédait cette beauté paisible singulière, qui traduisait une paix intérieure que les contrariétés du quotidien ne parvenaient pas à perturber.

À cet instant, alors qu'elle se hâtait vers lui, ses amples jupes noires frôlant le gravier, il était évident que de la colère et de la peur troublaient son chagrin. Sa peau était pâle, son visage tendu, et ses yeux sombres étaient creusés de cernes.

Il descendit aussitôt et s'avança à sa rencontre.

— Henry ! Je suis heureuse que vous soyez venu, s'empressa de dire Antonia. Je ne sais plus comment arriver toute seule à faire face !

Il l'entoura de ses bras, sentit la raideur de ses épaules et l'embrassa doucement sur la joue.

— J'espère que vous n'avez pas douté que je viendrais, ma chère, répliqua-t-il. Ni que je ferais tout ce qui serait en mon pouvoir pour vous aider.

Antonia se dégagea de son étreinte, et soudain, ses yeux se remplirent de larmes. Ce ne fut qu'à grand-peine qu'elle maîtrisa sa voix.

— La situation est encore plus épouvantable que ce que je vous ai écrit dans ma lettre. Je suis désolée… Je ne sais pas comment m'y prendre pour me battre. Et je redoute de parler à Benjamin et à Ephraim quand ils vont arriver. Je crois que la veuve de Nathaniel va venir aussi. Vous ne connaissez pas Naomi, n'est-ce pas ?

— Non, je ne l'ai jamais rencontrée.

Henry observa le visage d'Antonia, se demandant quelle nouvelle pouvait être plus épouvantable que la mort de Judah.

La jeune femme se retourna.

— Entrez dans la maison, dit-elle, la gorge nouée. Dehors, il fait froid. Wiggins apportera vos affaires et les montera dans votre chambre. Voulez-vous du thé et des *crumpets*[1] ? Il est encore tôt, mais vous venez de faire une longue route.

Continuant à parler trop vite, Antonia l'entraîna en haut des marches et par-delà la grande porte d'entrée sculptée.

— Il y a du feu au salon, et Joshua est encore à l'école. C'est un garçon brillant, vous savez. Il a beaucoup changé depuis la dernière fois que vous l'avez vu.

Dans le vestibule, la température était plus agréable, mais ce n'est qu'en entrant dans le petit salon aux murs teintés d'ocre rouge, où des bûches flambaient dans l'âtre, que la chaleur le détendit quelque peu. Content de s'asseoir dans l'un des immenses fauteuils, Henry attendit que la bonne ait apporté le thé et les *crumpets* imprégnés de beurre fondu.

Ils en avaient déjà mangé la moitié lorsqu'il se décida à rompre le silence.

— Je pense que vous feriez mieux de m'expliquer quel autre problème vous inquiète, dit-il avec douceur.

Antonia prit une longue inspiration et poussa un long soupir avant de lever les yeux vers son parrain.

1. Sorte de petites crêpes épaisses. (*N.d.T.*)

— Ashton Gower dit que Judah l'a escroqué, commença-t-elle d'une voix tremblante. Il prétend que, légalement, la totalité du domaine aurait dû lui revenir, et que Judah l'a fait emprisonner de façon inique pour ensuite le lui voler.

Henry fut si stupéfié par sa déclaration qu'il eut l'impression de recevoir un coup de poing en pleine figure. Judah Dreghorn, qui avait occupé la fonction de juge au tribunal de Penrith, était l'homme le plus honnête qu'Henry eût jamais rencontré. L'idée qu'il ait escroqué qui que ce soit était absurde.

— C'est ridicule ! répliqua-t-il aussitôt. Personne ne le croira. Il faut que votre homme d'affaires le prévienne que si jamais il répète une accusation aussi grotesque et entièrement fausse, vous le poursuivrez en justice.

Un pâle sourire effleura les lèvres d'Antonia.

— C'est ce que j'ai fait. Mais Gower n'en a pas tenu compte. Il maintient que Judah lui a pris le domaine après l'avoir accusé injustement et emprisonné, alors même qu'il savait qu'il était innocent, tout ça pour acheter la propriété à bas prix ! Et, bien sûr, c'était avant la découverte du site viking.

Henry se sentait tout à fait perdu.

— Je crois qu'il vaudrait mieux que vous me racontiez l'histoire depuis le début. Je n'ai aucun souvenir d'Ashton Gower, et j'ignore tout de ce site viking. Que s'est-il passé, Antonia ?

La jeune femme termina son thé, comme pour se donner le temps de rassembler ses pensées. Elle ne regardait pas son parrain, mais fixait les flammes qui dansaient dans l'âtre. Dehors, le soir tombait déjà, et le soleil couchant qui embrasait le ciel d'hiver allumait des lueurs orange et dorées derrière les fenêtres du côté sud.

— Il y a des années, la famille d'Ashton Gower était propriétaire de ce domaine, expliqua Antonia. À l'origine, il appartenait à la famille Colgrave, mais la veuve Colgrave qui en a hérité a épousé Geoffrey Gower avec qui elle a eu un fils, Ashton, et c'est bien entendu à lui que Geoffrey l'a légué. Au départ, les choses semblaient très simples, jusqu'au jour où Peter Colgrave, un parent de l'autre branche de la famille, a soulevé la question de savoir si les actes de propriété étaient authentiques.

— Les actes du domaine ? s'étonna Henry. Comment ne l'auraient-ils pas été ? Le père de Gower en était sans doute devenu le propriétaire légal, après son mariage avec la veuve Colgrave ?

— Le problème tournait autour d'une question de dates…

La jeune femme paraissait lasse, à bout de forces. Cette histoire lui était malheureusement familière, même si elle lui demeurait par ailleurs inexplicable.

— … concernant le mariage de Mariah Colgrave, la mort de son beau-frère et la naissance de Peter Colgrave.

— Et ce Colgrave a contesté le droit de Gower sur le domaine ? interrogea Henry.

Antonia sourit d'un air lugubre.

— En fait, il a affirmé que les actes de propriété étaient des faux, et qu'Ashton Gower les avait trafiqués en vue d'hériter lui-même du domaine, alors qu'il aurait dû lui revenir. Comme il a tenu à porter l'affaire en justice, elle a fini par arriver sur le bureau de Judah, à Penrith. La première fois qu'il a examiné les actes, il a dit qu'ils lui paraissaient parfaitement valables, mais il les a conservés et les a réexaminés de plus près. Judah a commencé alors à avoir des doutes et les a apportés à un expert en contrefaçon très réputé à Kendal. Celui-ci lui a confirmé que les actes n'étaient en rien conformes. Et s'est dit prêt à en témoigner.

Henry se pencha en avant.

— Et il l'a fait ? s'enquit-il avec curiosité.

— Oh, oui ! Ashton Gower s'est retrouvé accusé d'avoir fabriqué des faux en écriture et a été reconnu coupable. Judah l'a condamné à onze ans de prison. Il vient juste d'être relâché.

— Et le domaine ?

Henry devinait toutefois sans mal la réponse. Peut-être aurait-il dû s'en douter, mais lors de ses visites, ils avaient toujours eu des choses plus heureuses à discuter, des rires, de la bonne chère et des conversations agréables à partager.

Antonia remua un peu sur son fauteuil.

— Colgrave en a hérité, répondit-elle d'une voix triste. Cependant il ne souhaitait pas vivre ici. Il a mis le domaine en vente à un prix très raisonnable. En fait, je crois qu'il avait des dettes à rembourser. Il vivait de façon extravagante. Judah et ses frères ont mis chacun ce qu'ils pouvaient, Judah apportant de loin la plus grosse somme, et ils l'ont acheté. C'est ici que Judah et moi avons vécu. Et que Joshua est né…

L'émotion brisa sa voix, et il lui fallut quelques secondes avant de se reprendre.

Henry attendit en silence.

— Je n'ai jamais aimé un endroit comme j'aime celui-ci ! s'exclama Antonia avec une passion soudaine. Pour la première fois, je me sens complètement chez moi.

Elle agita la main d'un geste impatient.

— Pas à cause de la maison. Elle est belle, bien sûr, c'est une demeure magnifique ! Mais je veux parler de la terre, des arbres, de la façon dont la lumière tombe sur l'eau…

Soudain, elle dévisagea son parrain.

— Vous souvenez-vous de ces longs crépuscules sur le lac en été, des ciels du soir ? Les vallées aux prairies si vertes qu'elles ondulent comme du velours jusqu'à l'horizon, ces arbres si luxuriants qu'ils ondoient comme des nuages au ras du sol ? Et la forêt au printemps, ou ce jour où nous avons remonté Striding Edge jusqu'au Helvellyn ?

Henry se garda de l'interrompre. Se remémorer des choses belles et douloureuses faisait partie du deuil.

Antonia demeura silencieuse un instant, puis reprit son récit.

— Il va de soi que le domaine a aussi une grande valeur financière, ce qui était déjà le cas avant qu'on découvre le site viking. Il y a les fermes, les maisons sur la rive… Largement de quoi permettre à Benjamin, Ephraim et Nathaniel de se consacrer à leurs passions.

Son visage se crispa légèrement.

— Et, depuis la mort de Nathaniel, à Naomi, bien sûr…

— Quel est ce site viking auquel vous ne cessez de faire allusion ? demanda Henry.

— Le berger d'une des fermes a trouvé une pièce en argent qu'il a apportée à Judah. Comme les monnaies l'ont toujours intéressé, il a tout de suite su ce que c'était, dit Antonia dans un sourire. Je me souviens qu'il était ravi, il trouvait ça très romantique. Il s'agissait d'une pièce anglo-saxonne de l'époque d'Alfred le Grand, qui a vaincu les Danois, ou du moins les a tenus en respect, vers la fin du IXe siècle. Elle faisait vraisemblablement partie du tribut du Danelaw[1], car le reste était de l'argenterie viking – des bibelots, des bijoux et des harnais. Quand nous avons exhumé l'ensemble du trésor, nous avons aussi retrouvé des broches et des bracelets de l'Irlande norroise, des colliers scandinaves, des boucles de la France carolingienne… et puis des monnaies en provenance d'un peu partout – des pièces islamiques d'Espagne, d'Afrique du Nord, du Proche-Orient, et même d'aussi loin que d'Afghanistan !

Son émerveillement se prolongea un instant avant de s'évanouir pour revenir au présent.

1. Nom donné au territoire nord-est anglais sous domination danoise au Moyen Âge. (*N.d.T.*)

— Judah a bien entendu fait appel à des archéologues professionnels, poursuivit Antonia. Et ils ont procédé à des fouilles minutieuses. Il leur a fallu un été entier, mais ils ont mis au jour les ruines d'un édifice, et à l'intérieur de celui-ci ce trésor, pièces et objets. La plupart des choses sont parties dans un musée, mais pas mal de gens viennent voir celles que nous avons conservées et, naturellement, ils séjournent au village. Nos chaumières au bord du lac sont louées pratiquement tout au long de l'année.

— Je vois…

Antonia regarda Henry droit dans les yeux.

— Nous n'avions pas la moindre idée de ce qui était enfoui là à l'époque où nous avons acheté le domaine ! Personne ne s'en doutait. Et d'ailleurs, tout le village profite de ces visiteurs.

— Gower laisse-t-il entendre que vous étiez au courant de l'existence du butin ?

— Pas en termes aussi explicites, mais il le laisse entendre.

— Que dit-il exactement ?

Tant qu'il ne connaîtrait pas la vérité, aussi affreuse et affligeante soit-elle, il ne pourrait pas aider Antonia à récuser l'accusation. L'idée que Judah, d'entre tous les hommes, soit accusé de malhonnêteté lui était extrêmement pénible.

— Que les actes de propriété étaient authentiques, répondit Antonia. Et que Judah l'a toujours su et a soudoyé l'expert pour qu'il mente, de telle manière que Colgrave puisse hériter, revendre le domaine aussitôt à bas prix étant donné qu'il avait besoin de l'argent, et que Judah pourrait alors l'acheter et prétendre avoir découvert le butin après coup.

Henry vit tout de suite que l'accusation était grotesque, mais qu'elle risquait néanmoins d'être très difficile à réfuter dans la mesure où elle ne reposait sur aucune preuve raisonnable. De toute évidence, Gower était un homme amer, qui avait été puni pour un crime particulièrement stupide, et qui se démenait à présent pour chercher une sorte de vengeance, au lieu d'essayer de reconstruire sa vie au mieux après de longues années de prison.

— Personne ne l'a cru, j'imagine ? L'expert a lui-même déclaré que les actes de propriété étaient des faux, et rien ne permet de supposer que quelqu'un avait connaissance du site viking. Ce trésor devait être caché là depuis des siècles. Aucun des ancêtres de Gower n'était au courant, n'est-ce pas ?

— Non ! Personne n'en avait la moindre idée, confirma Antonia.

— C'est une chance.

— Je sais. Sauf que Gower soutient que nous avons attendu un bon moment, histoire de donner l'impression que nous n'étions pas au courant. Toujours est-il que si les actes étaient authentiques, cela ne change rien. Ce n'est qu'un petit mensonge ajouté à un plus gros…

La voix d'Antonia faiblit légèrement. Le feu flambait avec moins de vigueur, et la lueur de la lampe atténuait le chagrin perceptible sur son visage.

— Pouvez-vous imaginer quelque chose de pire que d'envoyer un homme innocent en prison et de salir sa réputation dans le but de lui voler son héritage ? C'est ce que Gower affirme que Judah a fait. Et aujourd'hui, il n'est même plus là pour se défendre !

Antonia n'était pas loin de perdre le contrôle d'elle-même. Le masque qu'elle prenait soin d'afficher, et qui lui coûtait tant, commençait à se craqueler.

Henry sentit qu'il devait se hâter de lui dire quelques mots, mais il fallait qu'ils soient à la fois utiles et vrais. Apporter un faux réconfort à Antonia ne ferait qu'empirer les choses par la suite, et bien qu'elle soit à même de comprendre sa réaction, elle ne lui accorderait plus jamais sa confiance.

— Gower a proféré ces accusations avant la mort de Judah ? demanda-t-il.

La vérité des faits n'offrait qu'un piètre refuge, mais il ne voyait pas d'autre solution.

Antonia leva les yeux.

— Oui. À peine sorti de la prison de Carlisle, il est revenu directement ici.

D'un seul coup, la colère s'empara d'elle.

— Pourquoi n'est-il pas allé ailleurs, recommencer une nouvelle vie dans un endroit où personne ne le connaissait ? S'il était parti à Liverpool ou à Newcastle, personne n'aurait su qu'il avait fait de la prison, il aurait pu repartir de zéro ! Je n'ai jamais vu un homme en proie à une telle rage. Je l'ai croisé l'autre jour dans la rue, et il me fait peur…

Elle avait l'air affolé. Ses yeux magnifiques étaient immenses et vides, son visage blanc comme de la craie.

— Vous ne pensez quand même pas qu'il s'en prendrait à vous ? s'indigna Henry.

Les lumières étaient les mêmes qu'une seconde plus tôt, et les braises encore brûlantes, mais la pièce sembla soudain s'être assombrie.

— Antonia ?

— Non, répondit calmement la jeune femme en détournant le regard. Vous me demandez s'il s'en est vraiment pris à Judah ?

Elle prit une profonde inspiration.

— Nous étions allés au village écouter un récital de violon. La soirée a été merveilleuse. Malgré l'heure tardive, nous avions emmené Joshua, sachant qu'il adorerait ça. Il va devenir l'un des grands musiciens de son époque, vous savez. Il a déjà composé quelques pièces simples très belles et pleines de cadences originales. Joshua avait emporté une de ses compositions, et le violoniste l'a jouée. Il lui a même demandé s'il pouvait en garder un exemplaire.

À ce souvenir, son visage rayonna de fierté.

— Peut-être deviendra-t-il le Mozart anglais, suggéra Henry.

Antonia se tut quelques secondes, luttant pour se ressaisir.

— Peut-être, convint-elle finalement. Quand nous sommes rentrés à la maison, il était dix heures passées. J'ai mis Joshua au lit. Il était tellement excité qu'il aurait voulu rester debout toute la nuit ! Judah m'a dit qu'il avait envie d'aller marcher. Il était resté assis toute la soirée. Et… il n'est jamais revenu.

Cette fois encore, il lui fallut plusieurs secondes avant de pouvoir continuer.

— Au bout d'un moment, j'ai réveillé Mrs. Hardcastle, et nous avons fait venir Wiggins. Le majordome, le valet de pied et lui sont partis avec des lanternes à la recherche de Judah. Cette nuit a été la plus longue de ma vie… À trois heures du matin, ils sont revenus en disant qu'ils l'avaient trouvé dans la rivière. Apparemment, Judah avait voulu traverser dans le noir sur les pierres du gué et avait glissé. Elles sont très lisses à cet endroit-là, et il arrive qu'elles soient gelées. Il y a une petite cascade à quelques mètres en aval. Ils pensent qu'il a glissé, s'est cogné la tête… et que le courant l'a emporté.

— Où cela ? L'eau n'est pas très profonde.

L'endroit qu'il avait en tête était-il le bon ? En avait-il gardé un souvenir exact ?

— Non, mais il n'est pas nécessaire qu'elle le soit pour se noyer, répondit Antonia. Si Judah avait été conscient, il serait remonté sur la berge, cela va de soi. Il aurait peut-être attrapé une pneumonie à cause du froid, mais il serait encore en vie !

La jeune femme respira un grand coup.

— À présent, je dois faire face à ces propos diffamatoires à sa place, dit-elle en regardant son parrain dans les yeux. Le perdre est déjà assez dur, mais entendre Ashton Gower tenir des propos aussi vils, et craindre que quelqu'un puisse y croire, c'est plus que je ne peux supporter ! Je vous en prie, aidez-moi à prouver que tout cela n'est qu'un abominable mensonge. Pour Judah… et pour Joshua !

— Vous pouvez compter sur moi, dit Henry sans hésiter. En auriez-vous douté ?

— Non, je n'en doutais pas, rétorqua Antonia en lui souriant. Merci.

Le souper fut servi de bonne heure, et ils se retrouvèrent tous les trois dans la salle à manger. Henry évita de s'asseoir au bout de la table, à la place de Judah. C'eût été une attitude indélicate vis-à-vis d'Antonia, mais également du petit Joshua à la mine grave et pâle, qui n'avait pas encore fêté son dixième anniversaire et se retrouvait privé de son père aussi brutalement.

Henry ne connaissait pas très bien l'enfant. La dernière fois qu'il l'avait vu, Joshua n'avait que cinq ans et passait la majeure partie de son temps dans sa chambre. Il jouait déjà du piano et se montrait trop passionné pour prêter attention à un monsieur d'âge mûr venu passer chez lui une semaine d'été, et qu'intéressaient plus les promenades dans les collines que les leçons de musique.

Le petit garçon était à présent assis là, le regard solennel, en train de manger ce qui se trouvait dans son assiette parce qu'on l'en avait prié, les yeux rivés sur le mur en face de lui – quelque part entre un tableau hollandais représentant des vaches en train de paître au milieu d'un champ paisible et une marine tout aussi plate des marais de Romney, où la lumière scintillait sur l'eau tel de l'étain.

Les domestiques allaient et venaient au rythme des plats, se déplaçant à pas feutrés avec discrétion.

Henry adressa la parole à Joshua à une ou deux reprises et reçut à chaque fois une réponse réfléchie. Lui-même avait un fils, mais Oliver était un homme adulte, l'un des avocats les plus distingués du barreau de Londres, célèbre pour son talent devant une cour pénale. Henry avait de la peine à se rappeler à quoi il ressemblait à neuf ans. Sans doute avait-il lui aussi été intelligent, précoce dans son apprentissage de la lecture et, autant qu'il s'en souvenait, son goût pour les livres. Un enfant curieux, et des plus péremptoires. De cela, Henry gardait un souvenir précis ! Mais cette époque remontait déjà à près de trente ans, de sorte que le reste lui semblait flou.

Il tenait à parler à Joshua pour ne pas lui donner l'impression d'être indifférent.

— Ta mère m'a raconté que tu avais composé un morceau de musique que le violoniste a joué au concert. Voilà qui est très bien.

Joshua le regarda de son air sérieux. C'était un bel enfant aux grands yeux sombres, comme ceux de sa mère, mais qui avait le front et le port de tête de son père.

— Ce n'était pas tout à fait comme je l'aurais voulu, répliqua le petit garçon. J'aurais dû travailler davantage. Je pense que le morceau se termine un peu trop tôt… et qu'il est trop rapide.

— Je vois. Mais savoir ce qui ne va pas, c'est déjà avoir parcouru la moitié du chemin pour améliorer les choses, rétorqua Henry.

— Vous aimez la musique ? demanda Joshua.

— Oui, beaucoup. Je joue moi-même un peu de piano.

À la vérité, il se montrait modeste, car il possédait un certain don.

— Mais je ne compose pas, se hâta-t-il d'ajouter.

— Qu'est-ce que vous savez faire ?

— Joshua ! le réprimanda sa mère.

— Ce n'est rien, s'empressa de dire Henry. Sa question est pertinente.

Il se tourna vers le petit garçon.

— Je suis bon en mathématiques, et j'aime inventer des choses.

— Vous voulez dire, l'arithmétique ?

— Oui. Mais égalcment l'algèbre et la géométrie.

Joshua fronça les sourcils.

— Ça vous plaît, ou c'est parce que vous êtes obligé ?

— Ça me plaît, répondit Henry. Il s'en dégage une sorte de sens qui est d'une grande beauté.

— Comme la musique ?

— Oui, absolument.

— Je comprends…

Puis la conversation retomba, apparemment à la grande satisfaction de Joshua.

Après le repas, suivi d'une demi-heure passée au coin du feu, Henry s'excusa en disant qu'il avait envie d'aller faire un tour pour se dégourdir les jambes. Il ne demanda pas à Antonia à quel endroit Judah était mort, mais dès qu'il eut enfilé son manteau et ses bottes, ainsi qu'un chapeau et une écharpe, il se renseigna auprès de Wiggins, qui le lui expliqua.

Il était presque huit heures et demie, et la nuit était d'un noir intense, à l'exception de la lueur de la lanterne qu'il tenait à la main, et des rares lumières qu'il apercevait au village, distant de trois kilomètres. Le bruit de ses pas sur le gravier résonnait dans le silence qui l'enveloppait de toutes parts.

Henry avançait avec une extrême lenteur, sans être sûr de son chemin, inquiet à l'idée de marcher sur la pelouse ou de buter contre la grille. Il lui fallut plusieurs minutes avant que ses yeux s'accoutument suffisamment pour voir devant lui à la lueur des étoiles et distinguer le fin réseau noir que dessinaient les branches nues sur le ciel. Alors même, il les discerna davantage comme masquant les points lumineux que comme une silhouette d'arbre. La lune en forme de faucille – une simple courbe argentée semblable à une corne – ne changeait pas grand-chose.

Pourquoi diable Judah Dreghorn était-il allé se promener si tard par une nuit pareille ? Le froid piquait la peau. Une légère brise soufflait du sud-ouest, depuis les sommets enneigés du Blencathra. Ici dans la vallée, il gelait à pierre fendre, mais aucune blancheur irisée ne se reflétait sur le sol. Henry resserra son écharpe autour de son cou et la remonta sur ses oreilles, puis avança sur ce qu'il espérait être le chemin que Wiggins lui avait indiqué. D'après lui, la distance jusqu'à la rivière était d'environ un kilomètre et demi.

Judah n'était pas seulement sorti faire un tour – persister à le croire eût été stupide ! Le récital avait été splendide, en même temps qu'un triomphe pour Joshua. Pour quelle raison un homme abandonnerait-il sa femme et son fils après un tel événement, et irait marcher en tâtonnant sur le sol gelé en pleine nuit noire et sur plus d'un kilomètre ?

À cela près que l'accident remontait à une semaine, et que la lune devait être à moitié pleine et répandre plus de lumière. Sortir n'en était pas moins une idée étrange – même si c'était la pleine lune –, et pourquoi aller si loin ?

Judah avait marché jusqu'à la rivière qu'il avait voulu traverser. Il avait donc eu l'intention de se rendre de l'autre côté. Pour aller où ? Henry aurait dû demander à Antonia à quel endroit se trouvait le site viking. Mais pourquoi Judah serait-il allé là-bas en pleine nuit ? Pour rencontrer quelqu'un de toute urgence, ou avec qui il ne souhaitait pas être vu.

Henry suivait une sorte de sentier. S'il tenait la lanterne à bout de bras, il arrivait à marcher à une vitesse presque normale. Le froid était mordant. Il se félicita d'avoir mis des gants, ce qui n'empêchait pas ses doigts d'être tout engourdis.

Qui Judah serait-il allé retrouver en secret de l'autre côté de la rivière à cette heure de la nuit ? Une réponse s'imposait immédiatement à l'esprit : Ashton Gower. S'il s'était agi d'un autre homme que Judah, Henry aurait pu imaginer que celui-ci avait cherché un arrangement, un compromis concernant le jugement et les actes de propriété – et l'accusation qui s'était ensuivie pour Gower –, sauf que Judah n'avait jamais usé de faux-fuyants face à la vérité.

En outre, s'il avait pris Gower en pitié d'une quelconque manière, c'eût été ouvertement, devant des juristes et des notaires. Et s'il avait proféré la moindre menace, là encore, c'eût été de façon franche et directe.

Peut-être n'était-ce pas Gower, mais quelqu'un d'autre. Qui ? Et pourquoi ? Aucune réponse satisfaisante ne lui vint à l'esprit.

Le terrain se mit à monter, et Henry se pencha pour lutter contre la bise. Le froid lui cinglait le visage. Il entendait la rivière se précipiter sur les pierres ; quelque part au loin, un renard glapit, et le son angoissant le surprit tellement qu'il faillit lâcher la lanterne.

Il avançait à pas lents, brandissant la lanterne de manière à projeter la lueur devant lui. Même en la tenant ainsi, il faillit rater le chemin qui menait aux pierres de gué. L'eau, d'un noir huileux, coulait à toute vitesse, formant une zone pâle à l'endroit où la surface était hérissée de bosses aux angles vifs. Il réalisa tout à coup que c'était la petite cascade qu'il cherchait. Les pierres du gué se trouvaient à une trentaine de mètres en amont, lisses et presque plates.

Dès qu'il les eut rejointes il les observa de près et aperçut du givre aux endroits où le vent glacial avait gelé l'eau qui coulait sur les pierres. Qu'est-ce que Judah avait bien pu avoir en tête pour espérer tenir debout là-dessus ?

Quelle pensée avait absorbé son esprit au point qu'il ait pris un tel risque ?

Perplexe et accablé de tristesse, Henry fit demi-tour et repartit vers le manoir.

Le lendemain matin, il fut réveillé par la gouvernante, Mrs. Hardcastle. Elle lui souriait, le plateau du thé dans les mains. Henry s'assit, étonné d'entrevoir la lumière du jour. Cela signifiait qu'il devait être plus près de neuf heures que de huit heures du matin.

— Et pourquoi pas ? demanda-t-elle avec raison lorsqu'il lui reprocha de l'avoir laissé dormir. Vous avez fait une longue route, hier. Tout ce chemin depuis Londres !

Mrs. Hardcastle déposa le plateau, lui versa du thé, puis alla ouvrir les rideaux.

— Il ne fait pas aussi beau, aujourd'hui, commenta-t-elle avec entrain. Vous voudrez mettre tous vos lainages, pour sûr ! Le vent souffle du lac, et il y a de la neige dedans, ça se sent. C'est à vous arracher la peau de la figure, quand il souffle comme ça !

Elle se retourna vers Henry.

— Mrs. Dreghorn m'a chargée de vous prévenir que Mr. Benjamin arrive aujourd'hui. D'après son télégramme, il sera à Penrith à midi. Nous irons le chercher, du moins si le temps nous laisse un peu de répit ! Sinon, il sera obligé d'attendre là-bas à l'auberge, ce qui serait dommage, vu qu'il arrive de loin lui aussi.

Mrs. Hardcastle n'avait que peu idée de la réalité si elle pouvait comparer un trajet en train depuis Londres au périple que Benjamin Dreghorn avait dû effectuer en chemin de fer, bateau et qui sait quoi encore pour venir de Palestine jusqu'à la région des Lacs au cœur de l'hiver. Mais Henry s'abstint d'en faire état, étant donné que la pauvre femme devait tout juste savoir lire et écrire. La géographie ne faisait pas forcément partie de ses priorités.

— En effet, dit-il en buvant une gorgée de thé. Espérons que le temps nous sera favorable.

Il en alla toutefois tout autrement. À dix heures et demie, lorsque Henry s'installa dans la voiture attelée avec Wiggins, de gros nuages s'amoncelaient au nord et à l'ouest des monts du Blencathra, assombrissant le paysage et promettant de nouvelles chutes de neige. Wiggins secoua la tête avec une moue dubitative, avant d'ajouter quelques couvertures supplémentaires pour ses passagers.

Ils étaient déjà à mi-chemin de Penrith lorsque le ciel s'obscurcit ; brusquement, un vent violent se leva tandis que tombaient les premiers flocons. Henry n'avait pas revu Benjamin Dreghorn depuis de longues années. En temps normal, il se serait réjoui de ces retrouvailles, mais, compte tenu des circonstances, il s'attendait à des instants pénibles. Il avait proposé d'aller le chercher afin d'épargner à Antonia d'avoir à lui annoncer la nouvelle. Voilà encore quelques semaines, au moment où Benjamin était parti de Palestine, rien d'autre que du bonheur n'était en vue – un Noël en famille. L'amertume que lui réservait son retour serait tout à fait inattendue.

Alors qu'ils parcouraient les derniers kilomètres, Henry se recroquevilla sous la couverture en sentant la neige lui fouetter le dos. Il espérait que le train n'avait pas pris de retard. Si la neige était tombée en abondance sur Shap Fell, elle risquait de retenir le convoi. Ils devraient simplement l'attendre. Il se retourna sur son siège pour regarder derrière lui, mais il ne vit rien d'autre que la neige d'un blanc grisâtre qui tourbillonnait ; même les collines et les pentes les plus proches avaient disparu.

Wiggins rentra les épaules, son chapeau enfoncé jusqu'aux oreilles. Le poney avançait péniblement, mais régulièrement. Henry s'efforça de rassembler ses pensées, soucieux d'annoncer le drame à Benjamin avec le plus de ménagement possible.

En fin de compte, le train n'arriva qu'avec vingt minutes de retard sur l'heure prévue. La neige commençait à former des congères par endroits, mais comme la bise l'avait poussée du côté sous le vent à Shap, la ligne n'avait pas été trop affectée.

Sur le quai, Henry regarda les portières des wagons s'ouvrir en cherchant la haute silhouette de Benjamin parmi la dizaine de passagers qui descendirent du train. Il fut le dernier à arriver, une grosse valise dans chaque main et un grand sourire aux lèvres.

Sentant sa poitrine se serrer, Henry dut prendre sur lui pour aller à sa rencontre.

— Henry Rathbone ! s'exclama Benjamin avec un plaisir qui n'avait rien d'affecté.

Il déposa ses valises avec précaution sur le quai recouvert de neige et lui tendit la main.

Henry la serra dans la sienne, puis se pencha pour prendre une des valises.

— C'est bon de vous revoir ! s'enthousiasma Benjamin. Vous restez pour les fêtes de Noël ? fit-il en soulevant l'autre valise. Quel temps épouvantable ! Mon Dieu, c'est tout de même magnifique, non ? Après le désert, j'avais oublié à quel point tout paraît propre, ici. Et puis il y a de l'eau partout !

Il se remit en marche, et Henry dut faire un effort pour marcher à son rythme.

— Avant, je détestais la pluie, continua Benjamin. Mais je sais maintenant que l'eau, c'est la vie. On apprend à l'apprécier à sa juste valeur quand on vit en Palestine. Vous n'imaginez pas comme c'est excitant de marcher là où le Christ a lui-même marché !

Une rafale de vent glacial les cingla en plein visage lorsqu'ils tournèrent au coin de la rue. Il leur fallut dix minutes pour échanger des salutations avec Wiggins, charger les bagages et sortir de la ville, avant de reprendre la route en direction de l'ouest.

Benjamin poursuivit son récit.

— Si vous saviez où je suis allé, Henry ! J'ai arpenté les rives de Galilée et je me suis promené sur la colline même où le Christ a prononcé le Sermon sur la montagne. Vous vous rendez compte ? Je suis allé à Capharnaüm, Césarée, Bethléem, Tarsus et Damas, mais surtout, j'ai marché dans les rues de Jérusalem, et jusqu'au Golgotha. Et j'ai vu aussi Gethsémani, le jardin des Oliviers !

Sa voix traduisait son émerveillement. Malgré le vent et la neige, son visage brûlé de soleil rayonnait.

— Vous avez beaucoup de chance, dit Henry avec sincérité, bien que sa remarque pût sembler peu appropriée. Non seulement de voir ça, mais d'avoir conscience de ce que cela représente.

— J'ai acheté quelque chose de très spécial comme cadeau de Noël pour Joshua, reprit Benjamin. Je ne suis pas certain que ça lui plaira, mais ça viendra avec l'âge. Il est dans la valise marron, c'est pour ça que j'y fais si attention. Antonia le lui gardera, s'il le faut. Mais il doit avoir neuf ans, à présent. Je pense qu'il comprendra.

— Qu'est-ce que c'est ?

Benjamin se fendit d'un immense sourire. C'était un homme séduisant, à la charpente solide et aux dents impeccables.

— Un extrait des Saintes Écritures qui date d'une époque à peine postérieure à celle du Christ. Un manuscrit de six versets du Nouveau Testament, juste une page, mais vous imaginez ce qu'a dû ressentir l'homme qui a écrit ça ? Il est rangé dans une boîte en bois sculpté. Du beau travail. Et elle sent divinement bon. On m'a dit que c'était l'odeur de l'encens.

— Je suis sûr qu'il appréciera. Sinon maintenant, d'ici un an ou deux.

— Quand Judah va voir ça ! s'esclaffa Benjamin.

Henry ne pouvait plus reculer. Ne pas parler maintenant équivaudrait à mentir. Il se tourna de biais, le vent lui faisant pleurer les yeux.

— Benjamin, commença-t-il, si je suis venu vous chercher, ce n'est pas seulement parce que j'ai plaisir à vous revoir, mais parce que j'ai de très mauvaises nouvelles que je voulais éviter à Antonia de devoir elle-même vous annoncer…

La lumière et la joie se retirèrent du visage de Benjamin. Brusquement, son regard bleu devint vide. La neige tourbillonnante et le paysage sauvage semblèrent soudain hostiles, et le froid pénétrant jusqu'aux os.

Henry n'attendit pas davantage.

— Judah est mort voilà huit jours dans un accident. Il est sorti en pleine nuit et a glissé sur les pierres du gué gelées en traversant la rivière.

Benjamin le dévisagea.

— Mort ! Il n'a pas pu… l'eau n'a pas deux mètres de profondeur, et encore !

— Il a dû se cogner la tête sur les pierres.

Henry ne donna pas plus de détails. Une explication ne changerait rien à la réalité des faits.

— Que faisait-il dehors en pleine nuit ? interrogea Benjamin. Il n'y a rien, là-bas !

— Personne ne le sait. Il a juste dit qu'il voulait se dégourdir les jambes avant d'aller au lit. Il avait emmené Antonia et Joshua à un concert au village.

— Ça n'a pas de sens !

Henry ne discuta pas. Il était inutile de lui faire remarquer qu'un drame aussi inattendu en avait rarement.

Benjamin se retourna et regarda droit devant lui dans la tempête de neige, figé par le chagrin et l'incompréhension.

Comment le monde pouvait-il ainsi changer en moins d'une seconde ?

Ils roulèrent pendant deux bons kilomètres sans prononcer un mot. Alors qu'ils abordaient le dernier tournant, la neige cessa de tomber, et un pan de bleu déchira le ciel. Une barre de lumière argentée miroitait à la surface du lac, d'un éclat éblouissant. Le village lui-même demeurait presque invisible sous les toits recouverts de neige.

Si Henry voulait parler à Benjamin de l'accusation de Gower, et éviter à Antonia d'avoir à le faire, il ne lui restait plus beaucoup de temps.

— Benjamin, ce n'est pas la seule chose que je doive vous dire avant que nous arrivions au manoir. Je préférerais dispenser Antonia, qui m'a mis au courant, de le répéter encore une fois.

Lentement, Benjamin se retourna.

— Judah est mort. Que peut-il y avoir d'autre ?

Son visage exprimait une profonde douleur. Il avait adoré son frère, auquel il avait voué une immense admiration. Une seule chose serait pire que devoir le mettre au courant de l'accusation de Gower : qu'il l'apprenne de la bouche de quelqu'un d'autre.

— Ashton Gower prétend que Judah l'a envoyé injustement en prison, dans le but de racheter le domaine, se contenta de résumer Henry. C'est absurde, cela va sans dire, mais il faut que nous trouvions un moyen de l'obliger à se rétracter, et à ne jamais plus formuler pareille accusation. Cette histoire est la cause d'une grande détresse.

— Ashton Gower est en prison, là où il doit être, rétorqua Benjamin avec une certaine froideur. Qui répand de tels mensonges, exactement ? Je vais y mettre un terme, et en recourant à la voie légale, s'il le faut !

Il s'exprimait avec énergie. C'était un homme puissant, comme tous les frères Dreghorn, mais il était aussi pourvu d'une remarquable intelligence. Benjamin avait suivi de brillantes études à l'université, si bien que sa famille avait été quelque peu surprise quand il avait décidé d'étudier la théologie. Cependant, lorsque les revenus tirés du domaine l'avaient dispensé de l'obligation de gagner sa vie, et qu'il avait décidé de poursuivre ses rêves d'érudition jusqu'en Terre sainte, tout le monde avait jugé son choix parfaitement naturel.

— Gower a purgé sa peine, précisa Henry. Il est libre et a, hélas, choisi de revenir près des Lacs.

— Depuis quand ?

— Environ un mois.

— Dans ce cas, j'irai lui parler en personne. Je m'étonne qu'on ne l'ait pas chassé du village. Quel genre d'homme irait calomnier les morts et ajouter au chagrin d'une veuve et de son enfant ? C'est un moins que rien !

— C'est un homme extrêmement désagréable... commença Henry.

— Un faussaire reconnu coupable, doublé d'un voleur en puissance ! coupa Benjamin. S'il n'y avait pas eu Colgrave, il s'en serait tiré sans aucun dommage.

— Mais il a lancé ses accusations du temps où Judah était encore en vie, précisa Henry. Je ne crois pas qu'il les ait répétées publiquement depuis, mais nul doute qu'il recommencera. Il est déterminé à blanchir son propre nom.

Benjamin éclata d'un rire bref, et la colère durcit ses traits.

Il ne restait plus de temps pour discuter. Ils approchaient des grilles du domaine. Henry sauta à terre pour aller les ouvrir, puis les referma derrière la voiture attelée. Il les suivit dans l'allée de gravier et arriva devant la porte à l'instant même où Antonia sortait sur le perron.

Benjamin sauta de la voiture, parcourut les quelques mètres qui le séparaient d'elle et la prit dans ses bras, la serrant tendrement contre lui telle une enfant meurtrie.

Puis, levant les yeux, il aperçut Joshua qui se tenait sur le seuil, paraissant tout petit entre les linteaux massifs de la porte, l'air gêné et malheureux.

Benjamin relâcha Antonia et monta les marches. L'espace d'une seconde, il sembla s'interroger sur la manière de traiter son neveu. Il hésita : pouvait-il le prendre dans ses bras ou devait-il lui serrer la main ?

Joshua ouvrit la bouche en demeurant parfaitement immobile.

— Bonjour, oncle Benjamin, dit-il tout bas.

Benjamin s'agenouilla devant lui.

— Bonjour, Joshua.

Lorsqu'il lui tendit les bras, l'enfant se laissa embrasser. Au bout d'un long moment, il passa ses bras autour du cou de Benjamin et posa la tête sur son épaule.

Sentant l'émotion le submerger à son tour, Henry se retourna vers Antonia. Il lui offrit son bras pour monter les marches, tandis que Wiggins les suivait avec les bagages.

Le matin suivant, Henry se leva de bonne heure, ne voulant pas rester au lit à ruminer. Lorsqu'il descendit dans la salle à manger, il trouva Benjamin déjà installé devant une assiette d'œufs au bacon, des saucisses du Cumberland et une énorme tranche de pain grillé. À la place de la marmelade, il y avait une confiture épaisse de couleur sombre dans un ravier. Henry se souvint que c'était de la *wetherslacks* – une sorte de petite prune acide qu'on appelait prune de Damas dans le reste de l'Angleterre –, et que c'était la préférée de Benjamin.

Ce dernier lui adressa un pauvre sourire.

— Bonjour, Henry. Je vais aller voir Colgrave dès ce matin. Il a dû neiger une bonne partie de la nuit ; la couche est épaisse. Nous pouvons prendre les chevaux. Sa maison n'est qu'à quelques kilomètres. Colgrave est un sale type obséquieux, et s'il avait une once de correction, il aurait déjà mis fin aux agissements de Gower, mais peut-être arriverons-nous à lui insuffler un peu de cran…

Il avala une nouvelle bouchée.

— Ou à faire en sorte qu'il ait plus peur de ce que nous serions en mesure de lui faire que de ce dont il pense Gower capable. Ephraim devrait arriver d'un jour à l'autre, mais il est impossible de dire le temps qu'il lui faudra pour venir en bateau depuis l'Afrique du Sud. Quel épouvantable retour !

— Antonia attend également Naomi, l'informa Henry.

— Je doute qu'elle nous soit d'une grande aide…

Les larges épaules de Benjamin se relâchèrent brusquement.

— Nathaniel continue à me manquer. Que nous arrive-t-il, Henry ? Judah était l'aîné, il n'avait que quarante-trois ans, et voilà que déjà deux d'entre nous sont morts ! Joshua est le seul héritier des Dreghorn.

— Pour l'instant.

— Prenez un petit déjeuner, proposa Benjamin sans relever sa remarque. Vous ne pouvez pas sortir par ce temps sans avoir pris un bon repas.

Et quoique la maison de Peter Colgrave ne fût qu'à deux kilomètres, le trajet s'avéra loin d'être aisé. La neige qui s'était accumulée pendant la nuit atteignait plus de cinquante centimètres par endroits.

Ils se dirigèrent vers le lac et traversèrent la rivière en aval, où était installé un gué sommaire, fabriqué à l'aide de deux longues dalles de pierre qui basculaient à chaque extrémité et reposaient sur une pierre centrale. À pied, en faisant très attention, il était possible de garder son équilibre, mais à cheval, on ne pouvait que patauger dans l'eau jusqu'aux jarrets avant de remonter sur l'autre berge.

Un kilomètre plus loin, ils aperçurent l'église en pierre à tour carrée qui jouxtait le presbytère et, à une centaine de mètres au-delà, la maison de Colgrave, elle aussi en pierre. C'était une belle bâtisse aux fenêtres très enfoncées et au toit aux ardoises impeccables. On devinait que l'argent de la vente du domaine avait servi à la réparer et à l'agrandir, ainsi qu'à construire de nouvelles écuries. Ce fut là qu'ils laissèrent leurs montures.

— Entrez, dit Colgrave, dissimulant mal sa surprise et son peu d'enthousiasme. Heureux de vous voir, Dreghorn. Mes sincères condoléances pour la mort de votre frère. Un terrible accident.

— Merci, dit brièvement Benjamin. Vous vous souvenez d'Henry Rathbone ?

— Pas vraiment, répondit Colgrave, qui toisait Henry en s'efforçant de remettre la silhouette élancée et le visage aquilin. Enchanté, Mr. Rathbone.

Henry lui répondit, mais eut de la peine à sourire. Colgrave était grand, avec une tendance à l'embonpoint, bien qu'il ne fût âgé que d'une quarantaine d'années. Ses cheveux châtain foncé encadraient un visage malin et songeur, quelque peu circonspect.

— Entrez, messieurs, les invita Colgrave.

Il les entraîna dans un vestibule lambrissé de bois et décoré de superbes portraits d'hommes et de femmes qui étaient sans doute ses ancêtres.

Dans son bureau, le feu flambait déjà, et il régnait une douce chaleur dans la pièce. Les rayonnages alignés sur les murs étaient remplis d'ouvrages reliés de cuir et gravés à l'or fin.

— Que puis-je pour vous ? s'enquit Colgrave. Si je peux vous aider d'une quelconque manière… Vous allez retourner en Orient ? En Palestine, je crois ? Ce doit être fascinant.

Ses propos s'adressaient à Benjamin. Colgrave considérait Henry comme sans importance, un simple ami venu lui tenir compagnie, ce qui n'était sans doute pas loin de la vérité.

— Pas tant que je n'aurai pas lavé le nom de mon frère, déclara Benjamin avec franchise.

— Oh ! soupira Colgrave. Oui… Une vilaine affaire.

Son visage se crispa d'un air de dégoût.

— Gower est un moins que rien, c'est révoltant. C'est un fraudeur, un tricheur, et voilà qu'il calomnie le nom d'un honnête homme ! Dommage qu'on ne puisse pas lâcher les chiens sur lui, ajouta-t-il avec un vague haussement d'épaules.

— Si c'était aussi simple, je n'aurais pas besoin de votre aide, rétorqua Benjamin. Vous avez vu les actes originaux qu'il prétend être authentiques ?

Colgrave leva un sourcil.

— Bien entendu. L'imitation était si grossière que je ne comprends pas comment qui que ce soit a pu se laisser berner une seconde. Mais je suppose que la plupart d'entre nous ne sommes pas familiers de ce genre de documents, d'autant que nous n'avons pas l'habitude de soupçonner nos voisins d'un délit aussi stupide.

— Mais vous jureriez qu'il s'agissait de faux ? insista Benjamin.

— C'est ce que j'ai fait, mon cher ! Et devant le tribunal. Non que l'affaire ait reposé sur mon seul témoignage, bien sûr. Un expert s'était déplacé de Kendal, et il a juré lui aussi qu'il s'agissait d'une contrefaçon, du début à la fin. Nous le savions tous. Mais les choses finiront par se tasser, vous savez, fit-il en agitant la main. Aucune personne sensée ne croit Gower. Les seuls qui lui prêtent attention sont de nouveaux habitants. Il y a cinq ou six familles – dont une ou deux ont de l'argent, je le reconnais – qui ne vivaient pas ici à l'époque, de sorte qu'elles ne comprennent pas.

— Comment s'appellent-ils ? s'enquit Benjamin.

— Laissez cela pour l'instant, lui conseilla Colgrave d'un ton apaisant. Je leur parlerai en votre nom et leur expliquerai la vérité sur cette affaire. Si vous allez les voir maintenant, à chaud, vous vous en ferez des ennemis. Personne n'aime passer pour un imbécile, vous savez.

— Un imbécile ? s'étonna Benjamin.

— Mais oui, un imbécile. Qui d'autre qu'un imbécile irait croire un faussaire reconnu comme Ashton Gower ? Ils découvriront la vérité sur son compte bien assez tôt. Attendez qu'il leur laisse voir son mauvais caractère ! Ou qu'il leur emprunte un cheval et le ramène estropié, comme c'est arrivé au pauvre Bennion, ou encore qu'il essaie de leur emprunter de l'argent que vous comme moi savons bien qu'il ne rendra jamais. Ils regretteront alors de ne pas avoir eu le bon sens de lui refuser leur confiance. Furieux comme vous l'êtes – et à juste titre, d'ailleurs –, vous ne feriez que vous les mettre à dos.

Donner raison à Colgrave avait beau déplaire à Henry, l'honnêteté ne lui laissait guère d'autre choix. Ils s'excusèrent et prirent congé, mais dès qu'ils se retrouvèrent dehors, Benjamin se retourna vers son ami.

— Avant de reprendre les chevaux, je voudrais passer au cimetière.

Il respira un grand coup, le visage blême et à moitié de biais.

— Je voudrais voir la tombe de Judah.

— Bien sûr, dit Henry. Moi aussi. À moins que vous ne préfériez être seul ?

Benjamin hésita.

— J'attendrai, s'empressa de proposer Henry. J'irai une autre fois. Je vais aller récupérer les chevaux, comme ça vous n'aurez pas besoin de revenir jusqu'ici.

Benjamin acquiesça, préférant ne pas s'engager dans un long discours, mais la gratitude se devinait dans son regard.

Henry demeura un instant immobile et le regarda s'éloigner, ses pas lents crissant sur la neige, jusqu'à ce qu'il arrive devant le mur en pierre du cimetière, puis disparaisse derrière les ifs.

Il repartit vers l'écurie, et, le temps qu'il revienne, Benjamin l'attendait.

— J'aimerais passer voir Leighton, si toutefois c'est toujours lui le médecin du village, dit-il en prenant son cheval qu'Henry tenait par la bride et en l'enfourchant. Ou si ce n'est plus lui, son remplaçant. Je ne comprends pas comment Judah a pu être assez stupide pour glisser sur ces pierres ! Il a vécu toute sa vie ici. Où allait-il, d'ailleurs ? Que faisait-il à traverser la rivière tout seul à cette heure de la nuit ? Pourquoi est-il sorti ?

— Je n'en sais rien, avoua Henry en maintenant sa monture au pas, alors qu'ils chevauchaient côte à côte en direction du village. Êtes-vous certain que ça ait de l'importance, désormais ?

Benjamin le foudroya du regard.

— Évidemment, ça en a ! Tout cela n'a aucun sens. Quelque chose ne va pas, et je me fais fort de découvrir la vérité. Ashton Gower doit être réduit au silence, et de façon définitive. Nous ne pouvons pas laisser Antonia vivre dans la crainte qu'il recommence !

Il en voulait à Henry de ne pas l'avoir compris ; son expression et le ton de sa voix l'exprimaient clairement.

Le chagrin et la confusion le faisaient souffrir, Henry le devinait. N'empêche que sa remarque l'avait piqué au vif, et qu'il dut prendre sur lui pour ne pas réagir. Il avait aimé Benjamin dès leur première rencontre, autant qu'il avait aimé Judah, et le deuil ne lui était pas un sentiment étranger. Bien que sa femme fût morte depuis de longues années, son souvenir ne s'était en rien effacé.

Il continuait à neiger à fins flocons, mais le vent était tombé. Au bout de quinze minutes, ils arrivèrent devant la maison du Dr Leighton et attachèrent les chevaux près du portail. Un autre quart d'heure s'écoula avant que le médecin soit libre de les recevoir.

— Je suis profondément navré, dit-il d'entrée à Benjamin. C'est un drame épouvantable. C'est bien que vous soyez venu, Rathbone. Que puis-je faire pour vous ?

Le médecin était un homme menu à la voix grave, qui débordait d'énergie et de nervosité, et plus proche de l'âge d'Henry que de celui de son compagnon.

Le visage de Benjamin était un peu rouge, autant à cause du froid que de la colère impuissante qui l'habitait.

— Beaucoup de choses dans la mort de Judah n'ont pas de sens, répondit-il. Je voulais connaître la vérité sur ce qui s'est passé.

Il se tenait au milieu de la pièce, mince et large d'épaules, la peau brûlée par le soleil de Terre sainte, les traits durs.

Leighton était médecin de campagne depuis vingt ans. Il comprenait le chagrin, tout comme la hargne qui poussait les hommes à le combattre. Il s'adossa à la bibliothèque et considéra Benjamin d'un air sérieux.

— Les faits sont très simples. Judah est sorti faire un tour vers dix heures et demie du soir. La lune était à moitié pleine, mais il faisait très sombre. Il s'était muni d'une lanterne, que l'on a retrouvée au bord de la rivière, à quelques mètres de lui. Un peu après minuit, voyant qu'il ne rentrait pas, Antonia s'est suffisamment affolée pour envoyer les domestiques à sa recherche. Ils ont retrouvé son corps entre les rochers de la petite cascade, un peu en aval des pierres du gué.

— Je sais déjà tout cela ! s'impatienta Benjamin. Henry me l'a raconté. Que faisait-il là ? Pourquoi était-il sorti ? Pourquoi a-t-il voulu traverser sur les pierres gelées en pleine nuit ? Où allait-il ? Comment un homme aussi résistant peut-il se noyer dans soixante centimètres d'eau ? Le courant n'est pas assez rapide pour vous faire tomber, même à cette période de l'année ! J'ai glissé sur ces pierres une dizaine de fois, mais je n'ai jamais rien eu d'autre que des vêtements trempés !

— On peut tomber de cheval une centaine de fois et se relever sans rien de plus que des bleus ou une clavicule cassée, commenta Leighton avec bon sens. Mais la cent unième chute peut vous tuer. Ne cherchez pas des raisons où il n'y en a pas, Benjamin. Judah a glissé dans le noir et a fait une mauvaise chute. Sa tête a heurté les pierres, et il a perdu connaissance. Sinon, nul doute qu'il serait remonté sur la rive et serait rentré chez lui. Par malheur, les choses ne se sont pas passées comme ça.

— Comment savez-vous qu'il s'est cogné la tête en tombant ? le défia Benjamin. Ou que quelqu'un ne l'a pas frappé ?

Leighton fronça les sourcils.

— Ne commencez pas à raisonner de cette façon, Benjamin, le mit en garde le médecin. Aucune preuve ne laisse supposer quoi que ce soit de la sorte. Judah a glissé. C'est un tragique accident. Il s'est noyé. Le courant l'a emporté vers la cascade et…

— L'avez-vous examiné ? l'interrompit Benjamin.

— Bien entendu.

— Et qu'avez-vous trouvé, exactement ?

Le médecin soupira.

— Que la cause de sa mort était la noyade. Il avait plusieurs écorchures à la tête et aux épaules, une à l'endroit où une pierre lisse l'a heurté, sans doute lorsqu'il est tombé, et d'autres plus profondes, quand le courant l'a entraîné vers la cascade.

— Vous êtes sûr que ses blessures ont été provoquées par ces pierres ? s'entêta Benjamin.

— Oui. Des petits morceaux d'algues étaient collés à l'intérieur, et il avait les mains égratignées par le gravier qu'il y a au fond de la rivière.

Le visage du médecin exprimait la tristesse et la patience.

— Benjamin, reprit-il, il n'y a rien de plus que ce que je vous ai dit. N'allez pas chercher des raisons ou une justice là-dedans. Il n'y en a pas. C'est une tragédie injuste, la mort d'un honnête homme qui aurait dû vivre une longue vie heureuse. De telles choses arrivent, et probablement plus souvent que vous ne le pensez, car elles ne vous frappent à ce point que s'il s'agit d'un être que vous aimiez. Des gens meurent en montagne, des accidents de bateau se produisent sur les lacs, et d'autres sur les terrains de chasse. Je suis désolé.

— Mais pourquoi voulait-il traverser la rivière au milieu de la nuit ?

Benjamin refusait de lâcher prise.

Leighton se rembrunit.

— Ça, personne ne le sait. Et je suppose que nous ne le saurons jamais. Occupez-vous de ce qui compte, désormais. Aidez Antonia à accepter. Apportez-lui votre soutien et faites ce que vous pourrez pour le jeune Joshua. Ils ont besoin de votre force, à présent, et non que l'on pose tout un tas de questions auxquelles nous ne trouverons pas de réponse. Et même si nous en trouvions, cela ne changerait rien à la situation. Arrangez-vous au mieux avec ce qui reste.

Benjamin parut déconcerté.

— Et Ashton Gower ? s'exclama-t-il avec rage. Qui le fera taire ? Je le jure devant Dieu, s'il continue à traîner le nom de Judah dans la boue, je m'en occuperai ! Et s'il a la moindre chose à voir dans la mort de Judah, je le prouverai et veillerai à ce qu'il finisse au bout d'une corde !

Leighton avait la mine sombre. Il se redressa d'un air réprobateur.

— On peut vous pardonner jusqu'à un certain point d'être bouleversé par ce deuil, Benjamin. Mais si vous laissez entendre en dehors d'ici que Gower a quelque chose à voir avec la mort de votre frère, vous serez encore plus coupable que lui de diffamation. Rien n'indique qu'il ait rencontré Judah ou qu'il ait eu l'intention de lui faire du mal, ni à ce moment-là ni à aucun autre. Je vous en prie, ne plongez pas votre famille dans une plus grande douleur qu'elle n'en connaît déjà. Ce serait totalement irresponsable de votre part.

Benjamin resta immobile un long moment, puis se retourna et sortit à grands pas, laissant la porte battre derrière lui.

— Je suis désolé, s'excusa Henry. La mort de Judah l'a durement accablé, et les accusations d'Ashton Gower sont aussi malveillantes que mensongères. Judah était l'homme le plus intègre que j'aie jamais rencontré. Salir son nom aujourd'hui est indigne. Je suis en parfait accord avec Benjamin et, quoi qu'il décide, je ferai de mon mieux pour protéger la veuve de Judah et son fils de ces calomnies.

— Tout le monde au village en fera autant, observa Leighton d'un air grave. Gower est un homme très impopulaire. Il est arrogant et brusque – nous nous souvenons tous de son rôle dans cette histoire d'actes falsifiés. Mais si Benjamin l'accuse de la mort de Judah, il rendra les choses encore plus difficiles, car certains y verront une offense des deux côtés, et nous aurons une guerre qui divisera le village. Ce genre de situation peut prendre des années avant de s'apaiser, parfois même des générations, car les gens ont des idées très arrêtées, et quand d'autres souffrances viennent s'ajouter, il ne leur est plus possible de revenir en arrière.

— Je lui parlerai, promit Henry.

Puis, prenant congé du médecin, il sortit dans la neige rattraper Benjamin.

Celui-ci l'attendait en tenant les deux chevaux par la bride. Le regard bleu brûlant, il fixa Henry d'un air de défi.

— Je sais, fit-il avant même que celui-ci ait pu dire un mot. Mais je déteste qu'on me parle sur ce ton satisfait…

Il se tut une seconde.

— Marcher dans cette neige donne soif, reprit-il. Allons au *Fleece* boire une pinte de bière du Cumberland. Il y a longtemps que je n'ai pas vidé un pichet de Snecklifter. Il est trop tôt pour manger, sinon j'aurais commandé une belle croûte de pain avec un morceau de Whillimoor Wang. Voilà un bon fromage maigre qui vous fait sentir que vous êtes au pays ! J'aimerais bien entendre une ou deux histoires d'hommes braves et de chiens, ou même un récit fantaisiste de démons et de fées, comme ils les aiment par ici. Il est arrivé qu'on inscrive ça comme cause de décès, le saviez-vous ? Emporté par les fées !

Henry sourit.

— Cela devait correspondre à une multitude de choses !

Benjamin laissa échapper un rire cruel.

— Allez expliquer ça à un policier !

Une heure plus tard, réchauffés et revigorés, mais aussi divertis par des histoires à dormir debout racontées en pur dialecte du Cumberland, ils ressortirent dans la rue où ils constatèrent que le temps s'était éclairci. Le soleil tentait de larges percées entre les nuages, resplendissant sur la neige et se reflétant sur le lac en longs traits bleu argenté.

Ils avaient parcouru une centaine de mètres le long des petites boutiques, en passant devant l'atelier du forgeron et la cour du tonnelier, et venaient d'arriver au niveau de l'échoppe du sabotier, où l'artisan était en train de creuser les semelles de bois avec son long couteau articulé, lorsqu'ils faillirent renverser un individu de large carrure aux cheveux noir de jais.

Il allait à pied, et Benjamin le toisa avec une expression de colère froide. Les yeux rapprochés de l'homme s'animèrent de haine dès qu'il aperçut Benjamin. Henry n'eut pas besoin qu'on lui précise qu'il s'agissait d'Ashton Gower.

— Vous voilà de retour après avoir suivi les traces de Dieu ! railla Gower. Grand bien vous fasse ! Je vous accorde le temps du deuil, par égard pour la veuve, bien que ceux qui tirent profit d'un péché soient aussi coupables que ceux qui le commettent. Mais je suppose qu'une femme doit défendre son mari, elle n'a pas le choix. Cela ne fera pourtant aucune différence, au bout du compte.

— Aucune, admit Benjamin avec dureté. Si vous prononcez encore un seul mot contre mon frère, je vous poursuivrai en justice pour diffamation et vous renverrai en prison, où vous devriez être. On n'aurait jamais dû vous laisser sortir.

— La diffamation se plaide au civil, Mr. Dreghorn, répliqua Gower, rayonnant. Et il vous faudrait gagner avant de tenter quoi que ce soit. Je n'ai pas d'argent pour vous payer des dommages et intérêts. Vous et les vôtres m'avez déjà pris tout ce qui m'appartenait. Vous ne pouvez pas me voler deux fois, même si vous arrivez à prouver que j'ai menti, ce qui vous sera impossible étant donné que chaque mot qui sort de ma bouche n'est que la pure vérité.

Henry se crispa, craignant que Benjamin ne se jette sur Gower du haut de sa monture.

Mais Benjamin ne chercha pas à le frapper. Il demeura immobile dans l'air glacial.

— Dommage que je ne sois pas en mesure de vous calomnier, Gower ! rétorqua-t-il. Rien de ce que je pourrais dire de vous ne serait faux. Vous avez été reconnu comme un menteur, un faussaire et un voleur en puissance. Si vous avez échoué, c'est uniquement par maladresse, parce que vous avez été si malhabile à falsifier ces actes qu'il est apparu tout de suite qu'ils ne valaient rien. Même ça, vous n'avez pas réussi à le faire bien !

Le visage de Gower s'empourpra, ses yeux formant comme deux trous noirs au milieu de sa tête. À son tour, il donna un instant l'impression de ne plus dominer son envie de céder à la violence, d'empoigner Benjamin et de le tirer à bas de son cheval. Son bras s'avança, puis se figea.

— Est-ce là ce qui est arrivé à Judah ? lança Benjamin d'une voix grinçante. Il vous a traité de voleur raté, et vous avez perdu la tête ?

Lentement, Gower se détendit, puis un fin sourire illumina son visage.

— Je ne regrette pas qu'il soit mort, Dreghorn, j'en suis même heureux. C'était un homme corrompu, qui a abusé de son pouvoir et de sa fonction, or il n'y a pas grand-chose de pire qu'un juge qui profite de sa position pour dépouiller ceux qui viennent le trouver en croyant que justice leur sera rendue. Si le juge lui-même est corrompu, quel espoir reste-t-il aux gens du peuple ? C'est un grave péché, Dreghorn. Qui empeste jusqu'au ciel !

Gower recula d'un pas en redressant la tête.

— Mais je ne l'ai pas tué. Il m'a causé du tort. Il m'a expédié en prison pour un crime que je n'avais pas commis, et il m'a volé mon héritage, en même temps que onze années de ma vie. J'ai dit du mal de lui, et je continuerai jusqu'à ce que je rende mon dernier soupir, mais je n'ai jamais levé la main sur lui, ni demandé à quelqu'un d'autre de le faire. Autant que je sache, c'est un Dieu juste qui a fini par le punir. Et si j'attends mon heure, si je plaide ma cause devant les gens, peut-être qu'Il me rendra aussi ce qui m'appartient.

— Moi vivant, jamais ! s'exclama Benjamin d'un air farouche. Je ne vous accuserai pas de meurtre tant que je n'aurai pas de preuves, mais ensuite… Je vous verrai vous balancer au bout d'une corde.

— Pas s'il existe une justice ici-bas. Je ne l'ai pas tué.

Et sans se départir de son sourire moqueur, Gower s'éloigna vers le centre du village en marchant à grands pas sous la neige, le vent qui soufflait du lac s'engouffrant sous les pans de son manteau.

Benjamin le suivit des yeux jusqu'à ce qu'il disparaisse hors de leur vue, puis ils se remirent en route vers le domaine.

— J'adore ce pays, dit-il au bout d'un moment. J'avais oublié comme on s'y sent bien. Je ne supporterai pas de le voir empoisonné par cet homme. L'idée que Judah ait été malhonnête est absurde ! Que faire, Henry ? Comment l'empêcher d'affirmer de telles choses ?

Cette question, Henry l'avait redoutée.

— Je l'ignore. J'ai essayé de réfléchir à une solution, mais maintenant que j'ai rencontré Gower, toute proposition raisonnable me semble vouée à l'échec. Il s'est persuadé que les documents étaient authentiques.

— C'est ridicule ! Non seulement ils étaient faux, mais ils étaient mal imités. L'expert l'a juré, et d'ailleurs, n'importe qui aurait pu s'en rendre compte. Gower est tellement rongé de haine qu'il en a perdu l'esprit. Peut-être que la prison lui a dérangé la tête. Vous ne pensez pas qu'il représente un danger pour Antonia, dites-moi ?

Henry ne savait comment répondre avec sincérité. Il aurait aimé se montrer rassurant, mais Ashton Gower était en proie à une folle haine qui défiait toute raison. Il ne doutait pas une seconde que cet homme était coupable d'avoir établi de faux documents dans l'espoir insensé de récupérer le domaine. Et même si Henry n'avait pas connu Judah, le témoignage des experts était là pour le confirmer. Peut-être que Benjamin avait raison et que Gower avait perdu la tête en prison. Dieu du ciel, il ne serait pas le premier à qui pareille chose serait arrivée !

— Henry ?

— Je n'en sais rien, répondit-il avec franchise. Je pense que nous ferions mieux de prévenir Antonia. Et de mettre en garde les domestiques. Il faut fermer la maison à double tour pendant la nuit. Vous avez des chiens – ils avertiront de toute présence indésirable dans les parages. Ces mesures ne seront peut-être pas nécessaires, mais tant que Gower restera par ici, et dans l'état d'esprit qui est le sien, il me semble préférable de se montrer prudent.

Benjamin fit halte en tirant sur ses rênes d'un geste brusque, puis se tourna de biais sur sa selle.

— Vous pensez qu'il a tué Judah ?

Cette pensée, aussi abominable soit-elle, n'avait pas manqué de traverser l'esprit d'Henry.

— Je ne sais pas vraiment. À mon avis, cet homme est malfaisant, pour ne pas dire un peu fou. Mais il vaut mieux prendre des mesures inutiles que ne rien faire du tout et le regretter une fois qu'il sera trop tard.

— Comment prévenir Antonia sans l'affoler ?

— Je ne crois pas que cela soit possible.

— C'est pourtant… Maudit soit Gower ! jura Benjamin d'un air féroce. Qu'il aille au diable !

Au cours de la soirée, la neige cessa de tomber, et un vent violent se mit à souffler sur le lac, gémissant sous les avant-toits et faisant vibrer les fenêtres. Mais au matin, lorsque Henry ouvrit les rideaux, avant même que Mrs. Hardcastle lui ait apporté son thé, il aperçut des plaques d'un blanc immaculé sur les pentes nord et ouest des collines et constata que, plus bas, la neige s'était accumulée au pied des murets et des clôtures.

Après le petit déjeuner, le facteur apporta un message télégraphique d'Ephraim, expédié la veille de Lancaster, disant qu'il arriverait par le train de midi. L'homme d'affaires de la famille arriva lui aussi du village, avant d'aller à Penrith, afin de s'entretenir du domaine avec Antonia et Benjamin. Aussi fut-ce une fois de plus Henry qui attendait sur le quai lorsque le train entra en gare en crachant de la vapeur, arrivant avec près d'une heure de retard à cause d'importantes bourrasques de neige sur Shap Fell.

Henry repéra Ephraim sur-le-champ. Aussi grand que Benjamin mais plus maigre, il marchait d'un pas ample et décontracté en dépit du froid. Il ne portait qu'une seule valise, assez volumineuse, qui, dans sa main, donnait l'impression de ne rien peser. Et, tout comme son frère, il avait le teint tanné par le soleil et le vent. Ephraim se renfrogna légèrement en ne reconnaissant personne sur le quai. Il leva les yeux vers le ciel, sans doute inquiet à l'idée que la neige soit tombée en abondance dans ce secteur, le mettant dans l'incapacité d'aller plus loin avant qu'elle n'ait été dégagée.

— Ephraim ! l'interpella Henry. Ephraim !

L'homme se retourna, d'abord étonné, puis son visage s'illumina en apercevant Henry. Il lâcha sa valise et s'avança pour lui serrer la main.

— Rathbone ! Comment allez-vous ? Mais que faites-vous ici ? Vous êtes venu passer Noël avec nous ? C'est formidable ! Ce sera comme au bon vieux temps ! Où sont les autres ? Judah n'est pas là ? Vous avez attendu longtemps ?

— Pas sur le quai, répondit Henry en souriant. J'étais à l'auberge devant une pinte de Cockerhoop.

Cette bière brune légère était très appréciée localement. Henry éprouva une bouffée de gratitude en voyant Ephraim l'accueillir avec tant de générosité dans ce qui devait être en principe une réunion de famille. Après tout, il n'était pas un Dreghorn, seulement le parrain d'Antonia, une position certes honorifique, mais sans lien de sang. Il redoutait de devoir lui révéler la véritable raison de sa présence ; son estomac se noua et sa gorge se serra. Valait-il mieux lui gâcher son plaisir sans tarder en parlant franchement ? Ou bien lui accorder un peu de répit, le laisser d'abord se réjouir d'être enfin de retour chez lui ?

Ephraim arborait un grand sourire. Plus posé que son frère, c'était un homme aux pensées profondes, qu'il partageait rarement, et d'un grand courage physique. Quels que soient ses peurs ou ses doutes, il les dominait sans rien en montrer. Toutefois, après quatre années passées en Afrique, revoir son pays qu'il adorait lui procurait une joie qui n'eut aucun mal à s'exprimer.

— Tout cela me semble parfait ! s'écria Ephraim avec bonne humeur. Nous ferons de longues balades dans la neige, peut-être même un peu d'escalade, après quoi nous nous installerons au coin du feu pour parler de nos rêves et nous raconter toutes sortes d'histoires folles ! J'en ai quelques-unes… Il y a des choses en Afrique que vous ne croiriez pas, Henry !

Ephraim souleva sa valise et marcha à côté d'Henry jusqu'à la voiture attelée, que Wiggins avait approchée en entendant le train arriver.

— Comment va Judah ? demanda Ephraim dès qu'ils se furent mis en route. Avez-vous déjà des nouvelles de Ben ? Et Naomi ? Va-t-elle venir aussi ?

Lorsqu'il mentionna le nom de la jeune femme, sa voix se teinta d'une certaine impatience, et il détourna le regard comme pour ne pas laisser voir son émotion.

Les pensées se bousculaient dans la tête d'Henry. Il prit conscience qu'il y avait là une nouvelle dimension qu'il n'avait pas imaginée, une souffrance qu'il ne serait pas capable de déchiffrer chez Ephraim aussi bien que chez Benjamin, des abîmes qu'il ne serait jamais en mesure de comprendre, ni de soulager. Pourtant, il n'avait pas le choix. Le moment était venu.

— Benjamin est déjà là, dit-il, répondant d'abord à la question la plus simple. Il est arrivé depuis deux jours…

Ephraim le fixa de ses yeux bleus mystérieux.

— Il va bien ?

— Non, répondit Henry sans plus de détour. Aucun de nous ne va bien. Judah est mort dans un accident il y a dix jours.

Il observa Ephraim encaisser le choc – d'abord l'incrédulité, et ensuite la douleur.

— Je suis désolé d'être celui qui vous l'annonce, mais votre homme d'affaires est passé ce matin discuter du domaine, et Benjamin est resté avec Antonia pour le recevoir.

— Un accident de chasse ? demanda Ephraim, la voix cassée.

Judah chassait rarement, mais c'était le seul moyen de repousser les renards dans la région des Lacs, faute de quoi ils dévastaient les troupeaux. On retrouvait des brebis et des agneaux égorgés, et des poulaillers entiers massacrés.

— Non, répondit Henry, avant de lui résumer brièvement ce qu'ils savaient pour l'instant.

Ephraim se blottit dans son manteau, comme si soudain le vent passait à travers et ne suffisait plus à le protéger.

— Où diable allait-il ? lança-t-il d'une voix enrouée. En pleine nuit ?

— Nous n'en savons rien. Il a seulement dit qu'il voulait prendre l'air avant d'aller se coucher. Ils étaient allés tous ensemble au village écouter un musicien de passage. Un violoniste. Lequel a joué un petit morceau que Joshua avait composé.

— Joshua ? répéta Ephraim. Judah disait qu'il était très intelligent. Il était très fier de son fils…

Il se dominait avec difficulté. Et son visage avait beau ne rien laisser deviner, sa voix l'avait trahi.

— J'ai rapporté quelque chose d'Afrique pour Joshua, reprit-il. Mais cela paraît hors de propos, à présent.

— Ce ne le sera pas par la suite, le rassura Henry. Benjamin lui a rapporté un cadeau, lui aussi, un extrait des Saintes Écritures, un manuscrit ancien, dans une boîte en bois sculpté.

— Le mien est un collier d'apparat de chef de tribu, une version africaine de la couronne. En or et en ivoire. C'est un symbole d'autorité. Au premier coup d'œil, l'objet peut paraître barbare, mais quand on y regarde de plus près, il est superbement ciselé. Rien de comparable à ce qu'on trouve en Europe… Mais je suppose que vous avez raison, et que Joshua l'appréciera le jour venu. Aujourd'hui, ça paraît si horriblement absurde…

— Ce n'est pas la seule chose que je doive vous dire avant que nous arrivions au manoir, poursuivit Henry.

Ils roulaient à vive allure. Le vent avait rabattu le plus gros de la neige sur la route. Elle s'était accumulée si haut à certains endroits qu'ils durent descendre de la voiture et sortir les pelles rangées dans le porte-bagages afin d'aider Wiggins à dégager un passage. Henry vit Ephraim attaquer les énormes tas avec une énergie pleine de rage, le dos courbé, jetant tout son poids dans chaque pelletée. Après avoir remis les outils en place, ils remontèrent dans la voiture. Ils durent s'arrêter ainsi à trois reprises.

— Quoi d'autre ? s'enquit Ephraim sans trop d'intérêt, alors qu'ils roulaient de nouveau et que s'étendait devant eux l'immense surface du lac parsemé de blanc.

— Ashton Gower est sorti de prison et prétend avoir été condamné injustement. D'après lui, les actes de propriété étaient authentiques, et Judah le savait, expliqua Henry en remontant plus haut la couverture.

Ses pieds étaient trempés, tout comme le bas de son pantalon.

— C'est ridicule !

Ephraim balaya la remarque comme s'il ne valait même pas la peine d'en discuter.

— Je sais que c'est ridicule, concéda Henry. Mais il le répète avec beaucoup d'insistance, et Benjamin estime important de le faire cesser. Bon nombre de personnes du village qui ne vivaient pas là au moment du procès ne savent rien de la vérité. Sans compter que Gower se montre agressif, ce qui perturbe Antonia. Nous ne pouvons pas faire comme si de rien n'était.

Il se garda d'ajouter que Benjamin soupçonnait Gower d'être impliqué dans la mort de Judah. Il ne lui était pas aussi facile de deviner Ephraim, et il avait du mal à évaluer sa colère ou la profondeur de son chagrin.

Ephraim ne répondit pas tout de suite, et ils parcoururent encore une bonne centaine de mètres. Les toits blancs des maisons du village scintillaient sous la lumière éclatante, tandis que le noir intense des arbres se détachait sur l'eau grise.

— Henry, voulez-vous dire par là qu'il y a des gens pour le croire ? demanda finalement Ephraim. Connaissant Judah, comment peut-on envisager cette idée une seule seconde ? Il n'y a jamais eu plus honnête homme que lui, alors qu'Ashton Gower n'est qu'un pleutre malveillant, qui n'a ni honneur, ni gentillesse, ni la moindre vertu susceptible de le racheter ! Qui serait en mesure de dire qu'il a accompli quoi que ce soit de bien sans attendre d'en être payé en retour ?

— Je sais, Ephraim. À mon avis, la prison a dû lui déranger l'esprit. Ce qui ne change rien au fait qu'il est furieux, et déterminé à laver son nom coûte que coûte.

— Vous en parlez comme si vous pensiez qu'il représente un danger. Est-ce le cas ?

Henry fut bien obligé de l'admettre.

— Qui sait ? Benjamin pense qu'il pourrait avoir été pour quelque chose dans la mort de Judah. Et je ne peux pas écarter cette hypothèse non plus. Hier, nous l'avons croisé au village, et la haine qui émane de cet homme m'a glacé les sangs. Nous avons recommandé aux domestiques de verrouiller les portes et de lâcher les chiens dès la nuit tombée. Cette histoire est extrêmement déplaisante. Nous ne pouvons pas quitter les Lacs et abandonner Antonia et Joshua à leur sort sans avoir obtenu d'explication.

Il regarda le visage d'Ephraim, pâle sous son hâle africain.

— Je suis désolé, ajouta Henry. J'aurais préféré avoir des choses plus agréables à vous dire.

Ephraim posa la main sur son bras et le serra avec fermeté.

— La vérité, Henry… Rien d'autre ne nous servira. Merci d'être venu. Nous allons avoir besoin de votre aide.

Henry s'abstint de répondre qu'ils pouvaient y compter ; Ephraim le savait déjà.

La soirée fut sombre et paisible. La pluie et la neige battaient tour à tour contre les vitres, et le feu ronronnait dans la cheminée. Ils mangèrent du mouton des Lacs, accompagné de délicieuses pommes de terre mélangées à des herbes. On importait toutes sortes d'épices sur la côte, et le pain d'épices du Cumberland était réputé. Tiédi et nappé de crème, il faisait un excellent pudding.

Ephraim et Benjamin discutèrent tranquillement, échangeant des souvenirs. Pendant ce temps, Henry resta assis près du feu avec Antonia, écoutant surtout ce qu'elle avait envie de dire. Et quand elle le préférait, il lui parlait de Londres et de la trépidation de la vie citadine, chose qu'elle n'avait jamais connue.

Épuisé par le retour à Penrith dans le vent et la neige, Henry dormit à poings fermés, mais il se réveilla de bonne heure, alors qu'il faisait encore sombre. N'ayant guère envie de s'attarder au lit, il se leva, s'habilla chaudement et sortit avant l'aube.

À l'heure où le soleil apparut derrière les montagnes du sud-ouest, répandant une douce lumière nacrée dans le ciel pommelé, il avait déjà parcouru plus de la moitié de la distance qui séparait le manoir du gué en amont de la rivière où Judah avait trouvé la mort.

Les pensées défilaient dans son esprit. Il avançait dans la neige craquante que le soleil éclaboussait d'une lueur rosée. Avait-il imaginé l'émotion qu'il avait cru déceler dans la voix d'Ephraim quand celui-ci lui avait demandé si la veuve de Nathaniel serait là elle aussi ? Alors même qu'il s'interrogeait, l'évidence de la réponse s'imposa à lui : Ephraim avait lui-même été amoureux de Naomi et il en gardait un souvenir aigu.

Certes, Ephraim ne l'avait pas revue depuis la dernière fois qu'ils s'étaient réunis tous ensemble au manoir, ce qui, d'après ce que savait Henry, remontait à dix ans. Les gens pouvaient changer énormément dans un tel laps de temps. Leur expérience était à même de renforcer leurs sentiments… ou de les effacer.

Henry n'avait jamais rencontré Naomi et ne savait rien d'elle, sinon qu'elle était anglaise, originaire de la côte est, et que Nathaniel ne l'avait fréquentée que quelques mois avant de l'épouser. Ils s'étaient embarqués pour l'Amérique peu de temps après. Antonia avait parlé d'elle avec chaleur, Judah semblant avoir quelques réserves, sans préciser lesquelles. Savait-il que son plus jeune frère s'était épris d'elle lui aussi ?

Henry cheminait sur le sentier qui descendait en pente douce vers le lac, prenant garde à ne pas glisser. La rivière au débit rapide s'étirait en contrebas. Les récentes chutes de neige en avaient gonflé le lit ; l'eau recouvrait presque les pierres du gué disposées en travers, dix au total, très plates et soigneusement choisies.

Aux endroits où la rivière avait formé de petites anses et des creux contre la berge, le courant avait charrié de la glace qui était restée bloquée là, scintillant dans la lumière de plus en plus vive. Sur la rive opposée, la pente était plus abrupte. Henry regarda à gauche et à droite, mais ne vit rien d'autre que les vagues traces laissées par les moutons. Qu'est-ce qui avait poussé Judah à venir là à cette heure de la nuit ? L'envie de se retrouver seul avec des pensées qui le troublaient au point de ne pas pouvoir y réfléchir chez lui, en présence d'Antonia ? Ou bien pour rencontrer quelqu'un ?

Avait-il eu peur d'Ashton Gower et des ennuis qu'il risquait de leur causer ? Gower avait-il menacé Antonia… ou Joshua ? Judah avait-il envisagé de le payer d'une manière ou d'une autre en vue de les protéger ?

Cette hypothèse ne ressemblait en rien à l'homme qu'Henry avait connu. Cependant, les gens ne changent-ils pas lorsque leurs proches se voient menacés ?

Il scruta la rivière en amont, puis en aval. À la lumière du jour, il distinguait clairement la cascade, l'eau blanche bouillonnant sur les rochers acérés. Ils étaient à coup sûr assez anguleux pour avoir provoqué les blessures que Leighton avait décrites. Tout correspondait aux faits. De la glace sur les pierres, un faux pas, un manque d'équilibre, ou tout simplement la fatigue, et une chute pouvait être à l'origine d'un choc qui vous faisait perdre connaissance. À plat ventre, quelques minutes suffisaient pour se noyer, inutile que l'eau soit profonde. Le courant pouvait entraîner un corps vers la cascade et provoquer les lacérations dont Leighton avait parlé.

Néanmoins, connaissant Gower, pourquoi diable Judah serait-il venu le retrouver là, seul et en pleine nuit ? La réponse était simple. Jamais il n'aurait agi ainsi. Et miser sur le hasard n'avait pas de sens non plus. Jamais Gower n'aurait attendu par une nuit d'hiver aussi glaciale que Judah passe par là ! L'idée était absurde.

Ashton Gower avait beau avoir souhaité sa mort, et s'en être réjoui, rien ne permettait de présumer qu'il l'avait tué, sinon la folie de l'homme et sa soif de revanche, ce qui ne constituait en aucun cas une preuve.

Dépité, Henry fit demi-tour pour rebrousser chemin, traversé de frissons malgré son manteau, son écharpe, son chapeau et ses gros gants doublés de fourrure. Tout en lui voulait croire à la responsabilité de Gower. Aussi aberrant que cela paraisse sur le plan des faits, c'était la seule chose qui ait un sens sur le plan émotionnel.

Le soleil aidant, la neige avait commencé à fondre, de sorte que lorsqu'il arriva au manoir, ses pieds et le bas de son pantalon étaient tout trempés. Henry gagna sa chambre par l'escalier de service et se changea avant de redescendre dans la salle à manger.

Mrs. Hardcastle lui apporta un petit déjeuner tardif, puis Benjamin vint le rejoindre, curieux de savoir où il était allé.

— Aux pierres du gué, répondit Henry. Du thé ?

Benjamin s'assit en face de lui. Il paraissait fatigué, et des cernes soulignaient ses yeux.

— Pour quelle raison ?

— Histoire de voir si ce que Leighton nous a dit tenait. Et ça tient, Ben. Je n'arrive pas à imaginer Judah allant là-bas pour retrouver Gower au milieu de la nuit ! Et l'idée que Gower ait pu l'attendre là par hasard est ridicule.

Benjamin le regarda droit en face.

— Vous pensez qu'il s'agit d'un banal accident ?

Henry ne sut comment répondre. Son intelligence et son intuition se livraient bataille. Habitué à raisonner selon la logique, la discipline et la beauté de la raison avaient toujours prévalu dans son éducation. Pourtant, face à ses déductions, ce qu'il savait de Judah Dreghorn le laissait mal à l'aise. Il répondit de la seule manière que lui dictât la franchise.

— Il doit y avoir une chose que nous ignorons, voire plusieurs.

Benjamin ébaucha un triste sourire.

— Ce bon vieux Henry, toujours aussi circonspect ! fit-il en soupirant. Ce dont nous avons plus que jamais besoin. Qu'allons-nous dire à Antonia ?

Cette fois, Henry n'eut pas à réfléchir. Il n'y avait qu'une réponse possible, d'autant que sa confiance dans le courage et le jugement d'Antonia était beaucoup plus grande que celle de Benjamin. Il avait gardé un vif souvenir de la droiture, de la curiosité et de la force d'âme avec lesquelles elle abordait les problèmes, qu'elle avait si souvent été seule à devoir affronter. Au fond de lui, il se sentit rempli d'émotion à l'idée que son bonheur ait été si bref.

— La vérité, répondit-il.

L'occasion ne se présenta pas avant le soir. Chacun avait été occupé de son côté, ou bien Joshua s'était trouvé avec eux, mais, une fois le dîner terminé, ils se réunirent autour du feu après que l'enfant eut été se coucher. Ce fut Benjamin qui commença, regardant Antonia d'un air navré.

— Je suis désolé de revenir là-dessus, mais je crois que nous avons besoin de mieux comprendre ce qui s'est passé la nuit où Judah est mort.

— Je ne sais rien de plus que ce que je vous ai déjà raconté, rétorqua la jeune femme, les mains croisées sur ses genoux, sans autre bijou que son alliance en or.

— De quoi avez-vous parlé en revenant du concert ? demanda Benjamin avec gentillesse.

— De musique, bien sûr.

— Comment était Judah ? Il devait être fier de Joshua, évidemment, mais était-il comme d'habitude ?

Antonia réfléchit un instant.

— Maintenant que j'y repense, il m'a paru plus absorbé dans ses pensées que d'ordinaire. Sur le moment, j'ai cru que c'était à cause de l'émotion de la musique, et qu'il était peut-être fatigué. Il avait eu un dossier difficile à Penrith. J'ignorais alors à quel point Gower s'était montré odieux. Judah ne m'en avait rien dit : je n'ai eu connaissance des détails qu'après sa mort. C'est un homme diabolique, Benjamin ! À mon avis, haïr à ce point est une sorte de folie… et cela m'effraie.

— Judah a-t-il fait allusion à Gower ? Tâchez de vous rappeler.

Ephraim était assis, immobile, abîmé dans ses pensées. Henry réprima un frisson d'angoisse. Ephraim avait en lui une force, un courage, qui ne reculait devant rien. S'il acquérait la conviction qu'Ashton Gower avait tué son frère, rien ne le dissuaderait de le traîner en justice. Une telle détermination avait quelque chose de dérangeant.

— En fait, dit Antonia, il n'a que très peu parlé. Il s'est contenté de me répondre.

— Il ne vous a pas dit où il allait, ni pourquoi il voulait se promener à cette heure ? insista Benjamin.

— Pas vraiment… Juste pour prendre l'air, répondit Antonia d'une voix hésitante. Je me suis dit qu'il voulait réfléchir.

— Dehors, par une nuit d'hiver ?

La jeune femme ne répondit pas, l'air affreusement malheureux.

Henry fit preuve de plus de délicatesse.

— Vous a-t-il suggéré de ne pas l'attendre ?

Antonia dut réfléchir plusieurs secondes.

— Oui… Oui, il m'a dit quelque chose comme ça. Je ne me souviens plus très bien quoi.

— Il prévoyait donc de s'absenter une heure ou plus, en déduisit Henry.

— Une heure ? s'étonna Benjamin.

— Le temps que Joshua se remette de ses émotions et aille au lit, et qu'Antonia en ait fait autant, expliqua Henry. On dirait que son intention était d'aller jusqu'à la rivière. Qu'est-ce qu'il y a sur l'autre berge ? Où se trouve le site viking, exactement ?

— Plus bas au bord de la rivière, répondit Antonia. Juste au-dessus du gué en aval, avant d'arriver à l'église.

Mais il n'allait pas sur le site. Au-delà du gué en amont, il n'y a pas grand-chose, à part un bosquet d'arbres et une cabane de berger. Vous pensez qu'il allait là-bas ? Pourquoi ?

La question n'appelait qu'une seule réponse qui flotta en l'air tel un nouveau fantôme.

— Si c'était pour rencontrer une personne dont il se méfiait, il aurait emmené les chiens, poursuivit la jeune femme. Ils auraient attaqué quiconque l'aurait menacé.

— Ou une personne à laquelle il se fiait, suggéra Henry.

— Ou personne du tout, rétorqua Antonia, les yeux rivés sur le feu. Judah a glissé, voilà tout… comme l'a dit le Dr Leighton.

— Ce qui ne peut pas être mis sur le compte de Gower, commenta Benjamin d'un air sombre. Nous ne sommes guère plus avancés.

Soudain, une autre idée traversa l'esprit d'Henry.

— À moins qu'il ne soit allé là-bas dans l'intention d'aider Gower, de lui proposer de lui procurer un travail ou un moyen de se réinsérer au sein de la communauté.

Ephraim écarquilla de grands yeux.

— Après ce que Gower avait dit de lui ? Mais dans ce cas, pourquoi là-bas ? Et au milieu de la nuit !

— Judah l'aurait de toute manière aidé, affirma calmement Antonia. Il rendait service à toutes sortes de gens. Mais je ne vois pas pourquoi il l'aurait retrouvé là-bas !

— Moi non plus, dit froidement Benjamin. Que s'est-il passé ? Gower l'a tué pour avoir pris cette peine ? Ou bien Judah a glissé, et il l'a laissé se noyer ? Je sais que ce type est une ordure, mais ça n'a rien d'humain.

— S'il a agi ainsi, nous le prouverons, décréta Ephraim en dévisageant son frère. Je veillerai à ce qu'il réponde de chacune de ses paroles, de chacun de ses actes. Plus jamais il ne salira la réputation d'un Dreghorn !

Antonia acquiesça en souriant, les larmes aux yeux.

Une fois seul dans sa chambre, posté devant la fenêtre, Henry contempla les montagnes enneigées qui s'étendaient sous le ciel étoilé en repensant à ce qu'il n'avait pas osé dire devant la famille. Il avait bien connu Judah ; tous deux avaient été amis pendant de longues années, avaient partagé d'innombrables choses, même implicitement. Ils avaient débattu de sentiments trop complexes à expliquer et discuté des nuits entières de questions philosophiques qui se prêtaient à d'interminables explorations.

Or jamais Judah ne serait parti seul rencontrer Ashton Gower dans l'intention de lui proposer son aide, après que celui-ci l'eut accusé de forfaiture – ni à la rivière ni ailleurs. Judah était beaucoup trop subtil pour ne pas se douter que Gower n'aurait pas manqué ensuite de le faire chanter, en faisant valoir qu'il lui avait rendu service pour cacher sa propre culpabilité. C'était un homme de ce genre-là, et Judah le savait.

Plus Henry pesait les informations dont ils disposaient, moins les réponses lui convenaient. Chacune d'elles ne faisait que le renvoyer à d'autres questions sans réponse.

Après avoir fermé les rideaux, Henry se prépara à se mettre au lit. Le lendemain, une fois de plus, il devrait effectuer le trajet jusqu'à la gare de Penrith. Et, une fois de plus, annoncer la nouvelle.

Au matin, le dégel avait commencé, et tout dégoulinait. Une grande partie de la neige ayant fondu, on apercevait de longues traînées noires sur les pentes pelées des collines. Les arbres auxquels hier encore s'accrochaient des stalactites étaient aujourd'hui à nu, leurs branches dessinant une dentelle bien nette contre le ciel.

Une Mrs. Hardcastle à la mine renfrognée leur apporta le petit déjeuner : des œufs au bacon, des saucisses du Cumberland, des toasts, de la confiture de *witherslacks* ou de ces mûres qu'on appelait aussi milans noirs, et du thé brûlant servi dans une théière en argent. La raison de son courroux se fit bientôt connaître. Ashton Gower avait renouvelé ses accusations, et l'une des nouvelles habitantes du village les répétait à qui mieux mieux. L'opinion qu'avait Mrs. Hardcastle de cette femme n'aurait eu aucun mal à faire tourner le lait.

Henry était prêt à partir pour la gare quand Ephraim traversa la cour de l'écurie à grandes enjambées, les pans de son manteau flottant au vent, et grimpa à côté de lui. Voyant qu'il ne lui offrait aucune explication, Henry se garda de tout commentaire. Il avait néanmoins une petite idée de la raison pour laquelle Ephraim l'accompagnait, bien qu'il ne sût pas si cela faciliterait ou compliquerait la tâche d'annoncer la nouvelle à Naomi Dreghorn. Il s'attendait plus ou moins à ce que le jeune homme propose d'y aller à sa place, mais il n'en fit rien. Comme si, pour leurs premières retrouvailles au bout de dix ans – et après la mort de Nathaniel –, Ephraim ne tenait pas à être en tête à tête avec Naomi.

Le vent n'était pas très fort, mais l'humidité qui stagnait dans l'air n'empêchait nullement le froid. Aucun des deux hommes n'avait rien à ajouter sur Gower ou ses accusations. Aussi Henry interrogea-t-il Ephraim sur l'Afrique, et l'écouter lui répondre le détourna un moment de son chagrin.

Ephraim souriait et, durant un instant, il cessa de voir l'étendue des collines parsemées de neige ou les nuages morcelés pour sentir le soleil brûlant sur sa peau, les vents secs de l'Afrique transportant des odeurs de poussière et de bouse animale. Il plissa les yeux dans la lumière en revoyant les plaines sans fin, avec les énormes troupeaux de bêtes sauvages et les étonnants acacias au sommet large et plat.

— La nuit, on entend rugir les lions ! s'enflamma-t-il avec joie. C'est une nature primitive comme nul n'en voit jamais en Europe. Nous sommes devenus vieux et trop civilisés. Entendre le rire dément d'une hyène au milieu de l'obscurité, c'est comme entendre la première blague au commencement du monde… une blague qu'elle est la seule à comprendre.

Pendant une minute, Henry oublia le vent désagréable, et la pluie qui ne tarda pas à s'abattre.

— Et les plantes ! reprit Ephraim. Il y en a de toutes les formes, de toutes les couleurs imaginables, et pas une qui soit perdue ou gaspillée, pas une qui ne soit pas utilisée. C'est tellement splendide que je me sens parfois ivre rien qu'à les contempler !

Ils continuèrent à deviser.

Le trajet passa très vite et, en raison du changement de temps, le train arriva quelques minutes à peine après midi. Au milieu des nuages de vapeur résonnèrent des cris et des claquements de portières.

Henry n'avait jamais vu Naomi. Il réalisa avec étonnement qu'il ne savait même pas à quel genre de femme s'attendre. Les derniers événements l'avaient trop accaparé pour qu'il puisse se faire une image de la jeune femme – grande ou petite, brune ou blonde ? Et à présent, il se tenait sur le quai sans en avoir la moindre idée.

Cinq femmes descendirent du train. Deux d'entre elles étaient âgées et accompagnées de leurs maris ; une troisième, brune et l'air simple, avait une allure sinistre et une tenue austère, comme si elle venait se présenter à une place de gouvernante dans quelque pensionnat rébarbatif. Henry connaissait suffisamment Ephraim pour savoir qu'il ne lui aurait pas même accordé un regard.

Les deux autres étaient jolies ; la première était blonde, délicate et d'une grande féminité. Elle jeta des regards alentour à la recherche d'un visage familier.

Henry s'apprêtait à aller vers elle, certain que ce devait être Naomi, lorsqu'il regarda l'autre jeune femme. Plus grande et les épaules plus larges, elle marchait avec une grâce extraordinaire, comme si se mouvoir était pour elle un plaisir, un art irréfléchi et naturel. De son visage à la beauté peu banale émanait de la volonté, mais plus encore de l'intelligence, comme si tout l'intéressait. Si elle avait un jour ressenti de la peur, il n'en subsistait aucune trace dans son attitude. Henry ne put s'empêcher de se demander si c'était dû à une complète innocence ou à un courage des plus remarquables.

À la seconde où il se tourna vers Ephraim, ses derniers doutes s'envolèrent : il s'agissait bien de Naomi. Henry s'avança à sa rencontre.

— Naomi Dreghorn ?

Elle lui adressa un sourire, charmant mais froid. Elle ne le connaissait pas et, durant quelques secondes, elle sembla ne pas reconnaître Ephraim non plus.

— Mon nom est Henry Rathbone. Je suis venu vous chercher pour vous emmener au manoir. Comme vous vous en souvenez sans doute, il se trouve à une dizaine de kilomètres, sur le lac.

— Enchantée, Mr. Rathbone.

La jeune femme lui adressa un grand sourire ravi et lui tendit la main comme un homme. Une main fine et forte, qui serra la sienne avec fermeté.

Henry lui prit sa valise.

— Et vous vous souvenez d'Ephraim, j'imagine ?

Le visage de Naomi était calme, mais sa chaleur se fit soudain plus distante.

— Bien entendu. Comment allez-vous, Ephraim ?

Il répondit avec un brin de raideur. Naomi aurait pu y voir de la froideur, mais Henry remarqua une maladresse inhabituelle dans l'attitude d'Ephraim ; son aisance coutumière, qui ne manquait pas d'élégance, avait entièrement disparu. Il se trouvait dans une situation défavorable qui ne lui était pas familière.

Ils parlèrent de choses et d'autres tout en prenant place dans la voiture attelée, puis ils sortirent de Penrith pour reprendre la route de l'ouest, face à un vent humide annonciateur d'une prochaine averse.

Ephraim interrogea Naomi sur l'Amérique, semblant lui poser des questions par pure politesse. Mais elle lui répondit avec tant de vivacité, d'imagination et d'esprit qu'il finit par être contraint de s'y intéresser. Elle leur décrivit les grandes plaines de l'Ouest, les troupeaux de bisons au galop qui faisaient trembler la terre sous leurs sabots, les hauts déserts vers lesquels elle s'était aventurée, où la terre rouge et ocre prenait des couleurs de feu, où le vent creusait dans le relief des formes fantastiques, pareilles à des châteaux et à des tours imaginaires.

Pas une seule fois Naomi n'évoqua la mort de Nathaniel, et ni Henry ni Ephraim ne lui posèrent de questions, chacun attendant que l'autre aborde le sujet pour lui annoncer la nouvelle. Concluant une trêve d'une demi-heure avec la mort, ils l'écoutèrent raconter ses voyages et ses aventures, les privations supportées au mieux, et à un moment donné, ils se retrouvèrent même en train de rire.

— J'ai apporté un cadeau à Joshua, dit Naomi, avec une pointe de moquerie dans son sourire. Je crois l'avoir choisi plus parce qu'il me plaisait que parce qu'il lui plaira, mais je ne l'ai pas fait exprès. J'aime bien donner aux autres des choses que j'aimerais garder.

— De quoi s'agit-il ? demanda Henry, soudain piqué de curiosité.

Qu'avait pu apporter cette femme peu ordinaire pour aller avec les Saintes Écritures de Benjamin dans leur boîte sculptée et parfumée et le collier de roi en or et en ivoire d'Ephraim ?

— Un sablier, répondit-elle. Une sorte de *memento mori*. Un rappel de la mort et de la valeur incomparable de la vie. L'objet est en cristal et incrusté de pierres semi-précieuses du désert. Le sable rouge qui coule à l'intérieur vient de ces vallées qui ressemblent à un incendie.

— Voilà qui paraît parfait, commenta Henry avec sincérité. Nous passons une trop grande partie de nos vies à rêver du passé ou de l'avenir. D'une certaine façon, le présent est la seule chose que nous ayons, mais nous ne nous y accrochons pas assez chèrement. Ce cadeau est fait à la fois de beauté et de mémoire, comme les autres qu'on lui a apportés.

— Vous pensez ?

Naomi semblait tenir à son avis.

Si Ephraim ne lui disait rien, Henry allait devoir s'en charger.

— Oui. Mais, avant que nous arrivions au village, je crains d'avoir une terrible nouvelle à vous annoncer.

— Qu'y a-t-il ?

Naomi comprit que c'était sérieux, et la lumière disparut de son visage.

Brièvement, et dans les termes les plus simples, Henry lui parla de la mort de Judah et des accusations d'Ashton Gower, ainsi que des dernières conclusions qu'ils en avaient tirées.

La jeune femme l'écouta avec attention et ne reprit la parole que lorsqu'il eut terminé, alors qu'ils n'étaient plus qu'à deux kilomètres du manoir.

— Qu'allons-nous faire ? demanda Naomi en regardant d'abord Henry, puis Ephraim. Il faut empêcher cet homme de proférer des calomnies. Et s'il a une responsabilité quelconque dans la mort de Judah, nous devons nous assurer qu'il en réponde ! Toute justice mise à part, Antonia et Joshua ne seront pas en sécurité tant qu'il ne sera pas retourné en prison et qu'il n'aura pas été prouvé que ses propos ne sont qu'un tas de mensonges.

Son expression traduisait l'impatience autant que le défi.

Cette fois, ce fut Ephraim qui répondit.

— À nous de prouver que Gower était là, dit-il d'un air sombre. Ce qui sera loin d'être facile, étant donné qu'il aura veillé à ne prévenir personne, et que personne d'autre ne devait se promener dans un endroit pareil en pleine nuit.

— Pourquoi Judah serait-il sorti de nuit dans la neige, si ce n'est pour aller retrouver quelqu'un ? s'enquit Naomi.

Comme ils approchaient des grilles du manoir, aucun de ses compagnons ne lui répondit.

L'heure suivante se passa dans l'émotion de l'arrivée et des paroles de bienvenue, à partager l'inquiétude et le chagrin, tout cela dans une compréhension profonde entre les deux femmes, toutes deux confrontées au veuvage alors qu'elles étaient encore dans leur jeune âge. Bien qu'elles ne se soient fréquentées que peu de temps, et que cette période remontât déjà à plusieurs années, on sentait une aisance dans la façon qu'elles avaient de communiquer, comme si l'amitié leur était chose naturelle.

En fin d'après-midi, ils reprirent la conversation devant l'âtre en prenant le thé, accompagné de scones, de confiture de framboises et de tranches de cake au gingembre, préparé avec les épices et les riches mélasses importées des Antilles.

Cette fois, Antonia se mêla à la conversation.

— Plus j'y réfléchis, plus je suis convaincue que Judah avait l'intention d'aller retrouver quelqu'un, dit-elle d'un air grave. Je ne m'en souviens que maintenant, mais il a sorti plusieurs fois sa montre à gousset de sa poche pour regarder l'heure. Sur le moment, j'ai cru que c'était pour voir combien de temps avait duré le récital, mais une fois lui aurait suffi.

— La difficulté va être d'apporter la preuve qu'il s'agissait effectivement de Gower, fit remarquer Benjamin. Ce n'est pas l'endroit le plus simple pour donner rendez-vous, surtout à une heure aussi improbable.

— Judah y était, pourtant ! objecta Antonia. Aussi absurde que cela paraisse, c'est la vérité.

— Il reste encore une chose que nous ignorons, insista Henry. Une chose importante, ou que nous avons mal comprise et qui n'est pas ce qu'elle paraît.

L'expression d'Ephraim se durcit.

— En tout cas, je suis certain de deux choses : Judah n'aurait rien fait d'injuste ou de malhonnête ; et Ashton Gower est un faussaire qui a déjà été condamné, et animé par la haine et le désir de se venger de la famille qui a acheté ce domaine en toute légalité. Judah est mort, tandis que Gower est en vie et calomnie son nom.

— Cela ne fait aucun doute, admit Benjamin. Le problème consiste à prouver ce qui, selon nous, relie ces deux choses.

Il se tourna vers Antonia.

— Comment était habillé Judah, ce soir-là ?

Elle parut intriguée.

— Le récital avait lieu le soir… Nous étions tous habillés pour ce genre de soirée.

— Il ne s'est pas changé avant de ressortir ?

— Non, répondit Antonia d'un air contrit. J'ai supposé qu'il voulait juste aller faire un tour après être resté assis toute la soirée dans la salle, et ensuite dans la voiture pour rentrer. Pourquoi ? En quoi cela pourrait-il aider ?

— Je n'en sais rien, avoua Benjamin. Mais il est inutile d'espérer découvrir quoi que ce soit au bord de la rivière. Toute marque ou empreinte doit avoir disparu depuis belle lurette… Mais ses habits ont dû être conservés avec soin. Je me disais qu'il pourrait y avoir quelque chose, une déchirure, une note qui indiquerait un rendez-vous, ou n'importe quoi d'autre…

Sa voix retomba, l'espoir l'abandonnant à mesure qu'il parlait.

— Il pourrait y avoir un mot, renchérit Henry en se levant. Il arrive que les choses restent sèches au fond d'une poche. Si on parvenait à déchiffrer quelque chose, cela nous aiderait peut-être. Allons au moins vérifier.

— D'accord, dit Antonia en se levant à son tour. Je ne savais pas quoi faire de ses vêtements. Je n'ai même pas pu me résoudre à les faire nettoyer… ajouta-t-elle avec un pauvre sourire. Peut-être est-ce pour le mieux…

Ils la suivirent à l'étage, puis traversèrent le palier qui menait au dressing de Judah. Henry trouvait dérangeant de pénétrer dans l'intimité d'un homme décédé, de contempler ses brosses et ses boutons de cols étalés sur la commode, les boutons de manchettes rangés dans leurs boîtes, les chaussures et les bottes dans leurs casiers. Son rasoir était posé à côté d'un bol et d'une aiguière devant le miroir dans lequel il devait avoir vu tant de fois son visage…

En jetant un coup d'œil à Benjamin, Henry vit que son expression reflétait des émotions semblables aux siennes – du chagrin, une vague gêne, comme s'ils venaient s'imposer alors que Judah n'était plus en mesure de les en empêcher.

Lorsqu'il regarda Antonia, Henry ne décela rien d'autre que la douleur de sa solitude. Elle avait dû venir ici d'innombrables fois auparavant.

Ephraim, plus jeune que Judah de plusieurs années, portait son deuil à l'intérieur, le dissimulant le mieux possible. Sur son visage tendu, les muscles étiraient sa bouche en une ligne plus fine, et son regard fuyait celui des autres.

Naomi enlaça Antonia par la taille. Sans doute avait-elle déjà effectué la même tâche sinistre et savait ce qu'on ressentait.

Ce fut à Henry que revint d'ouvrir le premier tiroir de la commode, dans lequel était plié le costume sombre, à présent sec et raidi par l'eau de la rivière, maculé de grandes traces de sable et de vase. Il déplia la veste qu'il examina avec attention. Elle n'avait été que peu portée, pas plus d'un an ou deux, et était taillée dans une laine d'excellente qualité. Le tissu, superbe, venait probablement des toisons de moutons des Lacs, même si l'étiquette cousue à l'intérieur était celle d'un tailleur de Liverpool. Ce détail ne lui apprenait rien, sinon que l'homme qui l'avait choisie avait du goût, chose qu'il savait déjà.

Il explora ensuite les poches une à une. Il en sortit un mouchoir, taché d'eau mais encore plié, et qui n'avait pas été utilisé. Il y avait également deux cartes de visite : un fabricant de chemises à Penrith et un sellier à Kendal. Dans le portefeuille, il trouva des papiers, dont certains ressemblaient à des reçus, mais trop endommagés pour être encore lisibles, ainsi qu'une coupure du Trésor de cinq livres – une grosse somme ; non que quelqu'un eût jamais envisagé l'hypothèse d'un vol. La dernière chose était un canif, dont le manche en nacre était incrusté d'une plaque en argent sur laquelle étaient gravées des initiales. Sans doute Judah avait-il laissé ses pièces de monnaie dans les poches de son pantalon. Henry s'apprêtait à le vérifier quand Antonia l'arrêta.

— Qu'est-ce que c'est ? s'écria-t-elle d'un ton brusque. Le canif ?

Henry le lui montra.

— Ça ? C'est un couteau de poche. Judah devait le garder sur lui pour aiguiser sa plume.

Un tel objet était courant. Henry ne comprenait pas le trouble et l'incrédulité d'Antonia.

— Oui, mais… ce canif-là ! s'exclama-t-elle en tendant la main.

Il lui passa le petit couteau.

Elle le retourna dans sa main, le regard perplexe, le teint blafard.

— Qu'y a-t-il, Antonia ? s'étonna Benjamin. En quoi est-ce important ? Ce n'est pas celui de Judah ?

— Si, répondit-elle en les dévisageant chacun leur tour. Il l'avait perdu la veille de sa mort…

Ces derniers mots faillirent rester bloqués au fond de sa gorge.

Benjamin haussa les sourcils.

— Eh bien, il a dû le retrouver. Égarer quelque chose d'aussi petit est assez facile.

— Où l'avait-il perdu ? demanda Henry à Antonia.

— C'est justement ce qui m'étonne… Près de la rivière. Il s'est penché, et le canif est tombé de sa poche. Judah l'a cherché partout, nous l'avons cherché tous les deux, mais nous n'avons pas réussi à le retrouver.

Ephraim exprima alors tout haut ce qu'Henry était lui-même en train de se dire.

— Peut-être est-ce la raison pour laquelle il est retourné là-bas la nuit de sa mort.

À voir son visage et sa voix, il était clair qu'il répugnait à l'admettre, mais son honnêteté l'avait emporté.

— C'est un très joli canif. Et puis, ses initiales sont gravées dessus. Sans doute était-ce un cadeau auquel il tenait beaucoup.

— C'est moi qui le lui avais offert, murmura Antonia. Mais il ne l'a pas perdu près des pierres du gué, à l'endroit où on a retrouvé son corps…

Elle dut s'interrompre quelques secondes, le temps de se reprendre et de maîtriser sa voix.

Un lourd silence retomba dans la petite pièce. Personne ne bougea. Ni ne posa de question.

— C'était à côté du gué qui passe à deux kilomètres en aval. Là où deux grandes pierres sont jetées en travers de la rivière.

— En aval ! répéta Benjamin, l'air stupéfait. Ce n'est pas logique. C'est…

Il s'abstint d'en dire davantage.

Henry devina ce qui occupait les pensées de chacun d'eux. C'était aussi évident sur leurs visages que ça l'était dans son esprit. Les corps ne remontent pas le courant, ils ne font que le descendre.

— Vous en êtes absolument certaine ? demanda-t-il d'une voix douce à Antonia.

— Oui.

C'était la preuve qu'il leur fallait. Après sa mort, Judah avait été déplacé, puis abandonné dans un endroit où l'on croirait qu'il avait été victime d'une chute accidentelle.

— Est-ce qu'il y a des rochers au gué en aval, là où Judah a perdu son canif ? insista Henry.

— Non. Rien que de l'eau, très profonde… et du gravier, répondit Antonia avant de fermer les yeux. On l'a assassiné… n'est-ce pas ?

Le regard d'Henry se posa sur Benjamin puis sur Ephraim avant de revenir sur la jeune femme.

— Oui. Je ne vois pas d'autre explication.

La réalité de la chose le laissa sans voix. La mort de Judah n'avait eu aucun sens, et ils avaient tous partagé la conviction qu'Ashton Gower était capable de commettre un meurtre. Henry lui-même l'avait cru. Néanmoins, tout paraissait très différent maintenant que cela cessait d'être une hypothèse pour devenir une réalité à laquelle il n'était plus possible d'échapper.

— Qu'allons-nous faire ? demanda Naomi. Comment prouver que Gower est le coupable ? Par où commencer ?

D'un geste lent, Ephraim repoussa une mèche sur son front. Il avait les yeux dans le vague, le regard tourné en lui-même.

Benjamin jeta un coup d'œil à Antonia, puis dévisagea Henry. L'horreur se lisait dans ses yeux, un trouble aussi profond que douloureux. La mort l'avait meurtri, comme il s'y était attendu, et comme celle de Nathaniel l'avait fait, mais la haine et le meurtre étaient étrangers à tout ce qu'il avait jusqu'alors connu. Tout le monde regardait Henry parce qu'il était le plus âgé, parce qu'il possédait un calme intérieur qui dissimulait ses émotions et ne trahissait rien de sa souffrance ou de son ignorance. Il avait accepté tout cela depuis longtemps.

— Demain, quand il fera jour, nous irons à l'endroit où Judah a perdu et retrouvé son canif, afin de voir si nous découvrons un quelconque indice. Nous verrons au moins combien de temps il faut pour transporter un corps depuis cet endroit jusqu'à celui où on l'a retrouvé, et retourner ensuite au village. Si nous suivons les traces de celui qui a fait ça, peut-être apprendrons-nous quelque chose.

— Bien, conclut Benjamin. C'est par là qu'il faut commencer. Demain matin.

Ils se mirent en route après le petit déjeuner. La lumière était éclatante, et le lac gris couvert d'ombres argentées qui évoquaient les coups d'un pinceau géant. La glace craquait sous les pieds à chaque pas ; elle s'accrochait comme des rubans miroitants aux branches des arbres. Le vent poussait des nuages épars, les étirant très haut dans le ciel tels des panaches de fumée.

Ils marchaient les uns derrière les autres, Henry et Benjamin en tête, Ephraim tout seul derrière eux. Antonia et Naomi les suivaient, les pieds au sec dans de grandes bottes de cuir. Rien ne pouvait cependant empêcher le bas de leurs jupes d'être mouillé par la neige ramollie.

Le chemin qui menait au gué en aval s'avéra beaucoup plus aisé. Arrivés au bord de la rivière, ils observèrent le paysage sauvage, presque dépourvu de couleurs. Tout n'était que rochers noirs, eau scintillante et neige pâle. Il était possible de tomber en glissant sur les pierres, mais si cela arrivait, ce serait à bonne distance du moindre angle acéré. Il n'y avait là ni rochers ni pente suffisante pour provoquer les blessures relevées sur Judah. Le fond de la rivière était tapissé de petits cailloux et de pierres plus larges parfaitement lisses.

— C'est la preuve, marmonna Ephraim d'un air sombre. Judah n'aurait pas pu tomber accidentellement et se cogner la tête... Quelqu'un l'a tué, et l'a ensuite transporté, ou tiré en amont jusqu'à l'endroit où on l'a retrouvé.

Tout en parlant, il scruta la berge. Les autres suivirent son regard.

— Mais comment ? s'interrogea Benjamin, formulant la seule question qui venait à l'esprit.

Le sol montait en pente raide et, une centaine de mètres plus loin, un bosquet d'arbres se dressait de part et d'autre de la rivière. On ne distinguait aucun chemin, pas même une sente à moutons.

— Comment quelqu'un pourrait-il transporter le corps d'un homme d'âge adulte, et a fortiori d'un homme aussi grand que Judah ?

— Sur un cheval, proposa aussitôt Naomi. C'est le seul moyen. Le terrain est pentu, cahoteux et grimpe sans arrêt.

Elle se tourna vers Antonia.

— Ici ou là-bas, un cheval aurait laissé des traces dans la neige. Nous ne découvririons rien ici, mais Wiggins se souviendra s'il a vu des empreintes de sabots à l'endroit où on a retrouvé Judah.

— Il n'y en avait pas, répondit Ephraim à la place d'Antonia. Je lui ai posé la question, pour la bonne raison que je voulais prouver qu'il était allé là-bas dans l'idée de rencontrer quelqu'un.

— Est-ce qu'il a encore neigé cette nuit-là au point de les recouvrir ? questionna Benjamin.

— Non, répondit cette fois Antonia. Et s'il n'y avait pas d'empreintes, cela veut dire que personne d'autre n'était présent… Qui qu'on soit, on ne peut pas marcher dans la neige sans laisser des traces derrière soi…

La douleur dans sa voix était perceptible, comme si on venait de lui arracher un dernier reste de sens au moment même où elle croyait avoir compris.

— Et pourtant, c'est ici qu'on l'a tué ! s'entêta Ephraim. Rien ne flotte vers l'amont !

— L'eau, dit Henry.

Le visage d'Ephraim se crispa, ses yeux d'un bleu aussi glacial que le ciel.

— L'eau ne coule pas en amont, Henry ! rétorqua-t-il d'un ton sec.

Il se retint d'ajouter que sa remarque était stupide et inutile, mais son expression trahissait sa pensée.

— On peut marcher dans l'eau sans laisser de traces, précisa Henry en se retournant vers l'amont. Il suffit de tirer le corps en remontant la rivière, de marcher au fond, l'eau porte le poids. L'autre gué est à moins de deux kilomètres. Ce moyen ne laisserait aucune trace, et il est peu probable que quelqu'un vous verrait. Même si quelqu'un se trouvait dehors, le lit de la rivière est en contrebas, creusé par le courant. Tout ce que vous dérangez donnerait l'impression que c'est l'œuvre du courant, et si quelqu'un était effectivement sorti ce soir-là, où la lune était à moitié pleine, il n'aurait rien vu de sombre sur la neige. D'autant que si vous marchez penché, on ne distinguera rien de plus qu'une forme de rocher, un angle de la berge.

Benjamin lâcha un petit soupir.

— Pourquoi n'y ai-je pas pensé ? C'est une réponse fabuleuse. Quel malin ! Comment allons-nous le prouver ?

— C'est impossible, dit Ephraim en se mordant la lèvre. Raison pour laquelle c'est extrêmement malin. Désolé, Henry.

Henry balaya l'excuse d'un sourire.

— Ce que je ne comprends pas, c'est comment Judah a pu perdre son canif et ne pas le retrouver la première fois, mais l'a vu la fois suivante alors qu'il faisait nuit et qu'il devait avoir autre chose en tête !

Il jeta un regard circulaire sur la barque recouverte de neige, sur l'eau aussi transparente que du verre, puis sur les rebords sombres et anguleux des pierres qui servaient de gué. Elles étaient calées avec soin de façon à ne pas glisser, même quand elles supportaient le poids d'un homme.

— Où l'a-t-il laissé tomber ? demanda Benjamin à Antonia.

— Il s'est penché pour regarder le bout de sa botte, répondit-elle. Il croyait que le cuir était percé, mais ce n'était qu'une éraflure.

— Et où avez-vous cherché ?

— Sur le sentier, dans la neige et au bord de l'eau, au cas où il y serait tombé. Dans la lumière, la nacre aurait sûrement brillé.

Henry inspecta les pierres du gué à l'endroit où elles étaient calées.

— Est-ce qu'il a posé son pied là, quand il a inspecté sa botte ?

— Oui… Oh ! s'écria Antonia, soudain rayonnante. Vous voulez dire que le canif a dû tomber entre les pierres ? Et que Judah s'en est sans doute souvenu…

— C'est possible ?

À son expression, Henry devina que la réponse était oui.

Ephraim se tourna de nouveau vers la rivière.

— Vous supposez que Gower a amené le cheval jusque là-bas, avec Judah jeté dessus en travers ?

Tout le monde suivit son regard pour constater le tracé sinueux de la rivière, plus ou moins profond par endroits.

— C'est possible, confirma Henry. À moins qu'il ne l'ait laissé là et ne soit remonté à pied en le tirant. Aucune de ces solutions ne paraît simple, sans compter que ça lui aurait pris plus de temps que nous ne le pensions au départ. Il a dû rester absent de chez lui une bonne partie de la nuit, et devait être à moitié mort de froid après avoir remonté le courant sur près de deux kilomètres, de l'eau glacée jusqu'aux cuisses – et cela qu'il ait mené le cheval, ce qui aurait été pénible, ou qu'il ait tiré le corps. Après quoi, il lui aura fallu rentrer chez lui à pied dans la neige. Je ne serais pas surpris qu'il ait attrapé des engelures aux pieds.

— Tant mieux ! se réjouit Ephraim. J'espère qu'il en perdra les orteils.

— Il ne se risquerait pas à aller consulter Leighton pour si peu, remarqua Benjamin d'un air songeur.

Le vent s'était levé, et à l'ouest, le ciel était tout gris.

— Il va encore neiger, ajouta-t-il. Désormais, nous savons ce qui s'est passé. Nous réfléchirons aux dispositions à prendre à la maison.

Sur ces mots, offrant son bras à Antonia, il fit demi-tour et repartit vers le manoir.

Une fois débarrassés de leurs vêtements humides, ils se rassemblèrent autour du feu. Dès que Mrs. Hardcastle leur eut apporté du chocolat chaud et du cake au gingembre, ils se lancèrent dans une grande discussion sur ce que chacun d'eux était en mesure de faire pour amener Ashton Gower devant la justice.

Personne n'en doutait, Benjamin avait une grande intelligence, un esprit vif et ordonné, et pour peu qu'il surmonte l'émotion envahissante due à la colère, ses atouts l'aideraient à diriger l'enquête. Il serait à même de tirer parti des éléments qu'ils parviendraient à découvrir pour les intégrer au récit qu'il présenterait aux autorités. Son caractère de meneur faisait l'unanimité.

Ephraim, lui, avait du courage, et une ténacité qui ne tolérerait d'aucun échec qu'il le détourne de son but.

Maintenant qu'ils étaient certains d'être devant un crime à résoudre, cette ténacité n'en serait que d'autant plus précieuse.

Ce fut Henry qui suggéra qu'ils devraient également s'en remettre au charme de Naomi s'ils désiraient apprendre ce qui resterait autrement hors d'atteinte. Le rire et le sourire facile permettaient souvent d'obtenir ce dont l'exigence demeurait incapable. Désireuse de se rendre utile, elle accepta sans même discuter.

Quant à Antonia, veuve depuis peu avec un enfant si jeune, la coutume et l'étiquette lui imposaient de demeurer chez elle. En outre, elle n'avait aucune envie de laisser Joshua en compagnie d'une gouvernante ou d'un tuteur à s'interroger sur ce que concoctaient les adultes, sachant pertinemment que quelque chose n'allait pas sans qu'on lui dise quoi, ni comment ils comptaient résoudre le problème. En revanche, la réputation d'Antonia et l'estime acquise auprès des gens du village depuis de longues années joueraient en leur faveur.

— Nous déjeunerons de bonne heure et commencerons dès cet après-midi, décida Benjamin.

Le visage grave, il se tourna vers Ephraim.

— S'il y a quelqu'un au village qui sait quel genre d'homme est Gower, c'est Colgrave. Et même s'il n'a rien d'une personne aimable, il est notre meilleur allié. Va le voir, et demande-lui de nous aider comme il peut. Il croira sans mal que Gower a pu assassiner Judah, mais évite d'aborder la question avant lui. Souviens-toi que nous visons deux objectifs : établir de façon précise comment Judah est mort…

Il pinça les lèvres, les yeux luisants de colère. Benjamin ne dominait qu'à grand-peine sa douleur. Judah avait été son grand frère, adoré et admiré. Les souvenirs qu'il gardait de lui débordaient de rires, d'aventures et d'amitié. L'idée qu'une créature comme Ashton Gower pût non seulement les priver d'avenir mais se permettre en plus de souiller leur passé lui était insupportable.

— … et en apporter la preuve afin de lui rendre justice, reprit-il. Mais il nous faut aussi mettre un terme définitif à ses mensonges et démontrer à tout le monde que ce qu'il prétend est faux. Dans un cas comme dans l'autre, Colgrave devrait pouvoir nous aider. Mais prends garde à la façon dont tu le lui demanderas.

— Ne t'inquiète pas, répliqua Ephraim, les coins de sa bouche s'affaissant. Il n'est pas question que je me fie à lui. Mais il m'aidera au mieux, je te le promets.

Benjamin s'adressa alors à Naomi.

— Henry et moi avons déjà parlé à Gower. Nous l'avons croisé par hasard dans la rue. La haine le consume. Même la mort de Judah ne suffit pas à le combler. Il compte se justifier et récupérer le domaine pour…

— Je veillerai à ce qu'il aille en enfer avant ! s'exclama Ephraim d'une voix rauque.

— L'affronter ne servirait à rien, fit valoir Benjamin. À nous de déterminer où il se trouvait cette nuit-là, et s'il a eu ne serait-ce que la possibilité de se rendre là où Judah a été tué, ainsi qu'aux pierres du gué où son corps a été retrouvé. Est-ce qu'il a pu se procurer un cheval ? En a-t-il volé un ? Quelqu'un l'a-t-il vu, et auquel cas, à quelle heure ? Si nous tirons de lui le moindre renseignement, ce sera par le charme ou par la ruse. Naomi…

— Non ! s'interposa Ephraim, se montrant aussitôt protecteur. Tu ne peux pas demander à Naomi d'aller lui parler… Bon sang, Ben, cet homme a assassiné Judah !

Naomi rougit de voir l'émotion d'Ephraim.

— Il ne saura pas qui elle est, lui rappela Benjamin, qui ne vit apparemment rien de son trouble ou de l'embarras de la jeune femme, et ne pensait qu'à ses plans. Et si Henry l'accompagne…

— J'aime autant y aller seule, s'empressa de dire Naomi.

Elle décocha à Henry un sourire complice, comme s'il était à même de la comprendre, puis s'adressa de nouveau à Benjamin.

— Au moins la première fois, je pourrai prétendre ce que je veux ou le lui laisser croire. Si j'y vais avec Mr. Rathbone, sachant qu'il est votre ami, Gower me pendra en grippe dès le départ.

— C'est un homme dangereux, répéta Ephraim d'une voix ferme. Vous oubliez ce qu'il a déjà vécu. Il vient de passer onze ans en prison à Carlisle. Ce n'est pas un…

Naomi le considéra avec un vague sourire, mais son regard était direct, exprimant même un brin de défi. En les observant, Henry réalisa qu'il y avait entre eux bien davantage que lui-même ou Benjamin ne l'avaient supposé… et beaucoup plus d'émotion.

— Nous le soupçonnons d'avoir assassiné un membre de notre famille, répliqua froidement Naomi. Je le comprends, Ephraim. J'irai le rencontrer ouvertement et en plein jour. C'est un homme vil – de cela nous sommes tous certains –, mais il est loin d'être idiot. S'il l'était, nous n'aurions pas tant de mal à le confondre.

Le rouge de la colère gagna les joues d'Ephraim, en même temps que la conscience d'avoir trahi ses sentiments. On aurait dit que ce genre d'échange ne leur était pas nouveau, rien qu'un élément à ajouter à une divergence déjà établie.

Benjamin regarda son frère, puis sa belle-sœur, avec l'impression d'avoir raté quelque chose, mais sans trop savoir quoi.

— Vous êtes sûre que vous ne préférez pas qu'Henry vienne avec vous ? demanda-t-il.

— Sûre et certaine, assura Naomi. Si Gower me voyait avec quelqu'un de la maison, cela reviendrait à abattre notre main.

Elle jeta un regard à Antonia en se mordillant la lèvre.

— Pardonnez-moi… C'est une expression que j'ai entendue dans la bouche de joueurs de cartes. Je crains d'avoir eu de drôles de fréquentations au cours de mes voyages. Les sites géologiques ne se trouvent pas toujours dans les lieux les plus civilisés !

Antonia eut un sourire amusé qui parut sincère pour la première fois depuis l'arrivée d'Henry, peut-être même depuis la mort de Judah.

— Ne vous excusez pas, je vous en prie. Un jour, quand toute cette affaire sera terminée, j'aimerais en entendre plus sur vos pérégrinations. Avoir une famille a bien des avantages, mais cela signifie aussi perdre des occasions. Je comprends toutefois l'allusion… Vous seriez surprise de voir à quel point certaines dames du village deviennent acharnées et retorses quand il s'agit de jouer aux cartes !

Cette fois, ce fut au tour de Naomi de sourire malgré elle.

— Bien sûr, j'aurais dû y penser. Le désir de jouer et de gagner est universel, j'imagine. Mais croyez-moi, je jouerai mieux contre Mr. Gower si je le rencontre seule.

Benjamin se rangea à son avis.

— Je vais aller au village, dit-il, après quoi je suivrai le chemin que Gower a dû emprunter pour voir combien de temps il lui aurait fallu, y compris en remontant le lit de la rivière à pied.

— Vous allez geler ! s'inquiéta Antonia.

Il lui sourit.

— C'est probable. Mais je m'en remettrai. Je prendrai un bon bain chaud en rentrant. Je ne serai pas le premier homme à revenir trempé. C'est ce qui arrive régulièrement aux bergers. Il est temps que nous fassions quelque chose pour Judah, en dehors de discuter et de nous lamenter.

Personne n'émit d'objection. Lorsqu'il se leva, il jeta un bref coup d'œil à Henry. Aucun d'eux ne lui avait demandé ce qu'il comptait faire, mais la question se devina dans le regard de Benjamin, et dans celui d'Ephraim quand il se leva à son tour.

— Oh, je voudrais juste vérifier une ou deux choses ! expliqua Henry en s'excusant quand ils se séparèrent dans l'entrée.

Il monta dans sa chambre, se changea pour enfiler une tenue plus adaptée, puis passa prendre un cheval à l'écurie. Il ne voulait dire à personne ce qu'il comptait faire. Il voyait plus loin, mais pour cela, il lui fallait s'entretenir avec le secrétaire de Judah dans ses bureaux à Penrith.

Il s'esquiva en hâte, espérant que personne ne le verrait. Il n'avait pas envie qu'on l'interroge sur l'endroit où il se rendait – pas encore.

Le vent dans le dos, tandis qu'il cheminait sur la route pentue en direction de l'est, Henry retourna dans sa tête les éventualités de l'enquête. Et si Benjamin découvrait que Gower n'avait concrètement pas pu parcourir la distance dans le temps requis ? Et si les questions de Naomi démontraient l'innocence de Gower, non parce qu'il n'en aurait pas eu l'intention, mais parce qu'il aurait été dans l'incapacité de commettre lui-même un tel acte ? S'ils échouaient à prouver la culpabilité de Gower, que feraient-ils ? Henry voulait découvrir quelque chose, une nouvelle voie à suivre, d'autres pistes à explorer. Existait-il une tierce personne que Gower aurait pu utiliser, avec ou contre sa volonté ? Avait-il eu un complice dans l'affaire dès le départ qui ne serait jamais apparu au grand jour ? Quelqu'un d'autre tirait-il profit de cette tragédie… ou de ces calomnies ?

Comme le cheval qu'il montait était un bon animal, Henry trouva la chevauchée enivrante, elle lui aiguisait même l'esprit.

Restait toujours une forte probabilité pour que, en raison de son aversion pour Gower et ses révoltantes accusations, la famille ait omis d'envisager que Judah se soit fait d'autres ennemis. Il avait été juge pendant un certain temps. Aussi rares que fussent les délits graves dans la région des Lacs, on en déplorait un certain nombre. Judah avait certainement condamné d'autres hommes à des amendes ou à des peines d'emprisonnement.

Qui encore lui en tenait rancune ? Henry ne croyait pas le moins du monde que Judah eût été corrompu, ce qui ne signifiait pas que tous aient le même avis. Nombreux sont ceux qui refusent de reconnaître qu'eux-mêmes, ou ceux qu'ils aiment, puissent commettre une erreur ou être les propres artisans de leur malheur. À court terme, il paraît plus simple de blâmer autrui, de laisser la colère et l'orgueil vous enfermer dans le déni. Certains y vivent à tout jamais. D'autres reconnaissent leur part une fois que toute vengeance s'est révélée impuissante à guérir la faiblesse qui les a précipités dans leur chute. Plus on persiste à adresser des reproches à autrui, plus il devient difficile de revenir en arrière, tant et si bien que tout l'édifice de ce à quoi l'on croit repose sur un mensonge, et que le démonter équivaudrait à se détruire soi-même.

Qui, hormis Gower, pouvait s'être enfermé dans ce genre de prison ? Henry avait besoin de le savoir, au cas où le chagrin et la rage, l'adoration de toute une vie pour un grand frère, auraient rendu Ephraim et Benjamin aveugles à d'autres hypothèses.

Néanmoins, Henry n'imaginait pas une seconde que Judah soit coupable de ce dont Gower l'accusait. Il avait bien connu Judah et l'avait aimé comme un ami. Dans la mesure où il n'avait partagé avec lui ni les passions de l'enfance ni aucun lien de sang, il avait porté un regard objectif sur l'homme qu'il était. Certes, Judah n'avait pas été exempt de défauts. Il affichait parfois trop d'assurance, manifestait de l'impatience face à ceux dont la réflexion était plus lente que la sienne. En outre, il était insatiable dans sa soif de connaissances, désordonné, et il lui arrivait de faire de l'ombre à d'autres sans même s'en rendre compte. Mais il était d'une profonde honnêteté, aussi prompt à reconnaître ses erreurs que celles d'autrui, et ne manquait jamais ni de s'en excuser ni de s'en amender.

Henry se devait de connaître la vérité, toute la vérité. Sans quoi, ils ne pourraient pas défendre Judah. Ni Antonia.

Le temps d'arriver, il sut avec précision ce qu'il voulait faire. Quelques questions posées à l'auberge où il laissa sa monture lui suffirent pour se retrouver dans le bureau du greffier du tribunal, un certain James Westwood, qui le reçut avec une courtoisie empreinte de gravité. Celui-ci prit place derrière un magnifique bureau en noyer, ses lunettes perchées au bout d'un assez long nez.

— Je ne peux rien vous révéler de confidentiel, vous le comprendrez, prévint aimablement Westwood.

— Oui, je comprends. Mon fils est avocat à Londres.

— Rathbone ? s'exclama Westwood, le visage radieux. Vraiment ? Oliver Rathbone ? Ma foi… C'est donc votre fils ? Un homme extraordinaire !

Il se fendit d'un petit sourire.

— Mais je ne peux toujours rien vous dire de confidentiel. Non qu'il y ait grand-chose là-dedans qui le soit, remarquez. Une sale affaire. Et des plus ridicules !

— Le domaine appartenait à la famille Gower ? commença Henry, se bornant à répéter ce que lui avait expliqué Antonia.

— En effet. À l'origine, il appartenait à la famille Colgrave. Et il est revenu par la suite à Mariah, la veuve de Bartram Colgrave, qui s'est remariée avec Geoffrey Gower, dont elle a eu deux fils. Le premier est mort en bas âge, le second n'est autre qu'Ashton Gower. À l'époque, cependant, la propriété était de taille beaucoup plus réduite. C'était avant qu'ils construisent la grande maison et, cela va sans dire, bien avant qu'ils aient découvert le site archéologique, avec les pièces anciennes et le reste ! Mais je m'égare...

Westwood toussota puis se racla la gorge.

— La veuve, Mariah Colgrave, n'a pas seulement apporté les terres dans son second mariage, mais aussi pas mal d'argent. Grâce à cela, Geoffrey Gower a racheté du terrain et fait bâtir le manoir qui est au centre du domaine aujourd'hui. À sa mort, l'ensemble est revenu à Ashton, le seul fils survivant.

Henry était perplexe.

— Mais alors, qu'est-ce qui a été falsifié ? Et en quoi Ashton Gower en serait-il responsable ? Les choses semblent s'être passées avant qu'il soit né. Comment Peter Colgrave aurait-il eu des droits sur le domaine ? Il n'était pas un descendant en ligne directe.

Westwood fit la moue.

— Le problème ne concerne pas le domaine en tant que tel, mais la date, expliqua-t-il. Tout repose sur la question de savoir si la partie supplémentaire – qui comprend la maison, la meilleure parcelle de terrain et l'endroit où le trésor viking a été découvert – a été achetée avant ou après la mort de Wilbur Colgrave.

— Qui était Wilbur Colgrave ? interrogea Henry, qui avait un peu de mal à suivre.

— Le frère de Bartram et le père de Peter Colgrave. La question était de savoir à qui allait l'héritage, vous comprenez ? Avant la mort de Wilbur, il devait revenir à Peter Colgrave. Après, il revenait à Mariah, et par la suite à son fils, Ashton Gower.

— Ne le savait-on pas à l'époque ? s'enquit Henry qui ne comprenait toujours pas. D'autant que, si c'était un faux, puisque Ashton Gower n'était pas encore né, il n'était pas rationnel de le lui reprocher.

Westwood agita un doigt en l'air.

— Ah, c'est que le problème n'a été soulevé qu'à la mort de Mariah, il y a seulement onze ans ! Jusque-là, chacun tenait cela pour acquis.

— Mais si c'est Mariah qui a falsifié les actes, ou Geoffrey, Ashton Gower n'y est toujours pour rien !

— Vous touchez là au point essentiel ! acquiesça Westwood, que le sujet semblait passionner. Car le faux incriminé était de facture récente ! Ils s'en sont aperçus à cause de l'encre sur le document, bien que celui qui l'a fabriqué ait pris soin de retirer tous les cachets de l'ancien, celui de la famille, pour les réutiliser. Très habile, sauf que le reste ne ressemblait à rien !

— Pourquoi Wilbur Colgrave n'a-t-il pas revendiqué le domaine – et l'argent – à l'époque ? s'étonna Henry. Il lui revenait de droit !

— C'est une excellente question, reconnut Westwood avec vivacité. L'homme était une sorte de gredin, et la rumeur veut qu'il ait toujours été plus ou moins amoureux de Mariah – l'épouse de son frère. D'après ce qu'on raconte, c'était une vraie beauté, dans sa jeunesse. On dit même qu'elle aurait payé le terrain en accordant quelques faveurs personnelles…

Le greffier s'empourpra très légèrement.

— À mon avis, moins on en dit, mieux on se porte… Quoi qu'il en soit, pour revenir à la partie qui concerne Judah Dreghorn, le jour où Ashton Gower est venu faire valoir son droit de succession, Peter Colgrave a juré que Gower avait falsifié les actes de propriété, et qu'elle devrait lui revenir à lui, en tant qu'héritier de Wilbur Colgrave, frère cadet et héritier de Bartram, et non pas à sa veuve, qui avait mis la main dessus grâce à son mariage. Il y avait eu substitution d'héritage, lequel était censé rester au nom de Colgrave, sauf que Wilbur était mort lui aussi, laissant une veuve et un fils, Peter. Tout cette histoire était pour le moins confuse.

— Et Ashton Gower en a profité pour essayer de prouver que le domaine était à lui en fabriquant un nouveau document où figurait la bonne date pour Mariah, et par conséquent pour lui ?

— Précisément. Sauf que sa ruse n'a pas marché. Le terrain est revenu à la famille Colgrave, c'est-à-dire au seul membre encore vivant, Peter. À qui il aurait sans doute dû revenir dès le départ.

— Et Gower est allé en prison, conclut Henry.

— C'est exact. Il avait tenté de s'approprier une grosse somme en recourant à des moyens frauduleux, observa Westwood d'un air sévère. Un tel acte ne saurait rester impuni. La sentence était parfaitement juste et appropriée.

— Ashton Gower a donc perdu sa maison en même temps que la fortune qu'il avait toujours crue être la sienne. Pas étonnant qu'il en ait éprouvé de l'amertume…

Henry l'imaginait sans peine – le jeune Gower grandissant dans l'amour de sa terre, la parcourant à cheval et grimpant sur les collines en ayant le sentiment qu'elle lui appartenait. Et d'un seul coup, il avait perdu son père, en même temps que son héritage ; par là même son identité et sa place au sein de la communauté. Il n'y avait rien de surprenant qu'il soit furieux au point de ne pouvoir raisonner avec sagesse. Mais cela n'excusait pas la malhonnêteté, et en tout cas, Judah n'y était pour rien.

— Pourquoi s'en est-il pris à Judah Dreghorn ? demanda Henry.

— Ah ! fit Westwood en joignant le bout des doigts. Voilà une chose qui me dépasse ! Gower a perdu tout contrôle de lui-même. Il a tempêté et déliré devant le juge, allant jusqu'à l'accuser de corruption au cours du procès. Et ensuite, quand Colgrave s'est empressé de vendre le domaine et que Dreghorn l'a acheté, Gower a juré de se venger de Dreghorn pour avoir menti du début à la fin. Il a soutenu que les actes étaient authentiques et que Dreghorn le savait. Ce qui était à l'évidence inepte. Et néanmoins fort désagréable. Extrêmement affligeant.

— Et aujourd'hui, Judah est mort, et dans de très étranges circonstances…

Avant d'aller plus loin, Henry regarda Westwood droit dans les yeux.

— Croyez-vous que Gower soit déterminé à se venger au point d'avoir pu s'en prendre à lui ?

— Oh, mon Dieu ! fit Westwood en secouant la tête d'un air navré. Vous me posez là une question très inconvenante, Mr. Rathbone. Et à laquelle je préférerais ne pas répondre. D'ailleurs, je n'ai pas l'impression que je le puisse vraiment !

Son regard était très calme, son œil perçant et brillant. Son refus était en soi une réponse, mais il fixa Henry assez longtemps pour s'assurer qu'il l'interprétait bien comme tel.

— Je vois, dit Henry en hochant la tête. Oui, c'est évident… Savez-vous pour quelle raison Peter Colgrave n'a pas souhaité conserver le domaine ?

— Voilà un autre homme sur lequel je préférerais ne pas émettre d'opinion…

Le greffier esquissa un sourire en regardant Henry pardessus ses lunettes.

— Ne me forcez pas à jouer les indiscrets, au risque de nous mettre dans l'embarras vous et moi, ajouta-t-il.

Henry ébaucha un petit sourire.

— Merci. Je pense avoir compris une partie du problème actuel, mais toujours pas comment Ashton Gower a cru pouvoir s'en tirer en agissant de manière aussi stupide.

— L'arrogance ! commenta tranquillement Westwood. J'imagine qu'il a fabriqué ce faux sous le coup de la colère, sans doute le jour où il a découvert l'original et réalisé les conséquences qui en découleraient pour lui. Et ensuite, il n'a pas pu faire machine arrière. Mais ce n'est là qu'une hypothèse de ma part.

Henry le remercia, et lorsqu'il ressortit dans l'après-midi glacé, le jour commençait déjà à décliner.

Tout le monde se retrouva avant le dîner, qui eut lieu un peu plus tard que d'habitude. Mrs. Hardcastle avait préparé un repas somptueux, et la maison était décorée de couronnes de Noël, entrelacées de houx, de feuilles de lierre et de branches de sapin. Il y avait également de belles pommes luisantes – des rouges, des jaunes et des vertes –, ainsi que des corbeilles de noix entourées de rubans dorés.

Du fait de leur deuil récent, Henry contempla tout cela avec surprise, puis jeta un regard interrogateur à Antonia, de crainte que les domestiques n'aient pris cette initiative sans lui en avoir demandé la permission.

Elle le rassura d'un sourire.

— Ce n'en est pas moins Noël, dit-elle avec le plus grand calme. Il ne faut pas l'oublier ou l'ignorer. S'il n'y avait pas Noël, il n'y aurait pas d'espoir. Or je me dois d'en avoir : un espoir fou et irraisonné, contraire à toute logique humaine, en ces choses dont seul Dieu est capable.

— Nous nous le devons tous, reconnut Henry tandis qu'ils se dirigeaient ensemble vers la salle à manger. Nous ne manquerons pas de fêter Noël. Merci.

Ils s'installèrent à leurs places respectives, et les plats défilèrent les uns après les autres. Ils s'apprêtaient à attaquer le pudding lorsque, enfin, ils abordèrent le sujet de leurs diverses allées et venues de la journée.

— J'ai parcouru les distances à pied, expliqua Benjamin d'un air songeur. Les couvrir entre l'heure à laquelle Judah aurait pu se rendre à la rivière et celle à laquelle on a découvert son corps paraît possible, à condition toutefois de ne pas traîner. Et Gower n'aurait pas eu le temps d'attendre Judah plus de cinq minutes. Du moins, pas si

Judah est allé là-bas directement. Certes, il aurait pu attendre Gower, car nous n'avons pas une idée précise de l'heure de sa mort, sinon qu'elle se situe un peu avant trois heures du matin, heure à laquelle on a retrouvé son corps. Et nous ne savons pas non plus à quelle heure Gower est rentré chez lui.

Il se tourna vers Naomi.

— Peut-être le savez-vous ? Vous avez réussi à le rencontrer ?

La jeune femme eut un petit haussement d'épaules.

— Les choses ont été plus simples que je ne m'y attendais.

Elle fixait Benjamin, évitant le regard d'Ephraim, lequel n'en avait pas moins conscience qu'elle savait qu'il la regardait.

— Comment vous y êtes-vous prise ? demanda Antonia.

— Avec plus d'inventivité que je ne suis fière de l'admettre, répondit Naomi en lui souriant. Permettez-moi de vous faire la faveur de ne pas vous le dire, comme ça, vous pourrez continuer à croiser les gens du village en toute innocence. On parle de vous avec un tel respect !

Son regard franc fixa Antonia.

— Vous êtes très admirée, même par ceux qui sont assez bêtes pour écouter Gower ! Votre réputation est votre principal atout. Quand nous serons tous repartis, vous resterez là, et il sera alors important que rien n'ait changé.

Antonia esquissa un sourire sans lui répondre.

Henry, qui n'avait encore jamais envisagé la situation dans des termes aussi crus, réalisa qu'Antonia ne l'avait sans doute pas fait non plus. Aucun d'eux n'avait envisagé les choses au-delà du choc et de la colère du moment présent. Mais, effectivement, Benjamin retournerait en Terre sainte, où il était sans doute au beau milieu d'une fouille importante. Ephraim repartirait vers l'Afrique et ses explorations, vers les plantes et les découvertes qui le fascinaient tant. Naomi referait le long voyage jusqu'en Amérique et irait poursuivre le travail de Nathaniel dans l'Ouest, où elle retrouverait ses propres amis dans la vie que tous deux s'étaient construite là-bas. Henry lui-même regagnerait Primrose Hill, où il retrouverait les joies et les soucis de Londres. Quant à Antonia, elle mesurerait alors pleinement l'ampleur de sa solitude.

Henry repensa à la mort de sa femme. Au début, le choc engourdit en grande partie la douleur. Il y a des tas de choses à régler, des gens à prévenir, des dispositions à prendre. On force son courage à surmonter sa faiblesse et, par respect pour les autres, on se comporte avec dignité.

Mais après, une fois le premier moment du deuil passé et l'attention retombée, les amis et la famille s'en retournent vers leurs vies, et le véritable poids du manque commence à peser. Rien de ce qu'on avait l'habitude de partager n'est plus comme avant. Le silence du cœur paraît assourdissant. Antonia avait encore cette épreuve-là à affronter.

Naomi avait déjà vécu cette expérience, mais au moins avait-elle un travail qui mobilisait son énergie et ses pensées. Certes, Antonia aurait à s'occuper du domaine et de Joshua, mais le chagrin de l'enfant lui serait un fardeau supplémentaire.

— Qu'avez-vous appris ? était en train de demander Benjamin à Naomi.

La jeune femme avait déjà répondu à plusieurs de ses questions, mais Henry n'avait pas écouté.

— Il semble que Gower ait passé la soirée avec les Pilkington, expliqua Naomi avec un vague air dégoûté. Mrs. Pilkington est une femme à la poitrine aussi généreuse qu'elle a l'esprit méchant. Elle a une opinion sur la valeur morale de chaque chose, bonne ou mauvaise. Son mot favori est « décadent ». Je ne vois pas pourquoi, étant donné qu'à mon avis elle ne sait pas ce que ça veut dire.

— C'est une parvenue ? demanda Henry, sachant combien les différences sociales étaient porteuses de jalousie et d'ambition.

Le visage de Naomi s'éclaira d'un grand sourire désarmant.

— Exactement ! Le vieil argent doit être obtenu de façon immorale. Le sien est tout récent, bien sûr. Si elle a épousé la cause de Gower, c'est bien parce que les vieilles familles le jugent insupportable. Et comme le récital de violon lui paraissait « décadent », elle n'y a pas assisté. Sans doute ne fait-elle aucune différence entre Bach et Mozart et ne tient-elle pas à se retrouver reléguée au second plan, la pauvre âme.

Sa voix vibra soudain d'une note de compassion, comme si l'absurdité de la prétention avait trahi la frayeur et le vide qu'elle recouvrait.

Ephraim s'en aperçut, ce qui se traduisit chez lui par une expression d'étonnement, non pas par rapport au village, mais par rapport à ce qu'il venait d'entrevoir chez Naomi – une nouvelle beauté.

— Mais Gower était là ? lui demanda-t-il.

— Oui. Il les a quittés pour rentrer chez lui juste après dix heures.

— Par conséquent, il aurait pu arriver au gué en aval au moment où Judah s'y trouvait, en déduisit Benjamin. Mais cela aurait été difficile. Les Pilkington n'habitent-ils pas au bord de l'eau ?

— Si.

Il réfléchit un instant.

— Il aurait fallu qu'il ait la chance de son côté, reprit-il. À moins que Judah ne soit resté là un moment à l'attendre. J'ai interrogé toutes les personnes que j'ai pu sur cette journée-là – les domestiques du manoir, des gens à la poste et au village. Rien n'indique que quelqu'un ait transmis un message à Judah pour qu'il vienne retrouver Gower, ni que

Judah lui en ait envoyé un. Et ce n'est pas le genre d'endroit où l'on se rencontre par hasard !

— À dire vrai, ce n'est pas un endroit fait pour se rencontrer du tout, remarqua Henry. Je continue à trouver difficile d'accepter cette idée.

— Nous n'avons pas le choix, rétorqua Benjamin. C'est là qu'est allé Judah, sans quoi il n'aurait pas récupéré son canif. Et le gué en amont a beau sembler aussi improbable, c'est pourtant là qu'on l'a retrouvé.

Il se tourna vers Naomi.

— Qu'avez-vous pensé de Gower ?

Elle hésita une seconde.

— C'est un homme très en colère, du genre à frapper le premier par peur de ne plus en avoir l'occasion par la suite, répondit-elle. Un homme si obsédé par ses propres émotions qu'il n'a ni le temps ni la place de prendre en considération celles des autres. Je ne suis pas certaine d'avoir voulu voir du bon en lui, mais s'il y en avait, il serait facile de passer outre. Par contre, il n'a rien d'un imbécile. Raison pour laquelle je me demande comment il a pu imaginer s'en sortir en se livrant à un faux en écriture aussi grossier.

— Même les gens les plus intelligents se comportent parfois bêtement, quand ils se laissent emporter par leurs passions, observa Henry, que semblait tarauder un souvenir. Dans ces moments-là, nous perdons toute vue d'ensemble et ne voyons plus que ce que nous voulons voir. C'est une sorte d'arrogance. Être intelligent ne signifie pas toujours être sage… ou honnête.

Naomi le regarda, et la chaleur de son sourire donna l'impression que le feu s'était soudain ranimé, dissipant les zones d'ombre et les coins froids dans la pièce.

— Non, c'est vrai, convint-elle. Mais ce sont ces choses-là qui valent le plus la peine d'être conquises, et sans lesquelles le reste n'a que peu de valeur. Je devrais me désoler davantage pour Ashton Gower, et pour cette imbécile de Mrs. Pilkington. Ce sont eux-mêmes qu'ils trompent, en fin de compte.

Ephraim demeurait silencieux, presque immobile. Il fallait l'observer avec attention pour se rendre compte à quel point il était concentré sur Naomi.

— Aurait-il pu tuer Judah ? Est-ce que ça paraît possible ? demanda doucement Benjamin.

— Oui, répondit Ephraim en se tournant vers lui. Et même si je ne parviens pas à apprécier Colgrave – c'est un homme froid, bien qu'il le cache –, il nous aidera, du moins dans cette affaire. Il déteste l'injustice, et cela vaut aussi bien pour nous que pour l'ensemble du village. Il la considère nocive pour tout le monde.

Benjamin approuva d'un signe de tête.

— Bien. C'est un début, mais ce n'est en aucun cas une preuve.

— Que pouvons-nous faire d'autre ? interrogea Antonia.

Bien que troublée, elle s'efforçait au mieux de masquer son désespoir. Elle commençait à réaliser le long avenir qui l'attendait une fois qu'ils seraient tous repartis et qu'elle se retrouverait seule au village – en butte aux chuchotements et aux arrière-pensées, avec la mémoire de son défunt mari à protéger et son fils à élever en faisant en sorte qu'il reste confiant et sûr de lui.

— Je ne sais pas encore, répondit Benjamin. Mais nous y arriverons. Judah était notre frère et, personnellement, je ne repartirai pas d'ici tant que je n'aurai pas blanchi son nom, je vous en fais la promesse !

— Moi non plus, renchérit Ephraim avec ferveur. Je vous en donne ma parole – pour vous et pour Joshua, mais aussi pour Judah !

Antonia baissa la tête, et les larmes ruisselèrent sur ses joues.

— Merci, dit-elle tout bas.

Au matin, entre les hauts nuages qui défilaient dans le ciel, le soleil osa une timide percée. Henry se leva de bonne heure, avala une tasse de thé, puis s'habilla et sortit. Il préférait aller marcher seul pour réfléchir. La veille, ils avaient prononcé des paroles pleines de bravoure, mais ils n'avaient aucun plan qui leur garantisse de découvrir la moindre preuve. Ils se montraient d'une parfaite loyauté, la question n'était pas là. Et courageux. Benjamin avait la logique et la fine intelligence qui convenaient pour rassembler et analyser les informations qu'ils seraient en mesure de recueillir, de même que la force d'esprit nécessaire pour les présenter. Ephraim avait celle de faire face aux désagréments, difficultés ou obstacles que les gens du village seraient à même de leur opposer, tout comme celle de se mesurer en personne à Ashton Gower. Rien ne le ferait reculer devant ce qu'il estimait être juste, quel qu'en soit le prix à payer.

Quant à Naomi, elle avait du charme et de l'esprit, assez d'imagination pour comprendre les autres, une chaleur qui les désarmait suffisamment pour glaner toutes sortes de renseignements qu'une approche frontale et plus directe aurait échoué à obtenir. Henry se surprenait à l'apprécier un peu plus chaque fois qu'il lui parlait. Il voyait sans mal pourquoi Ephraim était tombé amoureux d'elle, et l'était resté au fil des ans après qu'elle était partie. À la vérité, il avait plus de difficulté à saisir pourquoi Benjamin n'était pas tombé amoureux d'elle lui aussi.

Pourquoi la jeune femme avait-elle choisi le garçon plus paisible et plus timoré qu'était Nathaniel ? Henry sentait que c'était une chose qu'il ne comprendrait jamais. Mais, de toute façon, quel homme comprend réellement les choix que font les femmes ?

Il s'éloigna vers l'ouest d'un pas rapide en suivant le chemin que Judah avait emprunté le soir de sa mort. Apparemment, c'était le chemin le plus simple pour aller du manoir au site du trésor viking, qu'il n'avait encore jamais vu. L'air était vif et agréable. Il vit des oiseaux tournoyer dans le ciel et, un peu plus haut, sur les pentes des collines, les silhouettes sombres des cerfs descendus brouter. Un lièvre en manteau d'hiver bondit dans la neige à moins de vingt mètres devant lui. Il songea que ce pays était infiniment plus beau que les rues suintantes noircies de fumée de Londres ou de toute autre ville.

Henry traversa le gué sur l'étroit passage en pierres, marchant en équilibre en faisant très attention, bien qu'il n'y eût pas de glace dessus, ce qu'il constata avec soulagement.

Une fois de l'autre côté, au lieu de se diriger vers l'église, il bifurqua vers l'amont pour suivre le sentier qui longeait la rive quelque temps avant de s'en éloigner en montant en pente raide. Un petit écriteau en bois lui indiqua qu'il était bientôt arrivé.

Dès qu'il eut franchi la crête, il aperçut les ruines qui se dressaient en couleur sombre sur la neige. Derrière, un homme solitaire scrutait les reflets gris, bleus et argent sur l'eau que ridait la brise. Henry sut qui il était avant même que l'homme se soit retourné, alerté par le bruit de ses pas sur la neige : Ashton Gower, tête nue, ses cheveux noirs et ses yeux fiers donnant l'impression qu'il appartenait au paysage, voire à l'époque à laquelle ce temple avait été construit. Henry eut la curieuse sensation d'être un intrus, comme s'il s'évertuait à modifier l'histoire pour permettre à ses proches de réclamer l'héritage de quelqu'un d'autre. Agacé, il repoussa cette idée. Sans doute était-ce un tour que lui jouaient la lumière et son imagination…

— Bonjour, Mr. Gower, dit-il poliment.

Il envisagea de dire un mot plaisant sur la vue, ou sur l'éventualité de nouvelles chutes de neige venant d'au-delà du Helvellyn, mais il se ravisa. Agir ainsi aurait donné l'impression qu'il était nerveux. Chose qu'il ne voulait pas, et dont ils avaient conscience tous les deux.

Gower écarta le bras d'un geste ample.

— Ça vous plaît ? demanda-t-il. Je vous aurais volontiers souhaité la bienvenue sur mes terres, sauf que la loi me les a confisquées. Vous pouvez venir ici quand bon vous semble, puisque les Dreghorn vous le permettent. Moi, je n'ai le droit d'aller que jusqu'à l'endroit autorisé au public. Mais je refuse de payer !

— Quelqu'un vous l'a-t-il demandé ?

Henry, qui se tenait près de lui, contemplait l'eau, les montagnes et le ciel – le paysage sauvage battu par les vents, les motifs sans cesse changeants que dessinaient l'ombre et la lumière.

— Pas encore, répondit Gower. Même Dreghorn n'a pas eu ce culot. Il savait qu'il avait tort. Il n'arrivait pas à me regarder dans les yeux. Il avait plus d'élégance que ses frères, fit-il en grimaçant. Ou plus de culpabilité !

— J'ai connu Judah Dreghorn pendant vingt ans, rétorqua Henry d'un ton égal, ne maîtrisant qu'avec peine son humeur. En dehors de ce que je connais, personne ne trouve quoi que ce soit de mal à dire sur lui. J'ai entendu par ailleurs ce qu'on dit de vous, Mr. Gower, et c'est nettement moins flatteur. Je suppose que vous prétendez que l'expert en contrefaçon a menti lui aussi ? Pour quelle raison ? Vous déteste-t-on ici au point que des hommes iraient se parjurer dans le but de vous voir puni pour une chose dont vous êtes innocent ? Pourquoi ? Qu'avez-vous donc fait pour mériter cela ?

Gower frissonna et rentra les épaules comme si le vent s'était mis soudain à souffler de la glace.

— Les actes que j'ai sortis du coffre-fort de mon père étaient authentiques, déclara-t-il en regardant Henry droit en face. Je suis dans l'incapacité de le prouver, et pourtant ils l'étaient. Ces terres lui appartenaient. Wilbur Colgrave s'était peut-être épris de ma mère, mais aucun Colgrave n'a jamais cédé sa terre à quiconque. S'il ne l'a pas réclamée, c'est parce qu'il n'avait aucun droit dessus. Toute cette histoire de liaison n'était qu'une calomnie. Mais qui peut le prouver, aujourd'hui ?

Sa voix trahissait une souffrance profonde et pleine de fureur, mais si réelle qu'Henry la sentit déchirer tout son être. Peut-être autant à cause de la réputation de sa mère que de la sienne. Henry aurait trouvé insupportable qu'on colporte de tels ragots sur sa mère.

Jusqu'où justifier la souffrance ? Colgrave avait-il été obligé de révéler ce détail d'ordre privé ? N'aurait-il pas pu le garder pour lui ? Un accord tacite voulait qu'on ne dise jamais de mal des morts qui n'étaient plus là pour se défendre !

Or c'était exactement ce que Gower faisait avec Judah. Henry le formula à haute voix.

Gower le dévisagea, le trouble et la frustration visibles sur ses traits.

— Comment pourrais-je me défendre autrement ? fit-il d'une voix étouffée. Cette terre est à moi ! Ils m'ont tout pris – ma maison, mon héritage, la réputation de ma mère et la mienne ! Et ils me l'ont fait payer en me volant onze années de ma vie, pendant qu'eux empochaient le butin. À présent, je suis un homme marqué, sans même un toit au-dessus de la tête, à moins de travailler pour le payer à la semaine. Et je devrais l'accepter ? C'est l'idée que vous vous faites de la justice, la méthode Dreghorn ?

— Et les actes falsifiés ? riposta Henry. L'expert aurait donc menti ? Pour quelle raison ? Judah Dreghorn est-il censé l'avoir payé lui aussi ?

— Je n'en sais rien. Ce que je sais, c'est que le document que j'ai donné était authentique, et qu'il stipulait que la terre appartenait à mon père. Les dates étaient correctes.

Le visage de Gower n'exprimait pas le moindre doute, pas le moindre tremblement, rien qu'une certitude aveugle et acharnée.

Il n'y avait rien à répondre. Tournant les talons, Henry repartit vers le manoir. Il fila tout droit à l'écurie, demanda un cheval et prit la route de Penrith. Il avait besoin de savoir avec exactitude où les actes avaient été conservés entre le moment où Geoffrey Gower était mort et celui où l'expert de Kendal les avait examinés, puis déclarés faux. Un doute, informe et incertain, s'était insinué dans son esprit, contaminant chacune de ses pensées. Non qu'il remît en cause l'honnêteté de Judah, mais celui-ci n'aurait-il pas pu se tromper, se laisser duper ? Aussi dérangeante que soit l'idée, Henry ne pouvait pas laisser ces questions sans réponse.

La ville était en pleine effervescence en raison de l'activité commerciale habituelle et du marché. Les rues grouillaient de villageois qui allaient et venaient. Des ballots de laine s'empilaient sur les charrettes. Les artisanats traditionnels de la région des Lacs étaient représentés : sabots, ardoises, fuseaux, ferronnerie, poterie, crayons, ainsi que toutes sortes de denrées alimentaires : de l'avoine, du mouton, du poisson frais – notamment du saumon –, des pommes de terre, des pommes Forty Shilling et Keswick Codling, et des épices venues de la côte.

Se frayant un chemin à travers la foule, Henry finit par se retrouver devant les bureaux de Judah. Déterminer dans quelles conditions était arrivé l'acte de propriété et ce qu'il était devenu avant d'être présenté au spécialiste de Kendal s'annonçait une tâche longue et fastidieuse.

— Ah, oui ! fit le jeune clerc d'un air entendu. C'est bien triste. Jamais je n'ai soupçonné Mr. Dreghorn d'une chose pareille, je dois dire. Cela va se savoir.

Henry se figea, bouillant de colère.

— Qu'est-ce qui va se savoir, Mr. Johnson ? Que la mémoire est courte et la loyauté fragile ?

À la seconde où il prononça ces mots, il regretta de ne pas avoir mieux tenu sa langue. Il ne faisait que se compliquer la tâche.

Le jeune clerc vira à l'écarlate.

— Mais… je ne le crois pas ! s'offusqua Johnson. Et vous me faites du tort de le penser, monsieur, c'est un fait.

Henry changea d'attitude, et peut-être pas seulement par souci d'honnêteté. Il avait cru que l'homme parlait en son nom. Son visage n'avait exprimé aucune indignation.

— Je faisais allusion à ceux qui croient une telle chose, qui qu'ils soient, rectifia Henry. J'imagine bien que, ayant connu Mr. Dreghorn, vous seriez le dernier à approuver de tels propos et le premier à prendre sa défense.

— Cela va de soi, se rengorgea Johnson en reniflant.

Henry profita de son avantage.

— Aussi suis-je certain que vous serez aussi désireux que moi d'éclaircir cette affaire. J'ai besoin de retracer le parcours de ces documents que l'on a déclarés faux. Quand sont-ils arrivés ici ? Qui les a apportés et de quel endroit ? Où les a-t-on conservés ? Qui y a eu accès et qui les a transportés à Kendal pour les soumettre à… comment s'appelle-t-il ?

— Mr. Percival, monsieur.

— Oui. Bien. Si quelqu'un les a trafiqués, ce n'était pas Mr. Dreghorn.

Il avait énoncé ces derniers mots comme une affirmation qu'il n'était pas question de discuter.

— Cela va de soi ! renchérit Johnson d'un ton agressif.

Néanmoins, la tâche s'avéra plus lente qu'Henry ne l'avait escompté, d'autant que Johnson cherchait avant tout à protéger sa propre réputation. Il avait désormais un nouveau maître dont il était décidé à se faire bien voir.

Judah, qui n'était plus là, ne pouvait plus lui être d'aucune aide.

Par deux fois Henry le surprit en flagrant délit de mensonge, avant d'être certain de connaître l'histoire des actes de propriété. L'affaire avait pris plus d'une semaine, pendant laquelle personne n'avait examiné les documents. Il était indéniable que Judah aurait pu les modifier à ce moment-là, ou les remplacer par des faux. Comme auraient pu le faire nombre de personnes qui avaient accès au bureau, ou au messager chargé de les emporter à Kendal. Et, bien entendu, restait la période de temps pendant laquelle ils avaient été confiés à Mr. Percival, soit deux autres semaines ou plus. Tout semblait improbable, mais rien n'était impossible.

Henry remercia Johnson, qui avait l'air à présent beaucoup plus anxieux, puis retourna à l'écurie où il avait laissé son cheval et refit le long trajet jusqu'au domaine.

Tout le long du chemin, il retourna le problème dans sa tête. Qui avait eu le temps, l'occasion et l'habileté de fabriquer un faux ? Apparemment, le papier n'avait pas été conforme, pas plus que l'encre, ce qui était assez facile à repérer. Les anciens cachets avaient été prélevés sur les actes originaux, puis recollés sur les nouveaux. Le temps semblait être l'élément majeur. Les actes étaient cependant restés dans le bureau de Judah pendant une semaine, avant d'être transportés à Kendal dans le bureau de Percival qui les avait gardés deux semaines supplémentaires. À toute personne habituée à manipuler des actes, une journée aurait suffi pour les emporter en vue d'établir un faux, détruire les originaux et remettre les documents falsifiés à la place.

Il serait sans doute plus difficile de prouver qui l'avait fait. Malheureusement, Judah était la personne qui avait bénéficié de la meilleure opportunité – en dehors de Mr. Percival, bien sûr. Mais il n'y avait aucune raison de supposer que l'expert ait eu un quelconque intérêt dans cette affaire.

Henry continua à réfléchir tout en chevauchant. La beauté désolée du paysage hivernal lui paraissait particulièrement réconfortante. Les lignes nettes, érodées par le vent, évoquaient une sorte de courage, comme si elles avaient enduré tout ce dont la violence de la nature pouvait les accabler jusqu'à en perdre toute prétention. L'air froid lui fouettait le visage, mais son cheval était volontaire et d'heureux caractère, de sorte qu'ils cheminèrent de bonne compagnie. Arrivé dans la cour de l'écurie, Henry flatta affectueusement l'animal avant de descendre de sa monture, puis rentra à la maison.

La soirée se révéla nettement plus délicate. Personne n'avait rien appris d'utile. Dans le village, les langues allaient bon train, et chacun des membres de la famille Dreghorn avait eu vent de remarques que l'on pouvait qualifier au mieux comme relevant de l'incrédulité – à commencer par la question de savoir si Judah avait été aussi honnête qu'il en avait l'air. On évoquait d'autres cas dans lesquels des gens avaient clamé leur innocence, alors même qu'un jury les avait reconnus coupables. Aucune accusation directe n'était formulée, ni rien de spécifiquement nié ou démontré, mais on percevait quelque chose de désagréable dans l'air.

Henry annonça qu'il était allé à Penrith. Il ne voulait pas en faire un secret ni donner le sentiment d'avoir agi en cachette, d'autant que le palefrenier savait qu'il avait emprunté un cheval. Il ne révéla cependant à personne le motif de son déplacement, pas plus qu'il ne précisa où il était allé exactement.

Au dîner, tout le monde se retrouva autour de la table et d'un nouveau repas délicieux. En guise de pudding, Mrs. Hardcastle avait concocté une des spécialités locales –

un Rum Nicky –, à base de rhum, de sucre roux, de fruits secs et de pommes du Cumberland.

Antonia parla pour la bonne raison qu'elle était chez elle et qu'ils étaient ses invités. Ne voulant pas les laisser dans un silence inconfortable, elle se contenta de banalités et de bribes de nouvelles : les épreuves de chiens de bergers l'été précédent, les régates sur le lac, qui avait escaladé quelle montagne, le temps prévu les jours suivants…

Henry nota qu'Ephraim observait Naomi et évitait son regard la seconde suivante. Quels que soient les sentiments qu'il éprouvait à son égard, elle ne souhaitait pas en avoir connaissance, et pourtant, Henry était convaincu qu'elle savait.

Et durant tout ce temps, dans un coin de son esprit, il redoutait de leur soumettre l'éventualité que, d'une manière ou d'une autre, en raison d'une confiance mal placée, d'une inattention ou d'une sorte d'insouciance, Judah ait commis une erreur, et que Gower ne fût pas coupable d'avoir falsifié les actes, ce qui signifierait par conséquent qu'une autre personne l'avait fait.

Qui d'autre en avait tiré profit ? Peter Colgrave, c'était une évidence. Quelqu'un avait-il pensé pouvoir acheter le domaine à bas prix ? Ou entendu parler du trésor viking, des pièces d'or et d'argent, des bijoux et des objets, sans parler de sa valeur historique ? Éventuellement, ce serait une piste à creuser.

Mais sur l'instant, assis à la table, en voyant la tension, la colère et le chagrin sur leurs visages, Henry n'osa pas aborder le sujet. Combien de temps pouvait-il encore attendre ?

Après le repas, Antonia monta souhaiter bonne nuit à Joshua. Comme chaque soir, Henry savait qu'elle resterait absente un bon moment, sans doute une heure ou plus. Joshua avait neuf ans, c'était encore un enfant, meurtri et perturbé, qui s'efforçait de gagner le respect de ses oncles et de se comporter en homme comme il pensait qu'ils l'attendaient de lui.

En même temps, Joshua était assez intelligent pour savoir qu'ils le protégeaient d'autre chose. Henry avait remarqué son expression chaque fois qu'ils changeaient de sujet parce qu'il entrait dans une pièce où ils étaient en train de parler de Gower ou du village. Ne connaissant pas les enfants, ils ne se rendaient pas compte de ce que le petit garçon entendait, ni de sa rapidité à repérer les faux-fuyants ou une remarque involontairement condescendante. Joshua devinait la peur, même s'il n'était pas en mesure de lui donner un nom.

Henry se souvenait d'avoir toujours été étonné devant la compréhension qu'Oliver avait eue de choses qu'il aurait crues le dépasser. Il observait, il copiait et il comprenait. Joshua Dreghorn était tout aussi vif et curieux. Antonia, qui le savait, partageait du temps, et sans doute ses émotions, avec lui.

Quand Henry proposa à Naomi de l'accompagner faire un tour au jardin sous le ciel étoilé, elle accepta volontiers. Il lui tendit sa cape, puis enfila son manteau et l'entraîna vers la porte de service.

— Que se passe-t-il ? demanda la jeune femme dès qu'ils se furent éloignés de plusieurs mètres de la maison. Vous avez appris quelque chose ?

Il n'avait pas le temps d'aborder les choses autrement que de manière directe.

— Je suis allé voir un employé du bureau de Judah, à Penrith. Je lui ai demandé où avaient été conservés les actes de propriété après avoir été retirés du coffre de Geoffrey Gower.

Bien que le bruit de leurs pas sur l'herbe durcie par le givre couvrît probablement leurs voix, il parlait bas, au cas où des oreilles les auraient écoutés derrière une fenêtre ouverte.

— Quelqu'un aurait eu le temps et l'opportunité de les modifier… et de les remplacer par d'autres.

— Vous voulez dire de mettre un faux à la place du document authentique ?

Naomi vit tout de suite ce qu'il voulait dire, et la peur se devina dans sa voix. Comme elle avait relevé la capuche de sa cape, Henry ne distinguait que très partiellement son visage.

— Oui.

— Vous croyez Gower ?

La question était directe et pleine d'incrédulité, mais elle n'en était pas moins posée.

Henry ne parvint pas à répondre immédiatement – pas avec une totale franchise.

— Mr. Rathbone ? insista Naomi, qui l'agrippa par le bras en le forçant à s'arrêter.

— Je ne crois pas que Judah aurait fait une telle chose, pour quelque motif que ce soit, déclara-t-il sans hésiter.

De cela, il était convaincu.

— En revanche, il se pourrait qu'il ait fait confiance à des gens auxquels il n'aurait pas dû.

— En avez-vous parlé à quelqu'un ? demanda Naomi à voix basse.

— Non.

Henry sourit dans l'obscurité, mais c'était pour se moquer de lui-même, non par malin plaisir.

— J'ai passé tout le retour depuis Penrith, ainsi qu'une bonne partie de la soirée, à m'efforcer de n'en rien faire. C'est cependant une possibilité que nous devons envisager.

— Vous êtes certain qu'il y a bien eu une occasion ?

— Oui.

— Qui ? Si ce n'est pas Gower, pourquoi quelqu'un d'autre aurait-il agi ainsi ? Il était le seul à pouvoir profiter d'une manœuvre aussi stupide !

Ils se remirent en marche, s'éloignant encore un peu plus du manoir, et de quiconque aurait pu les surveiller.

— Il a changé la date pour que le domaine soit à lui ! lui rappela Naomi sans lui lâcher le bras. L'autre date aurait eu pour effet d'attribuer la propriété à Peter Colgrave, comme cela s'est finalement produit. Et ensuite, c'est nous qui l'avons achetée. Personne d'autre n'avait quoi que ce soit à gagner à modifier cette date.

— Aucune des réponses dont nous disposons ne correspond aux faits, résuma Henry. Ashton Gower jure que les actes n'étaient pas des faux, et l'expert dit le contraire. La fausse date aurait favorisé Gower.

— Oui. N'est-ce pas la preuve ?

L'idée qu'Henry avait repoussée toute la journée se cristallisa dans son esprit.

— Et si le faux n'avait rien changé du tout ?

— Mais ça n'a pas de… Oh, non ! s'exclama Naomi. Vous voulez dire que le faux serait une copie exacte de l'original, y compris la date ? Et que Gower aurait dit la vérité en affirmant que les documents étaient authentiques ? Mais qu'ils ont été remplacés par un faux manifeste, portant la même date exactement, afin que Gower ne soit pas cru… et perde sa terre ?

— Oui.

— C'est épouvantable ! Mais qui ? Colgrave ?

— Peut-être. Ou toute personne qui pensait pouvoir acheter le domaine à bas prix.

— Judah l'a acheté à Colgrave au prix qu'il demandait. Il était pressé de toucher l'argent. Je crois qu'il avait des dettes. Peut-être que quelqu'un d'autre espérait l'acheter, et n'en a pas eu l'occasion. Il pourrait s'agir de n'importe qui !

— Par exemple quelqu'un qui avait déjà découvert le trésor viking et savait ce qu'il valait, fit remarquer Henry.

Colgrave n'était pas au courant, sans quoi il aurait exigé une somme beaucoup plus élevée.

— Et Gower croit que c'était Judah, murmura Naomi, la voix grave et tendue. Peut-être n'a-t-il vraiment rien fait… et que, sans le savoir, Judah a envoyé un innocent en prison !

— Oui, c'est une possibilité, dit Henry, qui répugnait à l'admettre. Bien entendu, il se peut aussi qu'il soit coupable d'avoir tué Judah. Quelqu'un l'a fait. Personne d'autre de notre connaissance n'avait de raison, excepté le véritable faussaire.

— Et si Gower avait eu des ennemis ? suggéra Naomi. C'est un homme fort déplaisant. Il aurait pu être la véritable victime visée, et Judah le moyen utilisé par d'autres dans ce but…

— Oui, c'est vrai. Et je ne vois pas où commencer à chercher…

Naomi baissa la tête.

— C'est terrible ! dit-elle dans un murmure. Il faut qu'on sache ! Non ?

— Je pense que si. Supporteriez-vous de ne pas connaître la réponse ?

— Je ne sais pas. Pour moi, ce n'est pas important. Quand ce sera fini, une fois que nous aurons fait taire Gower, je repartirai en Amérique. J'adore l'excitation, la découverte et la beauté stupéfiante de ce pays. L'inconnu possède une dimension magique incomparable.

Sa voix vibrait d'enthousiasme. Henry repensa à Ephraim quand il lui avait parlé de l'Afrique et de sa beauté sauvage extraordinaire. Une fois de plus, il se demanda pourquoi Naomi avait choisi le timide Nathaniel au tempérament plus paisible.

— Cela vous manque ?

— J'ai été trop occupée jusqu'à présent, répondit Naomi avec franchise.

— Nous allons devoir parler à la famille de la possibilité que les actes aient été modifiés, dit Henry lorsqu'ils arrivèrent au bout de la pelouse.

Ils apercevaient les lumières qui scintillaient sur le lac, dont on ne percevait que le mouvement, pareil à de la soie noire dans le vent.

— Je sais. Antonia va se sentir affreusement blessée, comme si nous l'avions soudain abandonnée, soupira Naomi. Benjamin sera troublé, mais je ne crois pas qu'il sera excessivement choqué. Il est trop intelligent pour que l'idée ne l'ait pas déjà effleuré, quitte à l'avoir repoussée.

— Et Ephraim ? demanda Henry, sachant que répondre à sa question lui serait difficile.

Naomi hésita une seconde.

— Il sera furieux. Il pensera que nous avons trahi Judah. Il n'a pas le pardon facile.

Henry la regarda, du moins le peu de son visage qu'il distinguait à la lueur des étoiles, mais il ne perçut rien de plus que l'émotion contenue dans sa voix. Pensait-elle qu'Ephraim ne pardonnait pas en général, ou faisait-elle allusion à un événement précis ? Nathaniel avait-il vraiment été le premier qu'elle avait choisi… ou bien le second ? Se refusait-elle aujourd'hui à prendre une décision, même s'il en allait de son bonheur, de peur d'avoir l'impression de le trahir ? C'était le mot qu'elle-même avait employé en parlant des émotions d'Ephraim.

Bien que ce fût indiscret, Henry lui posa la question.

— Vous parlez de lui comme si vous le connaissiez bien, et je ne peux m'empêcher de voir les sentiments qu'il a pour vous.

La jeune femme lui sourit.

— Vous voudriez savoir pourquoi j'ai épousé Nathaniel alors qu'Ephraim me l'avait demandé lui aussi ?

— Oui, avoua Henry.

— Parce que l'amour est autre chose que la passion et le plaisir, Mr. Rathbone. Si vous confiez votre vie et votre amour à un homme, vous avez besoin d'admirer son courage, et Ephraim en a énormément. Mais si vous voulez vivre avec lui tous les jours, pas seulement les bons moments mais aussi les mauvais, les jours difficiles où vous vous trompez et faites des erreurs, où vous vous sentez blessée et effrayée, il vous faut être sûre de sa gentillesse. Vous avez besoin d'un homme qui vous pardonnera lorsque vous vous tromperez, car vous vous tromperez de temps en temps.

Henry demeura silencieux. Ils se tenaient côte à côte, le regard tourné vers le lac. La nuit était froide, très claire, et de minuscules étoiles scintillaient dans l'immensité de l'espace.

— Ephraim ne s'est pas trompé assez souvent pour le comprendre, ajouta Naomi à mi-voix.

— Cela ne vous arrive pas très souvent non plus, il me semble. Pourtant, vous ne manquez pas de gentillesse.

Cette fois, il la vit sourire.

— Cela m'est arrivé. Je ressemble à ma mère. Elle s'est mal conduite. Je n'ai jamais su pourquoi, mais j'imagine parfois combien elle a dû se sentir seule, ou ce qui l'a poussée à se comporter comme elle l'a fait. Mon père ne lui a jamais pardonné, et même si elle avait voulu lui rendre son cœur, jamais il n'aurait accepté.

Henry imagina une autre femme comme Naomi, qui peut-être s'ennuyait, sans rien avoir sur quoi exercer son intelligence, sans aucune aventure venant la sortir de la routine domestique, et sans doute plus aimée pour sa beauté que pour elle-même. Le malheur de cette femme avait-il marqué sa fille au point qu'elle ait préféré la gentillesse d'un homme indulgent à la passion d'un homme dont elle craignait qu'il ne répète l'histoire de sa mère ?

— Je vois, dit-il tout bas. Bien sûr. Nous avons tous besoin qu'on nous pardonne, à un moment ou un autre. Tout comme nous avons besoin de parler, de partager nos rêves et ceux de la personne que nous aimons.

Naomi se hissa sur la pointe des pieds et l'embrassa sur la joue.

— J'ai toujours eu de l'affection pour Nathaniel, et j'ai appris à l'aimer. Ephraim, je l'ai aimé dès le premier jour, mais je ne le crois pas capable de me pardonner mes erreurs, de les oublier, et de garder mon cœur avec tendresse.

Pendant quelques instants, tous deux restèrent silencieux. Lorsque Henry reprit la parole, ce fut pour parler du problème qui les occupait, de ce fardeau qui pesait plus lourd de minute en minute.

— Je compte aller demain à Kendal pour rencontrer cet expert qui a témoigné au sujet des documents falsifiés. Ensuite, ajouta-t-il en se tournant vers Naomi, il faudra que j'explique ce que j'aurai trouvé à Benjamin et à Ephraim, mais aussi à Antonia.

— Vous pensez qu'Ashton Gower a été emprisonné injustement ?

— Ça me paraît probable, et si c'est vrai, nous devrons en prendre acte et tenter de réparer l'injustice autant que faire se peut.

— Il n'empêche que quelqu'un a tué Judah ! s'emporta Naomi. Son corps n'a pas remonté tout seul le courant ! Si Gower était réellement innocent, n'avait-il pas une excellente raison de vouloir se venger ? Peut-être qu'il n'a pas voulu le tuer… qu'ils se sont battus, et que Judah a glissé et est tombé… et que, pour une raison qu'on ignore, Gower a tiré son corps jusqu'au gué en amont. Mais pourquoi aurait-il fait cela ?

— Peut-être que, au moment où Judah est mort, il y avait des traces dans la neige indiquant qu'une autre personne s'était trouvée là, ou des traces de lutte, raisonna Henry. Gower ne pouvait pas se permettre qu'on ouvre une enquête, car il aurait été facile de prouver qu'il était lui aussi sur place à cette heure-là. Et, compte tenu de leur passé, qui l'aurait cru s'il avait parlé d'accident ?

— Je pense que c'est un homme détestable, dit Naomi, en repartant à pas lents vers la maison. Mais je suis désolée pour lui. S'il s'agit bien d'un accident, et que nous pouvons l'aider à le prouver, nous nous devons de le faire, vous ne croyez pas ?

— Si.

Sur ce point, Henry n'avait aucun doute.

— La famille n'appréciera pas, ajouta Naomi, avec autant de certitude que de crainte dans la voix.

Elle voulait en faire partie. Elle les avait aimés dès leur première rencontre. Ils étaient sa seule famille. Comme Antonia, à part eux, elle n'avait plus personne.

— Nous ne savons encore rien, lui rappela Henry. Du moins, rien de certain. Dès demain, j'irai à Kendal.

Sur ces mots, ils remontèrent la pelouse et regagnèrent la chaleur du manoir.

Le lendemain matin, Henry partit à Penrith, d'où il prit le train jusqu'à Kendal, qui était l'arrêt suivant sur la ligne du sud en direction de Lancaster. Arrivé en ville à dix heures et demie, il se rendit au bureau de l'expert en faux, Mr. Percival. Âgé d'une trentaine d'années, il était plus jeune qu'Henry ne s'y attendait. Rasé de près, la tête large et les cheveux brun-roux, l'expert prit un air aimable en faisant entrer Henry dans son bureau.

Sa bonne humeur disparut assez vite quand Henry lui exposa la raison de sa visite.

— Oui, j'ai entendu dire que Gower proférait des accusations, fit-il d'un ton sec. Quelle honte ! L'homme est très désagréable et tout à fait irresponsable. Quel drame que

Dreghorn soit mort dans un accident aussi terrible ! Néanmoins, Mr. Rathbone, je ne vois pas en quoi je peux vous être utile.

Il se carra dans son fauteuil avec un léger sourire.

— Ce qu'il vous faut, c'est un avocat. Ce genre de propos diffamatoires doit être sanctionné par la justice. Je suis certain que Mr. Dreghorn a déjà quelqu'un qui représente les intérêts de sa famille, mais si vous souhaitez prendre un autre avis, je pourrai vous recommander un avocat sans problème.

— Merci, mais ce ne sera pas nécessaire.

Henry se rappela que Percival avait beau être expert en faux documents et être habilité à témoigner devant un tribunal, il n'était nullement un homme de loi. Rien de ce qu'il lui dirait ne devrait nécessairement rester confidentiel.

— Je serai intéressé d'en savoir plus long sur ce qui s'est passé précisément. À mon avis, c'est une bien meilleure défense qu'un recours légal, et en tout cas plus rapide et plus honnête que les procès en diffamation, qui peuvent traîner et se révéler fort déplaisants.

Percival prit un air désolé.

— La vérité, Mr. Rathbone, c'est que les actes de propriété que possédait Geoffrey Gowers et présentés par son fils, Ashton Gower, étaient des faux, et pas très bien fabriqués. Ce fait a été établi par la loi, et Ashton Gower a été condamné à une peine de prison pour le rôle qu'il a joué dans cette affaire.

— Comment savons-nous que c'est Ashton Gower qui les a falsifiés et non son père ? demanda Henry d'un air innocent.

Percival eut un sourire patient.

— Pour la bonne raison que chaque fois que les actes ont été présentés au cours de transactions antérieures, ils n'ont jamais été remis en cause. Et pour tout vous dire,

Mr. Rathbone, ces faux étaient d'une extrême médiocrité. Jamais quelqu'un qui est habitué à manipuler des documents légaux ne s'y serait laissé prendre !

— Et pourtant, vous n'avez pas signalé immédiatement qu'il s'agissait de faux. Au premier coup d'œil, vous n'avez rien remarqué.

Percival rougit, mal à l'aise.

— Je ne les ai examinés qu'en partie, Mr. Rathbone, je le reconnais. Mais la première lecture intégrale nous a révélé qu'ils étaient contrefaits. Il n'y a aucun doute là-dessus. À dire vrai, je ne suis pas certain de ce que vous cherchez à prouver. Gower est un faussaire. Judah Dreghorn n'avait pas d'autre choix que de le condamner à la prison. Tout le reste n'est que de l'invention, de la part d'un homme faible et vicieux qui cherche à s'excuser.

— Vous semblez avoir une profonde animosité personnelle envers Gower, Mr. Percival.

Le visage de l'expert se crispa.

— En effet. Et je suis loin d'être le seul, Mr. Rathbone… Nous sommes là devant un homme extrêmement désobligeant, qui n'a ni l'élégance ni l'honnêteté de se repentir de son crime, ni même le courage de prendre un nouveau départ en essayant de mener une vie décente. Au lieu d'adopter cette attitude, qui l'aurait aidé à se faire pardonner, il a tenté de salir le nom d'un juge intègre qui n'a fait qu'accomplir son devoir. Si vous aviez connu Judah Dreghorn, vous comprendriez ma colère.

— Je l'ai connu, répliqua Henry, qui ne garda son calme qu'au prix d'un gros effort. Il a été mon ami pendant plus de vingt ans. Mrs. Dreghorn est ma filleule. Mais cela ne répond pas à la question de savoir qui a réalisé les faux documents, et quand.

— Pour l'amour du ciel ! s'enflamma Percival. Ashton Gower les a fabriqués à un moment quelconque, entre le jour où l'original a été retiré du coffre-fort de son père et celui où il a présenté ce faux document en vue de justifier sa revendication sur le domaine !

— Vous êtes expert de faux en écriture, n'est-ce pas ?

— En effet !

— On vous les a donc apportés pour cette raison, mais pas avant que la supercherie ait été suspectée ?

— Évidemment.

— Qui les avait vus, avant cela ?

— William Overton, un notaire.

— A-t-il témoigné au procès ?

— Non.

— Pour quelle raison ?

— Il n'a pas été convoqué. Pourquoi l'aurait-il été ? À part Ashton Gower, personne ne soutenait que les actes étaient authentiques, et de toute évidence, il mentait. Je vous l'ai dit, Mr. Rathbone, ce travail était plus que sommaire. Il suffisait de les examiner pour que ça saute aux yeux ! Et maintenant, si vous permettez, j'ai d'autres clients à voir, à qui je pourrai peut-être rendre service. Je crains de me trouver dans l'impossibilité de vous aider, et, pour être franc, je n'en ai guère envie. Vous semblez défendre un homme qui a calomnié un juge que nous admirions tous, et qui apparemment vous considérait comme un ami !

Henry demeura assis.

— Quand suppose-t-on que Gower a falsifié les actes, Mr. Percival ?

L'expert s'impatienta.

— Avant qu'il les ait apportés à son notaire, monsieur ! À quel autre moment ?

— Mr. Overton ?

— Précisément.

— Gower les a remis à Mr. Overton, qui vous les a ensuite transmis ?

Percival hésita et rougit un peu.

— Non, pas tout à fait… Colgrave voulait en prendre connaissance et a demandé à les voir. Le rendez-vous a eu lieu dans le bureau du juge Dreghorn, je crois.

— Pourquoi pas dans celui de Mr. Overton ? N'était-ce pas lui le notaire de Gower ?

— Mr. Colgrave a demandé à ce que cela se fasse devant un juge, et Mr. Overton n'a élevé nulle objection. Je ne comprends vraiment pas ce que vous cherchez à prouver, Mr. Rathbone ! s'agaça Percival.

— J'essaie de déterminer à quel moment les documents auraient pu être trafiqués pour que Mr. Gower ait avancé l'accusation que Judah Dreghorn, ou n'importe qui mais pas lui, aurait pu les falsifier.

— Dieu du ciel ! Vous ne le croyez quand même pas !

Percival avait l'air outré.

— Je cherche à prouver que Judah Dreghorn est innocent, rétorqua Henry. Or, s'il n'a jamais eu les actes en sa possession, il l'est !

— Ma foi… Sa réputation lui suffit. Les actes sont passés entre les mains de plusieurs personnes, ainsi que le requiert la loi. Vous feriez mieux de laisser tomber cette affaire, ce serait plus sage. Personne ne voudra croire Gower. L'homme est déjà un criminel reconnu.

— Certes, dit Henry en se levant. Où puis-je trouver ce Mr. Overton ?

— Son bureau est au bout de la rue. J'ignore à quel numéro.

— Merci. Bonne journée à vous, Mr. Percival.

L'expert ne répondit pas.

Henry partit dans la direction indiquée et arriva devant le bureau de William Overton après s'être renseigné auprès de plusieurs passants. Il ne dut attendre que vingt minutes avant d'être reçu.

— Entrez, Mr. Rathbone, le pria Overton avec courtoisie.

Il était plus âgé que Percival. Les rares cheveux qui lui restaient étaient gris, presque blancs, mais son visage mince n'était qu'à peine ridé, et il se déplaçait avec aisance.

— Mon clerc me dit que vous vous intéressez aux actes concernant le domaine Gower qui ont été falsifiés. La noyade de Judah Dreghorn est un drame épouvantable. Je suis profondément désolé. C'était un homme charmant et de la plus grande honnêteté. Que puis-je faire pour vous ?

Le notaire lui désigna un fauteuil, puis retourna s'asseoir derrière son bureau.

Une fois installé, Henry lui résuma la situation dans les termes les plus brefs possibles.

Overton fronça les sourcils.

— Je ne suis pas expert en contrefaçon, Mr. Rathbone. J'avoue que les actes m'ont paru authentiques… et j'en ai manipulé un certain nombre au cours de ma carrière !

— Quelle était la date sur le document original que vous avez reçu et qui provenait du coffre de Geoffrey Gower, par rapport à celle portée sur le document présenté au tribunal, un faux selon le témoignage de Mr. Percival ?

— C'était la même, Mr. Rathbone, répondit Overton. C'est pourquoi je ne comprends pas qu'on ait présenté ce document au tribunal comme étant un faux.

— Les dates étaient les mêmes ? s'étonna Henry. Vous en êtes certain ?

— Naturellement, j'en suis certain !

— Mais alors… à quoi servait de faire un faux ?

— Je n'en sais rien. En tout cas, ce n'était pas pour faire attribuer le domaine à Ashton Gower. Il lui appartenait de toute façon.

Overton se pencha au-dessus de son bureau. Son visage exprimait la tristesse et une profonde détresse.

— À mon avis, quelqu'un a échangé le document authentique contre un faux, mais qui stipulait exactement la même chose. Le seul but de la manœuvre aurait pu être de discréditer les vrais documents. Cette éventualité ne semble cependant pas avoir été envisagée au procès.

— Quand avez-vous pris conscience de ce fait, Mr. Overton ?

Henry était perplexe. Pourquoi cet homme qui semblait honnête n'avait-il pas dit un mot de ce qui apparaissait comme une monstrueuse erreur judiciaire ?

— Il y a seulement un peu plus de deux semaines, le jour où il est mort, Judah Dreghorn est venu me voir pour me poser les mêmes questions…

Henry eut l'impression d'avoir reçu un coup. Ashton Gower était innocent, et Judah l'avait su ! Dans ce cas, pourquoi Gower l'aurait-il tué ?

Et si ce n'était pas Gower, mais quelqu'un d'autre ?

Il percevait la voix d'Overton comme si elle venait de très loin… des mots confus qui n'avaient aucun sens.

— Je vous demande pardon ? fit-il, hébété. Je crains de ne pas vous avoir écouté.

— Vous n'avez pas l'air bien, Mr. Rathbone, répéta Overton. Puis-je vous servir un verre de brandy ? On dirait que vous êtes sous le coup d'un terrible choc.

Joignant le geste à la parole, le notaire se leva pour aller ouvrir un placard et versa une dose bien tassée d'excellent brandy dans un verre qu'il déposa sur le bord du bureau devant Henry.

— Merci…

Henry le prit et but à lentes gorgées. L'alcool le brûla, et il se sentit soulagé, mais sans parvenir à chasser l'idée qui le remplissait d'horreur.

— Judah est venu ici, et vous lui avez dit ce que vous venez de me dire ?

Il devait avoir l'air idiot, il le savait, mais il n'arrivait pas à accepter l'idée.

— Oui, confirma Overton. Et il avait l'air aussi horrifié que vous. Il a compris ce qui s'était passé… l'erreur qu'il avait commise, si vous préférez, bien qu'en toute innocence.

— A-t-il…

Henry déglutit.

— A-t-il dit ce qu'il comptait faire ?

Overton sourit, un petit sourire misérable, empli de compassion.

— Pas précisément. Il est reparti en début d'après-midi. Il a pris le train de deux heures et demie, je crois. Il m'a parlé de son intention de voir quelqu'un, mais sans préciser qui, ni ce qu'il comptait lui dire. Il a dû arriver à Penrith vers trois heures et demie, et être de retour chez lui à cinq heures, s'il avait un bon cheval. Il souhaitait aller à un récital dans le village où il vit. Cela avait un rapport avec son fils, qui, d'après ce que je sais, est particulièrement doué.

— Il l'est, en effet.

Henry continuait à réfléchir dans une sorte de brouillard. Il s'efforça d'imaginer ce que Judah avait en tête ce jour-là en rentrant chez lui. Ashton Gower était innocent, il le savait. Était-ce Gower qu'il avait l'intention d'aller voir ? Ou quelqu'un d'autre… Quelqu'un qui était coupable ?

Judah avait-il mis trop de temps à comprendre de qui il s'agissait avant d'aller au récital ? Pour rien au monde il n'aurait voulu le manquer et décevoir Joshua. Avait-il prévu de voir cette personne une fois rentré et de la retrouver au gué en aval ? Pourquoi là ? Parce que c'était près du village et néanmoins à l'écart ? Près de l'église ? Du site viking ? De la maison de Colgrave ? À mi-chemin entre le manoir et la maison d'une autre personne ?

Qui était-ce ? Et que s'était-il passé ? Si c'était Gower, la mort de Judah n'était-elle que le résultat tragique et stupide d'une explosion de rage après onze ans passés injustement en prison pour un crime qu'il n'avait pas commis ?

C'était possible.

Comme il était possible que ce ne soit pas Ashton Gower, mais quelqu'un d'autre. Peter Colgrave ? Ou quelqu'un qui avait espéré acheter le domaine et en avait été empêché ?

Une chose était certaine, Henry ne pouvait plus garder le secret. L'injustice, qui le dévorait tel un feu, exigeait réparation. S'il permettait qu'Ashton Gower endosse la honte du premier crime, et maintenant soit en proie à la peur d'être accusé du second, il serait plus coupable que Gower ne le serait jamais dans la mesure où il connaissait la vérité.

— Pourquoi n'avez-vous pas réagi quand vous avez appris la mort de Judah et compris qu'il ne pourrait plus réparer ses torts ? demanda-t-il à Overton.

— Cher Mr. Rathbone, je n'ai aucune preuve ! se justifia le notaire en écartant les bras d'impuissance. J'ai vu le document original, mais il est aujourd'hui détruit. Il ne reste plus que le faux. Que pourrais-je dire, et à qui ? Judah Dreghorn aurait pu intervenir, mais il est mort.

C'était logique. Henry aurait dû le comprendre. De nouveau, il eut l'impression que le sol venait à sa rencontre pour le frapper, l'atteignant jusqu'au plus profond de son être. L'affaire s'arrêtait à lui. Il n'y avait personne d'autre.

Lentement, et un peu tremblant, Henry se leva, remercia Overton, puis repartit à pied vers la gare. Dans le train, il passa toute la durée du trajet à retourner dans sa tête ce qu'il allait dire à la famille. Rien ne soulagerait leur peine d'aucune manière, et rien ne leur semblerait acceptable ni n'apaiserait leur colère.

Henry arriva au manoir juste à temps pour dîner. Ce repas s'avéra l'un des plus malheureux de sa vie. La nourriture était aussi abondante que succulente, comme pour leur donner un avant-goût de la dinde de Noël et des gibiers de saison, mais, pour le plaisir qu'il y prit, il aurait tout aussi bien pu manger du pain rassis.

— Nous n'aboutissons à rien, se désola Benjamin. Gower continue à calomnier Judah. J'en ai encore entendu de belles aujourd'hui… et je ne vois pas comment l'arrêter, sinon en recourant à la loi. Antonia ?

La jeune femme avait l'air triste et affolée. Henry savait qu'elle pensait à Joshua plus qu'à elle-même. Comme toutes les mères, sa volonté, ses émotions et son instinct la poussaient à protéger son enfant. La disparition de Judah devait la faire souffrir, mais sa première pensée était pour les vivants. Sans doute ne commencerait-elle véritablement son deuil que lorsqu'elle saurait son fils en sécurité.

— S'il le faut absolument, concéda-t-elle.

Henry perçut la réticence dans sa voix. Elle se tourna vers son parrain comme si elle voulait qu'il lui confirme que c'était bien la seule solution.

Il hésita. Il allait devoir lui dire la vérité, et pourtant il le redoutait, n'arrivait pas à trouver les mots qui convenaient.

Naomi regardait Henry elle aussi, mais ses yeux l'interrogeaient parce qu'elle savait qu'il était allé à Kendal. Il ne lui avait rien dit, n'avait pas eu l'occasion de lui parler en tête à tête, et cependant, il vit à son œil qu'elle avait compris. Aurait-elle le courage de risquer l'amour de la famille pour l'aider ?

Ephraim combla le silence.

— Uniquement s'il n'y a pas d'autre moyen, dit-il, morose. Nous ne partirons pas tant que nous n'aurons pas lavé le nom de Judah de cette accusation grotesque et prouvé à tout le monde que Gower l'a tué. Après quoi il sera pendu, et plus personne ne répétera jamais ses propos !

Il s'adressa à Antonia avec une soudaine douceur.

— Judah était notre frère… nous lui rendrons justice. Mais vous faites partie de la famille vous aussi, et Joshua est le seul Dreghorn de la prochaine génération. Jamais nous ne vous laisserons sans protection.

C'était sa manière à lui de lui faire comprendre qu'il les aimait. Prononcer des mots aussi simples, et si remplis d'émotion, n'était pas dans sa nature.

— Merci, dit Antonia avec chaleur. Je sais combien vous êtes impatients de retourner à vos travaux et dans les lieux merveilleux où vous voyagez.

Benjamin sourit.

— Lorsque je repartirai en Palestine, nous irons travailler dans les rues de Jérusalem. Nous retraçons le parcours qu'a effectué le Christ le dimanche des Rameaux, le jour de son entrée triomphale dans la ville.

Son visage rayonnait d'une lumière sans comparaison avec celle du lustre qui éclairait la table. Dans sa tête, il entrevoyait une gloire lointaine d'un genre différent et plus profond qui lui fit oublier un instant sa colère. La flamme de son émotion cautérisait des chagrins plus terre à terre.

— Et ensuite, nous allons retrouver et confirmer l'emplacement du jardin où Marie Madeleine a parlé au Christ ressuscité le dimanche de Pâques. Vous imaginez ? Nous nous tiendrons à l'endroit où elle-même se trouvait quand Il lui a dit « Marie » et qu'elle L'a reconnu !

— Peut-être est-ce là que nous cherchons tous à être, commenta Naomi à voix basse. Sauf que je ne crois pas que ce soit un endroit, mais plutôt un état d'esprit – ce qu'on est devenu, en somme.

De nouveau, il y eut un long silence.

— Mais ce doit être merveilleux pour vous de voir ça ! ajouta-t-elle, comme si elle tenait à ne pas lui gâcher son plaisir.

Elle se tourna vers Ephraim.

— Et vous, où irez-vous ?

Il esquissa un vague sourire – comme s'il éprouvait un plaisir tout intérieur.

— Dans la vallée du Rift, vers le sud de l'Afrique, répondit-il. Les plantes qui poussent là-bas diffèrent de celles qu'on trouve partout ailleurs sur la terre. J'espère aussi voir des animaux extraordinaires, mais je ne les étudierai pas. Nous découvrirons de nouveaux aliments, de nouveaux remèdes… et tout cela est d'une beauté étourdissante – avec des formes et des couleurs jamais vues sous nos latitudes.

Sa voix se fit plus enthousiaste et plus pressante. Sans s'en rendre compte, il se mit à agiter les mains pour représenter les formes qu'il visualisait.

— La variété de la création me surprend chaque jour davantage. Pas seulement à cause de son inventivité sans limites, mais parce que la moindre chose a un but unique et absolu ! Vous savez…

Ephraim se tut, réalisant avec gêne qu'il s'était laissé emporter par sa passion.

— Un autre jour, conclut-il. Quand nous en aurons fini avec Gower.

Une fois encore, Henry essaya de trouver un moyen d'aborder ce qu'il avait à leur dire, mais le courage lui manqua. Fallait-il être brutal ? Dire les choses tout de suite ? Avec délicatesse ?

Ephraim venait de demander à Naomi où elle avait prévu d'aller. Les traits tendus, lui aussi semblait lutter contre un désarroi intérieur, cherchant ce qu'il devait dire et comment. Il craignait de se faire une nouvelle fois repousser. Henry le devinait dans les angles noueux de son corps tandis qu'il était assis au bout de la table. Mais, comme Henry, il se sentait déchiré de deux manières. S'il laissait repartir Naomi sans rien lui dire, quand trouverait-il une nouvelle occasion ? En aurait-il encore une ? Et si elle se mariait avec un autre ? Le temps qu'ils passaient réunis là était douloureux, rempli d'amertume et de chagrin, et pourtant, pour lui, ces moments n'en passeraient pas moins trop vite.

— Ce n'est pas tout à fait une vallée, répondit Naomi, le visage illuminé elle aussi par ses visions intérieures. On parle d'un phénomène géologique unique au monde : une gorge d'une telle profondeur qu'on peut pratiquement y lire l'histoire entière de la terre !

Le débit de sa voix s'accéléra.

— Les Indiens d'Amérique en parlent comme d'un lieu sacré, mais il est vrai que toute la terre l'est à leurs yeux ! Ils la traitent avec un respect que nous avons oublié, si toutefois nous l'avons jamais connu ! Autrefois, peut-être ? Au temps des druides ? Mais ce canyon est d'une beauté qui défie toute description, et plus grand qu'on ne peut l'imaginer. Je vais aller voir ça, descendre au fond jusqu'à la rivière...

Soudain elle se tut et se tourna vers Antonia.

— Je suis désolée... Nous nous laissons tous emporter par nos rêves. Qu'allez-vous faire ? Vous aussi vous avez un trésor, tout un nouvel univers à explorer. Et puis il y a Joshua et sa musique. Figurerons-nous un jour en note de bas de page de l'histoire comme la famille du Mozart anglais ?

Antonia rougit, mais c'était de plaisir.

— Qui sait ? dit-elle, s'accordant à l'humeur en y apportant sa propre note d'espoir et d'optimisme. Dès qu'il sera assez grand, nous... je l'enverrai à l'Académie de musique de Liverpool. J'aurai beaucoup de mal à me séparer de lui, mais c'est le seul moyen pour qu'il reçoive l'éducation requise. Je pourrai m'y rendre de temps en temps pour être près de lui. C'est la meilleure solution.

Elle jeta un coup d'œil à Henry comme si elle cherchait son assentiment.

Il réalisa à quel point il serait difficile pour elle d'élever seule un enfant aussi brillant, de prendre des décisions, d'essayer d'être à la fois une mère et un père pour Joshua.

Et il avait beau s'apprêter à faire peser un fardeau encore plus lourd sur eux tous, il ne pouvait plus garder le silence. Le regard de Naomi était fixé sur lui – rempli d'attente.

Henry s'éclaircit la gorge.

— Aujourd'hui, je suis allé à Kendal.

Il sentit son estomac se nouer et, malgré le feu et la bonne chère, il eut soudain froid.

Tout le monde attendait, sachant qu'il allait poursuivre et leur expliquer pourquoi.

— Je suis allé voir Percival, l'expert en faux en écriture…

— Nous savons tous qu'il s'agissait d'un faux ! tonna Ephraim. La chose a déjà été prouvée au tribunal ! Ce que nous avons besoin de démontrer, c'est que Judah a été assassiné, que Gower est le coupable et qu'il a agi par haine et par vengeance !

— Pour l'amour du ciel, laisse-le terminer ! intervint son frère d'un ton acerbe. Pourquoi êtes-vous allé là-bas, Henry ? En quoi Percival peut-il nous aider ?

— Je crois qu'il vaudrait mieux que je vous raconte toute l'histoire, et pas seulement que j'ai découvert que Mr. Percival avait une profonde aversion pour Gower, au point qu'il semble avoir laissé son animosité prendre le pas sur certaines de ses décisions. Il a admis lui-même avoir rendu des conclusions hâtives qu'il a transmises à Judah.

— Vous voulez dire par là qu'il s'est trompé ? questionna Ephraim. C'est le seul fait qui compte.

Henry ignora son ton brutal, car il comprenait l'émotion qui en était la cause.

— La date attribuait la propriété à Ashton Gower de façon légale, sauf que le faux était tellement grossier qu'il n'aurait jamais pu passer pour authentique.

— Nous le savons, acquiesça Benjamin. Ashton Gower est à la fois une canaille et un imbécile.

— Non, contra Henry. Il se peut qu'il ait tué Judah, ce qui ferait de lui une canaille, mais ce n'est pas un imbécile. Et si vous y réfléchissez honnêtement, vous en conviendrez.

Il se pencha au-dessus de la table.

— Percival m'a donné le nom du notaire de Gower, qui n'a pas été appelé à témoigner. Il n'a pas cru que les actes avaient été falsifiés, mais il n'est pas expert. Il voulait un autre avis.

— Que voulez-vous dire, Henry ? s'insurgea Benjamin. Tout cela ne signifie rien.

— Mais si… Overton a lu les documents avec attention. Et il se souvenait notamment de la date.

Naomi retint sa respiration.

— Or cette date était la même que celle qui figurait sur les faux, expliqua Henry.

— C'est ridicule ! s'emporta Ephraim. Pourquoi fabriquer un document si c'est pour recopier exactement la même chose ?

— Pour qu'il apparaisse évident qu'il s'agissait d'un faux. Et comme l'original avait été détruit, naturellement, comme vous, tout le monde a supposé qu'il avait été différent.

Ils avaient l'air stupéfaits. Henry les regarda chacun leur tour. Benjamin fut le premier à réagir.

— Vous voulez dire que l'original mentionnait la date qui faisait d'Ashton Gower le propriétaire ? demanda-t-il, incrédule.

— Oui.

— Oh, mon Dieu ! C'est…

Il n'alla pas plus loin.

Antonia était blême.

— Judah ne le savait pas ! balbutia-t-elle d'une voix rauque. Jamais il n'aurait menti… Jamais !

— Bien sûr que non ! s'empressa de la rassurer Henry. Mais, comme vous le dites, c'était un honnête homme, non seulement en apparence, mais de cœur et d'esprit. Il a repris tout ce qu'il avait fait pour prouver à Ashton Gower qu'il avait tort. Et il a découvert ce que j'ai moi-même découvert. Il a également rencontré Overton et savait que le domaine appartenait à Gower. Cela s'est passé le jour de sa mort.

— Celui où il a été assassiné, vous voulez dire ! s'exclama Ephraim, manquant s'étrangler sur les mots.

— Oui.

— Quelle affreuse ironie ! reprit Ephraim, le teint livide, les poings crispés sur la table. Gower avait raison, et Judah aurait pu le lui dire si Gower ne l'avait pas d'abord assassiné. Il aurait pu le blanchir de…

— Avons-nous la certitude que c'est Gower qui l'a tué ? demanda Henry.

Benjamin le dévisagea.

Ephraim se figea.

Ce fut Antonia qui prit la parole :

— Nous supposons que c'est lui parce que nous avons cru qu'il avait falsifié les actes. S'il n'en est rien, il est possible qu'il n'ait pas tué Judah non plus.

— Par vengeance ! enchaîna Ephraim. Si Gower était innocent, sa colère n'en était que d'autant plus légitime. Surtout s'il a cru que Judah avait fabriqué les faux pour nous permettre d'acheter le domaine.

— C'est vrai, reconnut Henry. Mais si Judah s'apprêtait à lui dire la vérité, qui que soit le faussaire – car il y en a un –, cette personne avait beaucoup à perdre. On aurait rouvert le dossier et…

Cette fois, il devait le dire, même s'il avait l'impression de retourner le couteau dans la plaie.

— … et restitué le domaine à Gower. S'il s'avérait que c'est Colgrave le faussaire, étant donné qu'il est le premier à avoir profité de la vente, la justice s'intéresserait à lui de très près.

Ils le dévisagèrent d'un air hagard.

— Nous l'avons acheté à un prix raisonnable en toute légalité, observa Benjamin à mi-voix.

— Je sais, répliqua Henry. Mais vous l'avez acheté à Colgrave, or ce n'était pas à lui de le vendre.

Le regard d'Ephraim balaya la table en s'arrêtant sur chacun d'eux.

— C'est monstrueux ! Vous êtes en train de nous expliquer que, si toute cette histoire est vraie, légalement, le domaine et la maison appartiennent bel et bien à Ashton Gower ?

— Est-ce vrai ? murmura Antonia.

Benjamin avait les yeux fixés sur Henry, partagé entre l'espoir et ce qu'il savait déjà.

— Oui, confirma Henry.

Ephraim se refusa à abandonner tout espoir.

— À moins que Gower n'ait tué Judah ! Auquel cas, il ne pourra pas profiter de son crime. Si ce n'est la morale, la loi y veillera. Et il sera pendu !

— En ce qui concerne la mort de Judah, nous n'avons pas pensé à Peter Colgrave, fit remarquer Benjamin. Nous étions si convaincus que c'était Gower… Mais cela change tout. Et ça explique pourquoi Judah l'aurait retrouvé au gué en aval. La maison de Colgrave n'est qu'à quelques centaines de mètres. Peut-être même qu'il est allé là et que Colgrave l'a suivi. Savez-vous ce que Judah comptait faire ? demanda-t-il à Henry.

— Pas par Overton. Mais je connaissais Judah comme vous. L'homme d'honneur qu'il était n'aurait pu se résoudre qu'à une seule chose.

De nouveau, le silence retomba, douloureux.

Naomi parla la première.

— Rendre le domaine à Gower ?

— N'est-ce pas ce qu'il aurait voulu ? Vous le connaissiez. Aurait-il gardé un tel secret et continué à vivre ici, en laissant Gower traîner sa réputation de faussaire et de sans-le-sou ?

Ce fut Antonia qui répondit.

— Non. Jamais il n'aurait fait ça. Judah n'aurait pas pu.

— Pas plus qu'il n'aurait laissé Colgrave s'en tirer, ajouta Benjamin. Et ça, Colgrave le savait.

Ephraim les regarda un à un.

— Serait-il vraiment allé seul chez Colgrave, à cette heure de la nuit, pour le mettre devant ses responsabilités ?

— Non, dit Benjamin, l'air sûr de lui.

— Si Judah avait l'intention de restituer le domaine à Gower et d'accepter les conséquences que cela implique, dit lentement Henry, son premier souci, après avoir fait le nécessaire, aurait été de mettre Antonia et Joshua à l'abri.

— On n'achète pas une maison en pleine nuit ! s'exclama Benjamin avec une pointe de dérision.

Henry le regarda d'un air navré.

— Benjamin… Une fois le domaine disparu, il ne serait plus resté d'argent pour acheter une maison. Et vu qu'il s'agissait d'une erreur judiciaire de très grande ampleur, on aurait sans doute rouvert une enquête. Gower n'aurait sûrement pas baissé les bras. Il aurait poursuivi…

Ephraim jura et enfouit sa tête entre ses mains.

— Mais alors qui ? lança Naomi. Qui aurait pu l'aider ?

Henry se tourna vers Antonia.

— En qui Judah avait-il confiance ? Qui, à ses yeux, aurait eu assez de sagesse et de discrétion en même temps qu'une gentillesse infaillible ?

La jeune femme eut les larmes aux yeux.

— À part vous ? Je ne vois pas.

Henry se surprit à rougir devant la confiance qu'elle lui témoignait, en dépit même de ce qu'il avait été contraint de lui révéler. Si elle lui en avait voulu, il ne le lui aurait pas reproché. Il regrettait de ne rien avoir de plus fort et de plus utile à lui offrir que son affection.

— Un ami ? demanda Ephraim. Judah savait que nous comptions venir, mais aucun de nous ne vit ici. Qui d'autre ?

Benjamin se passa la main sur le front.

— À vrai dire, Ephraim, si nous perdons le domaine, nous y serons sans doute obligés. Il n'y aura plus aucun revenu pour nous faire vivre à l'étranger. Pas plus qu'ici, d'ailleurs… Nos existences changeront du tout au tout.

— Uniquement si Gower n'est pas le coupable, s'entêta Ephraim, bien que l'espoir ait cessé de briller dans ses yeux.

Au fond de lui, on aurait dit qu'il savait, qu'il cherchait juste la force de continuer à faire face. Sa passion, ses rêves étaient en train de s'effondrer, ces tours qui voilà encore une heure miroitaient. S'il avait besoin de courage, c'était maintenant.

Personne ne prit la peine de le raisonner.

— Le révérend… Mr. Findheart ! s'écria soudain Antonia. C'est lui que Judah a dû aller voir. En toute logique.

— Je passerai le voir demain matin. À moins que vous ne préfériez y aller ? demanda Henry en regardant les deux frères.

— Non. Merci, répondit Benjamin, l'air meurtri, comme si le choc l'avait blessé jusque dans sa chair. Il est préférable que j'examine les papiers du domaine afin de voir ce que nous pouvons sauver. S'il reste la moindre chose à sauver… Tu m'aideras, Ephraim ?

Celui-ci hocha la tête en posant sa main sur celle de son frère.

Henry se leva et s'excusa. Mieux valait les laisser passer un peu de temps ensemble. Ils avaient trop de problèmes à affronter pour les régler vite et bien. Il leur souhaita une bonne nuit – même si ce serait impossible –, puis monta dans sa chambre.

Le matin ramena le froid et les flocons de neige. On était à quatre jours de Noël. Henry prit du thé et des toasts seul dans la salle à manger, après quoi il enfila un manteau, un chapeau, une écharpe et des gants, et se dirigea vers le gué en aval et la butte proche de la rivière.

Il aurait donné n'importe quoi au monde pour ne pas avoir à effectuer cette sortie. Le paysage était splendide. Les collines ondoyantes étaient tapies sous la neige, les rochers dessinant des motifs noirs sur le blanc, et les pentes abruptes plongeaient jusque dans l'eau. Balayé par le vent, le ciel capricieux alternait nuages et éclaircies, projetant des ombres mouvantes sur le sol. Il apercevait les arbres dépouillés derrière les flocons légers qui en brouillaient les contours.

Le domaine possédait une richesse et une beauté qu'il serait déchirant d'abandonner. Les Dreghorn avaient su le gérer avec habileté et le laisseraient en bien meilleur état que ne l'avait fait Geoffrey Gower. Pour autant, Henry ne doutait pas une seconde que c'était ce que Judah aurait décidé, et mené à bien, si Colgrave ne l'avait pas tué. Puisqu'il avait commis une erreur, Judah se devait de la réparer, quel qu'en fût le prix. Il n'aurait pas transigé.

Henry arriva au bord de l'eau, où le courant rapide filait sous les longues pierres plates qui enjambaient la rivière comme des planches. Il ne parvenait pas à oublier que c'était là que Judah avait rencontré la mort.

Il traversa le gué étroit, avançant à petits pas et écartant les bras pour ne pas perdre l'équilibre. Peu lui importait d'avoir l'air ridicule.

L'église à tour carrée lui apparut dès qu'il eut contourné la butte, à côté du grand presbytère où les arbres nus du verger étaient saupoudrés d'une fine couche de neige. Les eaux du lac scintillaient de reflets gris argenté qui se déplaçaient sans cesse.

Henry avançait péniblement dans la neige immaculée, laissant des empreintes derrière lui. Arrivé devant le portail, il s'arrêta et posa la main sur le loquet. Il était un peu tôt pour rendre visite à un vieil homme. N'avait-il pas agi avec trop de précipitation ? Il hésitait encore lorsque la porte d'entrée s'ouvrit sur le vicaire qu'il vit l'observer avec intérêt. L'homme était mince et courbé, et les rafales de vent soulevaient ses cheveux blancs.

— Bonjour, dit Henry, un peu embarrassé d'avoir été surpris.

— Bonjour à vous, monsieur, répondit le révérend Findheart avec un sourire. Désirez-vous une tasse de thé ? Ou un petit déjeuner ?

Henry souleva le loquet, entra, puis referma le portail derrière lui.

— Merci. Volontiers.

Dès qu'il fut à l'intérieur, un vieux domestique le débarrassa de ses chaussures mouillées et de son manteau. Il attendit d'être installé en chaussettes dans la salle à manger – devant un bon feu, du thé, des toasts et du miel – pour expliquer la raison de sa visite.

— Mr. Findheart, j'étais un ami proche de Judah Dreghorn…

— Je sais, dit le révérend d'une voix douce. Il m'a parlé de vous, le soir où il est venu ici, juste avant de mourir.

Henry apprécia la perche que le révérend lui tendait ; sa tâche était déjà suffisamment difficile…

— Je suis allé à Kendal parler à Mr. Overton. Je sais désormais ce que Judah avait découvert. Est-ce de cela qu'il était venu vous entretenir, ce soir-là ?

— Oui.

Findheart n'en dit pas davantage, mais il continua à lui sourire, ses yeux bleus traduisant une infinie bonté. Toutefois, le vieil homme n'avait pas l'intention de se laisser aller aux confidences. Henry allait devoir s'expliquer. Il poussa un soupir.

— Judah a découvert qu'Ashton Gower était innocent et que le domaine lui appartenait bel et bien. Son intention était de le lui restituer, n'est-ce pas ?

— Oui. C'était la seule chose honorable à faire. Mais reprenez du thé. Vous devez avoir froid.

Henry accepta.

— Vous a-t-il demandé de prendre soin d'Antonia et de son fils, si jamais lui-même s'en voyait empêché ?

— En effet. Mais ce ne sera nécessaire que s'ils accomplissent la volonté de Judah.

— Oui, c'est ce qu'ils comptent faire. Ce sont des Dreghorn eux aussi. Cependant, ils se retrouveront alors sans aucun revenu. Benjamin devra renoncer à ses fouilles archéologiques en Terre sainte, Ephraim ne pourra pas retourner en Afrique, et Naomi sera contrainte elle aussi de rester en Angleterre. J'ignore si Nathaniel lui a laissé quelque chose, mais j'imagine que cela se résume à ce que lui rapportait le domaine. Et puis, il y a Antonia et Joshua. Ils n'auront plus ni maison ni moyens de subsistance d'aucune sorte.

— Je sais, dit Findheart. J'y ai longuement réfléchi. La solution me semble évidente. J'ai servi dans cette église pendant trente ans, et j'ai adoré cela, mais il est temps pour moi de prendre ma retraite. Je me fais vieux.

Il sourit tristement. Le révérend devait avoir dépassé les quatre-vingts ans depuis déjà longtemps. Son regard restait vif, mais sa peau était flétrie et ses mains veinées de bleu.

— Je n'ai plus autant de force pour la charge pastorale qu'autrefois, reprit-il. Les gens du village ont besoin – et ils les méritent – d'un homme plus jeune, capable de chevaucher pour rendre visite aux malades jusque dans les fermes et les vallons isolés, de répondre à n'importe quelle heure à l'appel des désemparés, des souffrants et des solitaires, de ceux qui sont dans le chagrin et dans la peine. Benjamin Dreghorn a été ordonné prêtre. Il n'a qu'à prendre ma place et servir Dieu ici même.

Sa main se souleva d'un geste vague.

— Le presbytère est vaste, il y fait bon, et il convient parfaitement à une famille. Il y aurait de la place pour Antonia et Joshua, mais aussi pour Ephraim, s'il le souhaite, ainsi que pour Naomi. De quoi accueillir chacun d'eux. Il y a des légumes dans le potager et des fruits dans le verger, si on se donne la peine de s'en occuper.

Le révérend esquissa un petit sourire d'excuse.

— Rien d'aussi nouveau et excitant que la botanique d'Afrique, mais de quoi nourrir son monde, et amplement ! Sans oublier le miel que donnent les ruches, et le poisson qu'on pêche dans la rivière et dans le lac.

Henry se sentit soulagé et stupéfait devant tant de simplicité. Dans un éclair de mémoire fulgurant, il repensa à ce qu'avait dit Naomi à propos du jardin où Marie Madeleine avait reconnu le Christ ressuscité : ce n'était pas un lieu géographique, mais un lieu dans sa tête – un lieu spirituel.

— Merci, dit Henry. Je leur en parlerai.

Il ne savait pas très bien comment dire à cet homme doux et généreux que, pendant quelque temps, les Dreghorn risquaient de juger leur perte trop lourde pour lui en être reconnaissants.

Findheart hocha la tête.

— Bien sûr, bien sûr… Mais je préparerai la maison pour eux, du moins pour Antonia, si c'est ce qu'elle décide. Vous êtes un ami précieux, Mr. Rathbone. Votre présence rendra les choses moins pénibles. Judah Dreghorn était un homme d'une grande intégrité de cœur. Aucune autre voie n'est possible pour ceux qui sont ses héritiers.

Soudain, Henry sentit sa gorge se nouer et ses yeux s'embuer de larmes. Assis là dans ce presbytère paisible, devant le feu qui flambait dans l'âtre tandis que le ciel déversait de pâles flocons, il réalisa à quel point Judah lui manquait ; pas seulement sa compagnie ou son rire, mais la certitude de l'honneur qui était le sien, cette vérité intérieure qui jamais n'avait été entachée.

Il s'attarda encore une demi-heure, en apprenant davantage sur l'église et le presbytère, et l'espace qu'il offrait en abondance pour eux tous. Après avoir remercié le révérend, il remit ses chaussures, qui étaient presque sèches, enfila son manteau, son écharpe et ses gants, puis repartit en suivant ses traces que la neige avait déjà pratiquement effacées.

Le temps qu'il regagne le manoir, il était près de onze heures. Benjamin vint à sa rencontre dans le vestibule. Il avait l'air épuisé, comme s'il avait peu dormi.

— Oui, dit aussitôt Henry. Judah est bien allé voir Findheart.

— Que peut-il faire ? Il est vicaire de l'église du village et doit être plus proche de quatre-vingt-dix ans que de quatre-vingts.

Sa voix avait un accent désespéré qui frôlait l'amertume.

Henry se lança. Il entendait Antonia qui descendait l'escalier, Joshua sur ses talons.

— Le révérend vous cède sa place à l'église, annonça-t-il simplement. Vous avez été ordonné prêtre. Vous pourrez mieux servir Dieu ici qu'en déterrant les pierres du passé à Jérusalem. Ici, on a besoin de vous. Et le presbytère est assez grand pour tous vous loger, il restera même encore des pièces.

— Tous ? s'étonna Benjamin.

— Le domaine ne sera plus là pour assurer votre existence. Aucun d'entre vous n'a d'héritage, Benjamin, excepté celui que personne ne pourra jamais ni dépenser ni vous retirer, un nom dont l'honneur est plus grand que tout autre. Judah Dreghorn était un homme intègre, pareil à une étoile qui ne saurait s'éteindre. Il n'y avait en lui aucune ombre.

Antonia retint sa respiration, puis se cacha le visage dans les mains. D'un geste très lent, elle s'assit sur les marches. Joshua l'entoura de ses bras.

Ephraim s'avança du seuil du bureau, d'où il avait apparemment suivi la conversation. Naomi arriva par une autre porte, dévisageant d'abord Henry, puis Ephraim.

— Bien sûr, finit par dire Benjamin. Pardonnez-moi. Je n'avais pas réfléchi… Nous nous débrouillerons très bien ainsi. Ephraim ?

Il était encore trop tôt. Ephraim paraissait sidéré, comme un homme qui verrait les ténèbres s'abattre en pleine journée et ne parviendrait pas à y croire.

Naomi s'approcha de lui et, lentement, leurs regards se croisèrent.

Ephraim ne savait pas quoi faire, il avait trop mal.

Antonia redressa la tête.

— Je suis fière que Judah ait su que nous agirions comme lui, murmura-t-elle. Il ne doutait pas de nous non plus, d'aucun d'entre nous. Et il avait raison. Nous ferons comme lui-même aurait fait. Le domaine, la maison et le reste seront rendus à Ashton Gower, parce que c'est à lui, en vertu de toutes les lois morales. Ce que nous perdrons en agissant de cette manière ne sera rien comparé à ce que nous perdrions si nous nous en abstenions. C'est nous-mêmes que nous perdrions, et l'amour que Judah avait pour nous, en même temps que le droit de nous réclamer de lui.

Ephraim la regarda avec une soudaine lueur de fierté, puis se tourna vers Naomi qui se tenait devant lui.

— Je comprends Gower, dit-il, non sans peine. Il a souffert de façon épouvantable, et injustement. C'est un misérable, mais peut-être que, à sa place, je ne me serais pas mieux conduit.

Naomi lui sourit avec une chaleur sans réserve.

— Sans doute auriez-vous été pire, dit-elle, mais avec une telle tendresse qu'Ephraim rougit, submergé par une joie profonde, presque douloureuse.

Le lendemain, l'affaire se régla devant la justice. Tous ensemble, ils prirent le train jusqu'à Penrith et, en présence d'Ashton Gower, ils relatèrent les événements tels qu'ils les connaissaient désormais. On avait fait venir Overton de Kendal, qui témoigna à son tour de ce qu'il savait de la découverte de Judah, et de ses intentions.

La police fut informée de ce qui semblait d'ores et déjà avoir été le rôle de Colgrave. Elle ouvrit une enquête, dont personne ne doutait qu'elle aboutirait à son arrestation, à la fois pour faux en écriture et pour le meurtre de Judah Dreghorn.

— Un homme du plus grand honneur, conclut le magistrat en parlant de Judah avec une intense émotion.

Après quoi il s'adressa à Joshua, qui avait demandé à les accompagner.

— Vous disposez là d'un fier héritage, jeune homme. Vous pouvez regarder n'importe qui en Angleterre dans les yeux et ne vous agenouiller devant personne, hormis la reine.

— Oui, monsieur, dit Joshua, la voix posée. Je le savais déjà.

— Je m'en doute, convint le magistrat. Ou du moins, le croyiez-vous. C'est cependant une épreuve des plus amères que d'être un héros comme votre père. Parfois, nous mettons dans une lutte ou une cause les talents qui nous apparaissent le plus clairement, un courage, une force ou un charme dont d'autres nous ont assuré qu'ils étaient nôtres. Souvent, nous nous apercevons néanmoins qu'il est exigé de nous davantage, bien plus que ce que nous voulions ou croyions posséder. Il nous est demandé de renoncer à ce que nous pensions avoir de plus cher, de pardonner ce qui semblait impardonnable, d'affronter ce que nous redoutions le plus, et de le supporter. Il nous faut quelquefois aller jusqu'au bout d'un chemin que nous n'avions pas choisi. Mais je vous en fais la promesse, jeune homme, au bout du compte ce chemin vous mènera à une plus grande joie. La difficulté, c'est que la fin reste hors de notre vue. L'important est de croire, pas de savoir.

Joshua hocha la tête, sans trouver quoi répondre.

Antonia lui posa la main sur l'épaule. Derrière les larmes, le visage de la jeune femme était serein, mais dans ses yeux se devinait une réelle fierté, ainsi qu'une certitude de compréhension.

Ephraim enlaça Naomi, et elle ne chercha pas à se dérober.

Benjamin tendit la main à Ashton Gower.

D'un geste lent, Gower la prit et la serra dans la sienne.

— Il a raison, dit-il avec une sorte d'étonnement, comme s'il apercevait une lueur à l'horizon. Judah Dreghorn était un homme d'un grand honneur. Je le ferai savoir à tout le monde. Et vous tous également, d'ailleurs. J'ignore si nous serons un jour amis, il y a une histoire trop dure entre nous, d'autant que j'ai médit de vous et vous ai fait du mal. Cependant, le ciel m'en soit témoin, j'ai pour vous de l'admiration !

Il se retourna et offrit sa main à Ephraim.

Ephraim l'accepta en la serrant avec fermeté, et même avec chaleur.

— Je regrette, s'excusa-t-il. Je vous ai diffamés, mais ce n'était que des mensonges.

— Noël est dans trois jours, répliqua Gower en hochant la tête. C'est l'occasion de tout recommencer. Et de mieux faire cette fois-ci.

Alors, se tournant vers Henry, il ajouta simplement :

— Merci.

LA DÉTECTIVE DE NOËL

Traduit de l'anglais
par Pascale Haas

À tous ceux qui croient
en de nouveaux départs.

7

— Je refuse ! s'écria Mariah Ellison, indignée.

L'idée lui était intolérable.

— Je crains qu'il n'y ait guère le choix, dit Emily.

Elle portait une ravissante robe vert d'eau, avec de grandes manches à la mode et une jupe qui frôlait le sol. Avec son teint délicat de blonde, cette tenue la faisait paraître plus jolie qu'elle ne l'était, et d'avoir épousé un homme fortuné lui donnait des airs de grande dame, bien au-delà de sa condition.

— Mais si ! rétorqua Grand-maman en levant les yeux de son fauteuil. Il existe toujours un autre choix ! Au nom du ciel, pourquoi voudrais-tu aller en France ? Nous ne sommes plus qu'à huit jours de Noël !

— Neuf, corrigea Emily. Nous avons été invités à passer Noël dans la vallée de la Loire.

— Peu importe où en France ! De toute façon, ce n'est pas l'Angleterre. Il faut traverser la Manche. La mer sera agitée, et nous serons tous malades.

— Ce serait pénible pour vous, je le sais, concéda Emily. D'autant que le voyage en train depuis Paris risque d'être ennuyeux, et peut-être froid, à cette époque de l'année…

— Comment cela, *peut-être* ? Il n'y a pas l'ombre d'un doute !

— Mieux vaut par conséquent que vous n'ayez pas été conviée, rétorqua Emily avec un très léger sourire. Ainsi vous n'aurez pas à vous soucier d'avoir à décliner une invitation.

Soupçonnant très fort Emily d'être sarcastique, Grand-maman prit conscience d'une réalité aussi déplaisante que douloureuse.

— Dois-je comprendre que vous allez me laisser toute seule dans cette maison pour Noël pendant que vous irez je ne sais où en France ?

Elle s'appliqua à faire vibrer la colère dans sa voix plutôt que de laisser entendre qu'elle avait l'impression d'être abandonnée.

— Bien sûr que non, Grand-maman ! s'exclama joyeusement Emily. Ce serait trop triste. De toute façon, vous ne pouvez pas rester ici, étant donné qu'il n'y aura personne pour s'occuper de vous.

— Ne dis pas de bêtises ! lança Grand-maman, tout son mordant revenu. Cette maison est pleine de domestiques.

Les fêtes de Noël d'Emily faisaient partie des rares moments que Grand-maman attendait, mais elle eût préféré s'étouffer que le reconnaître. Elle y aurait participé comme si c'était un devoir qu'on lui imposait, tout en dégustant chaque seconde.

— Tu as autant de bonnes qu'une duchesse ! De ma vie je n'ai vu autant de filles manier le balai et le plumeau !

— Certains des domestiques nous accompagnent et les autres rentrent chez eux, dans leurs familles. Vous ne pouvez pas rester ici toute seule à Noël. Ce serait affreux ! J'ai pris des dispositions pour que vous alliez vous installer chez Maman et Joshua.

— Je n'ai aucune envie de m'installer chez ta mère et Joshua, riposta aussitôt Grand-maman.

Caroline avait été sa belle-fille, jusqu'à ce que la mort d'Edward quelques années plus tôt l'ait laissée veuve, à ce que Grand-maman considérait comme « un malheureux âge ». Et plutôt que se retirer décemment loin du monde, comme leur chère reine l'avait fait, Caroline s'était remariée. L'initiative en soi était assez audacieuse. De plus, au lieu d'un veuf jouissant de moyens et d'une position, ce qui aurait pu offrir des avantages considérables, elle avait épousé un homme de presque vingt ans son cadet. Et pire encore, si toutefois c'était possible, il se produisait sur les planches – un acteur ! Un homme adulte qui se déguisait et se pavanait sur une scène en faisant semblant d'être quelqu'un d'autre. Et il était juif ! Pour Mariah, Caroline avait perdu le peu de présence d'esprit qu'elle avait jamais possédé, et, s'il l'avait su, le pauvre Edward se serait retourné dans sa tombe. L'un des fardeaux de sa vie était d'avoir vécu assez longtemps pour voir ça.

— Aucune envie, répéta-t-elle.

Emily se tenait en silence au milieu du salon. Le rougeoiement du feu projetait une douce lueur sur sa peau et sur les boucles extravagantes de sa coiffure.

— Je suis désolée, Grand-maman, mais, comme je vous l'ai dit, nous n'avons guère d'autre choix. Jack et moi partons demain, et nous avons de nombreux bagages à préparer, étant donné que nous resterons absents au moins trois semaines. Vous feriez bien d'emporter une provision de robes plus chaudes, ainsi que des bottes. Et vous n'avez qu'à m'emprunter mon châle noir, si vous voulez.

— Dieu du ciel ! N'ont-ils donc pas les moyens de s'offrir un feu ? explosa Grand-maman avec fureur. Joshua devrait envisager une forme d'emploi plus respectable… si toutefois il existe quelque chose sur cette terre qui lui convienne !

— Cela n'a rien à voir avec l'argent, répliqua Emily. Ils passent Noël dans une maison qu'ils ont louée pour les vacances, sur la côte sud du Kent. À Romney Marsh, pour être précise. Le vent sera sûrement frais, d'autant qu'on ressent souvent davantage le froid quand on est ailleurs que chez soi.

Grand-maman était horrifiée. À tel point qu'il lui fallut plusieurs secondes avant de trouver les mots exprimant ce qu'elle ressentait.

— J'ai mal entendu, je crois, dit-elle enfin d'un ton glacial. Tu n'arrêtes pas de marmonner, ces temps-ci. Ta diction était pourtant parfaite, mais, depuis ton mariage avec Jack Radley, tu te laisses aller… et dans plusieurs domaines. J'ai cru comprendre que ta mère allait passer Noël dans un marécage près de la mer. Et vu que c'est à l'évidence une totale absurdité, aie l'obligeance de répéter et de parler distinctement.

— Ils ont loué une maison à Romney Marsh, reprit Emily en s'appliquant à bien articuler. C'est à côté de la mer, et la vue sera sans doute très belle – à condition qu'il n'y ait pas de brume, bien sûr.

Cherchant à déceler de l'impertinence sur le visage d'Emily, Grand-maman ne vit dans ses grands yeux écarquillés qu'une innocence des plus suspectes.

— C'est inacceptable, dit-elle sur un ton qui aurait fait geler l'eau dans un verre.

Emily la regarda un instant, le temps de rassembler ses pensées.

— À cette période de l'année, le vent est trop fort pour qu'il y ait beaucoup de brouillard, finit-elle par dire. Vous pourrez peut-être regarder les vagues.

— Dans un marais ? demanda Grand-maman avec ironie.

— La maison se trouve en fait à St. Mary in the Marsh, répliqua Emily. À deux pas de la mer. Ce sera très agréable. Et rien ne vous obligera à sortir s'il fait froid ou si vous n'en avez pas envie.

— Naturellement, il fera froid ! À côté de la Manche et en plein hiver ! Il est probable que je vais attraper la mort.

Pour être juste, Emily avait l'air quelque peu mal à l'aise.

— Mais non, affirma-t-elle avec un entrain forcé. Maman et Joshua veilleront très bien sur vous. Vous pourriez même rencontrer des gens intéressants.

— Absurde ! s'exclama Grand-maman avec fureur.

Cependant, la vieille dame n'eut pas le choix, de sorte que le lendemain, elle se retrouva en compagnie de sa bonne, Tilly, dans la voiture d'Emily. Le cocher se faufila avec lenteur au milieu de la circulation urbaine, puis accéléra l'allure lorsqu'il rejoignit la grand-route au sud de la rivière, pour prendre la direction de Douvres, située à environ quatre-vingts miles de Londres.

Mariah s'était doutée que le voyage serait épouvantable. Pour effectuer le trajet en une journée, elle s'était mise en route juste après le petit déjeuner, et il ne serait pas loin de minuit avant qu'ils arrivent dans le trou perdu où Caroline et Joshua avaient choisi de passer les fêtes de Noël. Dieu seul savait à quoi ressemblerait cet endroit ! S'ils traversaient une passe difficile, sans doute ne fallait-il attendre guère mieux qu'un cottage dépourvu d'installations civilisées, et si exigu qu'elle serait obligée de passer tout son temps en leur compagnie. Ce Noël s'annonçait comme le pire de sa vie !

Le manque de considération dont faisait preuve Emily en partant voyager – en France, qui plus est ! – dépassait l'entendement. C'était un outrage à la loyauté et au devoir envers la famille.

La journée était grise et maussade, mais, par chance, la pluie se limitait à une légère bruine de temps à autre. Ils firent une halte le temps de déjeuner et de changer les chevaux, puis une autre vers quatre heures pour prendre le thé. À ce moment, bien entendu, la nuit était déjà tombée, dès lors Mariah n'avait pas la moindre idée de l'endroit où elle se trouvait. Elle se sentait lasse, ses jambes étaient engourdies d'être restées si longtemps dans la même position, et elle ne cessait d'être secouée et bringuebalée par les inévitables cahots. Et, comme prévu, il faisait froid – un froid à en crever.

Ils s'arrêtèrent encore une fois pour demander leur chemin lorsque les routes devinrent plus étroites, avec encore davantage de bosses et d'ornières. Lorsque enfin ils arrivèrent à St. Mary in the Marsh, Mariah était d'une telle humeur que la véhémence de ses propos aurait suffi à déclencher une dispute d'un moment à l'autre. Le cocher l'aida à descendre, et elle posa le pied sur l'allée de gravier menant à une assez grande maison. Toutes les lumières étaient allumées, et la porte d'entrée était décorée d'une splendide couronne de houx.

Mariah huma une odeur de fumée et de sel, en même temps qu'un vent mordant lui cinglait le visage. Un vent humide, qui soufflait sans doute de la mer. Non seulement sa belle-fille avait gaspillé son argent, mais elle avait perdu le peu qui lui restait de bon sens !

La porte s'ouvrit sur Caroline qui descendit les marches en souriant. Pour une femme dans la cinquantaine, elle était encore d'une étonnante beauté. Ses cheveux sombres aux reflets acajou étaient parsemés de fils argent sur les tempes, ce qui lui apportait une certaine douceur. Elle était vêtue d'une robe d'un rouge chaud et profond qui donnait de l'éclat à son teint.

— Bienvenue à St. Mary, Belle-maman, dit-elle avec un brin de circonspection.

La vieille dame ne trouva rien à répondre qui lui parût adapté à la situation – ou à ses sentiments. Bien qu'elles eussent vécu pendant plus de vingt ans sous le même toit, Caroline et elle n'avaient jamais vraiment été amies. Du vivant de son fils, Edward, les deux femmes avaient conclu une trêve. Après quoi Caroline s'était comportée de manière honteuse, refusant d'écouter le moindre conseil. Mariah avait été obligée de trouver un autre arrangement, étant donné que Caroline et Joshua bougeaient sans cesse, ainsi que l'exigeait cette profession ridicule. Il n'avait jamais été question que Mariah aille vivre chez Charlotte, l'aînée de ses petites-filles. Celle-ci avait scandalisé tout le monde en épousant un policier, un homme sans éducation ni argent, et dont le travail défiait toute description décente. Dieu seul savait comment ils survivaient !

Aussi Mariah n'avait-elle eu d'autre choix que d'aller vivre chez Emily, qui avait au moins hérité de son premier mari des moyens très considérables.

— Entrez vous réchauffer, dit Caroline en lui offrant son bras.

Mariah le repoussa d'un geste brusque, préférant s'appuyer sur sa canne.

— Souhaitez-vous une tasse de thé ou de chocolat chaud ? enchaîna Caroline.

Mariah en prendrait volontiers, et elle le fit savoir en entrant dans le hall spacieux brillamment éclairé. Un peu bas de plafond, peut-être, mais avec un beau parquet. L'escalier montait vers une galerie qui desservait sans doute plusieurs chambres. Si les cheminées étaient alimentées et si la cuisinière avait quelque talent, il était possible que ce séjour soit supportable, en fin de compte.

Dès que le valet apporta ses bagages, Tilly le suivit. Joshua vint saluer la belle-mère de sa femme et la débarrassa lui-même de sa cape. Ils l'accompagnèrent au salon, où flambait un grand feu dans une cheminée assez vaste pour contenir la moitié d'un arbre.

— Peut-être aimeriez-vous boire un verre de sherry, après un si long voyage ? proposa Joshua.

C'était un homme élancé à peine plus grand que la moyenne, mais qui possédait une grâce extraordinaire, et sa voix avait la souplesse et la beauté de celle d'un d'acteur. Il n'était pas beau au sens courant du terme – son nez était un peu trop proéminent, ses traits trop mobiles –, mais il émanait de lui une présence que nul ne pouvait ignorer. Tous ses préjugés commandaient à Mariah de le détester, et pourtant, il venait de deviner ce dont elle avait envie avec beaucoup plus de perspicacité que Caroline.

— Merci, dit-elle. Volontiers.

Joshua prit la carafe en cristal et remplit un plein verre qu'il lui apporta. Tous trois s'assirent et se mirent à converser, à propos de la région, de ses caractéristiques et de son histoire. Au bout d'une demi-heure, Mariah se retira dans sa chambre, étonnée de constater qu'il n'était que dix heures et demie – une heure tout à fait raisonnable. Elle qui s'était imaginée se trouver au milieu de la nuit ! Elle en avait eu la ferme impression, or cela l'irritait toujours d'avoir tort.

Le lendemain matin, Mariah se réveilla après avoir dormi la nuit entière sans pratiquement bouger. D'après la lumière qui filtrait à travers les rideaux, il devait être assez tard, peut-être même que l'heure du petit déjeuner était passée. La veille, elle avait à peine regardé autour d'elle. La chambre qu'elle découvrit au matin était agréable – un peu à l'ancienne mode, ce que, en principe, Mariah approuvait.

Le style moderne qui consistait à réduire le nombre de meubles – laissant beaucoup trop d'espace libre –, à bannir glands et volants et à ne mettre ni gravures, ni abécédaires brodés, ni photographies sur les murs ou la moindre surface disponible, lui paraissait beaucoup trop dépouillé. On avait l'impression que personne ne vivait là – ou que ceux qui y habitaient n'osaient montrer ni famille ni origines.

Mais ici Mariah était déterminée à ne rien aimer du tout. Elle s'était fait manipuler, avait été chassée du foyer qui était le sien et expédiée au bord de la mer comme une bonne qui se serait retrouvée enceinte et qu'il aurait fallu éloigner le temps que tout rentre dans l'ordre. C'était une façon cruelle et irresponsable de traiter une grand-mère. Mais il est vrai que tout respect avait disparu dans cette époque moderne. Les jeunes gens n'avaient plus aucune manière.

Mariah se leva et s'habilla, avec l'aide de Tilly, puis descendit, mourant d'envie de manger quelque chose.

Caroline et Joshua s'étaient levés tôt et étaient partis se promener vers la plage ; cette découverte la mit en rage. Elle fut obligée d'avaler son toast à la confiture et son œuf à la coque toute seule dans la salle à manger, assise à un bout de la table en acajou impeccablement cirée, entourée de quatorze chaises. Bien qu'il régnât une chaleur agréable dans la maison, elle était transie de froid – une impression qui n'était pas tant physique que mentale. Ici, elle ne se trouvait pas chez elle. Et puis elle ne connaissait personne. Même les domestiques étaient des étrangers dont elle ignorait tout et qui ne savaient rien d'elle. Il n'y avait nulle chose à faire, pas la moindre distraction en vue, et personne à qui parler.

Quand elle eut terminé, elle se leva et s'approcha des hautes fenêtres. Dehors, le froid semblait mordant : le vent déchirait les nuages qui défilaient en lambeaux sur le bleu délavé du ciel. Les arbres étaient dépourvus de feuilles, et leurs branches noires et humides frissonnaient. On ne voyait rien dans le jardin qui ressemblât à une quelconque fleur. Un vieil homme remonta l'allée depuis la grille, son chapeau enfoncé sur le crâne, les pans d'une écharpe lui fouettant les épaules. Il ne jeta même pas un regard dans sa direction.

Mariah passa au petit salon où crépitait une belle flambée et s'assit en attendant le retour de Joshua et Caroline.

Elle allait s'ennuyer à mourir… Quelle tristesse de se voir abandonnée ainsi dans son vieil âge !

N'existait-il donc aucune forme de vie sociale dans ce trou perdu ? Elle sonna la cloche, et au bout de quelques secondes, la bonne apparut – une fille de la campagne, à en juger par son allure.

— Oui, Mrs. Ellison ? s'enquit celle-ci avec empressement.

— Comment vous appelez-vous ?

— Abigail, madame.

— Peut-être pourriez-vous me dire, Abigail, ce que font les gens d'ici hormis aller à l'église ? Car je présume qu'il y a une église ?

— Oui, madame. St. Mary the Virgin.

— Quoi d'autre ? Se retrouvent-ils à des réunions, dans des comités ? Organise-t-on des soirées musicales, des lectures ou quoi que ce soit d'autre ?

La fille avait l'air abasourdi.

— Je n'en sais rien, madame. Je vais demander à la cuisinière.

Et sans même que Mariah l'y autorise, elle ressortit en courant.

— Idiote ! marmonna la vieille dame.

Où diable était Caroline ? Combien de temps allait-elle se promener dans ce vent hurlant ? Elle se conduisait comme une gamine. C'était ridicule !

Il se passa encore une heure et demie avant qu'ils reviennent, l'humeur enjouée, ébouriffés par le vent, débordants de nouvelles sur toutes sortes d'événements locaux qui paraissaient aussi provinciaux que désespérément ennuyeux. Un vieux monsieur allait prononcer une conférence sur les papillons à la salle paroissiale. Une vieille fille avait l'intention de parler de ses voyages dans un coin inconnu d'Écosse, un coin oublié, sans doute pour d'excellentes raisons.

— Est-ce que quelqu'un joue aux cartes ? demanda Mariah. En dehors de la bataille ou de la pucelle ?

— Je n'en ai aucune idée, répondit Caroline en s'approchant du feu. Comme je n'y joue pas, je n'ai jamais posé la question.

— Jouer aux cartes requiert de l'intelligence et de la concentration, rétorqua sa belle-mère d'un ton acerbe.

— Ainsi que beaucoup de temps libre, ajouta Caroline. Et il faut n'avoir rien à faire pour l'occuper.

— Cela vaut toujours mieux que de dire du mal des voisins, renchérit Mariah. Ou de se réjouir des malheurs des autres !

Caroline la fusilla du regard et ravala son agacement avec un effort qui n'échappa nullement à la vieille dame.

— Nous déjeunerons à une heure, annonça-t-elle. Si vous voulez aller faire un tour, le froid est piquant, mais c'est très vivifiant. D'autant qu'il risque de pleuvoir demain.

— Évidemment qu'il risque de pleuvoir demain ! s'exclama Mariah avec aigreur. Sous un climat comme le nôtre, voilà une remarque qui ne demande guère de perspicacité. *Il risque de pleuvoir demain* n'importe quel jour de l'année !

Caroline ne chercha pas à cacher son irritation, ni l'effort qu'il lui en coûta de ne pas réagir. La voir se donner tant de mal apporta à la vieille dame une petite satisfaction perverse. Bien ! Au moins restait-il à sa belle-fille un semblant de sens du devoir ! Caroline avait été l'épouse d'Edward Ellison une grande partie de sa vie d'adulte, et elle lui était redevable, après tout !

— J'irai peut-être me promener cet après-midi. La bonne a parlé d'une église, je crois.

— St. Mary the Virgin, précisa Caroline. Oui, une ravissante église. D'origine normande. Et comme le sol par ici est très mou, la tour est soutenue par d'énormes contreforts.

— Nous sommes sur un marécage, lui rappela Mariah en grimaçant. Tout doit s'enfoncer. C'est un miracle que nous ne soyons pas dans la boue jusqu'aux genoux… ou même pire !

Ainsi s'écoula une bonne partie des deux interminables journées qui suivirent. Se promener dans le jardin était déprimant : tout ou presque dans la terre était mort, et les arbres noirs, sans la moindre feuille, semblaient sans cesse dégouliner. Il était trop tard pour les dernières roses et trop tôt pour les premières chutes de neige.

Il n'y avait rien d'intéressant à faire, personne à qui parler ou à qui rendre visite. Les gens qui passaient se montraient d'un ennui mortel. Ils n'arrêtaient pas de parler d'individus que Mariah ne connaissait pas ni n'avait envie de connaître. Ils n'étaient jamais allés à Londres et ne savaient rien de la mode, de la haute société, ni même des événements importants qui se produisaient de par le monde.

C'est alors qu'au milieu du deuxième après-midi une lettre arriva pour Joshua. Il la décacheta pendant qu'ils prenaient le thé au salon ; le feu flambait très haut dans l'âtre, la pluie battait les carreaux et de gros nuages assombrissaient la faible lumière hivernale. Une théière de thé brûlant était posée sur un plateau d'argent, à côté de *crumpets* gorgés de beurre fondu et nappés de sirop doré. La cuisinière avait préparé un gâteau au madère particulièrement savoureux, ainsi que de minuscules scones accompagnés de beurre, de confiture de framboises et d'une crème si épaisse qu'on aurait pu la manger à la fourchette.

— C'est une lettre de tante Bedelia, annonça Joshua en regardant Caroline, les sourcils froncés. Elle explique que tante Maude vient de rentrer sans prévenir du Moyen-Orient en espérant qu'ils l'accueilleraient pour Noël. Or ce n'est pas possible, car ils ont un invité de marque qu'ils ne peuvent pas décommander.

— Mais c'est Noël ! se récria Caroline, consternée. Ils devraient pouvoir s'arranger. Comment pourraient-ils ne pas la recevoir ? Maude fait partie de la famille. Leur maison est-elle si petite ? Un voisin serait peut-être en mesure de la loger, ne serait-ce que pour une nuit.

Joshua se rembrunit. Il avait l'air troublé et un peu embarrassé.

— Non, la maison est grande. Elle compte au moins cinq ou six chambres.

— S'ils ont autant de place, alors, où est le problème ? demanda Caroline d'une voix tendue, comme si elle redoutait la réponse.

Joshua baissa les yeux.

— Je ne sais pas. Je l'ai toujours appelée tante Bedelia, ajouta-t-il, mais en fait, c'est la cousine de ma mère, et je ne l'ai jamais très bien connue, pas plus que sa sœur Agnes. Quant à Maude, elle a quitté l'Angleterre au moment où je suis né.

— Quitté l'Angleterre ? s'étonna Caroline. Vous voulez dire de façon permanente ?

— Oui, il me semble.

— Pour quelle raison ?

Joshua rougit, la mine dépitée.

— Je ne l'ai jamais su. Personne n'accepte d'en parler.

— À ce qu'il semble, ils ne veulent simplement pas d'elle, dit Mariah avec réalisme. C'est mince, comme excuse. Que diable attendent-ils donc de vous ?

Joshua lui fit face, et son regard la mit mal à l'aise, sans qu'elle comprît pourquoi. Il avait de beaux yeux brun noisette et très directs.

— Rien, Belle-maman, répondit-il, bien qu'il n'eût aucun droit de s'adresser à elle en l'appelant ainsi. Ils l'envoient chez nous.

— C'est grotesque ! s'écria Mariah, d'une voix plus forte qu'elle ne l'aurait voulu. Et que comptez-vous faire ?

— L'accueillir, répondit Joshua. Ce ne sera pas difficile. Nous disposons de deux autres chambres.

Carolinc n'hésita qu'une seconde.

— Mais oui, dit-elle en souriant. Il y a tout ce qu'il faut. Ça ne posera aucun problème.

Mariah avait de la peine à le croire. Ils allaient recevoir cette misérable femme ici ! Avoir été elle-même bannie comme un vieux meuble ne suffisait pas ! Elle allait devoir partager le peu d'attention ou de courtoisie auquel elle avait droit avec cette pauvre femme que sa propre famille ne pouvait supporter ! Ils devraient veiller à ses besoins, écouter des histoires interminables dénuées d'intérêt sur les endroits non civilisés où elle était allée… Non, décidément, c'en était trop !

— J'ai mal à la tête, déclara Mariah en se levant. Je vais m'étendre un moment dans ma chambre.

Elle se dirigea vers la porte d'un air mécontent en prenant soin de s'appuyer lourdement sur sa canne, dont elle n'avait en fait nul besoin.

— Excellente idée ! rétorqua Caroline d'un ton acide. Nous dînerons à huit heures.

Mariah ne parvint pas à décider tout de suite si elle descendrait avec une heure d'avance ou quinze minutes de retard. Être en avance serait sans doute préférable. Si elle arrivait en retard, étant donné qu'ils étaient suffisamment grossiers pour commencer sans elle, elle raterait la soupe.

Maude Barrington débarqua le lendemain matin. À peine descendue de la carriole qui l'avait déposée, elle se dirigea d'un pas alerte vers la porte d'entrée, devant laquelle Joshua et Caroline l'attendaient. Mariah avait préféré observer la scène depuis la fenêtre du petit salon, d'où elle jouissait d'une vue parfaite sans paraître indiscrète, ce qui était vulgaire, ni devoir faire semblant d'être heureuse de l'accueillir, ce qui eût été ridicule.

Maude était une femme plutôt grande, avec de larges épaules peu gracieuses. Une silhouette moins carrée eût été plus souhaitable, plus féminine. Ses cheveux semblaient ne pas avoir de couleur particulière, mais elle en avait en quantité – pour l'heure, ils dépassaient en tous sens d'un chapeau qui avait sans doute été un jour à la mode, mais qui n'était plus qu'une calamité. Sa tenue de voyage donnait l'impression d'avoir été traînée un peu partout à travers le monde, notamment dans des endroits chauds et poussiéreux, et n'avait plus ni forme ni couleur définissables.

Maude elle-même n'avait jamais dû être jolie – ses traits étaient trop accusés. Sa bouche, en particulier, manquait de finesse. Il était impossible d'évaluer avec précision son âge – entre cinquante et soixante ans. Sa démarche était celle d'une jeune fille… ou plutôt d'un jeune homme ! Et sa peau était épouvantable ! Soit personne ne lui avait dit de redouter le soleil, soit elle n'en avait jamais tenu compte. Elle avait le visage buriné, comme brûlé, et d'une teinte cuivrée des plus détestables. Dieu seul savait où elle était allée ! On aurait dit une indigène. Pas étonnant que les membres de sa famille ne veuillent pas d'elle à Noël ! S'ils recevaient des hôtes, ils ne pouvaient quand même pas l'enfermer pour la cacher !

En tout cas il était monstrueux qu'ils l'imposent à Joshua et à Caroline – sans parler de leur invitée !

Mariah perçut des voix dans l'entrée, puis des pas qui montaient l'escalier. Nul doute qu'elle ferait la connaissance de cette pauvre femme au déjeuner et devrait se montrer civile envers elle.

Ce fut en effet ce qui se produisit. En vertu des circonstances, on aurait pu attendre de la misérable créature qu'elle garde le silence et ne parle que lorsqu'elle y serait invitée. Bien au contraire, elle engageait la conversation à la moindre question, alors qu'un mot ou deux eussent amplement suffi.

— Je crois savoir que vous revenez de l'étranger, dit Caroline avec courtoisie. J'espère que c'était agréable.

Elle laissa sa phrase ouverte pour qu'il soit facile à Maude de l'ignorer si elle ne souhaitait pas aborder le sujet. Mais apparemment, elle ne désirait pas l'esquiver. Un grand sourire illumina son visage, donnant à son regard une lueur de vivacité, pour ne pas dire de passion.

— C'était merveilleux ! s'exclama-t-elle, la voix vibrante. Le monde est plus terrible et plus beau qu'on ne peut l'imaginer ou le croire, même quand on en a vu une bonne part ! De nouveaux chocs et de nouveaux miracles se produisent en permanence un peu partout.

— Vous êtes partie longtemps ? demanda Caroline, qui semblait n'avoir rien retenu de ce que Joshua lui avait raconté.

Peut-être ne voulait-elle pas donner l'impression à Maude qu'ils avaient parlé d'elle.

Maude sourit, découvrant une dentition parfaite malgré une bouche trop grande.

— Pendant quarante ans, répondit-elle. Je suis tombée amoureuse.

Caroline ne savait visiblement pas comment interpréter ça. Les mains de Maude ne portaient aucune bague, et elle s'était présentée sous son nom de jeune fille. La seule attitude convenable eût été d'éviter le sujet, chose désormais impossible. Que sa famille ait jugé intolérable de la recevoir n'avait rien de surprenant ! Leur imposer cette présence était exagéré !

Maude jeta un regard à Mariah et ne put manquer de voir son œil réprobateur.

— Amoureuse du désert, expliqua-t-elle d'une voix légère. Et de villes comme Marrakech. Êtes-vous déjà allée dans une ville musulmane d'Afrique, Mrs. Ellison ?

Mariah était outrée.

— Certainement pas !

La question était ridicule. Quelle Anglaise convenable aurait eu une idée pareille ?

Maude ne se démonta pas. Elle se pencha au-dessus de la table, oubliant sa soupe.

— Marrakech est une oasis, face aux montagnes de l'Atlas, qui s'étend de la grande tour rose de la mosquée de la Koutoubia jusqu'à la lisière des palmiers bleus et des sables au-delà. Après son édification par les Almoravides, les princes almohades sont arrivés du Sahara avec leurs hordes et ont bâti des palais d'une beauté sans égale sur la terre…

Caroline et Joshua en oublièrent eux aussi leur soupe.

— Ils ont fait venir les plus grands maîtres du plâtre ciselé, du cèdre doré et des mosaïques en céramique, poursuivit Maude. Ils ont créé jardin après jardin, avec des cours qui mènent vers d'autres cours et des appartements, certains situés très haut dans la lumière du soleil, d'autres enfoncés dans les murs, au milieu des ombres et de l'eau qui court…

Maude sourit, en proie à un ravissement intérieur.

— On peut marcher dans la lueur verte d'un bosquet de cyprès. Respirer dans la douceur fraîche d'un tunnel de jasmin, où la lumière est douce et où l'on entend le murmure de l'eau et le bruissement des colombes qui se lissent les plumes. On trouve là des vasques en albâtre, du verre léger bien que richement décoré et des portes vermillon peintes d'arabesques dorées…

Elle s'arrêta quelques secondes pour reprendre sa respiration.

Mariah se sentait exclue de la magie que décrivait Maude, mais aussi de cette table autour de laquelle Joshua et Caroline buvaient chacune de ses paroles. Elle avait le sentiment d'être totalement inutile. Et pourtant, malgré son envie de rejeter ce récit d'un parfait mauvais goût, en son for intérieur, elle était fascinée. Mais, naturellement, le reconnaître était hors de question.

— Et vous avez eu la possibilité de voir tout cela ? s'exclama Caroline, stupéfiée.

— J'ai vécu là un temps, répondit Maude, le regard brillant à l'évocation de ce souvenir. C'était une époque magnifique : chaque semaine il s'y passait quelque chose de merveilleux ou d'épouvantable. Je n'ai jamais connu de moments aussi intenses ! Le monde est si beau que j'ai parfois l'impression de ne pas pouvoir le supporter. Il arrive que l'on contemple des choses d'une splendeur telle que c'en est douloureux…

Elle sourit, mais ses yeux étaient embués de larmes.

— Le crépuscule dans un jardin persan, les feux du soleil qui déclinent sur les montagnes dans des nuances de violet, d'ambre et de rose… L'appel des jeunes hiboux dans la fraîcheur de la nuit, l'eau qui se ride autour des vieilles pierres, le parfum du jasmin au clair de lune, sucré comme un nectar et aussi étincelant que les étoiles, la lueur d'un feu qui se reflète sur un tambour de cuivre…

Maude repoussa son assiette, trop émue pour manger.

— Et je pourrais continuer ainsi indéfiniment ! Je n'imagine pas ce qu'est l'ennui. C'est à coup sûr pire que la mort, comme une maladie terrible qui vous ronge et ne vous laisse ni la joie, ni le désir qu'offre la vie, ni le repos qu'apporte la mort. Même ce délicieux pincement au cœur, que l'on ressent en sachant qu'il est impossible de retenir cette lumière pour l'éternité, vaut mieux que de ne pas l'avoir vue ou aimée du tout.

Mariah n'avait pas la moindre idée de ce qu'elle évoquait. Ou tout au plus un vague soupçon, telle une blessure trop profonde pour qu'on la ressente, fine comme la lame de la jalousie qui vous transperce sans qu'on en prenne pleinement conscience.

Que répondre à des choses pareilles ? Ce devait être envisageable, mais que dire face à tant d'émotion mise à nu ? C'était aussi inconvenant que se déshabiller en public. Quel manque de tact ! Voilà ce qui arrivait lorsqu'on voyageait dans des pays étrangers – et pas seulement étrangers, mais païens ! Mieux valait ignorer tout cela.

Sauf que, bien entendu, ce n'était pas vraiment possible. L'après-midi était clair et ensoleillé, même si le vent restait vif. Fuir était la seule solution.

— Je vais sortir faire un tour, annonça Mariah à la fin du déjeuner. Respirer un peu d'air marin me fera peut-être du bien.

— Quelle bonne idée ! s'exclama Maude avec enthousiasme. La journée est superbe. Ça vous ennuie si je vous accompagne ?

Que dire ? Elle ne pouvait pas refuser.

— Je crains qu'il n'y ait ici ni fleurs de jasmin ni hiboux, et encore moins de couchers de soleil sur le désert, répondit Mariah d'un ton glacial. À mon avis, vous allez trouver qu'il fait très froid… et que tout est d'une extrême banalité.

Une ombre passa sur le visage de Maude, mais comment deviner si la cause en était la perspective de contempler un marécage désolé face au vent marin, ou bien le rejet perceptible dans la réponse de Mariah ?

La vieille dame ressentit soudain une pointe de culpabilité. Son interlocutrice s'était vu refuser le confort et l'asile de son propre foyer. Elle méritait un minimum de civilité.

— Mais vous êtes naturellement la bienvenue.

Maudite soit cette femme qui la mettait en position de prononcer une phrase pareille !

Maude lui sourit.

— Je vous remercie.

Elles sortirent toutes les deux, chaudement emmitouflées dans des capes et des châles, sans oublier de chausser de grosses bottes d'hiver. Mariah referma la grille et prit aussitôt le chemin qui menait vers la mer. En été, il devait regorger de fleurs. À cette saison, il n'était que clairsemé et très humide. Après toutes ces années que Maude avait passées dans le désert ou dans des lieux similaires, le brouillard suffirait à la décourager en moins d'une demi-heure, si le vent était assez froid, songea la vieille dame.

Mais Maude bénéficiait d'une santé insolente et était rompue à la marche. Mariah dut faire appel à tout son souffle et sa force pour ne pas se laisser distancer. Environ un mile séparait la maison du rivage, et Maude allait d'un bon pas. Elle semblait penser que celle qui lui tenait compagnie n'avait aucune difficulté à suivre son rythme, ce qui s'avérait très agaçant, et la marque d'un véritable manque de considération de sa part. Mariah, d'au moins quinze ans son aînée, était une dame, non une créature qui allait à pied de par le monde, comme si elle ne disposait d'aucune voiture attitrée !

Le ciel immense était tourmenté – un grand vide d'un bleu douloureux strié de nuages semblables à des traînes qui se déchiraient à l'est au-dessus de la mer. Les mouettes, d'un blanc étincelant sous le soleil d'hiver, tournoyaient et s'élevaient en flèches dans les airs, poussant des cris stridents tels des enfants excités. Le vent faisait onduler l'herbe dépourvue de fleurs, et tout sentait le sel.

— C'est merveilleux ! dit Maude avec joie. Je n'ai jamais rien respiré d'aussi revigorant, d'aussi follement vivant ! On dirait que le monde entier déborde de rires.

C'est si bon d'être de retour en Angleterre ! J'avais oublié que l'esprit de la terre était encore si sauvage, en dépit de tout ce que nous lui avons fait subir. Je suis restée à Snave trop peu de temps et je n'ai pas eu l'occasion de sortir de la maison !

Cette femme n'a pas toute sa tête, songea Mariah d'un air sombre. Pas étonnant que sa famille veuille se débarrasser d'elle !

Lorsqu'elles franchirent la butte, le panorama de la Manche s'ouvrit devant elles, la longue étendue de sable, de vent et d'eau pâlissant jusqu'à resplendir de blancheur dans la lumière. Les vagues se brisaient en rouleaux blancs, crachant sur le rivage une dentelle d'écume, puis se consumant avant de se retirer. Un instant plus tard, elles rugissaient quelques centimètres plus haut, sans jamais se lasser de leur jeu. La surface de l'eau, d'un bleu sans ombre, s'étendait à l'infini jusqu'à rejoindre le ciel. Elles savaient toutes deux que la France ne se trouvait qu'à vingt miles de distance, mais aujourd'hui l'horizon était flou, comme adouci par une brume qui brouillait les limites.

Maude se tenait la tête droite, le vent s'emmêlait dans ses cheveux échappés des épingles qui les retenaient, manquant emporter son châle.

— N'est-ce pas magnifique ? s'extasia-t-elle. J'avais oublié à quel point j'adore la mer, son immensité, son éclat, ses possibilités infinies… Elle n'est jamais la même deux secondes de suite.

— À mes yeux, elle est toujours pareille, rétorqua Mariah d'un ton désobligeant.

Comment pouvait-on être aussi joyeux sans aucune raison ? Il fallait être simple d'esprit !

— Froide et humide… et trop contente de vous noyer si vous êtes assez stupide pour lui en laisser l'occasion, conclut-elle.

Maude éclata de rire. Debout au bord du rivage, les yeux clos et le visage levé vers le ciel, elle souriait d'un air émerveillé dans le vent qui gonflait son châle et ses jupes.

Mariah fit demi-tour et repartit sur le chemin en piétinant les touffes d'herbe, ou quoi que ce fût qui s'entortillait autour de ses pieds. Cette femme était folle à lier ! Que l'on demande à quiconque de la supporter était intolérablc !

Le dîner ne se passa guère mieux. Maude les abreuva de récits où il n'était question que de descentes en bateau sur le Nil, de buffles dans l'eau, d'insectes innommables et de tombeaux de rois qui adoraient des animaux ! Tout cela était sans doute très à la mode, mais parfaitement répugnant. Caroline et Joshua poussaient le sens de l'hospitalité trop loin : ils feignaient d'être captivés et allaient même jusqu'à encourager leur invitée en la bombardant de questions.

Et, bien entendu, la pauvre femme leur répondait, de sorte que pendant tout le repas – un rosbif accompagné de pudding et de légumes, suivi d'une charlotte aux pommes nappée de crème – ils durent écouter ses descriptions de jardins en ruine au fin fond de la Perse.

— Je me trouvais là, près de la rivière qui rebondissait sur les carreaux de céramique bleue pour la plupart fêlés, dit Maude en souriant, les yeux embués de larmes à ce souvenir. Nous étions un peu en altitude, et je contemplais la plaine brune toute plate à travers les arbres. Quand j'ai vu ces routes qui partent à l'est vers Samarkand, à l'ouest vers Bagdad et au sud vers Ispahan, mon imagination s'est enflammée ! Ces noms à eux seuls sont une incantation… Alors que le crépuscule m'enveloppait, que les couleurs pâles se paraient des teintes de l'or, du feu et de la profondeur étrange du porphyre… j'entends encore les cloches des chameaux, je revois leur curieuse démarche tandis qu'ils avancent en silence, comme des rêves dans la nuit tombante, en route pour les aventures de l'âme…

— Ce n'est pas éprouvant, quelquefois ? demanda Caroline, non comme une critique mais par sympathie.

— Oh, si ! Souvent ! reconnut Maude. On meurt de soif, le corps est endolori et la fatigue parfois si intense que l'on vendrait tout ce que l'on possède pour une bonne nuit de sommeil. Mais on sait que cela en vaut la peine. Toujours. La souffrance ne dure qu'un moment, la joie toute la vie.

Et ainsi de suite. De temps à autre, Maude prenait une des noix de macadamia qu'elle avait apportées à table afin de les partager, et expliqua que sa famille les lui avait données en sachant qu'elle avait un faible pour elles.

Seul Joshua en accepta.

— Trop indigeste, déclara Mariah, que la situation irritait de plus en plus.

— Je sais bien, dit Maude. Je pense que je vais le regretter ce soir. Mais un peu d'eau de menthe pourvoira à les faire passer.

— Je préfère ne pas avoir la bêtise d'en manger, rétorqua Mariah d'un ton sec.

— Vous avez de l'eau de menthe ? demanda Caroline. Si vous voulez, je peux vous en donner.

— Je préfère commencer par montrer un peu de maîtrise de moi-même, répondit Mariah, comme si la proposition lui était adressée.

Maude sourit.

— Merci, mais j'en ai une dose avec moi, je suis sûre qu'elle me suffira. Il n'y a pas tant de noix que ça, et je suis incapable de leur résister.

Elle tendit de nouveau le plat à Joshua, qui en prit deux et la pria de leur parler encore de la Perse.

Mariah s'efforça d'ignorer la conteuse.

C'était comme si matin, midi et soir ils étaient obligés d'écouter des récits sur quelque lieu étranger en prétendant y trouver de l'intérêt ! Elle avait vu juste dès le départ : ce Noël allait être le pire de sa vie. Jamais elle ne pardonnerait à Emily de l'avoir exilée ici.

Mariah se réveilla le matin suivant lorsqu'elle entendit une des domestiques gratter et frapper à la porte. N'existait-il donc aucune limite au manque de considération dans cette maison ? Quand elle se redressa dans son lit, cette idiote de bonne déboula dans la chambre, le visage d'une pâleur de cendre, la bouche grande ouverte, les yeux comme deux trous au milieu de la tête.

— Ressaisissez-vous, ma fille ! la rabroua Mariah. Que diable vous arrive-t-il ? Redressez-vous et cessez de pleurnicher. Allons, expliquez-vous !

La fille fit un effort magistral, avala une goulée d'air et parla entre deux hoquets.

— S'il vous plaît, madame… il est arrivé un malheur épouvantable… Miss Barrington est raide morte dans son lit.

— Que racontez-vous là ? Elle allait fort bien hier soir au dîner. Elle est sans doute profondément endormie.

— Non, madame, pas du tout… Je sais reconnaître un mort quand j'en vois un… et quand j'en touche un ! Aussi morte qu'un mouton écorché, qu'elle est !

— Ne soyez pas impertinente ! Et irrespectueuse !

En descendant du lit, Mariah sentit l'air froid l'agresser à travers sa chemise de nuit. Elle attrapa une robe de chambre et jeta un regard furieux à la bonne.

— Ne parlez pas de vos supérieurs comme s'il s'agissait de vulgaires animaux de ferme, ajouta-t-elle pour faire bonne mesure. Je vais aller réveiller moi-même Miss Barrington. Où est Tilly ?

— Elle a attrapé un gros rhume, madame.

— Alors laissez-la tranquille. Allez chercher le thé de Miss Barrington. Ainsi que le mien. Du frais, pas du réchauffé.

— Oui, madame.

La fille parut soulagée d'échapper à la responsabilité de prévenir elle-même ses maîtres. Elle n'appréciait guère la vieille dame, pas plus que les autres domestiques – une misérable vieille chose à leurs yeux ! Mieux valait que ce soit elle qui la trouve et avertisse les maîtres.

Mariah s'engagea dans le couloir et tapa du poing à la porte de Maude. Comme elle s'y attendait, elle n'obtint pas de réponse. La tirer elle-même d'un profond sommeil à cause de l'hystérie d'une bonne lui plairait plutôt. On verrait alors si Maude aimait tant que ça les domestiques !

Elle ouvrit la porte, entra et la referma derrière elle. Si une scène désagréable devait avoir lieu du fait de cette intrusion, autant qu'elle se déroule en privé.

La chambre était baignée de lumière, et les rideaux grands ouverts.

— Miss Barrington ! appela Mariah d'une voix claire.

La silhouette allongée sur le lit ne fit ni bruit ni geste.

— Miss Barrington ! répéta-t-elle plus fort, et d'un ton plus péremptoire.

Toujours rien. Mariah s'avança vers le lit.

Maude était étendue sur le dos. Ses yeux étaient fermés, mais son visage d'une extrême pâleur tirait sur le bleu, et elle ne semblait pas bouger du tout.

Mariah fut prise d'une bouffée de panique. Que cette femme était agaçante ! Elle s'approcha davantage et tendit la main pour la toucher, prête à reculer et à s'excuser si elle ouvrait les yeux. Placer quelqu'un dans une situation aussi embarrassante était vraiment impardonnable ! Vadrouiller dans des lieux sans morale avait dû lui brouiller l'esprit, au point de lui faire oublier ce qu'était un minimum d'éducation.

La chair qu'effleurèrent les doigts de Mariah était froide et rigide. Il n'y avait pas de doute, cette idiote de bonne avait dit vrai. Maude était morte, et peut-être depuis plusieurs heures.

La vieille dame recula en titubant et se laissa tomber dans le fauteuil : elle éprouvait soudain quelque peine à respirer. C'était épouvantable... et on ne peut plus injuste ! D'abord Maude était arrivée, sans être invitée, venant tout chambouler. Et maintenant qu'elle était morte, c'était pire : ils allaient être obligés de passer Noël en deuil ! Fini les rouges, les ors et les cantiques, fini la fête et les réjouissances, ils seraient tous revêtus de noir, le moindre miroir serait voilé, et ils n'auraient plus qu'à chuchoter dans les coins, partagés entre la tristesse et la peur. Et puis un mort dans la maison affolait toujours les domestiques. La cuisinière donnerait sûrement son congé, et ils se retrouveraient condamnés à manger de la viande froide !

Mariah se leva. Elle n'avait aucune raison de ressentir de la tristesse. C'eût été absurde. Elle venait juste de rencontrer Maude Barrington, elle n'avait pas eu le temps de la connaître. Et il n'y avait ici aucun proche sur lequel s'apitoyer. Dieu du ciel, même à Noël, les membres de sa propre famille n'avaient pas voulu d'elle ! Peut-être étaient-ils las de ses histoires interminables sur le bazar de Marrakech et les jardins persans, les bateaux sur le Nil et les tombes de ces rois qui vivaient plus de mille ans avant qu'ait été célébré le premier Noël sur la terre, et qui adoraient des dieux de leur invention à têtes d'animaux.

Toujours est-il que sa famille ne devait pas être constituée de gens corrects, sans quoi ils n'auraient pas rejeté Maude à Noël. Ils l'auraient écoutée en feignant l'intérêt, comme l'avaient fait Caroline et Joshua. Et comme Mariah elle-même, d'ailleurs.

Elle imaginait l'eau jaillir sur les carreaux de céramique bleue dans la lumière du soleil. Elle ne connaissait pas l'odeur du jasmin, mais ce devait être merveilleux. Et pour rendre justice à Maude, elle admettait que celle-ci avait aimé tout autant la campagne anglaise, même en plein mois de décembre. Qu'elle soit morte au milieu de gens qui étaient de véritables étrangers, et l'avaient accueillie par charité parce que c'était Noël, quelle tristesse ! Les siens, eux, ne l'avaient pas aimée et n'avaient pas voulu d'elle.

Alors que Mariah se tenait au milieu de la chambre tapissée de chintz fleuri et au lourd mobilier, face à l'âtre rempli de cendres froides, elle prit conscience d'une réalité qui lui fit horreur : elle-même se trouvait ici par charité, parce que personne ne l'aimait et ne voulait d'elle. C'était par bonté que Caroline et Joshua avaient accepté de la recevoir, pas parce qu'ils tenaient à elle. Personne ne tenait à elle. Mariah le savait aussi sûrement qu'elle ressentait le froid sur sa peau et le vent glacé qui la pénétrait jusqu'aux os.

Mariah ouvrit la porte, les doigts tremblant sur la poignée, la poitrine oppressée. Dans le couloir, elle avança d'un pas incertain jusqu'à l'autre aile de la maison, où se trouvait la chambre de Caroline et Joshua. Elle frappa plus fort qu'elle n'en avait eu l'intention, et quand Caroline vint ouvrir, sa propre voix enrouée la surprit.

— La bonne est venue me prévenir que Maude était morte pendant la nuit…

Mariah reprit sa respiration. Vraiment, tant d'émotion était ridicule ! Elle connaissait à peine cette femme.

— … et je crains que ce ne soit la vérité.

Caroline avait l'air affolé. Le visage de la vieille dame ne laissait planer aucun doute. À son âge, elle avait vu assez de morts pour ne pas se tromper.

— Vous feriez mieux de venir vous asseoir dans le dressing, dit-elle avec gentillesse. Je vais demander à Abigail de vous monter une tasse de thé. Je suis désolée que ce soit vous qui l'ayez découverte…

Caroline donna le bras à sa belle-mère et l'aida à traverser la pièce jusqu'au vaste dressing chauffé, qui comportait plusieurs sièges et armoires, sur l'une desquelles était déjà accrochée la robe qu'elle mettrait ce jour-là.

Mariah s'en voulait d'être au bord des larmes. Sans doute était-ce le choc. Vieillir était une chose fort désagréable.

— Merci, dit-elle du bout des lèvres.

Caroline la fit asseoir dans un des fauteuils et l'observa un instant, comme pour s'assurer qu'elle n'allait pas s'évanouir. Et quand sa belle-mère lui rendit son regard, elle partit s'occuper de certaines dispositions qui, dès lors, s'imposaient.

La vieille dame demeura immobile. La bonne lui apporta du thé et lui servit une tasse qu'elle l'encouragea à boire. Le liquide chaud la revigora, la réchauffa de l'intérieur. Toutefois, ça ne changeait rien. Pourquoi Maude était-elle morte ? Hier encore, elle affichait une santé qui frisait l'insolence. De quoi était-elle morte ? Certainement pas de vieillesse ! Ni de quelque dépérissement ou faiblesse. Cette femme était capable de marcher – et de manger ! – comme un soldat.

Mariah ferma les yeux et revit Maude étendue immobile sur son lit. Cette dernière n'avait pas eu l'air terrorisé ou bouleversé, ni ne semblait même avoir souffert. Mais un flacon était posé sur sa table de chevet. De l'eau de menthe, sans doute. Cette folle s'était donné une indigestion en se goinfrant de noix, exactement comme Mariah l'avait prédit ! Pourquoi les gens étaient-ils si bêtes ? Quel manque de maîtrise de soi !

Elle termina de boire son thé et se leva. La chambre tangua quelques secondes. Elle respira à fond plusieurs fois, puis sortit du dressing et retourna dans la chambre de Maude. Il n'y avait personne en vue. Tout le monde devait être occupé, et Caroline s'efforcer au mieux de calmer le personnel. Les domestiques se comportent toujours de manière insensée lorsque quelqu'un meurt. Sûrement une des bonnes s'était-elle évanouie et une autre avait-elle eu une crise de nerfs. Comme s'il n'y avait déjà pas assez à faire !

Mariah ouvrit la porte et se faufila dans la chambre en refermant derrière elle. Elle avait vu juste : un flacon vide était posé sur la table de chevet. Elle alla le prendre. L'étiquette indiquait « Eau de menthe », mais, préférant s'en assurer, elle ôta le bouchon et renifla un coup. C'était bien de la menthe – l'odeur vive et fraîche lui assaillit les narines.

Maude l'avait apportée avec elle, il ne lui en restait qu'une seule dose. Sans doute en prenait-elle régulièrement. Quelle idiote ! Si elle avait mangé de façon raisonnable, ce n'eût pas été nécessaire. C'était curieux qu'ils en aient aussi en Arabie ou en Perse… ou dans Dieu sait quel pays dont elle était revenue récemment. Et l'étiquette était rédigée en anglais.

Mariah examina encore une fois le flacon. Dessus figuraient le nom et l'adresse d'un apothicaire de Rye, une ville située à quelques miles de la pointe de Dungeness.

Pourtant, à en croire Maude, elle n'avait pas quitté Snave et n'avait même pas eu l'occasion de sortir du tout. Donc, quelqu'un lui avait donné ce flacon qui ne contenait qu'une seule dose. Sans doute en vue de soigner une indigestion de noix de macadamia ! Mais… une seule dose ? C'était bizarre. D'autant que la personne en question n'avait pas la certitude qu'elle en aurait besoin. Aucune maison n'était jamais à court d'un produit aussi répandu, surtout à Noël, quand il était garanti que les gens allaient faire des abus. Il y avait là quelque chose d'étrange…

Mariah prit le flacon et, après l'avoir dissimulé dans les plis de sa jupe, elle retourna dans sa chambre où elle le cacha au fond d'un tiroir, parmi ses sous-vêtements.

Ensuite, aidée de Tilly – qui s'était ressaisie, son rhume étant peu de chose au regard d'une mort –, elle revêtit ses habits les plus sombres – pas tout à fait noirs, mais d'un gris convenant à une femme veuve depuis des années, et qui, dans la lumière de l'hiver, passerait pour funéraire. Après quoi elle descendit affronter la journée.

Caroline était devant l'âtre, dans le petit salon. Joshua était sorti chercher le médecin local afin de prévenir les autorités compétentes.

— Vous allez bien, Belle-maman ? s'inquiéta Caroline. C'est une expérience terrible pour vous.

— Elle l'est plus encore pour Maude ! rétorqua Mariah avec une candeur acide.

Des pensées troublantes lui encombraient l'esprit, sans qu'elle sût exactement lesquelles. Elle ne pouvait pas en faire part, surtout à Caroline, qui, à sa connaissance, n'avait jamais mené aucune enquête. Il aurait même été souhaitable que le scandale soit évité, or Maude méritait mieux que ça ! Peut-être revenait-il à Mariah Ellison, et à personne d'autre, de faire face à la vérité.

Quelques minutes plus tard, le médecin arriva et se fit accompagner à l'étage.

— Défaillance cardiaque, les informa-t-il lorsqu'il redescendit. C'est très triste. Elle avait pourtant l'air en parfaite santé.

— Et elle l'était ! se hâta de préciser Mariah avant que quelqu'un puisse répondre. Elle voyageait dans le monde entier, elle parcourait à pied des miles et des miles, montait à cheval, et même sur des chameaux. Elle ne nous a parlé d'aucune maladie.

— Cela arrive parfois sans prévenir, dit gentiment le médecin.

— Une attaque qui vous foudroie ? rétorqua la vieille dame. Elle ne donne pourtant pas l'impression d'avoir connu ce genre d'agonie.

— Non, reconnut le médecin en fronçant les sourcils. Le plus probable est que son cœur s'est ralenti, puis finalement arrêté.

— Ralenti puis arrêté ? répéta Mariah, incrédule.

— Belle-maman ! la réprimanda Caroline.

— D'après moi, elle a eu une mort paisible, si cela peut vous consoler, dit le médecin à Mariah. Vous lui étiez très attachée ?

— Elle la connaissait à peine ! se récria Caroline d'un ton outré.

— Oui, la contredit Mariah, tout aussi acerbe.

— Je suis désolé, dit le médecin, toujours avec autant de gentillesse, avant de se tourner vers Joshua. Si je peux vous aider pour les démarches, je serai heureux de le faire.

— Merci, dit Joshua.

— Nous devons avertir le reste de sa famille, déclara Mariah d'une voix forte. Cette Bedelia Je-ne-sais-quoi.

— J'ai réfléchi à ce que je pourrais écrire dans une telle circonstance, expliqua Caroline, et à ce qu'il faudrait dire pour que ce soit *mieux*... bien que ce mot paraisse absurde. Si j'annonce simplement que nous avons la grande tristesse de les en informer, est-ce que cela conviendra ?

Elle avait l'air inquiet : évoquer sa « tristesse » ne serait pas exagéré. Le chagrin qu'exprimait son visage était sincère.

L'esprit de Mariah tournait à toute vitesse. Un cœur qui ralentit... Des noix que chacun sait être indigestes... Une dose d'eau de menthe… Maude avait-elle été assassinée ? L'idée était grotesque ! Voilà ce qui se passait quand on laissait sa petite-fille épouser un policier ! C'était la faute de Caroline. Si elle avait été une mère un tant soit peu responsable, jamais elle n'aurait autorisé Charlotte à faire une telle chose. Thomas Pitt n'était pas un mari convenable. Il n'avait absolument rien pour s'attirer des éloges, excepté peut-être sa taille.

Néanmoins, si quelqu'un comme Pitt était capable de résoudre un crime, alors Mariah le pouvait certainement. Elle ne se montrerait tout de même pas moins futée que le fils d'un garde-chasse qui avait la moitié de son âge !

Et si Maude Barrington avait été tuée, Mariah Ellison veillerait à ce que le coupable soit traîné en justice et réponde de ses actes. Maude avait beau avoir été une femme déraisonnable et franchement pénible, il existait une chose qui s'appelait la justice.

Mariah avait l'impression que toute lumière, toute chaleur avaient disparu pour laisser place à une sorte de pesanteur qu'elle ne parvenait pas à comprendre.

— Vous ne devriez pas écrire, dit-elle avec fermeté à Caroline. C'est un événement trop épouvantable et trop brusque pour en parler dans une lettre alors qu'ils habitent si près. À Snake, c'est bien cela ? Ou quelque chose d'approchant.

— Snave, rectifia Caroline. Oui, c'est à quatre ou cinq miles d'ici. Plus loin dans le marais. Vous pensez que je devrais aller leur annoncer moi-même la nouvelle ? fit-elle, le visage tendu. Oui, bien sûr, vous avez raison…

— Non ! s'écria Mariah. Je suis d'accord néanmoins : une démarche personnelle s'impose. Après tout, cette femme était leur sœur, quelle que soit la manière dont ils la traitaient. Peut-être même qu'ils vont se sentir coupables, à présent… (Elle jugeait cela très improbable. Ces gens étaient à l'évidence sans aucune vergogne.). Mais…

j'irai, moi. Vous avez des quantités de choses à préparer pour Noël, et Joshua s'ennuierait de vous. J'imagine que j'ai d'ailleurs passé plus de temps que vous en compagnie de Maude. Peut-être pourrai-je leur apporter quelque réconfort, leur raconter ses dernières heures.

Mariah avait parlé sur un ton sentencieux, elle le savait. Elle observa l'expression de Caroline avec attention. Que sa belle-fille vienne avec elle serait une catastrophe ; en fait, le voyage ne serait alors qu'une perte de temps. Pour avoir l'espoir d'accomplir quoi que ce soit, elle serait obligée de dire à Caroline ce qu'elle soupçonnait avec une certitude grandissante à mesure qu'elle y pensait.

Une lueur de soulagement passa dans l'œil de Caroline.

— Ce serait beaucoup vous demander, Belle-maman.

Caroline avait des doutes, bien sûr. Mariah Ellison n'avait jamais été le genre de femme à se déranger pour quiconque. Ce n'était pas dans son caractère. Mais Caroline ne la connaissait pas très bien. Elles avaient beau avoir habité vingt ans sous le même toit, pendant tout ce temps Mariah avait vécu un mensonge : elle avait dissimulé son malheur et la haine qu'elle avait d'elle-même sous le couvert du veuvage. Mais comment aurait-elle pu faire autrement ? La honte de son passé brûlait en elle sans répit, comme si la douleur physique était encore à vif, au point qu'elle parvenait à peine à marcher. Elle avait dû mentir, pour le bien de son fils. Et le mensonge avait grossi en son sein de plus en plus, l'éloignant de tout le monde.

— Vous ne me l'avez pas demandé, dit-elle sur un ton plus vif qu'elle ne l'aurait voulu. C'est moi qui vous l'ai proposé. Cette solution me paraît la plus sensée.

Devait-elle ajouter que, puisque Caroline et Joshua l'avaient accueillie chez eux, ce serait une modeste façon de les remercier ? Non. Caroline n'y croirait pas. Ils l'avaient autorisée à venir, mais elle n'était pas la bienvenue – ni assez stupide pour s'imaginer qu'elle l'était ! Sa belle-fille se méfierait.

— J'ai tout mon temps, précisa-t-elle de manière plus réaliste. Je m'ennuie.

Ça, c'était crédible. Il n'était pas question d'admettre devant Caroline qu'elle avait admiré Maude Barrington et ressenti une immense colère à l'idée que sa famille l'ait abandonnée – sans parler du fait qu'elle avait vraisemblablement été assassinée par l'un des siens ! Mariah attendit la réaction de sa belle-fille. Il ne fallait pas trop insister.

— Vous êtes sûre que cela ne vous dérangera pas ? demanda Caroline, qui n'était toujours pas convaincue.

— Sûre et certaine. La matinée est encore belle. Je vais me ressaisir, prendre un déjeuner léger, et ensuite, je partirai. Enfin, si toutefois vous pouvez me prêter la voiture pour que je me rende jusque là-bas. Je doute qu'il existe un autre moyen de se déplacer dans ce village arriéré !

Soudain, une idée la traversa.

— Mais peut-être craignez-vous que…

— Non, non, s'empressa de dire Caroline. C'est très généreux à vous, Belle-maman, et je pense que cela s'avère on ne peut plus approprié. Ce sera beaucoup plus attentionné que ne saurait l'être une lettre, aussi sincère et bien rédigée fût-elle. Le cocher vous emmènera. Comme vous le disiez, le temps est encore relativement clément. Cet après-midi, eh bien, parfait. Sachez que j'apprécie votre geste.

Mariah sourit, s'appliquant à manifester moins de triomphe qu'elle n'en ressentait.

— Alors je vais aller me préparer, dit-elle en terminant son thé et en se levant.

Elle avait l'intention de rester à Snave aussi longtemps qu'il le faudrait pour découvrir la vérité sur la mort de Maude – et la prouver ! Être la seule à savoir n'était pas satisfaisant. Sa visite risquait de durer plusieurs jours. Elle se devait de réussir. Non pas par sentimentalité, mais par principe, car elle était une femme pour qui ces choses-là comptaient.

Le trajet se révéla cahoteux et glacial, malgré la couverture de voyage qui l'enveloppait des pieds jusqu'à la taille. Le vent cinglant qui soufflait de la mer gémissait, dispersant les nuages de temps à autre. La lumière était froide et dure sur l'étendue plate de la lande. Cette côte était celle de « l'invasion », celle-là même où Jules César avait débarqué cinquante-cinq ans avant la naissance du Christ. Noël n'existait pas, à cette époque ! Lui aussi était mort assassiné – et par ses propres amis, des gens qu'il avait connus et en qui il avait eu confiance pendant des années.

Onze siècles plus tard, Guillaume le Conqué-rant avait débarqué avec ses chevaliers et ses archers et avait tué le roi Harold à Hastings, un peu plus loin sur la côte. En un sens, Mariah était assez satisfaite que César soit venu jusqu'ici. Rome était alors le centre du monde, et l'Angleterre très fière d'appartenir à cet empire. En revanche, l'invasion de Guillaume lui restait en travers de la gorge, ce qui était absurde puisque cela remontait à près d'un millier d'années ! Mais c'était la dernière fois que l'Angleterre avait été conquise, et cette idée l'ennuyait.

L'armada du roi Philippe d'Espagne aurait sans doute également accosté ici, si les vents ne l'avaient pas réduite à néant. De même que Napoléon Bonaparte. Sauf que celui-ci avait préféré aller en Russie, ce qui s'était révélé une mauvaise idée.

Sa démarche était-elle aussi une mauvaise idée ? Une idée arrogante et stupide, fruit d'une imagination fébrile ? Mais comment lui était-il possible de faire demi-tour ? Elle passerait pour une parfaite imbécile ! Déplaire était déjà assez désagréable. Se sentir en plus méprisée – ou pire, prise en pitié ! – serait insupportable.

Alors qu'elle regardait par la fenêtre, tandis que le ciel s'assombrissait et que le soleil déjà bas se teintait de gris, Mariah ne parvenait pas à imaginer comment quelqu'un pouvait choisir de venir ici à moins d'y être obligé. À part Maude, bien sûr ! Elle avait trouvé magnifiques ces immenses espaces plats et ces ciels que déchirait le vent – les lambeaux de nuages, les herbes du marécage, l'air qui sentait le sel en permanence…

Peut-être n'avait-elle jamais vu ce paysage gelé, ou si enveloppé de brouillard qu'on ne distinguait même plus sa main devant son nez ! C'était exactement ce qu'il aurait fallu en ce moment, décida Mariah : un temps exécrable qui l'empêcherait de retourner à St. Mary in the Marsh pendant plusieurs jours. Elle s'était lancée dans une lourde tâche, et plus elle y songeait, plus celle-ci lui paraissait désespérée. En un sens, c'était un réconfort de ne pas pouvoir revenir en arrière, sans quoi elle ne s'en serait sans doute pas privée. Elle n'avait aucune idée de qui étaient ces gens, et pas la moindre autorité pour justifier ce qu'elle comptait faire. Ou en tout cas essayer. Peut-être eût-il mieux valu que Charlotte soit là, en fin de compte. Elle s'était si souvent mêlée des affaires policières de son mari qu'elle avait dû acquérir un don pour enquêter sur les crimes…

Cependant, elle n'était pas là, et sa grand-mère devrait se débrouiller seule. Et faire progresser son enquête malgré tout. Elle possédait de l'intelligence et de la détermination, cela pourrait suffire. Et avait le droit de son côté, en plus ! Que Maude Barrington ait été assassinée – si toutefois elle l'avait été – quelle horreur ! Néanmoins, quelle que fût la vérité, sa famille l'avait bel et bien chassée – et en pleine période de Noël ! Une offense impardonnable en soi ! Et, au nom de Maude, Mariah ressentait cet outrage au plus profond d'elle-même.

Ils parcoururent la distance beaucoup trop vite. Celle-ci n'était que de quelques miles, soit un trajet de quarante minutes à bon trot, nettement moins à vol d'oiseau. Tous les chemins donnaient l'impression de faire demi-tour, comme s'ils contournaient deux fois chaque champ et chaque fossé. Sous le ciel de nouveau dégagé, la lumière longue et basse faisait scintiller l'herbe frémissante, projetant des réseaux d'ombres à travers les arbres dépouillés lorsque la voiture entra dans le minuscule village de Snave. Il n'y avait qu'une grosse maison à proprement parler. Les autres n'étaient que des cottages et des bâtiments de ferme. Au nom du ciel, pourquoi choisissait-on de vivre ici ? Ce n'était rien de plus qu'un élargissement sur la route.

Mariah respira à fond pour se calmer et attendit le cœur battant que le cocher vienne lui ouvrir la portière. Elle s'était répété une douzaine de fois ce qu'elle allait dire, et maintenant qu'elle devait le faire, les mots lui étaient complètement sortis de l'esprit.

Dans l'allée, le vent était d'une telle force qu'elle se surprit à se balancer sur ses pieds pour lui résister. Serrant sa cape afin d'éviter qu'elle s'envole, Mariah se dirigea vers la porte d'entrée en s'appuyant lourdement sur sa canne. Le cocher tira la sonnette, puis s'écarta sur le côté.

La porte s'ouvrit presque aussitôt. Quelqu'un avait dû voir la voiture arriver. Un valet d'allure très ordinaire s'adressa à Mariah de manière plutôt civile.

— Bonjour, lui dit-elle. Je suis Mariah Ellison. Mr. Joshua Fielding, chez qui séjournait Miss Barrington, est mon gendre.

La nature exacte de leur lien de parenté pourrait être précisée plus tard si nécessaire.

— Je crains d'avoir de très mauvaises nouvelles à annoncer à la famille, des nouvelles qui ne peuvent se dire qu'en personne.

Le valet parut inquiet.

— Oh, mon Dieu ! Entrez, Mrs. Ellison, je vous en prie.

Il ouvrit plus grand la porte et recula de quelques pas.

— Merci. Puis-je vous demander la faveur de fournir à mon cocher de quoi se réchauffer et de quoi boire, ainsi que peut-être de l'eau pour les chevaux, et, en attendant, un endroit où s'abriter de ce vent infernal ?

— Bien sûr ! Bien sûr ! Est-ce que… Miss Barrington est-elle avec vous ?

— Non, je suis seule, répondit Mariah en le suivant à l'intérieur, non sans avoir jeté un bref regard au cocher pour vérifier qu'il avait entendu sa demande et irait se présenter aux écuries.

Dans l'entrée, elle ne put s'empêcher de regarder autour d'elle. La maison ne suivait en rien la mode londonienne ; néanmoins, elle paraissait bien meublée et d'un extrême confort. Le plancher en très vieux chêne avait été assombri par des siècles d'usage. Les murs lambrissés d'un bois plus clair accueillaient de nombreuses peintures, mais fort heureusement aucun de ces portraits qui représentent des générations d'ancêtres à l'air sévère. Les tableaux resplendissaient : des natures mortes représentant des fruits et des fleurs, et une ou deux scènes pastorales aux ciels immenses sous lesquels paissaient de paisibles vaches. Au moins une personne ici avait bon goût. Et en plus, il régnait une délicieuse chaleur.

— La famille est réunie au salon, madame, reprit le valet d'un air grave. Mais peut-être préférez-vous annoncer cette nouvelle à Mrs. Harcourt en privé ? C'est la sœur aînée de Miss Barrington.

— Oui, je vous remercie. Elle saura comment en informer le reste de la famille.

Le valet s'inclina, puis la conduisit vers une porte située sur le côté. Il la fit entrer dans une pièce très agréable, où il alluma les lampes et ranima un feu sur le point de s'éteindre. Après avoir disposé avec habileté quelques morceaux de charbon, il s'excusa et sortit. Il ne lui offrit pas une tasse de thé. Peut-être était-il trop affolé par l'événement, même s'il en ignorait encore la teneur. À en juger par ses manières, il s'attendait plus à un déshonneur qu'à une tragédie – un détail qui était en soi intéressant.

Mariah s'approcha du feu pour se réchauffer. Son cœur battait toujours aussi fort, et elle avait de la peine à respirer calmement.

La porte s'ouvrit, et une femme d'une grande beauté entra. Âgée d'une soixantaine d'années, elle avait des cheveux auburn qui tiraient sur le mordoré plus que sur le cuivre et le teint clair qui va souvent avec cette couleur. Ses traits étaient raffinés, ses yeux grands et bleus. Sa bouche avait un dessin parfait. Elle offrait très peu de ressemblance avec Maude. Il était difficile de croire qu'elles étaient sœurs. Personne n'aurait qualifié Maude de belle femme. Ce qui avait rendu son visage séduisant était son intelligence, ainsi que sa sensibilité et son imagination, une âme vibrant de joie. Mais on ne retrouvait rien de tel sur le visage de cette femme. En fait, elle semblait avoir peur et être en colère. Ses vêtements à la dernière mode, d'une coupe impeccable, avaient les épaulettes de rigueur et des manches très hautes.

— Bonjour, Mrs. Ellison, dit-elle d'une voix froide et polie. Je suis Bedelia Harcourt. Mon valet me dit que vous arrivez de St. Mary in the Marsh et que vous avez de regrettables nouvelles concernant ma sœur. J'espère qu'elle n'a pas…

Elle chercha ses mots avec délicatesse.

— … qu'elle ne vous a pas mise dans l'embarras ?

Mariah sentit monter en elle une émotion si violente qu'elle faillit en avoir le vertige. Elle avait envie d'injurier cette femme, voire de gifler son visage parfait. Ce serait cependant absurde et le plus sûr moyen de ne rien apprendre. Pitt n'aurait certainement jamais eu un comportement aussi… amateur !

— Je suis désolée, Mrs. Harcourt… (Mariah fit un gros effort pour juguler sa colère.)… Mais la nouvelle que je viens vous apporter est en effet terrible. Raison pour laquelle je me suis moi-même déplacée, plutôt que de vous envoyer une lettre…

Mariah observa le visage de Bedelia, à l'affût du moindre signe susceptible d'indiquer qu'elle était déjà au courant, mais elle n'y distingua rien de particulier.

— Miss Barrington est morte dans son sommeil au cours de la nuit dernière. Je le regrette profondément.

Bedelia la dévisagea comme si la phrase qu'elle venait de prononcer n'avait aucun sens.

— Morte ? répéta-t-elle en mettant une main devant sa bouche. Maude ? Mais elle ne nous a jamais dit qu'elle était malade ! J'aurais dû m'en douter ! Oh, c'est affreux ! C'est vraiment affreux…

— Je suis désolée, répéta Mariah. La bonne a frappé à ma porte. Comme nous étions dans la même partie de la maison, je suis allée la voir aussitôt, mais Miss Barrington a dû mourir au début de la nuit. Elle était déjà… froide. Nous avons tout de suite appelé un médecin, bien sûr.

— Oh, mon Dieu !

Bedelia recula et se recroquevilla dans un fauteuil derrière elle, s'effondrant avec une étrange grâce néanmoins.

— Pauvre Maude… Si seulement elle avait dit quelque chose… Elle était trop… trop réservée… trop courageuse.

Mariah repensa à la lettre que Bedelia avait envoyée à Joshua, expliquant qu'elle ne pouvait pas recevoir Maude parce qu'elle attendait un invité de marque, et elle trouva extrêmement difficile de ne pas le lui rappeler. Mais agir de cette façon reviendrait à s'en faire une ennemie, et apprendre quoi que ce soit serait dès lors impossible. À la vérité, cette enquête nécessitait une plus grande habileté que prévu.

— Je suis navrée de vous apporter une aussi pénible nouvelle, choisit-elle plutôt de dire. J'imagine le choc que ce doit être pour vous. J'ai passé un peu de temps avec Miss Barrington, une personne délicieuse. Et j'avoue qu'elle m'a semblé en excellente santé. Je comprends votre surprise.

Bedelia leva les yeux et la regarda.

— Elle… elle a vécu à l'étranger pendant un temps, sous des climats très rudes. Cela a dû l'affecter plus que nous ne l'avons cru. Peut-être plus qu'elle-même ne le croyait.

Mariah s'assit dans un fauteuil, en face de Bedelia.

— Elle nous a parlé de Marrakech et de la Perse, je crois. Et aussi de l'Égypte. Est-elle restée là-bas longtemps ?

— Des années, répondit Bedelia en se redressant. Depuis qu'elle est partie – c'était peu de temps avant que je me marie, il y a de cela quarante ans –, elle a sans doute vécu d'une façon beaucoup plus… dommageable pour sa santé que nous ne l'avions réalisé. Peut-être ne se connaissait-elle pas vraiment.

— Peut-être, convint Mariah.

Soudain, une idée la traversa. Rester à papoter sans poser de questions ne saurait faire avancer ses affaires. Pitt se serait mieux débrouillé.

— À moins qu'elle n'ait eu une conscience parfaite de sa mauvaise santé, et que ce soit la raison de son retour en Angleterre, auprès de sa famille et de ceux dont elle se sentait le plus proche.

Les yeux magnifiques de Bedelia s'agrandirent et parurent un instant aussi durs et froids que la mer en plein hiver.

Mariah la regarda sans ciller.

Bedelia poussa un long soupir.

— Vous avez peut-être raison. Cette idée ne m'était pas venue à l'esprit. Comme vous, je l'imaginais en parfaite santé. Il semble que nous nous soyons tragiquement trompées toutes les deux.

— Elle ne vous a rien dit qui vous aurait permis de vous attendre à une telle chose ?

Mariah sentit qu'insister manquait de courtoisie, mais la justice passait avant les bonnes manières.

Bedelia hésita, comme si elle ne savait quoi répondre.

— Non, je ne vois pas, dit-elle finalement. J'avoue que je suis anéantie. C'est comme si ma tête ne fonctionnait plus. Je n'ai encore jamais perdu quelqu'un… d'aussi proche.

— Vos parents sont encore en vie ? s'étonna Mariah.

— Oh, non ! se reprit aussitôt Bedelia. Je voulais dire de ma propre génération. Mes parents étaient d'excellentes personnes, mais plus distants. Une sœur, c'est… un être qui vous est très cher. Peut-être que l'on ne s'en rend compte qu'une fois les gens partis. Le vide qu'ils laissent derrière eux est plus grand qu'on ne l'aurait cru.

Là, vous exagérez, songea Mariah. Vous n'avez même pas voulu d'elle chez vous ! Elle sourit. Un sourire qui n'était que pur artifice.

— Que vous soyez sous le choc est bien naturel, compatit-elle. La disparition d'une personne de notre génération nous rappelle que nous sommes mortels. Je me souviens de ce que j'ai ressenti à la mort de mon mari.

Et comment ! Ç'avait été un merveilleux sentiment de libération, même si elle n'avait pu se confier à personne, ne montrant qu'un visage dévasté.

— Oh, je suis navrée, dit aussitôt Bedelia. Ma pauvre ! Et vous avez fait tout ce chemin par ce temps pour m'apporter la nouvelle en personne. Et moi qui reste assise là sans même vous offrir le thé ! Je ne sais où j'ai la tête.

Mon cher Arthur est encore là, qui va devoir désormais me réconforter.

Mrs. Harcourt se leva en vacillant très légèrement.

— Merci, c'est très aimable à vous, fit Mariah. Je dois avouer que la journée a été éprouvante et que je suis épuisée. Je suis heureuse que vous ayez votre mari près de vous. Il vous sera sans doute d'un grand secours. On peut se sentir parfois si… seule.

L'inquiétude adoucit les traits de Bedelia.

— J'ai de la peine à l'imaginer. J'ai toujours eu tellement de chance… Mais cette pièce est un peu froide. Voulez-vous passer au salon, où il fait plus chaud ? Nous prendrons le thé tous ensemble et réfléchirons aux dispositions à prendre. Bien entendu, si vous préférez repartir à St. Mary au plus vite, nous le comprendrions.

— Je vous remercie, dit Mariah d'une petite voix. Si je pouvais me reposer le plus longtemps possible, à condition de ne pas m'imposer, je vous en serais reconnaissante. Et une tasse de thé serait en effet la bienvenue.

Elle se leva à son tour, titubant juste assez pour ne pas tomber, ce qui eût été ridicule, et à quoi elle se résoudrait seulement en tout dernier ressort.

Bedelia la conduisit dans le hall, puis au salon. Mariah la suivit, l'air aussi las que sa dignité naturelle le lui permettait. Elle devait afficher sa fatigue si elle voulait rester crédible.

Le salon était spacieux, et la chaleur du feu gigantesque les enveloppa toutes les deux dès qu'elles y entrèrent. La pièce comportait beaucoup trop de meubles pour le goût moderne en vogue : des commodes sculptées, de profonds canapés et plusieurs fauteuils, tous recouverts de têtières, ainsi que des chaises à haut dossier le long des murs, avec une épaisse assise en cuir et des pieds à peine courbés, et des tabourets aux coins ornés de glands. Un tapis turc aux couleurs vives présentait des zones plus pâles aux endroits que des générations successives avaient dû fouler. Les murs étaient agrémentés d'abécédaires, de tableaux de toutes sortes, des grands et des petits, d'animaux empaillés dans des vitrines en verre, et même d'une boîte remplie de papillons semblables à de la soie. Les couleurs dominantes avaient des nuances chaudes de doré, de brun et d'ocre rouge. Caroline aurait qualifié un tel décor d'oppressant. Mariah fut ennuyée de le juger très agréable, presque familier.

Il n'en allait pas de même des gens qui se trouvaient là. Elle leur fut présentée, et Bedelia fut obligée de leur expliquer la raison de sa présence.

— Mes chers, dit-elle – et tout le monde se tourna vers elle –, Mrs. Ellison s'est très aimablement déplacée pour nous prévenir d'une affreuse nouvelle.

Elle se tourna vers Mariah.

— Je suis sûre que vous préféreriez vous asseoir… près du feu, peut-être ? Permettez-moi de vous présenter ma sœur, Mrs. Agnes Sullivan…

La femme qu'elle indiqua présentait une vague ressemblance qu'expliquait leur parenté. Elles étaient de la même taille, semblait-il, puisque Mrs. Sullivan ne s'était pas levée comme l'avaient fait aussitôt les trois hommes. Elle avait sans doute eu le même teint que Bedelia dans sa jeunesse, mais il était à présent constellé de taches grisâtres. Ses traits étaient moins joliment dessinés, mais son expression, outre une certaine tristesse, avait quelque chose de plus doux. Ses vêtements, bien que de bonne coupe, ne parvenaient pas à la faire paraître autre que banale.

— Enchantée, Mrs. Sullivan, dit poliment Mariah.

— Et son mari, Mr. Zachary Sullivan, poursuivit Bedelia.

Zachary s'inclina très légèrement. Un homme élancé aux cheveux châtains grisonnant sur les tempes. Son visage était plaisant, mais empreint d'une expression de regret, comme s'il avait échoué à accomplir des choses qui lui importaient trop pour qu'il les oublie.

— Ma belle-fille, Clara, et mon fils, Randolph, enchaîna Bedelia en indiquant d'un grand geste un jeune homme.

Ce dernier avait le même teint qu'elle, mais ses traits possédaient davantage de force et de dureté. La femme qui se tenait près de lui était assez jolie, dans un genre typé : brune, les yeux noirs, les sourcils trop épais.

Bedelia leur sourit – en dépit des circonstances.

— Et mon mari, Arthur, conclut Bedelia en se tournant vers un homme d'une séduction remarquable aux cheveux gris fer.

Son regard plein de vivacité attirait tout de suite l'attention, et son sourire dévoila des dents parfaites.

— Soyez la bienvenue à Snave, Mrs. Ellison, dit-il avec chaleur. Je suis désolé que de si tristes nouvelles vous amènent. Puis-je vous proposer du thé, à moins que vous ne préfériez quelque chose de plus fort comme un verre de sherry ? Je sais qu'il est encore tôt, mais le vent est épouvantable, et vous devez être frigorifiée, sans parler de la fatigue.

— Vous êtes bien aimable… et très compréhensif, dit Mariah en s'approchant du feu et du fauteuil que Zachary avait libéré à son intention.

Quel que soit le coupable – si toutefois on avait tué Maude ! –, elle espérait que ce n'était pas Arthur Harcourt.

— Qu'avez-vous à nous dire, Mrs. Ellison ? s'enquit Agnes Sullivan, la voix tremblante.

— Miss Barrington est morte dans son sommeil la nuit dernière, répondit Mariah d'un ton solennel. Elle a eu une mort paisible, je crois, et elle nous a paru en bonne santé et d'excellente humeur jusqu'au dernier moment. Elle n'a jamais mentionné qu'elle ne se sentait pas bien. Je suis sincèrement désolée.

Elle les observa un bref instant chacun leur tour, guettant leur réaction. Non qu'elle fût convaincue de pouvoir faire une différence entre la culpabilité et la stupeur ou le chagrin.

Zachary paraissait moins surpris qu'intrigué, comme s'il n'avait pas bien compris le sens de ses propos.

Agnes eut un léger sursaut et mit la main devant sa bouche pour s'empêcher de crier, son geste rappelant celui de sa sœur cinq minutes plus tôt. Elle était pâle comme un linge.

— Pauvre tante Maude… murmura Randolph. Je suis désolé, Maman, ajouta-t-il en regardant sa mère d'un air inquiet.

Clara Harcourt ne dit rien. Ayant peu connu Maude, elle trouvait peut-être plus convenable de ne pas s'exprimer.

Le teint olive d'Arthur Harcourt se brouilla, hésitant entre le blanc et le gris, et ses yeux semblèrent perdre toute concentration. De quel sentiment était-il la proie ? L'horreur de la culpabilité, maintenant que l'acte était avéré ?

— Je suis navrée de vous apprendre ces nouvelles, se sentit obligée de dire Mariah pour meubler le silence qui semblait tous les écraser.

Le crépitement du feu évoquait une feuille déchirée par le vent.

— C'est… c'est très gentil d'être venue, balbutia Agnes. Ce doit être terrible pour vous… une invitée dans votre maison… une quasi-inconnue…

Soudain, Mariah eut une brillante idée. Si lumineuse qu'elle lui apparut comme une flamme dont elle pouvait presque sentir la chaleur.

— Oh, non, pas du tout ! dit-elle avec émotion. Nous avons parlé des heures, Maude et moi…

Son audace la sidéra.

— Et elle m'a raconté tant de choses… oh, des milliers de choses ! Ses impressions, ses expériences, où elle était allée et qui elle avait rencontré, résuma-t-elle en agitant les mains pour donner plus d'emphase à ses propos. Croyez-moi, j'en sais beaucoup moins sur des personnes que je fréquente depuis des années. Jamais je ne suis devenue aussi vite l'amie de quelqu'un, avec une affection aussi naturelle.

N'était-ce pas là un fieffé mensonge ?

— Je dois avouer que la confiance qu'elle avait en moi m'a fait chaud au cœur, et c'est pour cette raison que je ne pouvais pas laisser venir quelqu'un d'autre à ma place, enchaîna-t-elle. Je n'oublierai jamais Maude, ni la confiance qu'elle a placée en moi en me parlant de sa vie et du sens qu'elle lui donnait.

Mariah éprouva une émotion extraordinaire d'avoir osé de telles déclarations comme si elles étaient vraies, comme si Maude et elle étaient devenues de parfaites amies.

Avec une impression d'absurdité, mais aussi une certaine tendresse, elle réalisa qu'il ne s'agissait pas tout à fait d'un mensonge. Maude lui en avait raconté davantage sur sa vie au cours d'une journée que ne l'avaient fait la plupart de ses connaissances en plusieurs années, même si elle ne lui avait confié aucun détail personnel sur sa maudite famille.

De sorte que, non sans réticence, comme on perce un furoncle, Mariah dut admettre qu'elle avait apprécié Maude, en tout cas plus qu'elle ne s'y attendait, compte tenu du fait qu'elle s'était imposée de façon grossière chez Caroline pour Noël – sans même y avoir été invitée !

Bedelia la dévisagea d'un air incrédule.

— Vraiment ? Mais vous l'avez connue à peine une journée !

— Nous avions peu de chose à faire hormis bavarder toutes les deux, expliqua Mariah avec un léger sourire. Maude s'est montrée fascinante au déjeuner comme au dîner, mais plus encore quand nous sommes sorties ensemble nous promener. J'ai été très flattée qu'elle m'en raconte autant. Je me suis surprise à lui parler avec une franchise semblable, et je l'ai trouvée fort gentille en même temps que dénuée de tout jugement critique. Cette rencontre a été pour moi une… une merveilleuse expérience, se hâta-t-elle d'ajouter.

Mariah avait dit cela dans le seul but de leur donner à croire qu'elle savait quelque chose sur l'assassin de Maude – s'ils y étaient mêlés. C'était une ruse qui venait s'ajouter au chagrin qu'elle mettait en avant. Elle voulait qu'ils l'imaginent trop affligée pour envisager de refaire le long trajet en voiture à la nuit tombée.

En outre, à sa grande consternation, Mariah s'aperçut qu'elle regrettait amèrement que tout cela ne fût pas vrai. Elle n'avait en rien été amie à ce point avec Maude. Pas plus qu'elle ne lui avait confié les tourments de sa vie, ni la honte, traînée durant des années, de ne pas avoir eu le courage de quitter son mari pour fuir à l'étranger comme l'avait fait sa première épouse ! Elle pouvait difficilement qualifier d'acte de bravoure sa tentative aussi folle que pathétique d'éliminer le beau-fils de son mari, avant que celui-ci aille étaler son indignité devant le monde entier. Quelle histoire grotesque ! Mariah se souvenait encore avec un embarras cuisant de la terreur qui l'avait envahie ce soir-là, et de la gratitude qu'elle avait éprouvée lorsqu'il était réapparu peu de temps après, sans avoir subi d'autre préjudice qu'un plongeon glacé dans les eaux sales de la Tamise. Elle aurait préféré mourir plutôt que raconter à Maude une telle chose ! C'était déjà assez affreux qu'elle ne se souvienne pas de ce que Caroline en avait su…

Cependant, elle trouvait rassurant de penser que Maude aurait pu la comprendre, sympathiser avec elle au lieu de la mépriser, comme elle-même se méprisait pour sa lâcheté. Rien n'eût été plus précieux au monde qu'une amie qui aurait compati à son histoire. Mais c'était ridicule ! Car Maude ne se serait jamais laissé infliger pareil traitement. Nul doute qu'elle aurait pris un fusil et abattu l'homme qui se serait permis de la traiter aussi mal !

— Alors, vous la pleurez avec nous, dit Arthur d'une voix aimable, interrompant le fil de ses pensées. J'aimerais que vous vous sentiez la bienvenue chez nous et renonciez à l'idée de retourner à St. Mary ce soir. Il va bientôt faire nuit, et vous devez être à la fois fatiguée et bouleversée. Je suis certain que nous pouvons vous fournir ce dont vous aurez besoin. Et, bien entendu, nous ne manquons pas de place.

— Lord Woollard étant reparti, la chambre d'hôte est de nouveau disponible, s'empressa de préciser Clara.

— Ah oui, l'hôte qui séjournait chez vous quand la pauvre Maude est arrivée, observa Mariah. Comme c'est aimable à vous… Je vous en serai très reconnaissante. Puis-je faire part de votre généreuse proposition à mon cocher, afin qu'il puisse rentrer à St. Mary ? Mr. et Mrs. Fielding pourraient avoir besoin de la voiture demain. Et si personne ne les prévient, ils risquent de s'inquiéter de mon sort.

— Naturellement, dit Arthur. Voulez-vous l'en informer vous-même ou dois-je prier le valet de s'en charger ?

— Oui, je vous en prie. Et demandez-lui de faire part à Mrs. Fielding de votre courtoisie à mon égard et de lui dire que je vais bien… que j'ai juste beaucoup de peine.

— Comptez sur moi.

Cette fois, le sort en était jeté. Mais à quoi diable pensait-elle ? Elle avait l'estomac retourné et la bouche toute sèche.

Mariah but l'excellent sherry et s'autorisa à en savourer un instant la chaleur bienfaisante. Elle venait de s'embarquer dans une aventure. C'était ainsi qu'il fallait considérer la situation. Elle éprouvait toujours la même colère à l'idée que Maude ait été traitée de manière révoltante – que les choses soient allées ou non jusqu'au meurtre, hypothèse qu'elle avait toutefois tendance à privilégier. En outre, elle était épuisée, et peinée – réellement peinée. Maude avait été trop débordante de vie pour mourir, trop joyeuse de profiter des bonnes expériences pour disparaître si tôt. Par ailleurs, nul ne méritait de se voir rejeté par les siens, quelle qu'en fût la raison.

Mais cette raison, quelle était-elle ? Qui dans cette pièce confortable où flambait un bon feu, où l'on prenait le thé sur un plateau d'argent, assis dans de profonds canapés, n'avait pas voulu de Maude ? Et pourquoi les autres avaient-ils accepté cette décision ? Étaient-ils tous coupables de quelque chose ? Avaient-ils des secrets à cacher pour lesquels ils eussent été prêts à tuer ? Ils paraissaient si inoffensifs, si quelconques… Seigneur, quelle perversité pouvait se dissimuler derrière une apparence aussi rassurante que du bon pain !

Un peu plus tard, une bonne conduisit Mariah à sa chambre. Bien chauffée et agréablement meublée, elle comportait un lit à baldaquin, de lourds rideaux de brocart lie-de-vin, un tapis turc dans les tons de rouge et des meubles en chêne sculptés. Une ravissante aiguière à motif fleuri était remplie d'eau fraîche près d'une cuvette assortie pour se laver, à côté d'une pile de serviettes épaisses posées sur un guéridon. Rien ne laissait deviner que Lord Woollard ou qui que ce soit avait occupé la chambre récemment. Mais Mariah prendrait le temps de vérifier le nombre de chambres réservées aux invités afin de savoir si, sa sœur l'eût-elle voulu, Maude aurait pu être logée.

Mariah s'avança dans le couloir sur la pointe de pieds en ayant le sentiment d'être une voleuse, puis ouvrit les portes des deux autres chambres. L'une et l'autre étaient inoccupées. Le manque de place n'avait été qu'un mensonge éhonté.

Elle regagna sa chambre, les mains un peu tremblantes, les genoux flageolants. À peine fut-elle assise qu'elle eut soudain une nouvelle idée. Mariah alla ouvrir le petit placard près du lit, dans lequel elle trouva de l'eau de lavande, une fiole qui contenait deux doses de laudanum… et un flacon rempli d'eau de menthe ! Le bouchon avait l'air bien enfoncé, mais, plus intéressant, il était recouvert d'une fine couche de poussière. À l'évidence, on l'avait acheté avant que Maude quitte la maison. Ce qui jetait un jour nouveau sur l'unique dose en sa possession. Celle-ci avait-elle contenu une autre substance que le goût puissant de la menthe aurait masquée ? Et les noix de macadamia avaient-elles été offertes dans le seul but que Maude éprouve le besoin d'en prendre ?

Mariah referma le placard et se laissa tomber lourdement sur le lit. Jusque-là, tout s'était déroulé à merveille – peut-être même trop. Et il restait encore beaucoup à faire. Elle devait confirmer que Maude avait été assassinée, et auquel cas par qui et de quelle manière… mais son enquête ne serait pas terminée tant qu'elle ne saurait pas pour quel motif ! Comment parvenir à un tel résultat avant qu'ils ne la renvoient poliment ? Pitt ne se retrouvait jamais face au défi de résoudre une affaire en quelques heures ! Il lui fallait des jours ! Parfois des semaines ! Sans compter qu'il avait pleine autorité pour poser des questions et exiger des réponses – même si celles-ci n'étaient pas toujours sincères. Elle allait devoir se montrer beaucoup plus maligne que lui ! La tâche ne serait pas aussi simple qu'elle l'avait supposé.

Néanmoins, les choses se passaient bien. Et elle était de toute façon beaucoup trop en colère pour renoncer à son entreprise.

Un peu plus tard, alors que dans des circonstances normales elle se serait changée pour aller dîner, Mariah fut frappée par le côté étrange du contexte, ainsi que des événements qui s'étaient succédé en quelques jours. À cette même heure la semaine précédente, elle était à Londres avec Emily et Jack, comme d'habitude. Puis elle avait été expédiée sans ménagement à St. Mary in the Marsh. À peine venait-elle d'accepter cette situation que Maude Barrington était arrivée. Et alors qu'elle s'en était presque accommodée, brusquement, Maude était morte, sans avertissement d'aucune sorte.

Mariah étant la seule à soupçonner que la mort de Maude n'était peut-être pas naturelle, personne d'autre n'irait réclamer justice. Si bien qu'elle se retrouvait là, assise toute seule dans une maison pleine d'étrangers, convaincue que l'un d'entre eux au moins était un assassin. De plus, elle n'avait ni rechange ni chemise de nuit pour dormir. Ils lui avaient proposé de lui prêter le nécessaire, mais toutes les femmes de la famille avaient dix bons centimètres de plus qu'elle, et un tour de taille beaucoup plus menu ! Elle avait dû perdre l'esprit ! Cela, elle n'accepterait jamais de le reconnaître devant Caroline. Ou qui que ce soit d'autre.

On frappa à la porte, et Mariah sursauta si violemment qu'elle fut prise d'un hoquet.

— Entrez ! dit-elle entre deux hoquets.

À en juger par la robe noire, la coiffe en dentelle et le trousseau de clefs accroché à sa ceinture, ce devait être la gouvernante. Petite et assez ronde, elle avait exactement le même gabarit que Mariah.

— Bonsoir, madame, dit-elle d'une voix agréable. Je suis Mrs. Ward, la gouvernante. C'est très aimable à vous d'être venue porter vous-même ces tristes nouvelles. Cela a dû vous déranger considérablement.

— La mort de Maude m'a peinée, avoua Mariah avec franchise, soulagée de parler à une domestique et non à un membre de la famille. Venir en personne m'a paru être la seule chose évidente à faire. Elle est morte parmi des étrangers, même s'il y avait là des gens qui l'ont aimée tout de suite, et beaucoup.

Le visage de Mrs. Ward s'empourpra. On aurait dit qu'elle se sentait obligée de dissimuler son émotion.

— Je suis très contente que vous ayez agi ainsi, dit-elle, un tremblement dans la voix, en battant rapidement des paupières.

— Vous la connaissiez, en déduisit Mariah, qui se força à sourire. Vous devez la regretter vous aussi.

— Oh oui, madame… Je travaillais déjà ici comme bonne quand j'étais jeune fille. Miss Maude avait alors seize ans.

— Et Mrs. Harcourt ? demanda effrontément Mariah.

Il fallait bien qu'elle mène son enquête. L'heure n'était pas aux subtilités.

— Oh… elle en avait dix-huit. Et elle était d'une beauté incomparable.

Mariah nota l'expression neutre de la gouvernante. Sans doute respectait-elle Bedelia Harcourt, peut-être même lui était-elle dévouée, mais elle ne l'aimait pas autant que Maude. Il faudrait qu'elle garde ce détail en mémoire. Les domestiques parlaient peu, et les meilleurs d'entre eux presque jamais, en revanche, rien ne leur échappait.

— Et Mrs. Sullivan ?

— Oh, elle n'avait alors que treize ans. C'était encore une écolière toute tachée d'encre et bien maladroite, mais elle débordait d'enthousiasme, la pauvre petite. La gouvernante essayait de la faire marcher en lui mettant le dictionnaire sur la tête, mais elle n'arrêtait pas de le laisser tomber.

— Le dictionnaire ?

— Juste pour le poids ! Miss Agnes était excellente en orthographe. Mais tout cela remonte à bien longtemps, dit-elle en battant de nouveau des paupières. J'étais venue vous dire que si vous aviez besoin de quoi que ce soit, je me ferais un plaisir de vous rendre service.

Mrs. Ward avait l'air sincère, comme si ses paroles dépassaient de très loin la politesse ou l'obéissance à une demande de Bedelia.

— Merci. Je… je crains de n'avoir aucune des affaires habituelles avec moi.

Oserait-elle demander un jupon ou une chemise propres ?

La gouvernante parut gênée.

— Vous trouver des affaires de toilette ne pose aucune difficulté, Mrs. Ellison. Je pensais à… à des choses plus personnelles. Si vous me pardonnez de m'exprimer ainsi, il me semble que nous sommes plus ou moins de la même taille. Si cela ne vous offense pas, madame, vous pouvez m'emprunter une ou deux… tenues. Ça nous permettra de… nous occuper des vôtres et de vous les rapporter.

Ses pommettes rosirent, comme si elle craignait d'avoir été inconvenante.

Mariah se sentit soudain touchée par sa gentillesse. Mrs. Ward semblait d'une totale sincérité.

— C'est très généreux à vous de me le proposer, dit-elle avec chaleur. Je vous en serai on ne peut plus reconnaissante. Je n'ai rien d'autre que ce que j'ai sur moi. C'était le cadet de mes soucis quand je suis partie ce matin.

Mrs. Ward rougit de plus belle, mais c'était cette fois de soulagement.

— Alors je vais veiller à ce qu'on vous les apporte. Merci, madame.

— C'est moi qui vous remercie, rétorqua Mariah, surprise, et plutôt réjouie, par sa propre courtoisie.

L'idée la traversa tout à coup que, d'une certaine façon, la mort de Maude lui donnait l'occasion de commencer elle-même une nouvelle vie, ne fût-ce que pour un jour ou deux. Ici, à Snave, personne ne la connaissait. Elle était libre de montrer d'elle-même ce qu'elle voulait. Cette liberté avait quelque chose de grisant, comme si le passé n'existait pas. Brusquement, elle sourit de nouveau à la gouvernante.

— Vous êtes d'une grande amabilité, ajouta-t-elle.

Là encore, Mrs. Ward rougit, cette fois de plaisir. Elle se retira et revint un quart d'heure plus tard en apportant deux robes noires, un assortiment de lingerie, ainsi qu'une chemise de nuit.

Avec l'aide de la femme de chambre qui lui avait été assignée – une fille charmante –, Mariah put se changer pour aller dîner et revêtit une robe en alépine noire fort convenable et de bonne coupe, dont l'allure modeste convenait aussi bien à une vieille dame qu'à une gouvernante. Elle remit ensuite ses bijoux en jais et ses perle fines, qui offraient le double avantage d'égayer l'aspect sombre de sa tenue tout en restant une parure de deuil discrète. Elle possédait un grand nombre de bijoux de ce genre depuis l'époque où elle s'était appliquée au veuvage. De plus, ils étaient très jolis. Les perles minuscules leur donnaient beaucoup de délicatesse.

Mariah descendit au rez-de-chaussée et traversa le hall pour se rendre au salon. Une conversation animée se faisait entendre, qui l'étonna, mais elle ne connaissait pas assez bien les voix pour savoir à qui les attribuer.

À la seconde où elle ouvrit la porte, tout le monde fit silence et se tourna vers elle. Les messieurs se levèrent pour l'accueillir. Les femmes la regardèrent en émettant des petits murmures polis et notèrent qu'elle avait changé de robe sans faire de commentaire.

La conversation reprit, plus guindée, avec une solennité qu'elle n'avait pas perçue avant son arrivée.

— J'espère que vous êtes bien installée, Mrs. Ellison ? s'enquit Bedelia.

— Très bien, je vous remercie, répondit Mariah en prenant place dans un gros fauteuil. Vous êtes très aimable, ajouta-t-elle en souriant.

— C'est une chance que Lord Woollard soit parti, observa Clara.

Mariah se demanda si cette remarque était destinée à la convaincre qu'ils ne pouvaient accueillir qu'un seul invité à la fois, d'où la nécessité de renvoyer Maude. Or, elle savait qu'il restait au moins deux chambres inoccupées. Et puis la famille passait d'abord, surtout quand l'un de ses membres rentrait après une si longue absence.

— En effet, dit-elle, faisant mine d'approuver. C'est l'un de vos amis proches ? Il va être très triste d'apprendre la disparition de Maude.

— Il ne l'a jamais rencontrée, se hâta de dire Bedelia. Je ne crois pas nécessaire d'assombrir ses fêtes de Noël en lui faisant part de mauvaises nouvelles qui ne le concernent nullement.

Cet homme n'aurait donc aucune sympathie pour la famille endeuillée. Apparemment, ils avaient reçu une simple connaissance à la place de Maude !

— Je pensais qu'il était peut-être l'un de vos parents, murmura Mariah.

Arthur lui sourit.

— Pas du tout. Une relation d'affaires...

Il avait l'air fatigué, et l'on percevait une tension dans sa voix, ainsi qu'une sorte d'ironie amère.

— Il a été envoyé ici afin de juger si l'on doit ou non proposer de m'anoblir. Pour vérifier si j'en suis digne.

— Évidemment, tu en es digne ! intervint Bedelia. Il s'agit d'une simple formalité. Et je dirais qu'il était content de quitter la ville et de séjourner chez nous quelques jours. Les villes sont si… sales, quand il neige.

— Il ne neige pas, lui fit observer son mari.

— Sa visite n'aura en tout cas pas été gâchée par cette tragédie, enchaîna-t-elle sans lui prêter attention.

— Ni par rien d'autre, ajouta Clara.

— Je crois qu'il va neiger, dit alors Agnes en regardant vers la fenêtre encadrée d'épais rideaux. Le vent a tourné, et les nuages étaient très lourds avant le coucher du soleil.

Mariah était ravie. S'il neigeait, elle ne pourrait pas repartir le lendemain – à supposer toutefois qu'il en tombe une quantité suffisante.

— Oh, mon Dieu ! fit-elle, feignant l'anxiété. Je n'avais pas remarqué. J'espère que je ne vous dérange pas…

— Pas le moins du monde, assura Bedelia. Vous dites avoir été amie avec Maude, même si vous l'avez connue très peu de temps. Comment ne seriez-vous pas la bienvenue chez nous ?

— Mais oui, renchérit Agnes. Maude vous a beaucoup parlé, disiez-vous ? Nous l'avons si peu vue… Si ce n'est pas trop pénible, peut-on vous demander ce qu'elle vous a raconté de ses… voyages ?

Elle jeta un bref regard à sa sœur.

— Enfin… s'il est convenable d'en parler. Je ne voudrais vous embarrasser d'aucune manière.

Que s'imaginait donc Agnes ? Des orgies autour d'un feu de camp ?

— Une autre fois, peut-être, dit Arthur d'une voix rauque. S'il se met à neiger, vous resterez parmi nous assez longtemps…

— Absolument, approuva Bedelia sans le regarder.

— Nous sommes tous à bout de nerfs, s'excusa Zachary. Ce décès est si inattendu. Nous avons encore de la peine à y croire.

— Nous ne nous doutions pas qu'elle était malade, dit Randolph, prenant la parole pour la première fois depuis que Mariah était entrée dans la pièce. Elle avait l'air si… si pleine de vie… si indestructible…

— Tu n'as fait que la croiser, observa sa mère avec froideur.

Mariah se tourna vers elle d'un air surpris.

— Maude est partie avant la naissance de mon fils, expliqua Bedelia, comme si on venait de lui poser une question indiscrète. Je crois que vous ne comprenez pas vraiment quelle… quelle femme extraordinaire elle était.

L'usage qu'elle faisait du mot « extraordinaire » recouvrait une multitude de possibilités, pour la plupart désagréables.

Mariah ne réagit pas. Il fallait qu'elle mène son enquête ! La pièce était engluée dans l'émotion – le chagrin, la jalousie, la colère, et plus encore, la peur. Ne sentait-elle pas comme un parfum de scandale ? Pour l'amour du ciel, elle n'avançait guère ! Elle n'avait encore aucune preuve que Maude avait été victime d'un meurtre, ce n'était qu'une certitude dans son esprit suspicieux.

— Non, dit-elle tout bas. Il est vrai que j'ignore à quel point elle était extraordinaire… J'ai parlé avec elle, je l'ai écoutée raconter ses souvenirs et ses impressions, avec une telle intensité… Maude était une femme dotée d'un sens de l'observation et d'une compréhension remarquables. Je n'ai aucun droit de parler comme si je la connaissais autant que vous qui avez grandi avec elle.

Mariah laissa flotter dans l'atmosphère l'ironie des quarante ans qui s'étaient écoulés entre-temps.

— J'imagine qu'elle vous a écrit des lettres magnifiques, quand elle vivait à l'étranger ?

Le silence retomba, aussi gênant qu'éloquent. Maude ne leur avait donc pas écrit de cette manière lyrique et passionnée avec laquelle elle avait parlé à St. Mary. Ou si elle l'avait fait, ils préféraient pour quelque raison mystérieuse l'ignorer.

Mariah insista, déterminée à susciter une réaction qui ait pour elle un sens.

— Elle avait voyagé comme peu de gens l'ont fait, hommes ou femmes. Rassembler ses lettres intéresserait tous ceux qui n'ont pas cette chance. Ou ce formidable courage. Ce serait un bel hommage, vous ne pensez pas ?

Agnes retint son souffle et se tourna vers Bedelia. Elle semblait dans l'incapacité de répondre sans recueillir d'abord son assentiment. Une vieille habitude forgée dans l'enfance ? Forgée était le mot juste, car elle semblait entravée dans un carcan. L'idée rendit Mariah furieuse, à la fois contre Agnes et contre elle-même. C'était un comportement de lâche, or elle reconnaissait immédiatement la lâcheté, de la même manière que quelqu'un qui se contemple dans un miroir.

Clara regarda son mari, puis sa belle-mère, dans l'attente d'une réponse.

Ce fut cependant Arthur qui répondit.

— Oui, ce serait bien, approuva-t-il.

— Arthur ! s'exclama Bedelia. Je suis sûre que Mrs. Ellison est animée des meilleures intentions, mais elle ne mesure pas l'étendue ou la nature des… voyages de Maude, ni le peu d'opportunité qu'il y aurait à les rendre publics.

— Parce que tu les mesures, toi ? demanda Arthur, en dressant ses sombres sourcils.

— Pardon ? rétorqua Bedelia avec froideur.

— As-tu seulement idée des voyages qu'a faits Maude ? répéta-t-il. Je t'ai demandé si elle avait écrit, et tu m'as répondu que non.

Il n'accusait pas sa femme de mentir, mais la conclusion qui s'imposait était lourde de sens. Bedelia demeura silencieuse, le teint pâle, les lèvres serrées.

Ce fut Clara qui rompit le silence.

— Pensez-vous qu'il serait de bon ton que nous invitions les Matlock et les Willowbrook à dîner le soir du réveillon, Belle-maman ? Ou que nous allions à la messe de minuit à Snargate ? Les gens ne nous jugeront-ils pas indélicats ?

— Je ne crois pas que ce soit possible, ma chère, répondit Agnes avec tristesse. Je l'espérais pourtant, moi aussi.

Puis elle se tourna vers Clara, et non vers Zachary, qui s'était retenu d'intervenir.

— La mort ne change rien au fait que c'est Noël, déclara Bedelia après quelques secondes de réflexion. Noël est même le moment où la mort revêt le moins de sens. C'est la saison à laquelle on célèbre ce que représentent l'éternité et la miséricorde divine. Bien sûr que nous irons à la messe de minuit à Snargate ! Nous montrerons que nous sommes liés par le courage et la foi, et que nous sommes solidaires en tant que famille. Tu n'es pas de cet avis, mon cher ?

Elle se tourna vers Arthur, comme si l'échange précédent n'avait jamais eu lieu.

— Cela me semblerait de circonstance, répondit-il en s'adressant à la cantonade, sans que l'on puisse discerner une quelconque émotion dans sa voix.

— Oh, je m'en réjouis ! fit Agnes en souriant. Nous avons tant de choses dont nous pouvons être reconnaissants que ça me semble juste.

Mariah trouva sa remarque étrange. De quoi étaient-ils donc si reconnaissants en ce moment ? Du fait que Lord Woollard avait jugé Arthur apte à recevoir un titre de noblesse ? Cela importait-il le moins du monde au regard de la disparition d'une sœur ? Peut-être… Maude n'avait pas été là quarante ans durant, et ils avaient considéré son absence comme permanente. Elle avait choisi de revenir à un très mauvais moment, sans quoi ils ne l'auraient pas envoyée chez Joshua et Caroline. Existait-il un scandale familial dont Maude aurait pu parler, ruinant ainsi de si hautes ambitions ?

Toute spéculation plus avant sur le sujet fut interrompue par l'annonce que le dîner était servi.

Le repas s'avéra excellent – et beaucoup plus copieux que ce que proposait Caroline.

À table, la conversation tourna autour des dispositions à prendre pour Noël, et de la façon dont chacun pourrait être affecté par la mort de Maude ou par le temps. Ils évitèrent de parler de l'enterrement, d'envisager où et quand il devrait avoir lieu, mais ce sujet demeura en suspens, tel un courant d'air glacé, comme si quelqu'un avait laissé une porte grande ouverte.

Mariah cessa d'écouter les mots pronon-cés pour se concentrer sur l'intonation des voix, l'abandon ou la tension des mains, mais plus encore sur l'expression des visages.

Clara paraissait soulagée, comme libérée d'une angoisse. La visite de Lord Woollard l'avait sans doute rendue nerveuse ou bien elle avait moins d'assurance qu'elle n'en donnait l'impression. Se comportait-elle avec maladresse en société ou d'une manière jugée inacceptable ? Son mari se trouvant l'unique héritier, c'eût été un sérieux problème. Peut-être venait-elle d'un milieu plus modeste que le reste de la famille et avait-elle déjà commis plusieurs impairs. À moins que sa mère ne fût l'une de ces femmes dévorées d'ambition pour leurs filles, aux yeux desquelles rien n'était jamais assez bien.

Zachary parlait peu, et Mariah le surprit à regarder Bedelia plus souvent que nécessaire. On sentait chez lui une admiration, un respect mêlé de crainte. Était-ce pour son éclat ? Sa belle-sœur était certes beaucoup plus séduisante que la pauvre Agnes. Il émanait d'elle une élégance, une féminité, un mystère et une sorte de pouvoir que lui donnait l'assurance. Mariah, bien malgré elle, l'observa à son tour.

Quelle impression cela faisait-il d'être belle ? Peu de femmes étaient aussi gâtées ; elle-même n'avait pas cette chance, pas plus qu'Agnes – ou que Maude. Clara n'était que jolie. La beauté lumineuse et saisissante était très rare. Même Bedelia ne la possédait pas.

Mariah n'avait rencontré ce genre de beauté qu'une ou deux fois dans sa vie, et cela ne s'oubliait pas. La grand-tante d'Emily par son premier mariage, Lady Vespasia Cumming-Gould, la possédait. Même l'âge venant, elle était encore là.

Pourquoi Zachary continuait-il à regarder Bedelia ? Fallait-il voir là une banale fascination masculine ? Ou de la simple politesse, parce qu'il vivait sous son toit ?

Arthur ne la regardait pas de la même façon.

Agnes, qui observait sa sœur et son mari tour à tour, semblait s'en rendre compte elle aussi. Ses yeux trahissaient une certaine tristesse. Pensait-elle qu'elle ne serait jamais en mesure de rivaliser avec Bedelia ? Peut-être était-ce ce sentiment d'échec que Mariah devinait – et comprenait. Elle-même le connaissait bien : un visage ordinaire, aucune magie dans le regard ou dans la voix, et surtout, la conscience de ne pas être aimée.

Et si c'était de la jalousie ? Ou même de la haine, les années passant ? Simplement à cause de sa beauté ? Cela avait-il tant d'importance ? Un petit nombre de femmes étaient plus que plaisantes à regarder et acquéraient un certain style en arrivant à l'âge mûr, ou mieux, de l'esprit. Et Agnes n'avait pas été oubliée. Mais des sœurs étaient rivales. C'était inévitable. L'argent jouait-il un rôle ? Ainsi que la promesse d'un titre de noblesse ?

La conversation se poursuivit, et l'on s'inquiéta de ceux qui seraient seuls pendant les fêtes de Noël, voire dans le besoin, ainsi que des gens en mauvaise santé, afin de décider à qui l'on pourrait ou devrait remettre un petit cadeau. Et puis, est-ce que le temps allait se détériorer ?

— Vous arrive-t-il souvent de rester bloqués par la neige ? demanda Mariah avec curiosité. Ce doit être une expérience épouvantable !

— Pas du tout, la rassura Zachary. Nous ne risquons rien. Nous avons de quoi manger et nous chauffer, et ça ne dure jamais plus d'un jour ou deux. Mais ne vous inquiétez pas, je vous en prie. Si jamais cela se produit, c'est en général au mois de janvier ou de février. Vous connaissez le vieux dicton : « Quand les jours commencent à rallonger, le temps ne fait qu'empirer. »

Il sourit, et la gravité de son visage laissa place à un air étrangement épanoui.

Mariah lui retourna son sourire, savourant le sentiment de liberté aussi soudain qu'inexplicable que sa nouvelle attitude lui procurait.

— Je l'ai souvent vérifié, dit-elle. Et je vous crois volontiers assez sages pour prévoir le nécessaire. Je pensais plutôt à des choses comme le fait de tomber malade. Cependant c'est une difficulté que rencontrent à vrai dire tous les gens qui vivent dans les coins de campagne les plus sauvages et les plus splendides.

Elle continua à se montrer charmante. C'était pour elle comme d'essayer un nouveau jouet.

— Vous savez, Mrs. Harcourt, jamais je n'au-rais vu Romney Marsh autrement que comme une côte sans relief, plutôt fragile, où flotte en permanence une odeur de sel, si je n'avais pas rencontré Miss Barrington. Mais, au cours de notre promenade, j'ai pu observer qu'elle ressentait bien d'autres choses ! Elle m'a parlé des fleurs sauvages au printemps, des oiseaux… Elle connaissait les noms de bon nombre d'entre eux, ainsi que leurs habitudes. Les oiseaux aquatiques, notamment.

Mariah inventait en partie à mesure qu'elle parlait. C'était enivrant. Les visages surpris et anxieux qui l'entouraient accentuaient son impression de vivre une aventure. Elle reprit sa respiration et poursuivit :

— Je n'avais jamais réalisé à quel point tout est à sa place, dans l'ordre des choses.

— Vraiment ? fit Bedelia d'une voix atone. C'est un intérêt que Maude avait développé depuis peu. Après avoir quitté l'Angleterre. Elle a dû l'acquérir à travers des lectures.

— N'est-elle pas sortie plusieurs fois se promener ? demanda innocemment Mariah.

— Comme elle n'est restée ici que quelques heures, elle n'a pas eu le temps de sortir du tout, l'informa Bedelia. Elle vous aura sans doute expliqué qu'elle est arrivée sans nous prévenir, raison pour laquelle nous n'avons pas été en mesure de la loger. Si nous l'avions pu, pensez-vous que nous aurions demandé à Joshua Fielding de lui offrir l'hospitalité ?

Mariah avait donc raison ! Quelqu'un de la maison avait donné à Maude cette unique dose d'eau de menthe. Il fallait qu'elle réfléchisse, et vite ! Mieux valait pour elle battre en retraite que provoquer une dispute, même si les mots se bousculaient dans sa bouche. Préférait-elle passer pour une imbécile inoffensive ou pour une femme bien renseignée qu'il fallait surveiller ? Elle devait se décider sur-le-champ. Il lui était impossible d'être les deux.

Bedelia attendait. Tous les regards étaient braqués sur Mariah. Une idée brillante la traversa : elle pourrait avoir l'air à la fois stupide et extrêmement malin – à condition de faire semblant d'être un peu sourde ! Et si elle prétendait être sourde, la moindre preuve qu'elle réussirait à glaner serait ensuite facile à réfuter !

Mariah ravala sa fierté, chose qui ne lui était encore jamais arrivée, sauf en ces rares occasions où son propre passé avait surgi devant elle, comme un cadavre à la surface de la rivière. Mais puisqu'elle y avait survécu, nul geste de cette famille ne viendrait entamer sa carapace intérieure.

— Vous avez raison, dit-elle humblement. J'avais oublié que Maude était partie depuis si longtemps. Si elle n'a jamais manifesté cet intérêt auparavant, elle a dû le découvrir dans les livres. Peut-être se languissait-elle des ciels immenses, du vent salé et du rugissement de la mer ?

Une lueur de triomphe passa dans le regard de Bedelia, grisée par son propre pouvoir. Mariah la perçut, telle une décharge électrique, comme il arrive parfois lorsqu'on touche certains métaux dans un air très sec. Elle avait lu que les animaux prédateurs flairaient le sang de la même manière. Elle frissonna de peur, mais aussi de la conscience si aiguë de sa vulnérabilité, ce qui rendait soudain la vie à la fois délicieuse et fragile.

Était-ce cela qu'Agnes avait su tout au long de sa vie ? Ou bien se laissait-elle emporter par son imagination ? Et Maude ? S'était-elle sentie écrasée elle aussi ? Fallait-il voir là la raison qui l'avait poussée à quitter l'Angleterre, à s'éloigner des choses familières que sans conteste elle aimait pour aller dans toutes sortes d'anciennes contrées barbares et splendides, où elle ne connaissait personne et où personne ne la connaissait ? Une fuite désespérée ?

Peut-être y avait-il ici nombre d'énigmes à éclaircir, plus que Mariah ne l'avait escompté quand elle s'était retrouvée dans la chambre devant le cadavre de Maude ce matin.

Bedelia lui sourit.

— C'est possible, dit-elle. Mais elle aurait pu choisir de vivre au bord de la mer. La pauvre Maude n'était pas très douée pour prendre des décisions, surtout les bonnes. Voilà qui était regrettable.

— Nous espérions sortir davantage par la suite, dès qu'elle serait revenue…

Agnes jeta un regard à Bedelia.

— … pour le Nouvel An ou… ou quand nous aurions été certains que…

Elle laissa sa phrase en suspens, sachant fort bien qu'elle venait de commettre une gaffe.

Mariah la dévisagea, l'engageant à s'expliquer.

Bedelia soupira d'impatience.

— Agnes, ma chérie, tu ne sais pas tenir ta langue !

Elle se tourna vers Mariah d'un air exaspéré.

— Autant que vous connaissiez la vérité, Mrs. Ellison, sans quoi vous allez nous prendre pour une famille cruelle. Mais il n'en est rien. Maude, en tant que sœur du milieu de la fratrie, a toujours été l'enfant indisciplinée, celle qui devait attirer l'attention en se comportant de façon différente. Cela arrive parfois dans les familles. Les aînés reçoivent de l'attention parce qu'ils sont les premiers, les plus jeunes parce qu'ils sont des bébés, et comme ceux du milieu se sentent ignorés, ils font les intéressants, pour employer une expression familière.

— Maude ne faisait pas son intéressante, la corrigea Arthur. Elle était pleine d'enthousiasme. Quoi qu'elle entreprenne, c'était de tout son cœur. Il n'y avait rien chez elle d'affecté ou d'étudié.

Bedelia garda les yeux fixés sur Mariah.

— Mon mari est un homme d'une extraordinaire générosité. C'est en raison de son travail auprès des moins fortunés que Sa Majesté propose de l'anoblir. Je suis très fière de lui, car c'est pour de nobles raisons, sans rapport avec des choses de mauvais goût comme la finance ou un soutien politique.

Elle sourit avec un air de patience extrême.

— Mais, de temps en temps, son jugement est plus généreux qu'objectif. Dès son arrivée, il a été clair que Maude avait voyagé dans des endroits où les manières et les coutumes diffèrent en tout point des nôtres. Je crains que même son langage n'ait pas été tel que nous ayons pu soumettre nos autres invités à son attitude si… haute en couleur. Nous savions que Joshua, étant acteur, se montrerait plus tolérant face à ses excentricités. Mais nous ignorions que vous séjourneriez chez lui, et si Maude vous a choquée ou mise mal à l'aise, nous sommes coupables d'avoir permis qu'une telle chose se produise, et, en notre nom à tous, je vous prie de nous en excuser. Notre manque de considération à cet égard a beaucoup perturbé Agnes.

Celle-ci esquissa un sourire, mais elle avait les larmes aux yeux.

— Je comprends, dit Mariah.

Elle s'efforça d'imaginer la présence de Maude comme une gêne intolérable. Mariah ne connaissait pas Lord Woollard. Peut-être était-il d'une suffisance insupportable. Certaines personnes étaient tellement rongées par le sentiment de ne pas maîtriser leurs émotions qu'elles s'estimaient offensées par un rien. Or la Maude qu'elle avait connue prenait un certain plaisir à dénoncer l'absurdité, la fatuité et, par-dessus tout, l'artifice. Une telle situation eût été à éviter à n'importe quel prix. Si Arthur Harcourt avait agi autant pour les autres que le prétendait sa femme, il méritait de la reconnaissance et, plus important, le pouvoir renforcé de faire encore davantage de bien.

— J'en suis certaine, dit Bedelia d'un ton aimable.

— Il semble que toutes les familles aient leurs éléments difficiles, ajouta Zachary avec une pointe de tristesse.

Mariah éprouvait le sentiment désagréable d'avoir été cet élément dans sa propre famille. Même si Caroline était une sérieuse rivale depuis qu'elle avait épousé un acteur plus jeune qu'elle ! Sans parler de Charlotte et de son policier !

Un peu plus tard, les femmes se retirèrent au salon, où Mariah apprit peu de choses intéressantes. Elle envisagea de se renseigner sur la santé de chacun, mais ne trouva aucun moyen d'aborder le sujet sans se trahir de façon désastreuse. Elle était très fatiguée. Cette journée, l'une des plus longues de sa vie, avait commencé dans le drame et l'horreur et se terminait dans le mystère, avec la certitude grandissante que quelqu'un dans cette maison avait empoisonné le médicament de Maude. Restait à vérifier de quelle façon précise il s'y était pris, et par quel moyen. Mais le plus important à ses yeux était de savoir pourquoi. Maude avait été expédiée chez Joshua avec succès. Lord Woollard était venu puis reparti. Quel était donc le motif si précieux, ou si abominable, qui justifiait un meurtre ?

Mariah s'excusa, remercia encore une fois ses hôtes de leur hospitalité et monta dans sa chambre. Plaise au ciel qu'il neige pendant la nuit ou que quelque chose l'empêche de partir ! Il lui restait encore tant à découvrir ! Cette enquête se révélait plus compliquée qu'elle ne l'avait supposé, et elle se retrouvait plongée contre son gré dans la vie d'autres gens. Elle avait de l'affection pour Maude, inutile de le nier. Elle n'aimait pas Bedelia et avait perçu l'étendue de son pouvoir. Elle se sentait désolée pour Agnes sans trop savoir pourquoi. Arthur l'intriguait. En dépit de tout ce qui avait été dit sur son succès et sa bonté envers autrui, elle devinait chez lui comme une émotion enfouie qui la troublait. Quelque chose qui n'allait pas.

Randolph et Clara restaient encore trop flous, sinon que la jeune femme nourrissait de grandes ambitions sur le plan social. Cela suffisait-il à inspirer un meurtre ?

Toutes ces questions lui trottaient dans la tête lorsqu'elle enfila la chemise de nuit prêtée par la gouvernante. Et quand elle se mit au lit, bien décidée à les reconsidérer une à une avec soin, elle s'endormit presque instantanément.

Le lendemain matin, Mariah dormit tard. Elle se réveilla en ayant l'embarras de voir la femme de chambre au pied du lit avec un plateau de thé, qui lui demanda ce qu'elle désirait pour le petit déjeuner.

— Serait-il possible d'avoir deux œufs à la coque et des toasts ?

— Bien sûr, avec grand plaisir.

Après avoir savouré son petit déjeuner, en dépit des circonstances et des pensées qui lui troublaient l'esprit, Mariah se leva et fit sa toilette. Elle mit ensuite l'autre robe noire de la gouvernante, toujours avec l'aide de la femme de chambre, qui lui fournit l'occasion d'un échange très agréable. Puis elle descendit.

Dans le hall, elle croisa Agnes qui s'apprêtait à sortir.

— Bonjour, Mrs. Ellison. J'espère que vous avez bien dormi. Ce doit être si bouleversant pour vous… Vous êtes confortablement installée ? Vous avez eu assez chaud ?

— Je n'ai jamais été aussi confortablement installée, répondit Mariah avec franchise. Vous êtes très aimable. Je crois ne pas avoir bougé de la nuit. Vous étiez sur le point de sortir ?

— Oui. Je vais déposer des pots de confiture et de chutney chez divers amis. Dans des villages avoisinants. Je crains que le temps ne soit guère prometteur.

Mariah eut de nouveau une illumination, et sa mise en œuvre ferait d'une pierre deux coups. Elle pourrait s'entretenir avec Agnes sans la surveillance de Bedelia, et si le temps leur refusait la grâce de les bloquer dans la neige, elle prétendrait avoir attrapé un léger refroidissement pour éviter de retourner à St. Mary le lendemain, ou pire, cet après-midi.

— Puis-je venir avec vous ? demanda-t-elle d'un ton enthousiaste. Étant donné que je ne resterai pas au-delà de la période de Noël, j'adorerais voir un peu la campagne. C'est si différent de Londres ! Tellement plus sauvage… et tellement plus propre ! La ville paraît toujours sinistre une fois que la neige a été foulée, d'autant que tout est souillé par la fumée que crachent ces innombrables cheminées !

— Volontiers ! s'exclama Agnes. Je me réjouis de votre compagnie. Mais le temps est très froid. Vous devriez mettre votre pèlerine, et je vais vous faire apporter une couverture de voyage.

Mariah la remercia sincèrement, et dix minutes plus tard, elles se retrouvèrent assises côte à côte dans la voiture à cheval que leur avait avancée un jeune garçon d'écurie. Comme Agnes l'en avait prévenue, le froid était mordant. Le vent faisait penser à un baiser de glace. Les nuages affluaient du côté de la mer et les herbes des marécages se courbaient en frissonnant, comme sous la carresse d'une main invisible.

La voiture avait beau être équipée d'une bonne suspension, et le cheval montrer un enthousiasme inexplicable, la randonnée n'était pas du plus grand confort. Elles quittèrent le village de Snave et filèrent à belle allure vers ce que Mariah supposa être la direction ouest-sud-ouest. Il suffisait de se fier au vent et à l'odeur de la mer. Agnes commença par lui parler de façon enjouée du village de Snargate et de ses habitants, d'où, lui expliqua-t-elle, elles iraient à Appledore. Et s'il restait du temps, elles passeraient ensuite à Isle of Oxney, qui n'était en rien une île, mais un simple promontoire sur la côte. Toutefois, en cas d'inondations, le village mériterait pleinement son nom.

Mariah songea que l'histoire de ces anciens villages était fort intéressante, mais que celle des sœurs Barrington exigeait pour l'heure sa pleine attention. Elle devait encourager Agnes dans ce sens et ne pas gaspiller un temps précieux dont elle n'avait que trop peu.

— Vous parlez si bien de ce pays…

Elle commença par la flatterie – une méthode infaillible.

— Votre famille a ses racines ici ? Vous êtes de la région ?

Les gens voulaient toujours être de quelque part. Personne n'avait envie de se sentir un étranger, comme Maude avait dû en avoir l'impression durant toute sa vie d'adulte.

— Oh, oui ! répondit Agnes avec chaleur. Mon arrière-grand-père a hérité de la maison, à laquelle il a ajouté une aile il y a cent cinquante ans. Elle appartient à Bedelia, bien sûr. Hélas, nous n'avons pas eu de frères. Et la maison reviendra plus tard à Randolph. Mais puisque je n'ai pas de fils, elle lui serait revenue de toute façon.

Agnes regarda droit devant elle, de sorte que Mariah ne fit qu'entrevoir son expression, les larmes brillant dans ses yeux pouvant être mises sur le compte du vent d'est. Il faisait un tel froid !

— Vous avez de la chance d'avoir des sœurs, dit Mariah. J'ai grandi avec seulement des frères, et ils étaient beaucoup plus âgés. Beaucoup trop pour être amis avec moi, mentit-elle de nouveau.

— Je suis désolée.

Le visage d'Agnes n'exprimait rien, aucun rappel de souvenirs qui l'eussent fait sourire.

— Vous devez avoir des souvenirs de Noël, des traditions familiales, enchaîna Mariah en regardant les paniers remplis de pots de confiture recouverts d'un joli tissu maintenu par un ruban. Vous faites cela si bien.

Encore de la flatterie, même si, cette fois, elle était sincère.

— Nous faisons cela depuis toujours, répondit Agnes d'une voix morne.

Mariah continua à l'interroger et finit par lui arracher quelques réponses plus précises. Mais, au nom du ciel, quel travail ! Pitt se donnait-il toujours autant de mal ? C'était pire que d'extraire une dent ! Elle était cependant déterminée. La justice en dépendait.

— J'imagine que vous prépariez cela toutes les trois ensemble, quand vous étiez enfants, dit-elle avec ce qu'elle savait être un parfait manque de tact. Mais peut-être aviez-vous un amoureux ? Rien ne me paraît plus romantique…

N'était-elle pas allée trop loin ?

— Zachary faisait la cour à Bedelia, répondit Agnes. C'était l'hiver, un froid terrible… Plusieurs rivières avaient gelé, cette année-là.

Elle continuait à regarder devant elle d'un air absent, tandis que le vent faisait voler des mèches de ses cheveux en les rabattant sur son visage.

L'espace d'un instant, Mariah ne sut trop quoi dire. Zachary était le mari d'Agnes. Elle aurait bien voulu laisser passer cette remarque. Mais elle avait perçu la souffrance dans la voix d'Agnes, et puis les vieux chagrins n'étaient pas ses affaires. Néanmoins, Maude était morte. Elle ne pouvait plus sentir la piqûre de l'air salé, ni voir l'envol sauvage des oiseaux qui voltigeaient dans le vent et remontaient en tourbillonnant tout là-haut avant de faire demi-tour très loin au-dessus des terres.

— Mrs. Harcourt est encore très belle, dit-elle, histoire de retourner le couteau dans la plaie. Elle devait être d'une beauté étourdissante, dans sa jeunesse. J'ai une lointaine parente qui était comme elle.

— Oui, confirma Agnes, les mains crispées sur les rênes, le cuir de ses gants tendu. La moitié des jeunes gens du pays étaient amoureux d'elle.

— Et elle a choisi Mr. Harcourt ?

La question était idiote, et sans aucun rapport avec la mort de Maude, mais Mariah n'avait pas mieux à sa disposition.

— Oui.

Pendant quelques secondes, Agnes sembla ne pas vouloir en dire plus. Puis elle reprit sa respiration et se décida finalement à parler.

— Bien que les choses n'aient pas été aussi simples…

— Ah bon ? Il faut dire qu'elles le sont rarement, dit Mariah avec sympathie. Et souvent moins qu'elles ne le paraissent en surface. Les gens ont tendance à porter des jugements hâtifs.

— Ce sont les plus faciles, convint Agnes.

Elle négocia un tournant serré sur le chemin et Mariah aperçut le village de Snargate devant elle. Sa tâche se révélait décidément très difficile. Elles étaient presque arrivées sur la place du village. Plus loin se trouvaient l'auberge, l'église entourée de vieux ifs et le cimetière, dont le porche d'entrée était recouvert de branches dénudées de chèvrefeuille.

Elles effectuèrent une première livraison de spécialités de Noël, puis une deuxième, et quittèrent Snargate pour se rendre au village tout proche d'Appledore.

— Je suppose que, face à des sœurs, on se perd toujours en spéculations, surtout quand l'une d'elles est aussi belle que Bedelia, observa Mariah dès qu'elles se furent remises en route, les couvertures remontées sur leurs genoux frissonnants.

Le ciel s'était en partie dégagé, et des pans de bleu apparaissaient entre les nuages.

Comme si elle se causait de plein gré une blessure, Agnes raconta l'histoire.

— Maude ne le savait pas vraiment. Elle était absente, ce Noël-là. Notre tante Josephine qui vivait seule était malade, et Maude était allée s'en occuper. Zachary faisait la cour à Bedelia. Il était si épris d'elle… Ils allaient partout ensemble, à des bals, à des dîners et au théâtre à Douvres, même dans la neige. À cette époque, la reine était jeune et heureuse, et le prince Albert encore fringant !

Nous voyions leurs portraits dans les journaux. C'était juste avant la guerre de Crimée. Vous vous rappelez ?

— Mais oui.

Cette période avait été pour Mariah un cauchemar. Son mari était encore en vie – charmant et convaincant, brutal en privé, prompt à exiger d'elle des choses qu'aucune femme convenable n'aurait imaginées. Mariah avait encore le goût de la laine du tapis et la sensation du corps de son mari pesant sur elle pour la forcer à s'allonger. En public, tout n'avait été que ravissement, élégance et jupes à crinoline, sur une silhouette que sa taille et ses hanches empâtées rendaient aujourd'hui méconnaissable. Mais à la maison, la vie avait été un enfer, auquel elle ne pouvait repenser sans qu'une honte dévastatrice lui donne la nausée. Quel droit avait-elle – elle plus que quiconque ! – de critiquer la lâcheté d'autrui ? Cela lui inspirait un sentiment de rage et de pitié, et une soif de revanche si vive qu'elle la sentait dans sa bouche. Les rafales de vent lui semblaient presque un réconfort.

Agnes, perdue dans ses propres abîmes, ne jeta même pas un regard à sa voisine pour voir si elle l'écoutait.

— C'est alors qu'Arthur Harcourt est arrivé, reprit-elle. Vers le début du mois de mars, je crois. Au commencement du printemps. Les jours rallongeaient et la nature était tout en bourgeons. Arthur était aussi séduisant que charmant, drôle et gentil. Il nous faisait tellement rire que nous étions embêtées à l'idée qu'on nous surprenne. On ne se réjouissait pas aussi ouvertement, à l'époque. C'était jugé inélégant. Mais lui s'en moquait. Et il dansait comme un ange. La moindre chose semblait valoir la peine, quand il était avec nous.

Mariah devina la suite. Bedelia s'était éloignée de Zachary pour s'éprendre d'Arthur, qui offrait un bien meilleur parti. Se voyant rejeté, le pauvre Zachary s'était rabattu sur la plus terne et plus quelconque Agnes. Et comme elle n'avait pas eu le cœur, ou assez d'assurance, pour refuser, elle avait accepté ses avances.

Sans réfléchir, Mariah posa sa main sur celle d'Agnes qui reposait au bord de la couverture, crispée sur les rênes. Elle ne dit rien, mais son geste traduisait une compréhension silencieuse, une compassion au-delà des mots.

Brusquement, Agnes reprit la parole.

— Nous avons alors pensé que Bedelia et Arthur se marieraient. La chose semblait inévitable.

— Oui, bien sûr.

— Mais notre tante Josephine est morte, Maude est rentrée à la maison et tout a changé.

— Vraiment ? s'exclama Mariah, qui en avait presque oublié Maude. Comment cela ?

— Arthur et Maude avaient l'air si…

Agnes frémit imperceptiblement.

— … si amoureux qu'on avait l'impression que Bedelia avait cessé d'exister. Leur liaison ne ressemblait pas à un flirt. Bedelia a d'abord paru… ne pas pouvoir y croire. Tout de même… Maude, sa propre sœur ! Dieu sait ce qu'elle lui aura dit !

— *Lui aura dit ?* la pressa Mariah.

— Oui… pour qu'Arthur l'ait abandonnée comme ça, Maude a dû lui raconter des choses épouvantables sur Bedelia ! Des choses fausses, bien sûr. La jalousie est… un très vilain défaut. Qui peut vous ronger le cœur, si vous la laissez faire.

— Comme c'est vrai ! approuva Mariah sans avoir à se forcer. Que la passion soit immédiate ou qu'elle s'installe peu à peu, le résultat est toujours affreux. Mais il semble qu'Arthur s'en soit aperçu, quoi qu'elle lui ait dit.

Elle regretta sa dernière phrase, car cela revenait à blâmer Maude, ce qu'elle était très loin de vouloir, même s'il fallait bien encourager Agnes à poursuivre son histoire.

— Oh, oui... Il lui a fallu environ un mois, mais Arthur a fini par retrouver son bon sens. Il s'est rendu compte qu'il aimait vraiment Bedelia. Il a alors rompu cette liaison ridicule avec Maude et a demandé à Bedelia de l'épouser. Elle lui a pardonné et a accepté.

— Je vois, dit Mariah, qui ne voyait rien du tout.

Trois sœurs, deux hommes... Quelqu'un devait être perdant. Mariah regrettait qu'il ait fallu que ce soit Maude. Et si en vérité ils avaient tous perdu, aucun d'eux n'ayant trouvé ce qu'il cherchait ?

— Maude en a eu le cœur brisé, enchaîna Agnes d'une voix rauque.

Elle se détourna, comme si quelque chose de l'autre côté de la route attirait soudain son attention. Mais il n'y avait rien de plus que les herbes, le vent de la mer et les marais qui s'étendaient jusqu'à l'horizon.

— Et elle s'est tout simplement enfuie. Dieu sait pour aller où ! Toujours est-il que près d'un mois plus tard, nous avons reçu une carte postale de Grenade, dans le sud de l'Espagne : « Partie en Afrique. Resterai sans doute là-bas. Maude. »

Bedelia avait affirmé qu'elle n'avait plus jamais écrit. Était-ce la vérité ?

— Et elle y est restée jusqu'à son retour voici quelques jours ?

— C'est exact.

— Pourquoi est-elle revenue, après tant d'années ?

Agnes secoua la tête et se frotta les yeux.

— Peut-être savait-elle qu'elle allait mourir. Et tenait-elle à être enterrée ici. Cela arrive... Les gens veulent être enterrés chez eux, je veux dire, dans la terre qui les a vus naître.

— Maude a-t-elle fait la moindre allusion dans ce sens ?

— Elle a en effet parlé de quelque chose qui avait un rapport avec la mort. Je ne me souviens plus pourquoi exactement. Mais elle était triste, c'était évident. Je... je regrette de ne pas l'avoir écoutée. La visite de Lord Woollard me préoccupait, et nous étions anxieux que tout se passe bien.

La culpabilité se devinait dans sa voix, et la tristesse se lisait sur son visage.

— Arthur mérite une reconnaissance, vous savez. Et la somme de bienfaits qu'il pourrait accomplir grâce à ce titre serait considérable.

— Et vous craigniez que l'attitude de Maude ne soit pas appropriée à son rang ?

Agnes jeta un bref coup d'œil à Mariah, puis détourna le regard, avec une expression où se mêlaient l'impatience et la honte.

— Elle avait vécu dans des endroits extraordinaires pendant les quarante dernières années, Mrs. Ellison. Des endroits où les gens mangent avec leurs doigts et n'ont pas l'eau courante, où les femmes font des choses que... Je préfère ne pas y penser, et encore moins en parler.

— Je croyais que les femmes du Moyen-Orient étaient plus modestes que nous ne le sommes ici en Angleterre, observa Mariah d'un air songeur. C'est du moins l'impression que m'en a donnée Maude. Elles restent confinées dans leurs appartements et ne parlent pas aux hommes qui ne sont pas de leur famille. Et leurs costumes sont assurément tout ce qu'il y a de convenable.

Agnes fronça les sourcils.

— Mais Maude n'était pas accompagnée, elle se promenait partout comme... comme un homme ! Qui sait ce qui lui sera arrivé ? Son goût mérite examen. De même que sa vertu, j'en ai peur.

— Je vous demande pardon ? fit Mariah avec une incrédulité pleine de colère avant de réaliser qu'elle était allée trop loin.

Il fallait au plus vite trouver une échappatoire.

— Je suis désolée, s'excusa-t-elle, le simple fait de prononcer ces mots manquant l'étouffer. Je me suis sentie si proche de Maude, parce qu'elle s'est confiée à moi et moi à elle, que je suis offensée à l'idée qu'une personne ne la connaissant pas puisse mettre en doute sa vertu. C'est très déraisonnable, et même impertinent de ma part. Veuillez me pardonner. Maude était votre sœur, pas la mienne, et c'est votre droit à vous de la défendre. Je ne voulais rien insinuer.

Mariah observa le visage d'Agnes avec une attention fébrile, comme pour quémander son pardon. Elle était en fait très curieuse de voir sa réaction.

Les mains d'Agnes se figèrent sur les rênes, fixant un point dans le lointain alors qu'elles arrivaient en vue du village d'Appledore et qu'elle aurait dû faire ralentir le cheval.

— Ça n'a rien de présomptueux, dit-elle, les joues en feu.

Puis elle se tut de nouveau, hésitant à poursuivre.

— Je suis persuadée que vous avez dit cela par pure gentillesse. Peut-être vivons-nous dans le passé plus que de raison et imaginons-nous beaucoup trop de choses.

— Au sujet de Maude ? se sentit obligée de demander Mariah.

Elle était pleinement consciente de la souffrance d'Agnes, et de sa certitude qu'elle serait toujours un pis-aller. Mariah en était désolée – et même, elle le comprenait –, mais cela n'excusait en rien les mensonges, ni n'empêchait de réclamer justice. En passant devant l'église du village, elle aperçut les couronnes de fête accrochées aux portes, et un groupe d'enfants passa en courant en leur criant « Joyeux Noël ! ». Mariah se demanda ce qui arrivait aux gens pour qu'ils deviennent si amers, et pour quelle raison ils ne se tournaient pas les uns vers les autres afin de s'entraider. Nous empruntons tous un même chemin du berceau à la tombe, et pourtant, chacun rencontre des obstacles différents ; d'aucuns trébuchent sur une pierre, certains tombent au fond d'un trou, d'autres encore se noient dans un étang.

Agnes n'avait pas répondu.

— Je comprends, dit impulsivement Mariah. Le souvenir que vous gardiez de Maude datait de l'époque où elle avait détourné l'affection d'Arthur, et vous aviez peur qu'elle dise ou fasse quelque chose de scandaleux. Au risque de gâcher les chances d'Arthur d'être anobli. Aussi avez-vous veillé à ce qu'elle ne soit pas présente pendant que Lord Woollard logeait chez vous. Mais, maintenant qu'elle est morte, vous vous sentez coupable, et il est bien entendu trop tard pour revenir en arrière.

Agnes lui fit face, les yeux écarquillés, le regard blessé. Elle ne dit rien, mais son expression était plus éloquente qu'un long discours.

Elles déposèrent la confiture et le chutney à Appledore, puis repartirent en direction d'Isle of Oxney. Le vent qui s'était levé était glacial. De gros nuages s'amoncelaient à l'horizon et l'air sentait la neige. Mariah n'aurait peut-être pas besoin de feindre un refroidissement, en fin de compte. Elle ignorait pourtant quelle épaisseur de neige était nécessaire pour qu'on lui déconseille de partir. St. Mary in the Marsh n'était qu'à cinq miles de distance, soit à peine une heure de route. Peut-être vaudrait-il mieux qu'elle éternue un peu en se plaignant d'un mal de gorge. Elle n'avait fait qu'effleurer la surface de ce qui lui restait à découvrir. Elle avait connaissance d'émotions, d'anciennes amours et de jalousies, de torts passés, mais pourquoi se réveillaient-ils maintenant ? Selon Pitt, il existait toujours un motif expliquant pourquoi la violence se produisait à un moment donné, un événement qui déclenchait l'acte fatal.

Dans quel but Maude était-elle revenue chez elle ? Pourquoi ne l'avait-elle jamais fait avant sa quarantième année d'exil ? Et pourquoi pas l'an prochain ? Pour quelle raison à Noël et non pas en été, quand le temps serait plus clément ? Et à quelle mort avait-elle fait allusion ? Certainement pas à la sienne !

Sur la route du retour vers Snave, Mariah s'appliqua à parler uniquement des préparatifs de Noël. Que mangeait-on ? De la dinde, bien sûr, accompagnée de toutes sortes de légumes rôtis, bouillis et mijotés, et de diverses sauces. Viendrait ensuite le Christmas pudding, truffé de fruits secs et recouvert de beurre au brandy que l'on flamberait juste avant d'être servi. Sans oublier la crème !

Mais avant cela, il restait des dizaines d'autres choses à préparer : des cakes, des gâteaux, des tartelettes aux fruits secs, des friandises, du pain d'épice et un assortiment de boissons, avec et sans alcool. Et, naturellement, les décorations : des couronnes et des branchages, des guirlandes, des angelots dorés, des nœuds multicolores, des fleurs en soie avec des rubans, des pommes de pin colorées, des petites poupées qu'on offrirait ensuite aux pauvres du village. Il fallait aussi prévoir des cadeaux : des quilles peintes comme des soldats de bois, des coussins à épingles, des décorations faites à la main, agrémentées de dentelles, de perles et de galons. Des heures et des heures de travail impossibles à évaluer ! Agnes et Mariah en parlèrent ensemble et évoquèrent les Noëls de leur enfance, lorsque n'existaient encore ni les cartes de vœux, ni les sapins, ni toutes ces idées modernes qui contribuaient tant au bonheur de tout un chacun.

Après le déjeuner, Mariah sortit faire un tour au jardin entre deux averses. Elle éprouvait le besoin de se retrouver seule pour réfléchir. Mener une enquête exigeait d'avoir l'esprit clair. Il y avait des faits à prendre en considération et à analyser.

Le jardin n'offrait pas grand-chose à voir au-delà d'un entretien irréprochable et d'une évidente grâce architecturale. Il abritait des charmilles, des allées de gravier, des massifs exempts de mauvaises herbes, des plantes vivaces sans la moindre feuille morte, une volée de marches incurvées qui montaient vers une pergola couverte de branches nues de rosiers, et enfin, un bois plus sauvage qui surplombait le marais.

Le sol, très humide sous les pieds, était plutôt boueux. Les longues herbes mouillèrent le bas de sa jupe – mais comment l'éviter ? Au printemps, les fleurs du jardin exploseraient : sans doute des perce-neige et des primevères, des anémones des bois, et certainement des campanules, des pâquerettes et des lychnis. Peut-être aussi des narcisses, à l'odeur si pénétrante. Mariah aperçut deux ou trois couronnes de feuilles de digitales. Elle aimait bien leurs pointes élégantes aux tons violets ou blancs. L'une d'elles paraissait un peu abîmée, comme si un animal l'avait grignotée. Sauf qu'aucun animal n'irait manger des digitales – un vrai poison ! Toutes les bêtes semblaient le savoir. La digitaline ralentissait les battements de cœur. Les médecins en donnaient aux gens dont le cœur s'emballait. Soudain, Mariah se figea. Le cœur s'emballait… ralentissait… et s'arrêtait !

Était-ce la réponse qu'elle cherchait ? Elle se pencha pour examiner les feuilles. Bien que ce fût impossible à prouver, elle était absolument certaine que quelqu'un avait cueilli deux ou trois feuilles. Les cassures aux extrémités étaient très nettes.

Mariah se redressa lentement. De qui s'agissait-il ? Cela avait dû se passer le jour où Maude était ici. Le temps avait-il été sec ou bien humide ? En hiver, ce bois ne devait jamais être très sec, mais s'il avait gelé, la glace lui aurait évité d'être aussi trempée – ou aussi couverte de boue !

Le jour précédent, Joshua avait reçu la lettre de Bedelia. Allons, rappelle-toi… pensa-t-elle. Une journée venteuse – Mariah entendait encore le hurlement sous l'avant-toit. Le bruit lancinant l'avait agacée au plus haut point. Et la température avait été relativement douce. Qui était rentrée avec des bottes boueuses et le bas de la robe trempé ? La femme de chambre le saurait. Mais comment lui poser pareille question ?

Mariah fit demi-tour et rentra à la maison d'un pas vif, puis alla trouver Mrs. Ward.

— Je suis désolée, dit-elle, se confondant en excuses, étonnée de ne même pas avoir à faire semblant. Je suis allée me promener au jardin et je me suis laissé distraire par son charme.

— Il est ravissant, n'est-ce pas ? Nous le devons au talent de Mrs. Harcourt. Mrs. Sullivan est capable de peindre une fleur qui soit à la fois jolie et fidèle, mais c'est Mrs. Harcourt qui dessine elle-même le jardin.

— Un vrai don ! s'extasia Mariah. Et dont tout le monde profite ! Mais je crains d'avoir copieusement couvert de boue mes bottes et le bas de votre robe. C'est très indélicat de ma part, et je le regrette, croyez-moi…

— Oh, ne vous inquiétez pas ! Cela arrive tout le temps ! D'ailleurs, votre robe est propre et sèche. Nora va nettoyer ça en un clin d'œil.

— Je suis sûre que ça n'arrive pas à tout le monde, insista Mariah. J'imagine mal Mrs. Harcourt se conduire avec aussi peu d'élégance ou d'inattention. Vous auriez de la peine à vous rappeler la dernière fois où elle s'est comportée ainsi !

Mrs. Ward lui sourit.

— Mais non ! Le jour même du retour de Miss Maude. Elle était allée cueillir de jolies branches pour les ajouter au bouquet de fleurs dans le hall. L'effet est des plus gracieux dans un vase. Je vous en prie, Mrs. Ellison, n'y pensez plus.

— Vraiment ? fit Mariah, le cœur battant.

Donc, c'était Bedelia. Mais elle voulait en avoir la certitude.

— Je suppose que Mrs. et Mr. Harcourt étaient dans tous leurs états, vu qu'ils attendaient Lord Woollard.

— Absolument. Mrs. Harcourt est sortie faire un tour et est rentrée aussi boueuse que vous. La pauvre Nora était hors d'elle. Et Mrs. Sullivan en a fait autant le lendemain. Du moins, il me semble… Bien, je vais chercher Nora et je vous l'envoie.

— Merci. Vous êtes très aimable.

Mariah repartit, l'esprit préoccupé. Ils étaient par conséquent tous sortis. Mais qui avait fait bouillir les feuilles ? Peut-être suffisait-il de les écraser et de les laisser infuser, comme pour préparer une tasse de thé ! N'importe qui aurait pu s'en charger. Il fallait réfléchir encore – et bien observer. Sans oublier d'être prudente !

L'après-midi, Mariah proposa à Bedelia de l'aider aux préparatifs de dernière minute. La cuisinière s'occuperait elle-même du repas, ainsi que des autres tâches relevant de la cuisine. Mais il restait encore pas mal de couture, des sacs de lavande à terminer, des roses d'ornement à confectionner, ainsi que d'autres décorations pour le grand sapin du hall.

— J'aurais juré que nous en avions davantage l'an dernier ! s'exclama Bedelia en regardant le sapin d'un air consterné. Il semble un peu nu, vous ne trouvez pas, Mrs. Ellison ?

Mariah regarda l'arbre énorme aux aiguilles vert sombre encore fraîches qui embaumait la terre et le pin. Il était parsemé de rubans et de décorations, avec une belle pile de paquets posée dessous, et d'autres plus petits agrémentés de dentelle et de fleurs, suspendus aux branches. Le sapin était loin d'être nu, mais il restait en effet plusieurs endroits où accrocher quelque chose. Il fallait à tout prix qu'elle se rende utile.

— Il est superbe, répondit judicieusement Mariah. Mais vous avez raison. On peut encore garnir un ou deux endroits. Je suis sûre qu'il ne serait pas difficile de trouver de quoi fabriquer une vingtaine de décorations. Il suffit d'avoir une balle d'enfant – de deux tailles différentes, ce serait mieux –, des papiers de différentes couleurs, des perles, des fleurs séchées, du ruban, de la dentelle… tout ce qui peut servir et faire joli ! Une vieille robe peut parfois fournir une variété étonnante de bouts de tissu. Fabriquer des poupées minuscules ou des anges n'a rien de compliqué.

Mariah s'était quelque peu emballée, mais c'était pour la cause de plus en plus désespérée de son enquête. Des idées très précises avaient beau se cristalliser dans son esprit, il lui fallait encore du temps.

Noël était censé représenter le moment du pardon, mais il ne saurait y avoir de guérison sans honneur, ni de paix réelle sans une métamorphose réelle du cœur. Ni de métamorphose sans la vérité.

— Ce ne sont pas les matériaux qui manquent, dit Bedelia. Mais je n'ai pas le temps, et je doute que les domestiques possèdent ce genre de talent !

— Si je le peux, je serai ravie de vous aider, proposa Mariah.

Elle n'avait pas été aussi courtoise depuis des années, et, malgré une forte envie de se moquer d'elle-même, ça l'amusait plutôt. C'était comme faire un pas en dehors de sa vie, une curieuse liberté par rapport à ce que les autres attendaient d'elle et à ses échecs du passé.

— Je serais enchantée de contribuer à préparer un arbre aussi splendide, enchaîna-t-elle avec entrain. Et de participer à une sorte de tradition familiale. Les Barrington sont établis dans ce village depuis de si nombreuses générations que des vingtaines de personnes doivent passer vous souhaiter leurs meilleurs vœux et profiter de votre hospitalité.

C'était certain. Les commerçants présentaient toujours leurs respects à cette époque de l'année et prenaient volontiers des tartelettes, des fruits confits et des noix, sans oublier, bien sûr, un verre de punch.

Bedelia accepta, et, une demi-heure plus tard, elles étaient assises dans le salon de couture chacune d'un côté de la table, en train de démanteler une vieille robe du soir, sur laquelle elles récupérèrent des perles, des galons, des bandes de soie et de velours, ainsi que les rubans pâles et la dentelle de deux vieux jupons.

— Il y a trop de rouge foncé, jugea Bedelia d'un œil critique. La soie et le velours sont dans les mêmes tons.

— C'est vrai, convint Mariah. Il nous faudrait quelque chose de plus vif dans une couleur différente.

Elle regarda Bedelia en levant les sourcils.

— Je viens d'avoir une idée très audacieuse, reprit-elle. Peut-être y verrez-vous une offense, mais je me dois de vous le demander. Et si cela vous peine, je vous prie par avance de me pardonner.

— Dieu du ciel ! s'exclama Bedelia, intriguée. Je ne me choque pas si facilement. Quelle est cette idée ?

— Maude m'a raconté qu'elle avait voyagé dans toutes sortes d'endroits aussi étranges qu'exotiques.

Un léger déplaisir passa dans le regard de Bedelia, mais elle le dissimula aussitôt.

— Et en quoi nous est-ce utile ?

— Nul doute qu'elle portait des vêtements… étranges, hasarda Mariah. Dans des couleurs que nous n'aurions peut-être pas choisies.

Bedelia comprit où elle voulait en venir et son visage rayonna de plaisir.

— Oh ! Mais oui, bien sûr ! Comme vous êtes maligne ! Oui, certains feront sûrement de parfaites décorations de Noël.

Mariah ressentit un frisson à l'idée de tailler dans les vêtements de Maude, ceux-là mêmes que la défunte avait portés dans ces contrées si lointaines qu'elle avait tant chéries. Celle-ci avait admiré le soleil couchant dans des jardins persans, senti le parfum d'arbres extraordinaires et le vent qui venait du désert, contemplé des étoiles inimaginables… Peut-être y trouveraient-elles des écharpes en soie achetées dans un bazar de Marrakech ou dans quelque autre ville. Les étoffes devaient sans doute conserver l'odeur des épices et de fruits étranges, d'huiles et de cuirs, la fumée des feux de camp…

— Vous êtes si maligne, Mrs. Ellison, disait à nouveau Bedelia. La plupart de ses affaires sont ici, il nous suffit de les déballer. Surtout qu'il est très improbable que l'on découvre là des choses que quelqu'un oserait porter. Je ne tiens pas à les offrir, même à des pauvres. Ce serait…

— Un manque de respect, dit Mariah – et elle était sincère, en même temps que ravie de forcer Bedelia à l'approuver.

Elle s'en voulait d'agir ainsi, mais la vérité exigeait d'étranges sacrifices.

— Ainsi, ils seront totalement anonymes et procureront du plaisir dans les années à venir.

Pardonnez-moi, Maude… songea-t-elle. Mais mener une enquête n'est pas facile, et il n'est pas question que j'échoue.

— Je suppose que nous devrions nous y mettre, dit-elle en se levant. Allons voir ce que l'on peut trouver.

Elle se comportait de façon grossière. Personne ne l'avait invitée à fouiller dans les affaires de Maude, mais elle était curieuse de voir si elle tomberait sur quelque chose d'utile. Nulle autre personne sachant qu'elle avait été tuée ne disposerait jamais d'une telle occasion.

Si Bedelia se sentait offensée, elle n'en montra rien.

Dans un débarras situé à l'étage, où avaient été entreposés les bagages, elles commencèrent par ouvrir les deux malles que Maude avait rapportées. Mariah s'occupa de celle qui contenait des chemisiers et des jupes ordinaires, des sous-vêtements et des bottes pratiques assez éraflées. Les vêtements étaient en lin de qualité moyenne et en coton, d'autres en laine brute. Elle se demanda dans quels endroits fabuleux Maude les avait portés. Qu'avait-elle vu, quelles émotions de joie, de douleur ou de solitude avait-elle ressenties ? S'était-elle languie de cette maison où elle avait grandi ou s'était-elle sentie partout chez elle, en compagnie d'amis, voire de personnes qu'elle aimait ?

Jetant un coup d'œil à Bedelia, Mariah observa son visage tandis qu'elle sortait un tissu de soie à rayures rouges tirant sur le violet, l'écarlate, le pourpre et l'or fauve mêlé de rose vif. Bedelia retint son souffle. Au début, elle sembla éprouver du plaisir, de l'excitation, et même une sorte de convoitise. Puis sa bouche se durcit et son regard prit un air outré.

— Dieu du ciel ! À quelle occasion a-t-elle pu porter cela ?

Elle secoua le tissu qui se déplia et apparut comme étant d'une seule pièce, sans forme distincte.

— Espérons qu'il s'agissait d'un cadeau et qu'elle ne l'a pas acheté elle-même. Aucune femme n'irait s'affubler d'une telle chose, même à vingt ans… et encore moins à l'âge de Maude ! Elle aurait eu l'air de s'être échappée d'un cirque !

Bedelia se mit à rire, puis s'arrêta brusquement.

— C'est une chance que nous soyons tombées dessus les premières, Mrs. Ellison. Si les domestiques l'avaient vu, on ne parlerait plus que de nous au village.

Mariah sentit la fureur la gagner et, si elle l'avait osé, elle aurait réagi vivement en prenant la défense de Maude. Mais comme d'autres considérations plus importantes s'imposaient, elle ravala ses mots. Elle se força à sembler aussi bien intentionnée qu'elle le pouvait, un effort qui lui coûta énormément.

— Au lieu de quoi on parlera des décorations superbes et si originales de votre sapin, dit-elle d'un ton amène. Et vous expliquerez que c'est un souvenir de votre sœur.

Bedelia demeura très raide, le regard impassible, le visage fermé. Était-ce le chagrin ? Ou la complexité et la douleur du souvenir ? Une colère que jamais rien ne rachèterait ? Le regret d'un pardon accordé trop tard ? Ou encore de dettes jamais réglées ? Mariah n'avait qu'une certitude : l'émotion de Bedelia était profonde, et elle ne lui procurait ni bien-être ni plaisir.

Elles descendirent les soies que Bedelia découpa à l'aide de grands ciseaux de couturière. Des flots d'étoffe aussi étincelants que des couchers de soleil sur le désert s'amoncelèrent sur la table et sur le sol. Mariah les ramassa et commença à manier le papier mâché et la colle pour fabriquer de simples boules qu'elle recouvrirait de ces tissus éclatants. Elles assembleraient ensuite de petites poupées qu'elles habilleraient de perles de nacre, d'or et de bronze. Cette perspective lui arracha un sourire. Créer de la beauté était fort distrayant.

Mais elle n'était pas là pour s'amuser. La soie qu'elle tenait entre ses mains provenait d'une magnifique robe aux couleurs criardes que Maude avait portée sur les routes brûlantes d'Arabie ou dans des contrées similaires.

— Je suppose que Maude a dû croiser des gens très différents, dit-elle d'un air songeur. Des gens qui nous paraîtraient bizarres, pour ne pas dire effrayants…

Mariah laissa la lumière de la lampe tomber sur la soie violette et rouge écarlate.

— Je n'imagine pas porter ces couleurs ensemble.

— Personne ne l'oserait ailleurs que sur un champ de foire ! rétorqua Bedelia. Vous comprenez pourquoi il nous était difficile de la garder pendant que Lord Woollard séjournait chez nous. Nous lui avons fait la courtoisie de ne pas le scandaliser ou de le mettre dans l'embarras.

— Est-ce un homme qui a peu d'expérience ? s'enquit Mariah avec autant d'innocence qu'elle en était capable.

— Un gentleman au goût discret et de très bonne famille, répondit froidement Bedelia. Sa femme, que j'ai rencontrée, est la sœur d'une des dames d'honneur de Sa Majesté. Une excellente personne.

Une semaine plus tôt, Mariah eût sans doute été impressionnée. À présent, elle ne pensait qu'au jardin persan de Maude et aux jeunes hiboux hululant dans la nuit.

On frappa à la porte. Agnes entra, et il s'ensuivit une brève conversation concernant les préparatifs, les jeux auxquels on jouerait, à commencer par colin-maillard, et, bien entendu, le buffet.

— Il faudra penser aux tartes au citron pour Mrs. Hethersett, rappela Agnes à sa sœur. Elle en raffole tant !

— Elle n'aura qu'à s'en faire elle-même, répliqua Bedelia. Car elle ne viendra pas chez nous.

— Oh, mon Dieu ! Serait-elle de nouveau souffrante ? demanda Agnes avec compassion.

— Elle ne viendra pas pour la bonne raison que je ne l'ai pas invitée, répondit laconiquement Bedelia. La grossièreté dont elle a fait preuve est impardonnable.

— Mais cela remonte à plus d'un an ! protesta Agnes.

— En effet. Qu'est-ce que ça change ?

Agnes ne discuta pas. Elle admira les babioles qui prenaient forme à vue d'œil, puis retourna veiller à la préparation des tourtes et autres tartes.

— Comme c'est déplaisant ! compatit Mariah, curieuse de savoir ce que Mrs. Hethersett avait pu dire pour que Bedelia lui en garde rancune un an plus tard – et en pleine période de Noël, de plus ! Elle a dû être d'une affreuse grossièreté pour vous peiner à ce point.

Elle faillit ajouter qu'elle ne comprenait pas pourquoi les gens étaient si mal élevés, mais c'eût été un mensonge trop gros à avaler. Mariah comprenait on ne peut mieux la grossièreté et la pratiquait elle-même comme un art. C'était une chose dont elle n'avait jamais eu honte, mais qui, bizarrement, lui semblait désormais de très mauvais goût.

— Elle s'imagine que je vais oublier, répondit Bedelia. Mais elle apprendra vite qu'elle se trompe.

Mariah se pencha de nouveau sur son ouvrage, mélangeant les couleurs vives avec moins de plaisir. Arthur avait épousé Bedelia, après tout, et c'était Maude qui était partie seule de la maison.

Pourquoi donc était-elle revenue à ce moment précis ? Mariah se serait-elle fourvoyée ? L'ennui et la solitude lui avaient-ils fait imaginer un meurtre là où il n'y avait qu'une mort inattendue, un chagrin qui prenait l'apparence de la colère ? Et cette femme fière ne voulait pas laisser voir la honte qu'elle ressentait d'avoir renvoyé sa sœur. Le regrettait-elle amèrement maintenant qu'il était trop tard ?

Mariah voyait-elle un crime là où n'était qu'une tragédie ?

Le dîner fut de nouveau tendu. Comme le premier soir, on percevait de façon palpable les émotions sous-jacentes propres sans doute à toutes les familles : la conscience des faiblesses d'autrui, les indulgences, les choses dites qu'il eût été préférable de taire, mais que quelqu'un était toujours là pour rappeler.

Ils évoquèrent les Noëls d'antan, en particulier ceux où Randolph était encore petit garçon, ce qui, bien sûr, excluait Clara. Mariah observa le visage de la jeune femme ; elle y décela la trace d'une blessure, mais aussi de l'arrogance.

Les autres s'amusaient. Pour une fois, Arthur se mêla aux rires et exprima une très nette affection lorsque Bedelia raconta l'émerveillement de Randolph l'année où il avait reçu une collection de soldats de plomb – une réplique exacte de l'armée de Wellington à Waterloo. Apparemment, il avait refusé de passer à table, même pour manger la dinde. Il était si captivé qu'il n'arrivait pas à abandonner ses soldats. Bedelia avait voulu insister, mais Arthur avait dit que c'était Noël et que Randolph devait faire ce qui lui plaisait.

Mariah se surprit à sourire elle aussi – avant de remarquer un désir ardent briller dans les yeux de Zachary, puis le regard qu'il posa sur Bedelia, et celui qu'Agnes posa sur lui. Elle se rappela alors que Randolph était le seul parmi eux encore capable d'avoir un enfant. Il avait quarante ans. Clara, ambitieuse et obstinée, était beaucoup plus jeune. Quand auraient-ils des enfants ? Était-ce là un autre sujet douloureux ?

Mariah elle-même aurait aimé avoir davantage d'enfants. Une fille comme Charlotte, ou même comme Emily, aurait sans doute fait une grande différence. Certes, c'était beaucoup de travail, avec de multiples frustrations et déceptions, mais aussi tant de bonheur impossible à mesurer.

Il était inutile de penser au passé. Mieux vaut chérir ce que l'on a que pleurer sur ce que l'on n'a pas.

Mariah observa de nouveau les visages. Pourquoi en vient-on à détester quelqu'un au point de le tuer, avec tous les risques que cela implique ? Jamais une personne saine d'esprit n'agirait ainsi. On tue pour protéger, pour préserver ce qu'on possède et ce qu'on aime : une situation, un pouvoir, de l'argent ; pour éviter le scandale, la souffrance de l'humiliation, la perte ou la terreur de la solitude. Mariah pouvait l'imaginer, sauf qu'elle n'en avait nul besoin. Elle avait essayé une fois, d'une façon ridicule et terrifiante. Et si elle avait échappé à la catastrophe, c'était en raison de sa seule incompétence. Peut-être devenions-nous tous aussi fragiles lorsqu'on rencontrait la vraie passion, une peur qui vous dévore l'âme.

Alors qu'elle regardait la lumière des lustres miroiter sur l'argenterie, le cristal et le lin blanc, sur les lys de la serre et le vin rouge, sur tous ces visages différents, Mariah se demanda si elle tenait tant que cela à connaître la réponse.

Puis elle se souvint du rire de Maude, de l'éclat dans ses yeux tandis qu'elle décrivait le clair de lune au-dessus du désert. Il n'y avait pas moyen d'esquiver la réponse. Ce serait d'une lâcheté suprême et irrémédiable.

Le lendemain, la fille de cuisine se fit une entaille au doigt si profonde qu'elle ne put plus se servir de sa main, de sorte que la cuisine se retrouva complètement sens dessus dessous. Agnes s'apprêtait à prendre la voiture pour apporter des cadeaux à la veuve du pasteur à Dymchurch, mais il fallait à présent tout réorganiser.

Sans même savoir si elle possédait la compétence requise pour cette tâche, Mariah proposa de s'y rendre à sa place. Si le garçon d'écurie la conduisait, elle irait chez Mrs. Dowson, à qui elle expliquerait la situation, et lui remettrait les cadeaux enveloppés à son intention, ainsi que pour une ou deux autres familles.

Son offre fut aussitôt acceptée, et lorsque à dix heures elle se mit en route, Mariah se sentit très contente d'elle. La journée était glaciale, des nuages gris ardoise s'accumulaient à l'horizon et le vent qui avait tourné au nord soufflait en rafales.

Mariah s'installa, les genoux bien enveloppés dans la couverture, espérant de toutes ses forces qu'il ne neigerait pas avant son retour à Snave, sans quoi le rhume qu'elle avait pensé inventer risquerait de devenir réalité. Elle n'avait aucune envie de passer Noël au lit avec de la fièvre !

Soudain, une nouvelle idée la traversa, encore plus déplaisante. Et si elle découvrait la personne qui avait cueilli les feuilles de digitale pour en distiller le poison et qu'elle parvienne à prouver les faits ? Et si cette personne l'apprenait ? Ce qui l'affligerait alors serait beaucoup plus grave qu'un rhume. Mariah se demanda si mourir d'un ralentissement du cœur jusqu'à ce qu'il s'arrête était douloureux. Elle le sentait battre dans sa poitrine avec crainte.

Si elle mourait, manquerait-elle suffisamment à quelqu'un ici-bas pour être regrettée ? Le monde paraîtrait-il plus froid ou plus gris parce qu'elle n'était plus là ?

Mariah pensa à Maude, seule dans la maison d'inconnus qui l'avaient accueillie par gentillesse, pire, par sens du devoir. Ou bien par pitié ? C'était encore plus épouvantable. Maude s'était-elle sentie obligée de faire les plus grands efforts pour avoir l'air charmant, de cacher le sentiment de rejet qui était le sien pour gagner leur sympathie ? Avait-elle seulement su que Mariah l'appréciait – qu'elle éprouvait pour elle une sincère affection ?

Non, c'était un mensonge. Le visage la brûlait malgré le vent glacial. Avant même son arrivée, Mariah avait détesté Maude, sachant qu'elle l'empêcherait de monopoliser l'attention. Ce n'est qu'après la mort de Maude qu'elle avait réalisé combien elle l'avait aimée, admirée et trouvée passionnante, avec ses récits qui libéraient l'imagination et réveillaient les rêves. À présent, elle le regrettait – si fort qu'elle en éprouvait une douleur physique –, elle s'en voulait de ne pas avoir montré à Maude qu'elle l'avait aimée, vraiment.

La voiture roulait vers la mer et l'odeur du sel devenait de plus en plus puissante. Dymchurch n'était pas très éloigné de St. Mary in the Marsh. Mais elle ne pouvait pas rentrer avant d'avoir résolu cette histoire. Cela reviendrait non seulement à trahir Maude, mais l'amitié même.

Mariah ne prêta pas attention au ciel tourmenté, aux nuages qui défilaient dans l'immensité tels les étendards déchiquetés d'une armée talonnée par des lances de glace. Lorsqu'ils arrivèrent au village, elle entendit les vagues rugir sur le rivage, et la tour de l'église semblait se dresser contre l'obscurité grandissante qui annonçait la tempête.

Ils s'arrêtèrent devant un petit cottage au portail surmonté d'une arche de vigne vierge, et le garçon d'écurie annonça qu'ils étaient arrivés. Il déclara qu'il apporterait les paquets dès qu'ils seraient certains que Mrs. Dowson était bien chez elle, et qu'il conduirait ensuite le cheval et la voiture à l'abri en attendant que Mrs. Ellison soit prête à repartir. Le jeune garçon jeta un regard inquiet vers le ciel, puis il sourit, découvrant des dents très écartées.

Mariah le remercia, et il l'aida à descendre.

Mrs. Dowson était chez elle. C'était une femme fluette aux épaules menues et aux yeux brillants. Elle devait être plus proche de quatre-vingts ans que de soixante-dix, mais elle semblait jouir encore d'une excellente santé. Ses joues avaient de belles couleurs, comme si elle venait de se promener au grand air malgré le temps maussade.

Mariah se présenta.

— Je m'appelle Mariah Ellison. Veuillez m'excuser d'arriver chez vous sans avoir été annoncée, Mrs. Dowson, mais je viens de la part de Mrs. Harcourt. J'ai accepté leur hospitalité à la suite d'un drame, une situation pénible à laquelle toute la famille s'efforce de faire face avec courage.

J'ai proposé d'effectuer cette course à sa place. C'est le moins que je puisse faire.

— Oh, mon Dieu, je suis désolée ! C'est très aimable à vous, Mrs. Ellison, dit-elle en regardant Mariah avec curiosité, mais sans appréhension. Puis-je vous offrir du thé et une tarte aux fruits secs ou autre chose ?

La veuve du pasteur ne l'interrogea pas sur la nature de la tragédie. Était-ce par discrétion ? Ou bien la nouvelle était-elle déjà parvenue jusque-là ?

— Merci, volontiers, répondit Mariah tout en cherchant s'il existait une troisième possibilité – à savoir que cela ne l'intéressait pas, tout simplement. Je dois avouer que ce froid est terrible... Je ne connais pas très bien la région. Je vis à Londres et ne suis ici qu'en visite, mais je trouve l'air de la mer très agréable, même quand il est aussi fort.

Mrs. Dowson sourit.

— Cela me plaît à moi aussi, dit-elle en la faisant entrer dans un salon petit, mais très joli.

La pièce était basse de plafond, les sièges recouverts de chintz fleuri, et un bon feu flambait dans la cheminée. Mrs. Dowson sonna, et quand la bonne se présenta, elle lui demanda de leur servir du thé et des tartes.

— Alors, ma chère, reprit-elle une fois qu'elles furent assises, qu'arrive-t-il encore à cette pauvre Agnes ? Car j'imagine qu'il s'agit d'Agnes ?

Intéressant ! songea Mariah.

— Je crains qu'ils ne soient tous concernés, répondit-elle. Connaissiez-vous la sœur du milieu de la fratrie, Miss Maude Barrington ?

Le visage de Mrs. Dowson se durcit et une lueur glaciale passa dans son regard.

— Oui. Mais si vous êtes venue me raconter quelque chose de peu flatteur sur elle, je vous prierais de n'en rien faire. Je sais que Maude était parfois indisciplinée et qu'elle se jetait peut-être dans les choses avec un caractère trop entier, mais elle avait bon cœur, et tout ça remonte à très longtemps. Je pense que l'on doit prendre ses victoires avec légèreté, et ses défaites en silence et avec dignité. Vous n'êtes pas d'accord avec moi, Mrs. Ellison ?

Comme c'était curieux… Mariah ne s'attendait pas du tout à une telle remarque. Le regard de Mrs. Dowson avait beau être froid et brillant, il se para soudain d'une certaine chaleur aux yeux de Mariah.

— En effet, approuva-elle. C'est une des raisons pour lesquelles j'ai eu de l'affection pour Maude dès notre rencontre. Ne l'avoir connue que si peu de temps restera l'une des grandes tristesses de ma vie.

— Je vous demande pardon ? fit Mrs. Dowson d'une voix enrouée, l'air brusquement inquiet.

Une semaine auparavant, Mariah lui aurait répondu avec condescendance. À présent, elle voulait seulement trouver une manière délicate de lui annoncer la nouvelle.

— Je suis désolée. Maude est rentrée de l'étranger, et à cause d'engagements familiaux pris chez sa sœur, elle est venue séjourner chez son cousin, Mr. Joshua Fielding, qui est un de mes parents, d'où ma présence ici. Maude est morte paisiblement dans son sommeil, il y a maintenant trois jours.

Mariah vit la douleur non déguisée qu'exprima le visage de la vieille dame.

— J'ai eu tant de peine que j'ai décidé d'aller porter la nouvelle à sa famille en personne, plutôt que de leur envoyer un message écrit. Voilà pourquoi je suis encore chez eux. C'est le minimum que je puisse faire pour aider.

— Oh, mon Dieu ! s'exclama Mrs. Dowson en secouant la tête. J'ai cru qu'Agnes avait encore attrapé un refroidissement ou je ne sais quoi d'autre. C'est stupide de ma part. Quelle perte terrible…

Soudain ses yeux se remplirent de larmes.

— Je suis navrée, s'excusa-t-elle.

Mariah ne trouvait pas absurde qu'au bout de quarante ans de liens Mrs. Dowson pleure ainsi. Le temps n'efface pas certains souvenirs. Les jours éclatants de la jeunesse, les rires et l'amitié subsistent.

Cependant, bien que cela pût sembler grossier, c'était une occasion qu'elle ne saurait laisser passer.

— Vous la connaissiez bien avant qu'elle parte voyager à l'étranger ?

— Oh, oui ! répondit Mrs. Dowson en souriant. Je connaissais bien les trois filles, à l'époque. Mon mari était vicaire, encore tout jeune dans son ministère. Et très sérieux, comme le sont souvent les hommes dévoués. Je crois que Maude l'enthousiasmait plutôt. Son amour pour Arthur Harcourt était d'une telle intensité ! Il faut dire qu'Arthur était un fringant jeune homme. Il était d'une beauté extraordinaire, et il le savait. Il aurait suffi qu'il lève le petit doigt, et n'importe quelle fille du sud de l'Angleterre l'aurait suivi. Peut-être l'aurais-je moi-même fait… Mais je n'ai jamais été très jolie, et j'étais heureuse avec Walter. C'était un homme authentique. Ce qu'à mon avis Arthur n'était pas.

— Vous pensez qu'il n'était pas sincère ? Il ne faisait que jouer avec Maude ?

L'affection que Mariah avait pour Arthur Harcourt s'évapora d'un coup, comme si elle avait arraché un masque souriant pour découvrir une chair corrompue en dessous.

— Oh, non ! s'empressa de dire Mrs. Dowson. C'est sur ce point que Walter et moi n'étions pas d'accord. Il pensait qu'Arthur aimait Bedelia. Il les voyait comme un couple idéal. Mon mari était une sorte d'idéaliste. Pour lui, la beauté était intérieure, pas seulement une question de couleur ou de taille, et, bien entendu, d'assurance. De confiance en soi, vous comprenez ? Imaginez à quel point la carte du monde aurait été changée si le nez de Cléopâtre avait été d'un centimètre plus long ! César ne serait peut-être pas tombé amoureux d'elle, pas plus que Marc Antoine !

Mariah se laissa emporter dans un tourbillon de pensées.

— Je suis vraiment désolée, répéta Mrs. Dowson. Walter a toujours dit que j'avais l'esprit très indiscipliné. Je lui répondais qu'il n'en était rien, qu'il fonctionnait simplement selon un schéma différent du sien. Bedelia Barrington aurait pu l'enrouler autour de son petit doigt ! Comme la moitié des hommes du comté, d'ailleurs. Le pauvre Zachary ne s'en est jamais remis, ce qui est bien regrettable. Agnes était la meilleure des filles, si seulement elle avait pu le croire !

Mariah la laissa parler sans l'interrompre. Le thé arriva. Mrs. Dowson le versa dans les tasses, puis passa les tartelettes aux fruits secs et les tartes à la confiture.

— Bedelia estimait qu'elle était élégante, Agnes quelconque, et Maude naturelle et excentrique. Et du fait de sa confiance en elle, trop de gens lui donnaient raison.

— Mais elle ne…

— Si, bien sûr ! objecta Mrs. Dowson. Mais uniquement parce que nous le lui permettions. Sauf Maude. Elle savait que la beauté de Bedelia n'avait pas de véritable valeur. Qu'elle manquait de chaleur. Vous comprenez ?

— Mais elle est tombée amoureuse d'Arthur ? Avec une telle intensité qu'elle ne l'a pas supporté quand il a repris ses esprits et a finalement épousé Bedelia ?

Mariah avait choisi à dessein des mots provocateurs.

— J'ai cru qu'il avait de nouveau perdu la raison, expliqua Mrs. Dowson. J'étais furieuse contre Maude de ne pas s'être battue pour l'homme qu'elle aimait. De simplement avoir renoncé et de s'être enfuie comme ça ! En Afrique du Nord, puis en Égypte et en Perse. Pour monter à cheval dans le désert, et aussi sur des chameaux, d'après ce que je sais. Pour aller vivre sous des tentes et donner ce qui lui restait d'affection aux Perses.

— Elle vous a écrit ! s'exclama Mariah, à la fois étonnée et ravie.

Maude avait eu ici une amie qui s'était souciée d'elle tout au long de ces années et lui avait permis de ne pas être coupée de ses racines.

— Naturellement ! s'indigna Mrs. Dowson. Elle ne m'a jamais dit pourquoi elle était partie, mais j'ai fini par comprendre que c'était une question d'honneur, et qu'il ne fallait pas en discuter. Maude a fait ce qu'elle a estimé juste. Mais je ne crois pas qu'elle ait jamais cessé d'aimer Arthur.

De nouvelles idées commencèrent à se former dans l'esprit de Mariah.

— Mrs. Dowson, savez-vous pourquoi Maude est rentrée après tant d'années ? Avait-elle des… des inquiétudes au sujet de sa santé ?

— Pas que je sache, répondit la vieille dame en fronçant les sourcils. Elle avait sans doute peur, devait se sentir oppressée à l'idée de revenir après si longtemps. Mais le gentleman auquel elle s'était liée en Perse, et qui l'aimait, venait de mourir. Elle me l'a écrit. Maude en était profondément affectée et n'avait en outre plus de raison de rester là-bas. En fait, elle m'a laissé entendre que, sans sa protection, c'eût été imprudent de sa part. J'ignore quelle était leur relation. Je n'ai jamais posé de questions et elle ne m'a jamais rien raconté, mais il ne s'agissait pas d'une liaison banale, dans le sens où vous et moi utiliserions ce terme.

— Je vois. Bedelia était-elle au courant ?

S'agissait-il du scandale dont elle avait tant redouté qu'il parvînt aux oreilles de Lord Woollard – ou dont Maude eût pu parler ouvertement, dans le seul but de choquer ? Après la froideur de Bedelia durant tant d'années, et puisque c'était elle qu'Arthur avait épousée, il n'aurait pas été surprenant que Maude œuvre afin d'empêcher sa sœur de devenir Lady Harcourt. Mariah interrogea Mrs. Dowson sur ce point.

— L'idée aurait pu la tenter. Mais elle ne l'aurait pas fait. Maude n'a jamais été rancunière. À la différence de Bedelia.

— Bedelia n'était-elle pas assez éprise d'Arthur, avant même que Maude revienne de chez sa tante ? demanda Mariah.

— Maude vous a raconté beaucoup de choses, observa Mrs. Dowson.

Mariah se contenta d'un sourire.

— Quel qu'ait été le mépris de Maude pour Bedelia, elle n'aurait jamais voulu nuire à Arthur, reprit Mrs. Dowson. Comme je vous le disais, elle n'a jamais cessé de l'aimer. Et je parle là de ce sentiment qui pousse à rechercher ce qui est le mieux pour l'autre, l'honneur, le bonheur et le voyage spirituel intérieur ; pas du désir de posséder à tout prix, ni de la joie éprouvée en sa compagnie ou du sentiment que l'autre n'est heureux que lorsqu'il est avec vous. Ça, c'est ce que fait Bedelia, qui veut toujours gagner. Et la pauvre Agnes se morfondait de n'être jamais autre chose qu'un pis-aller.

— Mais alors pourquoi Arthur a-t-il été aussi bête ? s'étonna Mariah. Se serait-il laissé aveugler par la seule apparence physique… Oh !

Une réponse beaucoup plus simple, et plus compréhensible, lui vint à l'esprit. Mariah nota que Mrs. Dowson l'observait avec une extrême attention. Elle sentait la chaleur sur ses joues comme si elle pouvait lire dans ses pensées.

— Je ne sais pas, murmura Mrs. Dowson. Mais je crois en revanche que Maude le savait, et c'est pour cette raison, il me semble, que Bedelia a été très contente qu'elle reste en Perse à jamais.

L'idée se confirma dans l'esprit de Mariah. Cela expliquait tout ce qui ne correspondait pas au caractère et à la nature de la famille qu'elle avait observée. En regardant Mrs. Dowson, elle eut la certitude qu'elle était arrivée à la même conclusion. Elle lui sourit.

— C'est très triste, dit-elle avec douceur, consciente de l'absurdité de sa remarque. Pauvre Arthur… Et pauvre Zachary !

— Et Agnes, ajouta Mrs. Dowson. Mais je regrette surtout que Maude ait… tant souffert.

— Pourtant elle s'en est accommodée, dit Mariah avec une intense émotion, la conviction absolue qui s'imposait à elle chassant le moindre doute.

Mrs. Dowson acquiesça d'un signe de tête.

— Maude a toujours su vivre. Sachant que le pire était arrivé, elle a accepté cette douleur comme une partie de la vérité des choses, mais elle a choisi de voir aussi la beauté et la joie dans la diversité. Elle ne s'est pas renfermée sur elle-même en se privant de la richesse qu'offre l'expérience. Je pense qu'elle avait ce don. Elle va terriblement me manquer…

— Bien que je l'aie connue peu de temps, elle me manquera à moi aussi, confessa Mariah. Mais je suis très reconnaissante de l'avoir connue. Et… et la gratitude est une chose que j'ai rarement ressentie ces derniers temps. Le simple fait de retrouver ce sentiment est…

Elle ne sut pas comment terminer sa phrase. Elle renifla, se força à se ressaisir et se leva.

— Mais il me reste une dernière chose à faire, et je dois retourner à Snave pour m'en occuper. Je vous remercie de votre accueil, Mrs. Dowson, et plus encore de la compréhension que vous m'avez témoignée. Je vous présente tous mes vœux et vous souhaite de vous souvenir des bonnes choses du passé tout en gardant de l'espoir en l'avenir.

Mrs. Dowson se leva à son tour.

— Comme c'est joliment dit, Mrs. Ellison… Je tâcherai de m'en souvenir. Tous mes vœux à vous aussi. Je vous souhaite un bon voyage, à la fois physique et spirituel. Et un joyeux Noël !

Dehors, il s'était mis à neiger – de gros flocons blancs qui tourbillonnaient dans le vent. La neige ne faisait pour l'instant que saupoudrer le sol, mais les nuages amassés au nord laissaient présager qu'il allait en tomber davantage. Qu'elle le veuille ou non, Mariah serait dans l'incapacité de rentrer à St. Mary aujourd'hui. C'était une bonne chose. Ce qu'elle devait accomplir se ferait mieux le soir, quand ils seraient tous réunis après le dîner. Ce ne serait pas un moment agréable, loin de là ! L'estomac noué, elle prit place dans la voiture, s'emmitouflant pour se protéger de la neige et du vent cinglant. Le rugissement des vagues qui se brisaient sur le rivage diminua à mesure qu'ils s'enfoncèrent dans les terres, au milieu des immenses champs plats qui blanchissaient peu à peu.

Mariah avait peur. Elle le reconnaissait volontiers. Elle avait peur d'une dissension, ou même qu'on s'en prenne à elle physiquement, bien qu'elle se doutât que toute attaque serait secrète, déguisée, comme celle dont Maude avait été victime. Plus encore, et elle s'en étonna, elle avait peur de ne pas savoir s'y prendre.

Cependant, à l'instar d'Agnes, elle s'était considérée comme une ratée une grande partie de sa vie. Elle avait vécu un mensonge, avait toujours fait semblant d'être une femme fort respectable, et même de façon agressive, mariée à un homme qui était mort plutôt jeune et l'avait laissée endeuillée à la quarantaine, incapable de se remettre d'une telle perte.

À la vérité, elle avait fait un piteux mariage, et la mort de son mari l'avait libérée, du moins en apparence. Mariah ne s'était jamais autorisée à se libérer dans son esprit ou, pire encore, dans son cœur. Elle avait entretenu le mensonge, par pur orgueil.

Personne n'avait à connaître les détails, mais elle aurait pu être honnête avec elle-même, ce qui aurait modifié peu à peu son attitude, ses convictions, et pour finir, la façon dont elle avait perçu les autres et dont ils l'avaient vue.

Maude Barrington avait subi une monstrueuse injustice. Et l'avait apparemment supportée sans amertume. Cette injustice avait beau avoir gâché une partie de sa vie, partir à l'étranger lui avait permis de guérir de ses blessures, et elle avait continué à vivre une vie de passion et d'aventure. Peut-être n'avait-ce jamais été confortable, mais que valait le confort ? L'amertume, le reproche et la haine de soi n'étaient pas confortables non plus. Ni même aussi inoffensifs que Mariah l'avait imaginé autrefois. C'était comme une maladie qui vous rongeait peu à peu, vous tuant à petit feu.

La neige tombait plus dru, formant une légère couche sur le sol. Elle s'amoncelait dans les sillons des champs labourés pour l'hiver et sur le tronc des arbres, mais le vent soufflait trop fort pour que la neige s'accroche aux branches qui se balançaient contre le ciel. Les sabots du cheval trottaient presque sans bruit sur le sol déjà tapissé de blanc, et l'on ne percevait que le vent qui gémissait et les roues qui grinçaient. C'était un univers à la beauté âpre, d'un froid glacial revigorant, et dont l'immensité s'étendait de part et d'autre à l'infini dans l'air suave et puissant de la mer.

Mariah arriva à Snave avant de se sentir vraiment prête – mais que pouvait-elle y faire ? Peut-être d'ailleurs n'aurait-elle jamais l'impression que c'était le moment d'agir. Elle laissa le garçon d'écurie l'aider à descendre et se surprit à le remercier de sa gentillesse.

Une fois dans la maison, elle retira sa pèlerine et fut très heureuse de retrouver un peu de chaleur. Ses mains étaient engourdies à cause du froid, la peau du visage la piquait, ses yeux pleuraient, mais elle n'avait jamais eu l'impression d'être vivante de façon aussi intense. Elle était terrifiée, et pourtant, il y avait en elle une bulle de courage, comme si Maude lui avait transmis une part de sa vitalité et de sa soif de vivre.

Il était tard pour déjeuner, et Mariah était trop tendue pour manger. La cuisinière lui avait préparé un plateau avec de la soupe et du pain tout chaud sorti du four, ce qui lui suffirait amplement. Elle la remercia, lui fit même un compliment et, dès qu'elle eut terminé, monta dans sa chambre au prétexte de vouloir se reposer. En réalité, elle désirait se préparer en vue de la soirée. Celle-ci allait être l'une des plus importantes de sa vie, peut-être même son unique accomplissement. Elle aurait besoin de sang-froid et de toute l'intelligence qu'elle possédait. Désormais, elle n'avait plus l'ombre d'un doute sur la vérité. En apporter la preuve serait une autre affaire, mais si elle n'essayait pas, quoi qu'il lui en coûte, elle aurait laissé échapper la dernière chance que lui offrait le destin.

Mariah s'habilla avec grand soin, revêtant la plus belle robe noire de la gouvernante, puis remercia la femme de chambre. Se changer lui semblait approprié. La femme qu'elle se préparait à être serait différente de celle qu'elle avait été, du plus loin qu'elle s'en souvienne. Elle allait être brave, affronter la laideur, la honte et l'échec, et se montrer magnanime parce qu'elle comprenait ces sentiments au plus profond. Elle-même avait été une menteuse, et les dessous vils du mensonge lui étaient familiers. Elle avait été lâche, et le voile corrosif de la lâcheté avait recouvert entièrement sa vie. Elle avait essayé d'imposer aux autres son esprit méchant, sa conviction d'avoir échoué. Il n'y avait là aucune victoire : on ne parvenait ainsi qu'à nuire et à salir autrui, à abîmer ce qui aurait pu être beau. À présent, elle était capable d'éprouver de la compassion pour chacune des blessures de cette famille, mais elle ne serait pas dupe.

Mariah se regarda dans le miroir. Elle se trouva un air différent. Et pas seulement à cause de la robe qui n'était pas la sienne ; le visage non plus n'était pas celui qui avait si longtemps été le sien. Ses joues avaient des couleurs. Ses yeux brillaient davantage. Mais surtout, le pli maussade au coin de ses lèvres avait disparu, et ses rides semblaient remonter au lieu de retomber.

Ridicule ! Elle n'avait jamais été jolie et ne l'était pas davantage aujourd'hui. Si elle n'avait pas été plus avisée, elle aurait pensé qu'elle avait un peu trop absorbé l'esprit de Noël, cet état d'esprit que l'on vous sert en flacon !

Mariah lissa une dernière fois sa robe, puis descendit rejoindre la famille pour dîner. Demain, elle s'en irait. Elle le devrait sans doute, même si la neige montait jusqu'à l'avant-toit ! Il y avait quelque chose d'excitant, et même d'un peu fou, à jouer le tout pour le tout – à franchir le Rubicon, si elle se souvenait bien de ses leçons d'histoire. C'était la guerre ! Une guerre qui mènerait à la victoire ou à la catastrophe, car plus rien ne l'arrêterait.

Mariah arriva avec un léger retard – c'était délibéré –, de sorte qu'on annonça le dîner quelques minutes à peine après qu'elle eut retrouvé ses hôtes. Ils passèrent dans la salle à manger. Les couronnes entrelacées de baies écarlates et les fronces le long de la cheminée, attachées avec des rubans dorés, paraient la pièce d'un air de fête. Des bougies rouges décoraient la table, mais elles n'étaient pas encore allumées, et tout semblait effleuré par la lumière des lustres.

— J'espère que vous vous êtes remise de votre sortie, Mrs. Ellison ? s'enquit Arthur avec sollicitude. Je crains que le temps ne se soit beaucoup détérioré avant que vous n'ayez pu rentrer.

— Je n'aurais pas dû vous laisser y aller, ajouta Bedelia. Je n'avais pas réalisé que cela vous prendrait autant de temps.

— C'est entièrement ma faute, répliqua Mariah. J'aurais pu rentrer plus tôt, je l'aurais même dû, ne serait-ce que pour le garçon d'écurie et le cheval. Pour vous dire la vérité, j'ai trouvé le trajet du retour magnifique ! Voilà si longtemps que je n'avais pas vu de tempête de neige, j'en avais oublié à quel point c'est un spectacle saisissant. L'impression de la puissance et de la splendeur de la nature est de toute beauté.

— Voilà un point de vue revigorant, commenta Arthur, avant qu'une tristesse soudaine emplisse ses yeux d'un air accablé. Vous me faites penser à Maude…

Il se tut, incapable d'en dire davantage.

Mariah n'avait jamais reçu aussi beau compliment, mais elle ne pouvait pas se permettre de le savourer pour l'instant.

Elle continua à dire ce qu'elle avait prévu, sans se soucier de leurs réactions. Elle ne prêta même pas attention au majordome et au valet qui étaient en train de servir la soupe.

— Merci, Mr. Harcourt. Plus j'en apprends sur Maude, plus j'apprécie le sens précieux que cela revêt pour moi. Je sais qu'il en va de même pour vous, et j'espère, plus que vous ne pouvez le croire, me montrer à la hauteur.

Bedelia parut surprise, puis sa bouche esquissa un petit sourire qui exprimait davantage le mépris que l'amusement.

— Nous pleurons tous Maude, Mrs. Ellison, mais il n'est pas nécessaire que vous nous abreuviez de tant d'éloges.

Elle ne prononça pas le mot « exagérés », pourtant il resta comme en suspens dans la pièce.

— Oh, mais pas du tout ! s'exclama Mariah avec franchise, les yeux arrondis. Maude était une personne remarquable. J'ai appris grâce à Mrs. Dowson à quel point elle était étonnante. C'est d'ailleurs pour cette raison que je me suis attardée chez elle si longtemps.

Bedelia se tenait très raide, ses épaules pareilles à de l'ivoire sculpté sous sa robe de taffetas noir.

— Mrs. Dowson est une femme sentimentale, rétorqua-t-elle avec froideur. Une veuve de pasteur est obligée de voir ce qu'il y a de mieux en chacun.

— C'était peut-être le cas du pasteur, rectifia Mariah, mais certainement pas de Mrs. Dowson. Elle est très capable de repérer l'orgueil, l'avidité, l'égoïsme… ou la lâcheté.

Elle sourit à Agnes.

— Accepter son échec parce qu'on n'a pas le courage d'affronter ce qui nous fait peur, et en payer le prix, est parfois indispensable à la réussite.

Le sang se retira du visage d'Agnes, la laissant d'une pâleur de cendre. Sa cuillère glissa dans son assiette de soupe sans même qu'elle s'en rende compte.

Zachary prit la parole, puis ravala ce qu'il avait eu l'intention de dire.

Randolph se porta à son secours.

— Vos propos me paraissent d'une extrême dureté, Mrs. Ellison. Comment Mrs. Dowson saurait-elle quoi que ce soit de cette nature sur quelqu'un ? D'autant que ce qu'elle sait, elle le tient sûrement de sa position privilégiée et ne devrait par conséquent en aucun cas le répéter.

— C'est une attitude peu chrétienne, ajouta Clara.

— Il est par moments très difficile de savoir quelle est la bonne attitude à adopter, enchaîna Mariah, ravie de voir avec quelle facilité extraordinaire les opportunités se présentaient à elle. Mais je ne voudrais pas donner une fausse image de Mrs. Dowson. Elle ne m'a d'ailleurs rien dit, sinon me vanter l'amour qu'avait Maude pour la beauté, son rire, et par-dessus tout son courage pour avoir su profiter au mieux de sa vie, même après un si grand sacrifice, auquel elle a consenti en silence et dans la plus grande dignité.

Zachary avait l'air extrêmement troublé. Arthur, très pâle, semblait avoir de la peine à respirer. Bedelia était maintenant aussi livide qu'Agnes, les mains crispées sur les genoux. Plus personne ne mangeait.

— Je ne suis pas certaine que vous sachiez de quoi vous parlez, Mrs. Ellison, dit Bedelia d'un ton mauvais. Vous me faites l'effet d'être une femme solitaire et désœuvrée, qui s'est immiscée dans nos affaires de famille d'une manière qui dépasse de très loin ce que vous vous imaginez devoir à Maude, que vous avez d'ailleurs à peine connue. Vous vous êtes laissé emporter par votre indiscrétion. Je crois que nous ferions mieux de trouver un moyen de vous raccompagner dès demain à St. Mary, quel que soit le temps. Je suis sûre que ce serait préférable pour nous tous.

Randolph était rouge cramoisi.

Ce fut Arthur qui prit la parole.

— Bedelia, ce n'est pas la peine… Je vous prie de m'excuser, Mrs. Ellison. J'ignore ce que Maude vous a dit, mais vous avez dû mal la comprendre.

— Elle ne m'a rien dit, répliqua Mariah en le regardant droit dans les yeux. Maude ne vous aurait jamais trahi ! Et vous savez maintenant sans aucun doute qu'elle n'aurait pas trahi Bedelia non plus ! Elle n'est pas venue ici pour causer des ennuis. L'homme qui l'a aimée et qui l'a protégée en Perse est mort, de sorte qu'elle ne pouvait plus rester là-bas. Elle est revenue parce qu'elle le désirait. Peut-être même s'imaginait-elle qu'elle serait bien accueillie, après tant d'années. Ce qui, naturellement, était une erreur. De toute évidence, elle ne l'a pas été.

— Vous n'avez pas le droit de dire cela ! protesta Clara. Elle avait vécu dans le désert, sous des tentes et devant des feux de camp, comme une… une bohémienne ! Et avec un étranger auquel elle n'était pas mariée ! Nous ne pouvions pas la recevoir ici en même temps que Lord Woollard ! Mon beau-père a donné plus à la société que vous n'en avez idée. Ce titre n'aurait pas été pour lui qu'une juste récompense, mais une chance de faire encore davantage de bien. Nous n'allions pas la compromettre !

— Surtout que cela vous aurait permis, à terme, de devenir Lady Harcourt, ajouta Mariah. Avec tous les avantages que cela comporte. Bien sûr, vous ne souhaitiez pas passer à côté d'une telle aubaine.

— Oh, mais non… Je…

Clara se réfugia dans le silence. En ayant la grâce d'avoir honte.

— Balivernes ! riposta Bedelia. Vous outrepassez les règles, Mrs. Ellison. Votre conduite est scandaleuse.

— Maude est revenue parce qu'elle n'avait nulle part où aller ? demanda Agnes, le visage ravagé de chagrin. Nous aurions dû lui pardonner, Bedelia. Ces histoires remontent très loin.

— Bedelia ne pardonne pas, expliqua Mariah à Agnes. Non que Maude ait eu quoi que ce soit à se faire pardonner ! C'est tragique, mais certaines personnes ne peuvent jamais accepter un cadeau de quelqu'un qui connaît leur vulnérabilité. Il est parfois plus difficile de recevoir un cadeau que tolérer un préjudice, car comme vous avez contracté une dette, vous pensez avoir perdu votre liberté, et du même coup votre supériorité.

Un silence électrique retomba.

— Ceux qui ne pardonnent pas pensent que les autres n'en sont pas capables non plus, poursuivit Mariah. Aussi attendent-ils une vengeance là où il n'y en a pas, si bien qu'ils frappent les premiers pour se défendre d'une attaque qui n'existe que dans leur imagination coupable.

Arthur se pencha en avant.

— Je pense que vous devriez arrêter de parler par énigmes, Mrs. Ellison. Je n'ai pas la moindre idée de ce que vous évoquez…

— Elle non plus ! souligna Bedelia d'un ton acerbe. Franchement, Arthur, vous feriez mieux de ne pas l'encourager. Vous ne voyez pas qu'elle a bu ? Parlons de choses civilisées et cessons de nous abaisser à des remarques personnelles. C'est d'une extrême vulgarité.

Arthur reprit sa respiration, mais ce fut Agnes qui répondit. Elle regarda Mariah droit dans les yeux.

— Maude était-elle malade ? Savait-elle qu'elle allait mourir ? Et est-ce pour cette raison qu'elle est finalement rentrée ? Pour faire la paix ?

— Non, répondit Mariah avec autorité. Comme je vous l'ai dit, plus rien ne la retenait en Perse, rester là-bas aurait été imprudent.

— Sans doute s'était-elle fait des ennemis ! observa Bedelia. Vous n'avez pas dit que cet homme était marié à une autre, mais, connaissant Maude, je n'en doute pas une seconde.

— Oh, Bedelia, tu devrais lui pardonner ! implora Agnes. Cette histoire remonte à quarante ans ! Et maintenant, Maude n'est plus là. Et puis c'est Noël…

— Ne sois pas si faible ! lui reprocha Bedelia. Le mal ne devient pas brusquement le bien parce que c'est la saison.

Agnes rougit.

— Certes non, admit Mariah avec véhémence. Certaines dettes peuvent être effacées, mais d'autres doivent être payées, d'une manière ou d'une autre.

— Votre opinion m'indiffère, Mrs. Ellison, déclara Bedelia d'une voix glaciale.

— Il n'y a aucune raison que vous y attachiez de l'importance, concéda Mariah. En revanche, ce que pense votre famille vous tient à cœur. Car il ne vous reste rien d'autre, au bout du compte. Ça, et ce que vous savez de vous-même, bien sûr. Peut-être est-ce cela qui explique que Maude était heureuse, dans le sens le plus profond du terme. Elle se savait aimée et, quel qu'en ait été le prix, elle avait agi comme il le fallait.

— Je ne sais vraiment pas de quoi vous parlez !

— Mais si. Vous êtes même sans doute la seule à le savoir.

Plus rien n'arrêterait Mariah.

— Quand vous étiez une jeune femme, Mrs. Harcourt, et encore plus belle que vous ne l'êtes aujourd'hui, cet homme est tombé amoureux de vous, dit-elle en jetant un regard à Zachary. Et comme la plupart des jeunes gens, vous ne vous êtes pas refusé les plaisirs de l'amour.

Bedelia émit une sorte de sifflement, mais l'expression honteuse de Zachary l'empêcha de nier.

— C'est alors que Mr. Harcourt est arrivé, et comme il représentait un meilleur parti, vous avez préféré jeter votre dévolu sur lui, poursuivit Mariah, implacable. Et vous l'avez attrapé – ou du moins, vous avez gagné son admiration pour votre beauté et un certain désir physique. Vous ne vous êtes privée de rien. Au fond, vous aviez bel et bien l'intention de l'épouser. Et tout se serait parfaitement passé si Maude n'était pas revenue à la maison et si Mr. Harcourt n'était pas tombé pour de bon amoureux d'elle.

Les yeux de Bedelia étaient braqués sur elle tels des poignards.

Mariah l'ignora, bien qu'elle eût l'impression que le cœur lui remontait dans la gorge. Si elle se trompait, de façon aussi catastrophique qu'insensée, elle serait anéantie à tout jamais. Elle avait la bouche sèche, la voix rauque.

— Vous étiez furieuse que Maude, elle plus qu'aucune autre, vous prenne votre amoureux, mais le pire restait à venir. Vous avez appris que vous attendiez un enfant. De Mr. Sullivan, naturellement. Mais il aurait aussi bien pu être de Mr. Harcourt. Vous disposiez alors de l'arme idéale pour le reconquérir. Vous lui avez parlé. Étant un homme d'honneur, et malgré son manque de discernement, il a rompu avec Maude, qu'il aimait d'un amour sincère, comme elle l'aimait, et il vous a épousée. Une complaisance qu'il a payée au prix fort, ainsi que votre sœur, plutôt que de vous laisser couvrir de honte.

Il y eut des soupirs, un cliquetis de couverts, et même le crissement d'un pied de verre qui se brise.

— C'est ce que vous n'arrivez pas à lui pardonner – de l'avoir trompée, enchaîna Mariah d'un ton implacable. Maude a sacrifié son bonheur au vôtre – et peut-être a-t-elle voulu sauver l'honneur de Mr. Harcourt. Bien que je pense que c'était celui de Mr. Sullivan, en fait.

Arthur dévisagea Bedelia, une lueur de stupéfaction terrible dans le regard.

— Randolph n'est pas mon fils... et tu le sais ? demanda-t-il très calmement.

— Tu... tu en es certaine ? interrogea Agnes.

Elle regarda sa sœur une seconde avec attention et ne lui reposa pas la question.

— À quoi fait allusion Mariah en disant que tu n'as pas pu pardonner ? demanda Arthur à Bedelia.

— Je n'en ai aucune idée ! Cette vieille femme curieuse fourre son nez partout et écoute aux portes, entend des bribes d'histoires et se répand en commérages auprès d'autres vieilles femmes qui devraient pourtant se méfier, et il semble qu'elle ait prêté l'oreille à l'aveuglement de Maude sur sa jeunesse romantique.

— Ce n'était pas de l'aveuglement, répliqua Arthur d'une voix posée. J'ai aimé Maude comme je n'ai jamais aimé personne de ma vie – avant ou après. Mais je ne l'ai pas épousée parce que tu m'as dit que tu portais mon enfant. Oh, je ne te le reproche pas – j'étais aussi responsable que toi. Et je n'en veux pas davantage à Zachary. Il n'était pas pire que moi… et Dieu sait si tu étais belle ! Mais Maude était drôle et gentille. Elle était courageuse, chaleureuse, honnête, généreuse envers la vie… et généreuse d'esprit. Sa beauté aurait duré éternellement, elle se serait avivée avec le temps au lieu de s'effacer. Je le savais à l'époque, et j'ai su que j'avais eu raison quand elle est revenue, même au bout de ces quarante ans qui m'ont paru une vie entière en son absence, et ne m'ont plus pesé du tout dès qu'elle a été de retour.

— Oh, Arthur ! s'indigna Agnes. Ce que tu dis là est affreux !

Zachary regarda sa femme avec stupeur, comme s'il ne la reconnaissait pas vraiment.

— J'ai trouvé le reste de l'eau de menthe, annonça Mariah dans le silence.

— Je vous demande pardon ? fit Arthur en dressant les sourcils.

Mariah hésita une seconde. Fallait-il leur révéler la vérité ou bien en avait-elle dit assez ? Mais l'effet durerait-il ? Elle n'aurait plus d'autre occasion. Elle se tourna vers Bedelia et vit la fureur dans ses yeux.

— Quand vous avez donné à Maude les noix de macadamia, que certains d'entre nous ont tant de mal à digérer, vous lui avez dit qu'il vous restait très peu d'eau de menthe, juste le fond d'un flacon, de quoi prendre une seule dose. Mais en fait, vous en aviez beaucoup. J'en ai trouvé dans ma chambre, ainsi que dans les deux chambres d'invités. Une délicate attention, surtout pendant les fêtes de Noël, où nous mangeons tous un peu trop lourd.

— Où voulez-vous en venir ? intervint Clara. Pourquoi parlons-nous d'eau de menthe ? Auriez-vous perdu la tête ?

— J'aimerais bien, répondit Mariah. Ce serait une explication beaucoup moins affreuse que ne l'est la vérité. Personnellement, je ne mange jamais de noix de macadamia. Je ne les digère pas…

Zachary la dévisageait comme s'il n'en croyait pas ses oreilles.

Agnes avait l'air horrifié.

— Mais l'eau de menthe aide à digérer, reprit Mariah. À moins qu'on n'y ajoute des feuilles de digitale. Le mélange peut alors être mortel. Ceux qui ont déjà manipulé des fleurs le savent. Avec certaines, il faut faire très attention, surtout s'il y a des enfants : le cytise, l'aconit, la belladone… et la digitale, bien sûr. Une fort jolie fleur, mais qui, une fois distillée, peut provoquer une défaillance cardiaque. On l'utilise en médecine pour ralentir le cœur quand il s'emballe, mais à dose infime, naturellement.

— Quelle chose cruelle à insinuer ! s'exclama Clara, scandalisée. Comment… comment osez-vous ?

Randolph lui tapota le bras.

— Inutile de t'affoler, ma chère. Elle serait bien incapable de le prouver ! Le pourriez-vous, Mrs. Ellison ?

Mariah le regarda et réalisa qu'il s'agissait d'une question.

— Je ne sais pas. Je n'avais pas envisagé d'essayer, même si ce ne doit être guère difficile. Mais je ne crois pas que ce soit là l'important. Ce qui compte, c'est de connaître la vérité. Qui vous donne la liberté d'agir comme vous l'entendez, en faisant la part du bien et du mal.

Elle se tourna vers Arthur, guettant sa réaction.

Mais il ne la regardait pas. Son regard fixait le visage de Bedelia, sur lequel il lut la peur et la haine qui la trahissaient. Quoi qu'elle eût pu dire, il saurait ce qu'elle avait fait.

Randolph regardait sa mère avec un mélange d'horreur et de pitié, une expression de dégoût qu'il ne parvenait pas à dissimuler. Il se tourna vivement vers Zachary, puis, gêné, baissa les yeux. Zachary posait sur lui un regard émerveillé, avec une intensité qu'il était impossible de ne pas voir.

Arthur soupira. Il s'adressa à Mariah comme si Bedelia avait cessé pour lui d'exister.

— Vous avez parlé d'un jardin en Perse que Maude vous a décrit comme si elle l'adorait. Avez-vous une idée de l'endroit où il se trouve ?

— Non, mais je crois que Mrs. Dowson le saura. Maude lui écrivait régulièrement. J'imagine qu'elle sera heureuse de vous renseigner.

— Bien. Sachant qu'elle l'aimait tant, j'ai très envie de le voir. Vous êtes parvenue à le faire paraître merveilleux vous aussi, Mrs. Ellison, ce dont je vous serai à jamais reconnaissant. La vérité que vous nous avez permis de découvrir est terrible, mais, avec le temps, aussi profonde soit-elle, une blessure nette finit toujours par se refermer.

— Tu… tu ne peux pas partir en Perse maintenant, Papa… Je veux dire…

Randolph bafouilla, puis décida de se taire.

Arthur lui sourit, avec beaucoup de douceur et une immense affection.

— Dans mon cœur, tu seras toujours mon fils, Randolph, et je t'aimerai toujours autant. Mais puisque je peux aller en Perse, je vais partir. J'écrirai à Lord Woollard pour lui expliquer que je renonce à ce titre. Peut-être reviendrai-je de Perse, peut-être pas. Les revenus du domaine pourvoiront aux besoins de ta mère. Occupe-toi, je te prie, de faire raccompagner Mrs. Ellison à St. Mary demain matin. Et maintenant, je vous souhaite une bonne nuit, conclut-il en se levant.

L'homme était encore d'une séduction extraordinaire, mais ce que l'on retenait surtout était sa dignité.

— Au revoir, ajouta-t-il avant de quitter la pièce sans se retourner.

Pas une seule fois il n'avait regardé Bedelia.

Zachary tendit la main à Agnes qui, très lentement, comme si elle n'était pas sûre que tout cela soit vrai, la prit dans la sienne.

Mariah abandonna la table à regret en s'excusant à son tour. Rester davantage était impossible. Elle leur avait dévoilé la vérité. Il ne lui appartenait pas de les persuader d'une conduite à tenir – elle ne pouvait qu'espérer qu'ils choisiraient la bonne.

Arrivée dans sa chambre, elle se laissa tomber dans le fauteuil. Soudain ses jambes la lâchèrent, et elle s'aperçut qu'elle tremblait. En avait-elle fait assez ? Aurait-elle dû chercher à apporter une preuve qui aurait été irréfutable devant un tribunal ?

Désormais, la famille connaissait la vérité. Elle ne pouvait plus la nier. Arthur s'en irait, peut-être définitivement. Bedelia ne le reverrait sans doute jamais. Les gens sauraient, à leur manière. Ils la regarderaient en murmurant. Il y aurait des spéculations, le plus souvent abominables. La chose la plus douce qu'elle recevrait serait de la pitié, ce qui serait une blessure sans limites pour une femme comme Bedelia. Elle la percevrait derrière les regards dans la rue, dans les petits sourires en coin.

Peu à peu, la vérité apparaîtrait sans doute au grand jour, mais les affabulations autour d'elle n'en seraient que plus cruelles. Agnes et Zachary connaîtraient enfin le bonheur ensemble, peut-être même avec Randolph et Clara. La vieille Mrs. Dowson comprendrait bien des choses. Elle aurait beau rester discrète, Bedelia saurait qu'elle savait, et la vieille dame ne laisserait personne salir le nom de Maude.

Bedelia serait nourrie et servie, mais elle demeurerait privée d'amitié ou d'admiration. Nul ne se soucierait de sa beauté d'antan ni de son intelligence. Elle serait une femme seule, délaissée.

À première vue, c'était une punition moins rude qu'un procès, ou éventuellement la potence, ou même un verdict d'innocence. Elle serait cependant inéluctable, et beaucoup plus longue. Bedelia la subirait le restant de sa vie.

Mais les autres seraient heureux, sans doute pour la première fois de leur existence.

Mariah cessa de trembler et demeura assise en silence, retrouvant le sourire, bien qu'il fût empreint de tristesse et de pitié.

Le lendemain matin, Zachary raccompagna Mariah à St. Mary in the Marsh. Il ne se montra guère bavard, mais elle sentit avec certitude qu'il avait compris qu'Agnes, loin d'être une pâle copie de Bedelia, était une personne plus gentille à défaut d'être plus courageuse, une femme plus douce et plus généreuse, capable à présent de trouver la force de donner le meilleur d'elle-même. Et qui l'avait toujours aimé d'un amour sincère.

— Merci, Mrs. Ellison, murmura-t-il lorsque la voiture prit le dernier virage dans la neige qui scintillait.

Mariah aperçut la maison illuminée de Joshua et Caroline.

— J'espère que vous serez heureux, lui dit-elle, en formant le vœu bien au-delà de la seule formule.

— Je… je comprends pourquoi Maude et vous étiez devenues de si bonnes amies. Même en si peu de temps. Vous êtes comme elle. Vous possédez le courage de dire la vérité, aussi difficile soit-elle, et une vraie joie de vivre. La compassion que vous témoignez aux plus faibles d'entre nous m'étonne. J'imagine que vous allez passer un merveilleux Noël, parce que vous ferez en sorte qu'il en aille ainsi. Je vous le souhaite néanmoins.

— Mais oui ! assura Mariah alors qu'ils s'arrêtaient devant la maison.

La porte s'ouvrit. Joshua descendit les marches du perron et traversa la pelouse pour venir à sa rencontre.

— Ce sera le plus beau Noël de ma vie, reprit-elle en continuant à parler à Zachary. Je commence à en saisir le véritable sens.

— Bienvenue chez nous, Belle-maman ! l'accueillit Joshua, un brin surpris.

Il lui offrit son bras et l'aida à descendre.

— Merci, Joshua, fit-elle avec un grand sourire. Et joyeux Noël, mon cher ! J'ai des choses magnifiques à vous raconter, des choses édifiantes et belles… si toutefois je trouve les mots pour les exprimer ! Des choses qui concernent l'espoir, l'honneur et le vrai sens de l'amour. Votre tante Maude était une femme extraordinaire. Elle m'a fait le plus grand cadeau qui soit – elle m'a permis de comprendre ce que signifie Noël.

— Oui, je vois, cela saute aux yeux, répliqua Joshua avec une conviction soudaine. Joyeux Noël à vous, Belle-maman !

LE SECRET DE NOËL

Traduit de l'anglais
par Pascale Haas

À tous ceux qui voudraient recommencer.

Clarice Corde s'adossa à son siège au moment où le train sortit de la gare dans un nuage de vapeur. De petites particules de charbon voletèrent dans tous les sens tandis que la locomotive rugissait en prenant de la vitesse. La pluie battait si fort contre la vitre qu'elle distinguait à peine les toits luisants de Londres. On était le 14 décembre 1890, à dix jours du réveillon de Noël. Mariée depuis un peu plus d'un an, Clarice était loin de s'être habituée à son rôle de femme de pasteur. Ni l'obéissance ni le tact ne lui venaient sans qu'elle dût faire un effort considérable, mais elle s'y appliquait par égard pour Dominic.

L'observant à la dérobée, elle le surprit abîmé dans ses pensées. Elle le savait inquiet au sujet de sa capacité à se montrer à la hauteur de l'occasion qui leur avait été offerte de manière si inattendue. Le vieux révérend Wynter avait pris un congé bien mérité, et son église, située dans le petit village de Cottisham, avait besoin d'un remplaçant qui prenne soin de ses ouailles durant la période de Noël.

Dominic avait saisi l'aubaine. L'année où il s'était retrouvé veuf, il avait renoncé à une vie facile pour embrasser le ministère sur le tard. Personne en dehors de Clarice ne devinait ses doutes derrière son beau visage et son aisance. Elle l'aimait d'autant plus fort de le savoir conscient de ses propres faiblesses, en même temps que du pouvoir de ses rêves.

Dominic redressa la tête et lui sourit. Une fois de plus, Clarice s'étonna avec bonheur que ce soit elle qu'il ait choisie : la sœur maladroite, celle qui avait la parole indélicate et un sens de l'humour désastreux, plutôt que l'une de ces beautés fiables et plus conventionnelles qui recherchaient son attention.

Aller à Cottisham, dans le comté du Hertfordshire, représentait le plus beau cadeau de Noël qu'on eût pu leur faire. Une chance qui leur permettrait d'échapper au révérend Spindlewood et à la région sinistre de la Londres industrielle où Dominic avait été affecté comme vicaire.

Comment rassurer son mari sur le fait que ses nouveaux paroissiens n'attendraient de lui que de la patience, qu'il devrait être là pour les écouter et les réconforter, leur rappeler le message de Noël et d'espoir de paix sur la terre ?

Clarice avança la main et lui serra le bras un instant.

— Tout ira bien, déclara-t-elle avec assurance. Et habiter à la campagne sera plaisant.

Une lueur passa dans les yeux noirs de Dominic, qui lui sourit, comprenant ce qu'elle s'efforçait de lui dire à demi-mot.

Et en effet, le village était très beau, même s'il se limitait à une grande esplanade de verdure avec une mare aux canards au milieu et des maisons autour. La plupart des habitations, coiffées de chaume, possédaient des jardins bien entretenus endormis pour l'hiver. Cinq ou six petites routes serpentaient en direction des bois et des prés environnants. L'église, de style saxon, avait un toit en ardoise, et la grosse tour carrée s'élevait très haut vers les nuages chahutés par le vent.

La carriole qui les avait amenés depuis la gare s'arrêta devant le presbytère en pierre de forme biscornue. Le cocher déchargea leurs bagages sur l'allée de gravier avant de s'en retourner.

Clarice observa la porte close, puis les belles fenêtres georgiennes. La demeure était splendide, mais, curieusement, elle paraissait aveugle, comme indifférente à leur arrivée. Cette maison allait être la leur. Dominic aurait l'opportunité de prêcher et d'exercer son ministère sans avoir à rendre de comptes, ni à supporter les interventions constantes du révérend Spindlewood. Clarice devait désormais se comporter avec enthousiasme, quels que fussent les doutes et la solitude qu'elle éprouvait. La foi n'était rien d'autre. N'importe qui est capable de se sentir joyeux quand il est jeune et que le soleil brille.

Elle jeta un bref regard à son mari, puis s'avança vers la porte et actionna le heurtoir à tête de lion d'un geste décidé.

Seul le silence lui répondit.

— Reste ici avec les affaires, dit Dominic sans s'énerver. Je vais aller jusqu'à la maison voisine. Ils ont dû laisser les clés chez quelqu'un.

Mais avant qu'il ait parcouru dix mètres, une femme corpulente aux cheveux remontés en un chignon lâche au sommet de la tête arriva en hâte. Elle luttait pour maintenir son châle que s'acharnait à lui arracher le vent.

— C'est bon, c'est bon, me voilà ! cria-t-elle. Il n'y a pas le feu ! La neige n'est pas encore tombée. Vous devez être le révérend Corde… et Mrs. Corde, je suppose ?

La femme s'arrêta devant eux et toisa Clarice d'un air sceptique.

— J'imagine que vous savez tenir une maison ? fit-elle sur un ton qui frisait l'accusation. Je suis Mrs. Wellbeloved. Je m'occupe du pasteur, mais je ne pourrai pas faire autre chose pour vous que du ménage, parce que j'attends de la famille à Noël et que j'ai besoin de vacances, moi aussi. Ce n'est pas bon pour la santé, de travailler tous les jours de l'année, et ce n'est pas juste d'exiger ça de qui que ce soit.

— Nous ne l'exigeons de personne, lui assura Clarice, bien que ce fût exactement ce qu'elle avait espéré. Si vous me montrez où trouver les choses et que vous m'aidez avec le linge, ce sera suffisant, j'en suis certaine.

Mrs. Wellbeloved sembla se radoucir plus ou moins. Elle sortit une grande clé de sa poche, ouvrit la porte et les fit entrer.

Clarice la suivit, agréablement surprise par la chaleur qui régnait à l'intérieur du presbytère, alors que le pasteur était parti depuis déjà plusieurs jours. La maison sentait la lavande et la cire d'abeille, et il flottait un léger parfum de chrysanthèmes. Tout paraissait d'une extrême propreté : le plancher, la table du vestibule, les portes ouvrant à gauche et à droite, l'escalier qui montait vers un large palier. Un immense vase rempli de branchages et de feuilles aux nuances d'or et de bronze était posé à même le sol. En dépit de son manque d'allure, Mrs. Wellbeloved semblait être une excellente maîtresse de maison.

— Vous allez vous plaire ici, affirma-t-elle, s'adressant plus à Dominic qu'à Clarice, et sur un ton qui évoquait plutôt un ordre. Les gens savent se comporter de façon convenable. Ils vont régulièrement à l'église et donnent à la quête pour les pauvres. Vous n'aurez à vous occuper de rien d'autre que de votre service. Vous n'avez qu'à bien le faire jusqu'au retour du pasteur. Je suis sûre qu'il vous a laissé une liste des personnes chez qui il vous faudra aller, mais si jamais il ne l'a pas fait, je vous les indiquerai.

Mrs. Wellbeloved ouvrit une porte pour leur montrer le salon, une pièce ravissante avec une grande cheminée et une baie vitrée, puis la referma aussitôt.

— Vous assurerez tous les services réguliers, reprit-elle en se dirigeant d'un pas vif vers la cuisine. Vous n'aurez pas besoin du sacristain, mais si vous y tenez, vous le trouverez dans la première maison à droite sur la route de Glebe. Le fossoyeur habite deux maisons plus loin.

— Merci, Mrs. Wellbeloved.

Dominic évita de croiser le regard de Clarice et garda son sérieux du mieux qu'il put.

— Je passerai faire le ménage, sauf le jour de Noël… et le lendemain, ça va sans dire, enchaîna Mrs. Wellbeloved. Vous avez une réserve de charbon et de coke suffisante, et probablement assez de petit bois, sinon, vous n'aurez qu'à aller marcher dans les bois pour en ramasser. Il brûlera mieux si vous le séchez d'abord comme il faut. Et puis vous promènerez Harry. Moi, je ne pourrai pas.

— Harry ? demanda Dominic, intrigué.

— Harry, répéta Mrs. Wellbeloved en le fusillant du regard. Le chien ! Le pasteur ne vous en a pas parlé ? Un retriever. Bon comme le pain, si on le traite bien. Et puis il y a aussi Etta. Mais elle, pas la peine de vous en soucier, du moment que vous lui donnez des restes et du lait, elle se débrouille très bien toute seule.

— Etta est une chatte ? devina Clarice.

Mrs. Wellbeloved parut comme apaisée par leur ignorance.

— Une sacrée petite chasseuse de souris, oui ! Elle n'a rien d'une beauté, mais c'est une rusée. Elle finit par toutes les attraper.

Elle dit cela avec satisfaction, comme si elle s'identifiait à l'animal et se décrivait elle-même d'une certaine façon.

Clarice ne put s'empêcher de sourire.

— Merci. Je suis sûre que nous nous entendrons à merveille. Et merci de nous avoir montré la maison. Nous allons prendre une tasse de thé, et ensuite, nous déferons les bagages.

— Pour aujourd'hui, vous avez ce qu'il vous faut, ajouta Mrs. Wellbeloved. Un pâté de gibier en croûte dans l'office, et plein de légumes, autant qu'on peut en trouver à cette époque de l'année. Ah, il vous faudra des oignons… Le pasteur en raffole. Il dit qu'une soupe à l'oignon brûlante est le meilleur remède au monde contre le rhume. Ça sent plus fort que le whisky, mais au moins on reste sobre.

Elle fixa Dominic d'un air dur.

Il soutint son regard sans ciller avant de lui sourire.

Mrs. Wellbeloved grogna, une rougeur lui monta aux joues, et elle détourna les yeux.

— Mieux vaut juger sur les actes que sur les apparences, grommela-t-elle dans sa barbe.

Clarice la remercia une dernière fois avant de la raccompagner à la porte. Elle se sentait prête à rester seule dans sa nouvelle maison provisoire et à y prendre les choses en main. Mais d'abord, il lui fallait une tasse de thé. Le voyage avait été long, et on approchait du jour le plus court de l'année. Des nuages d'orage menaçaient par-delà les arbres dans la lumière qui déclinait.

La maison correspondait à tout ce qu'elle aurait pu souhaiter. Elle possédait du charme et de la personnalité. Le mobilier, bien qu'usé, était entretenu avec soin. Rien n'était véritablement assorti, comme si chaque chose était arrivée là par hasard, et pourtant, aucune ne paraissait déplacée. Les nuances du chêne, de l'acajou et du noyer se heurtaient quelque peu, mais l'âge avait fini par les patiner. Et les moulures élisabéthaines ne juraient en rien avec la simplicité georgienne. Chaque meuble semblait correspondre à un usage, à l'exception d'une petite table aux pieds torsadés, probablement placée là pour le seul plaisir.

Sur les murs, les tableaux traduisaient eux aussi un choix personnel : une aquarelle du château de Bamburgh, émergeant des sables pâles sur la côte du Northumberland, avec la mer du Nord en arrière-plan ; une scène de bateaux de pêche hollandaise ; cinq ou six dessins d'arbres aux branches dépouillées réalisés au crayon ; d'autres, d'arbres et de champs en hiver à l'encre. Clarice les trouva remarquablement reposants. Son œil n'arrêtait pas d'y revenir. À l'étage, elle découvrit un autre dessin, représentant cette fois les ruines de l'abbaye de Rievaulx, dont les colonnes nues et les murs éboulés se dressaient sur un fond de nuages.

— Regarde, dit-elle à son mari, alors qu'il transportait la dernière valise dans le débarras. N'est-ce pas ravissant ?

Dominic rangea la valise, puis vint se placer derrière sa femme qu'il enlaça par l'épaule.

— Oui, reconnut-il en examinant le dessin avec attention. Il me plaît beaucoup.

Il jeta un coup d'œil sur la signature.

— C'est de lui ! s'exclama-t-il. Tu as vu ?

— De lui ?

— L'évêque m'a dit que Mr. Wynter peignait à ses heures perdues. Mais sans préciser qu'il possédait un tel talent. Ce dessin dégage autant de force que de grâce… C'est du moins mon avis. Il me tarde de le rencontrer, quand il reviendra.

Clarice perçut une pointe de tristesse dans la voix de son mari. Ces trois semaines allaient passer trop vite, et ils retrouveraient alors Londres et le révérend Spindlewood. D'ici là, Dominic devrait montrer qu'il possédait assez de sagesse, de gentillesse et de patience d'écoute pour s'occuper tout seul du village. Il lui faudrait aussi faire preuve de passion et d'originalité dans ses sermons, non seulement pour susciter l'intérêt, mais pour transmettre à tous le message spécial de Noël. Elle savait que cela lui importait infiniment, mais que sa confiance en lui parfois vacillait. Seul un bouleversement complet dans son existence l'avait amené à se consacrer à la foi religieuse.

Par ailleurs, Clarice avait conscience que les paroles creuses qu'elle pourrait lui prodiguer en vue de le rassurer ne lui seraient d'aucune aide. Dominic savait qu'elle croyait en lui, et il considérait que c'était en raison de l'amour qu'elle lui portait plutôt que d'un quelconque réalisme.

— Je me demande si Mr. Wynter va faire d'autres dessins pendant ses vacances, dit-elle d'un air songeur. Je ne sais même pas où il est parti.

Le lendemain matin, Clarice se leva en frissonnant dans sa chemise de nuit et ouvrit les rideaux sur un univers scintillant de blancheur. Le jardin du presbytère, d'une superficie étonnante, était adossé à la forêt. Les arbres saupoudrés de neige dessinaient des motifs délicats pareils à de la dentelle sur le ciel gris plomb auquel la lumière pâle donnait un éclat surnaturel. Impressionnée par tant de beauté, elle poussa un lent soupir et en oublia un instant de frissonner.

Perdue dans la contemplation du paysage, Clarice se rappela soudain qu'une série de tâches l'attendaient : vider et nettoyer les foyers, allumer le feu, préparer le petit déjeuner. Sans oublier, bien sûr, de nourrir Harry et Etta. Elle ne pouvait pas se permettre d'attendre l'arrivée de Mrs. Wellbeloved.

Un peu après dix heures, alors que Dominic était dans le bureau en train de consulter les notes laissées par le pasteur afin de se familiariser avec la paroisse, des pas crissèrent sur l'allée de gravier. Harry sortit en trottinant de la cuisine où il s'était endormi près du poêle. La truffe dressée, le chien agita sa queue touffue, mais se garda d'aboyer.

Clarice retira son tablier et arriva devant la porte au moment même où résonnait le heurtoir. En ouvrant, elle aperçut un homme qui se tenait en retrait sur le seuil. Il était un peu plus grand que la moyenne et plutôt mince, bien que, sous l'épaisseur de son manteau d'hiver, ce fût difficile à dire. Son visage aux traits fins sans être vraiment beaux rayonnait d'intelligence et d'une petite lueur narquoise. Il avait le teint très mat et des yeux de ce noir étincelant qu'ont les Orientaux. Quand il prit la parole, sa voix était néanmoins on ne peut plus anglaise.

— Enchanté de faire votre connaissance, Mrs. Corde. Je suis Peter Connaught, du manoir, dit-il en esquissant un geste derrière lui. Je voulais vous souhaiter la bienvenue au village.

Il lui tendit la main, puis baissa les yeux sur son gant en cuir lisse qu'il s'empressa d'ôter en s'excusant.

— Enchantée, Mr. Connaught, répondit Clarice en lui souriant. C'est très aimable à vous. Puis-je vous offrir une tasse de thé ? Il fait un froid terrible, ce matin.

— Très volontiers. Je pense que nous allons avoir un Noël difficile… seulement pour ce qui est du temps, j'espère.

Clarice recula et ouvrit la porte en grand. Peter Connaught entra en jetant des regards alentour, comme si le presbytère avait pu faire l'objet de transformations depuis sa dernière visite. Puis il se détendit et, rassuré, retrouva le sourire. Craignait-il qu'ils aient déplacé la totalité des meubles en une nuit ?

Après l'avoir débarrassé de son manteau, Clarice le conduisit au salon, se félicitant d'avoir allumé le feu de bonne heure et qu'il y règne une douce chaleur. Là encore, elle remarqua que Peter Connaught examinait la pièce, un sourire apparaissant sur ses lèvres à mesure qu'il reconnaissait les objets, les tableaux, la disposition des meubles et les fauteuils fatigués aux couleurs fanées.

— Si vous voulez bien m'excuser, je vais prévenir mon mari que vous êtes là. Et ensuite, j'apporterai le thé.

— Oui, je vous en prie.

Peter Connaught inclina la tête en se frottant les mains. Ses bottes cirées étaient humides de neige et le vent lui avait donné des couleurs.

Clarice alla d'abord dans le bureau où elle entra sans frapper.

— Dominic, Mr. Connaught du manoir est au salon. Je vais apporter du thé. C'est très gentil à lui d'être venu, non ?

Son mari parut un brin surpris.

— Oui… Il n'a pas perdu de temps.

Sa voix trahissait une légère appréhension.

Clarice, qui la perçut aussitôt, se demanda si son mari ne redoutait pas déjà qu'elle pût se montrer trop franche dans ses opinions, trop prompte non seulement à voir une autre façon d'agir dans tel ou tel domaine, mais à le signifier. La chose était déjà arrivée.

— Je devrais rendre visite à sa femme, dit-elle. Elle doit connaître toutes les dames du village et tout savoir sur elles. Mr. Connaught n'y a pas fait allusion, ajouta-t-elle en se mordant la langue et en regardant son mari droit dans les yeux. Mais je te promets de bien me tenir. Je trouverai sa femme charmante et en tout point compétente, promis. Même si ce n'est qu'une idiote de première à la langue fourchue ! Je t'en fais la promesse.

Dominic se leva.

— Ne t'attends pas à ce que je te regarde faire et garde mon sérieux ! la mit-il en garde en lui effleurant la joue d'une main si légère qu'elle la sentit à peine. Ne change pas trop, Clarice ! Peu m'importerait de devenir archevêque de Canterbury s'il fallait pour cela que je perde la femme que tu es.

— Oh, si tu étais archevêque de Canterbury, rétorqua-t-elle d'un ton allègre, il est probable que je ne dirais que ce qui me plaît ! Tout le monde te considérerait avec beaucoup trop de respect pour oser me critiquer.

Dominic leva les yeux au ciel et partit rejoindre leur invité.

Clarice, d'humeur joyeuse, retourna dans la cuisine. Être aimée pour soi-même, avec tous ses rêves et ses faiblesses, ses défauts et ses qualités, représentait le bien le plus précieux dans la vie, elle le savait.

Lorsqu'elle revint avec le thé et des biscuits, elle trouva les deux hommes assis devant l'âtre en train de discuter. Ils s'empressèrent de se lever, et Dominic la déchargea du plateau. Ils échangèrent quelques banalités d'usage. Clarice servit le thé et passa une tasse à Peter Connaught, puis à son mari.

— Sir Peter me parlait du village, dit Dominic en accrochant le regard de sa femme. Sa famille est établie à Cottisham depuis des siècles.

Clarice se sentit rougir. Ignorant son titre, elle l'avait appelé « Mister » lorsqu'elle l'avait fait entrer. Elle se demanda s'il se sentait offensé. En temps normal, elle s'en serait moquée, mais dans ces circonstances, c'était un détail qui comptait. Même si les ancêtres des gens ne l'impressionnaient guère, ce n'était pas le moment de le dire. Elle se composa une expression pleine d'intérêt.

— Vraiment ? Quelle chance vous avez d'avoir des racines dans un aussi bel endroit !

— Oui, admit Peter Connaught. Cela me donne un grand sens d'appartenance. Et comme tous les privilèges, cela entraîne certaines obligations. Lesquelles sont aussi un plaisir. J'ai été très triste d'apprendre que le révérend Wynter prenait ses vacances à Noël, mais maintenant que vous êtes parmi nous, je suis sûr que tout se passera aussi parfaitement que d'habitude. Noël est un moment formidable pour régler les désaccords, pardonner les fautes et accueillir les brebis égarées.

— Comme c'est bien formulé, observa Dominic. Est-ce là une phrase du révérend Wynter ou bien est-ce votre sentiment personnel ?

Sir Peter parut un peu surpris, et même déconcerté un instant.

— C'est mon sentiment… Pourquoi me posez-vous la question ?

— Je trouve que c'est si bien exprimé que je vous demanderais volontiers la permission de l'utiliser, répondit Dominic en toute franchise. Je voudrais dire quelque chose de vraiment approprié dans mon sermon de la messe de Noël, qui doit être aussi court que possible et néanmoins avoir du sens. Mais il m'est impossible de le préparer tant que je n'en sais pas un peu plus sur le village et ses habitants.

Sir Peter se pencha en avant, et une fine ligne se creusa entre ses sourcils très noirs.

— Mr. Wynter ne vous a-t-il pas parlé de nous, que ce soit à titre collectif ou individuel ?

Alors qu'elle l'observait, Clarice eut soudain la certitude que la réponse lui importait bien davantage qu'il ne désirait qu'ils le sachent. On sentait en lui une tension, et les jointures de ses belles mains fines posées sur ses genoux devinrent soudain très blanches.

Dominic ne sembla pas s'en rendre compte.

— Je ne l'ai malheureusement jamais rencontré, répondit-il. La demande de remplacement à ce poste m'est parvenue par l'intermédiaire de l'évêque. Sans doute Mr. Wynter a-t-il décidé de prendre un congé subitement.

— Je comprends, dit Sir Peter en se calant au dossier de son fauteuil et en prenant sa tasse. C'est un peu délicat pour vous. Si je peux faire quoi que ce soit, j'en serai ravi. Passez me voir quand vous voudrez. Peut-être viendrez-vous dîner avec moi un soir au manoir, une fois que vous serez installés ? Je le regrette, dit-il en se tournant vers Clarice, mais mon hospitalité ne vous offrira pas de compagnie féminine, car ma mère est décédée et je ne suis pas marié. Mais si vous aimez l'histoire et l'architecture, je vous promets de vous montrer deux ou trois choses intéressantes. Je pourrai vous raconter toutes sortes d'histoires sur les gens, le bien et le mal, certaines tragiques et d'autres amusantes, qui font partie de ce village depuis des siècles.

Cette fois, Clarice n'eut pas à feindre l'intérêt.

— Ce sera sans doute beaucoup plus distrayant que n'importe quel bavardage entre femmes ! Je viendrai avec plaisir.

Sir Peter avait l'air satisfait, comme si cette perspective le réjouissait. À l'évidence, il tirait une grande fierté de son héritage et adorait le partager, distraire les gens, les faire rire tout en les impressionnant un peu. Il s'adressa à Dominic :

— Je vois que vous avez rangé le jeu d'échecs. Vous n'y jouez pas ?

Dominic balaya la pièce du regard. Il n'avait aucune idée de l'endroit où s'était trouvé le jeu d'échecs.

— Non ? enchaîna aussitôt Sir Peter. Il n'était pas là quand vous êtes arrivé ?

— Non. Je n'ai rien vu, répondit Dominic en jetant un regard interrogateur à sa femme.

— Je ne l'ai pas vu non plus, dit Clarice. Mr. Wynter a l'habitude d'y jouer ?

Une expression de douleur passa dans les yeux de Sir Peter, qui s'appliqua aussitôt à la chasser. Il termina son thé.

— Oui. Oui, à une époque. Il possédait un échiquier de toute beauté. Non pas noir et blanc, mais noir et or. Le noir était de l'ébène, et l'or de cette teinte extraordinaire que prend parfois le bois d'if, presque métallique. Une merveille… Toutefois, dit-il en se levant, c'est sans grande importance. Je l'ai remarqué pour la seule raison qu'on ne voyait pratiquement que ça dans la pièce. La lumière tombait juste sur l'échiquier, voyez-vous.

— Ce devait être magnifique, dit Clarice, sentant que le silence l'exigeait.

Néanmoins, elle était persuadée que la raison pour laquelle Sir Peter avait posé cette question n'était pas aussi simple qu'il le prétendait. On devinait chez lui une émotion que ne pouvait expliquer la simple absence d'un bel objet. Qu'avait-il représenté d'autre à ses yeux, et pourquoi s'en cachait-il ?

Continuant à s'interroger, Clarice se leva à son tour et raccompagna son hôte jusqu'à la porte, le remerciant encore d'avoir eu la gentillesse de passer les voir.

Mrs. Wellbeloved arriva après le déjeuner, chargée d'un énorme sac de pommes de terre qu'elle déposa sur la table de cuisine avec un grognement de soulagement.

— Vous en aurez l'usage, commenta-t-elle.

— Merci.

Clarice accepta en se disant que Mrs. Wellbeloved voulait bien faire et qu'il eût été très impoli de lui expliquer qu'elle aurait préféré aller les acheter elle-même à l'épicerie du village. Trois semaines, c'était très court, si elle voulait faire la connaissance des gens pour aider Dominic.

— Merci, répéta-t-elle. C'est très gentil. Nous avons eu une visite, ce matin.

Elle emporta les pommes de terre dans l'arrière-cuisine, suivie par le chien rempli d'espoir, toujours prêt à manger quelque chose.

— Il est venu ici ? demanda Mrs. Wellbeloved, les yeux écarquillés de curiosité. Eh ben, ça alors !

Elle attrapa un balai et entreprit de balayer le sol.

Clarice revint dans la cuisine, Harry toujours sur ses talons.

— Il nous a raconté que sa famille vivait au village depuis des années, poursuivit-elle rangeant dans un des placards les confitures, les condiments et les gelées salées.

— Des années ? Je dirais plutôt des siècles. Depuis l'arrivée des Normands, à ce qu'il raconte.

— Les Normands ?

— Oui, vous savez bien, en 1066, précisa Mrs. Wellbeloved en lui jetant un regard sceptique.

Comment pouvait-on se prétendre une dame si on ne savait pas ça ?

Clarice n'en revenait pas.

— C'est très impressionnant !

— Oh, et ça l'impressionne…

Mrs. Wellbeloved se courba en deux pour ramasser de minuscules poussières qu'elle poussa d'un geste habile dans la pelle.

— Ils ont débarqué en même temps que Guillaume le Conquérant, d'après ce qu'il dit, et ils sont dans ce village depuis 1200. Tout le monde sait ça.

Elle afficha une moue de dédain, qu'elle se hâta de dissimuler en attrapant le seau ; elle le mit dans l'évier bas en pierre, puis ouvrit le robinet.

— Il ne m'en a pas parlé, dit Clarice, qui ressentait le besoin de défendre Peter Connaught sans trop savoir pourquoi.

— Voilà qui est surprenant…

Mrs. Wellbeloved ferma le robinet et souleva le seau.

— Ça ne m'a pas l'air bien sale, déclara-t-elle en examinant le sol d'un air perplexe.

— Non. Nous n'avons même pas passé une journée entière dans la maison. Ce n'est pas la peine de laver par terre.

— Vous avez peut-être raison. Dans ce cas, je vais juste faire la table. La table, faut que ça reste propre.

Elle alla chercher la brosse en chiendent sur l'étagère, ainsi qu'une grande boîte de savon en paillettes.

— J'ai connu son père, Sir Thomas. Pauvre homme, c'était un vrai gentleman.

— Que lui est-il arrivé ?

— Il est parti à l'étranger.

Mrs. Wellbeloved commença à frotter la table avec énergie, renversant de l'eau partout, inondant toute la surface d'un seul coup.

— Dans des contrées étrangères, du côté de l'Orient. Je ne sais plus s'il a jamais dit où exactement. Il est tombé amoureux et il s'est marié. Et puis sa femme est morte, quand Sir Peter n'avait que cinq ou six ans. Une femme merveilleuse, d'après ce qu'il raconte, et d'une grande beauté. Sir Thomas en a été si dévasté qu'il est rentré chez lui et n'est plus jamais retourné là-bas, jamais. Il a élevé Peter tout seul, lui a tout appris sur la famille, le domaine et le reste. Il était très proche de son fils, mais il ne s'est jamais remis de la mort de sa femme. Et sans doute que Peter non plus. Il ne s'est jamais marié.

— Il a encore le temps, observa Clarice. Il ne fait pas plus de quarante ans. Il veut sûrement avoir une descendance, non ?

Les lèvres serrées, Mrs. Wellbeloved frottait en y mettant tout son poids, au milieu des bulles de savon qui voltigeaient autour d'elle. Elle fit un pas de biais et faillit trébucher sur le chien.

— C'est son devoir. Sauf qu'il ne le fait pas. Peut-être que c'est à cause de ça.

— À cause de quoi ? interrogea Clarice sans complexe.

— Sir Peter venait souvent au presbytère, répondit Mrs. Wellbeloved en tordant un torchon entre ses grosses mains rougeaudes. Deux fois par semaine, et quasiment chaque mois. Il jouait aux échecs avec le pasteur. Ils adoraient leurs parties, ça oui ! Et puis d'un seul coup, il n'est plus venu, ça fera bientôt deux ans. Depuis, il n'est jamais revenu ici, sauf pour affaires ou en compagnie d'autres gens. Le pasteur n'a jamais dit pourquoi, d'ailleurs il ne le ferait pas. Il sait garder un secret mieux qu'une tombe !

— Vous voulez dire qu'ils se sont disputés ?

Clarice éprouva une légère déception. Les querelles semblaient toujours si tristes, si stupides…

— Quel était l'objet de leur dispute pour qu'elle dure si longtemps ?

Mrs. Wellbeloved se redressa d'un geste brusque et se cogna le coude contre le seau qui était resté sur la table. Elle fit la grimace.

— Ce qui est sûr, c'est que c'est pas la faute de Mr. Wynter. C'est le meilleur homme qui ait jamais vécu au village, que sa famille vienne du manoir ou de l'usine ! Il pardonne tout à tout le monde, même quand on s'en prend à lui. Il a essayé des tas de fois de se raccommoder avec Sir Peter, mais Sir Peter n'a rien voulu entendre ! grommela-t-elle avec hargne. Pourtant, jamais le pasteur irait dire qu'une chose est bien si elle l'est pas. La crainte de Dieu l'habite comme une grande lumière. Mr. Corde a bien de la chance de le remplacer pour Noël, fit-elle en accompagnant ses propos de force hochements de tête. Quand il aura fait quelques kilomètres dans les pas du pasteur, il n'en sera qu'un homme meilleur, vous pouvez me croire !

Elle essuya une moitié de la table avec énergie, posa le seau par terre, puis s'attaqua à l'autre moitié en essorant son torchon à plusieurs reprises.

Clarice, qui mourait d'envie de défendre son mari, dut se mordre la langue pour ne pas réagir. Elle respira à fond. Il fallait à tout prix qu'elle ait Mrs. Wellbeloved de son côté.

— Il a l'air d'un homme remarquable, même pour un pasteur, dit-elle avec autant d'humilité qu'elle en était capable.

Les traits sévères de Mrs. Wellbeloved s'adoucirent.

— C'est sûr ! Un homme de Dieu, je dirais. Et ses vacances, il les mérite. Partir faire ses peintures et ses dessins, c'est juste ce qu'il lui faut.

Elle toisa Clarice une seconde, puis se retourna, de sorte que celle-ci ne put voir son visage.

— C'est une chance que vous ayez pu venir, ajouta la gouvernante en reniflant pour contenir son émotion.

Mrs. Wellbeloved ramassa le seau et en balança le contenu dans l'évier, avec une telle vigueur que l'eau sale éclaboussa tout le pourtour, réveillant la chatte qui s'ébroua d'un air furibond avant de se recoucher.

Clarice hésita à éponger l'eau, puis décida de n'en rien faire. Mieux valait feindre de n'avoir rien vu. À la place, elle alla chercher un linge propre qu'elle étala sur la couche d'Etta, mit la bouilloire à chauffer pour préparer du thé, puis partit faire la poussière dans le vestibule – qui n'en avait nul besoin.

Dans l'après-midi, la baisse considérable de la température s'accompagna d'une abondante chute de neige. Dominic entassa des bûches dans chacune des cheminées, dans l'espoir qu'elles brûleraient une bonne partie de la nuit et qu'il resterait un peu de chaleur le lendemain matin.

Par la fenêtre de son bureau, il admira la beauté désolée de la lumière pâle, tout en sachant que cela signifiait que personne ne pourrait passer entre les épaisses congères pour sortir du village, et que certains auraient même des difficultés à mettre un pied hors de chez eux pour aller se ravitailler. C'était là que commençait sa charge de pasteur. Cependant, il ignorait dans quelles maisons il serait le bienvenu, or il ne pouvait s'autoriser la moindre erreur. Il n'était qu'un étranger, prenant la place temporaire d'un homme qu'il devinait extrêmement apprécié.

Pour l'heure, il ne disposait que d'une source d'information, en la personne de Mrs. Wellbeloved. Les propos de Clarice à son sujet avaient été les suivants : « Elle a un avis sur tout, qu'elle partage volontiers à la première occasion. Occupe-toi d'autre chose, Dominic, et même si elle raconte des bêtises, pour l'amour du ciel, ne discute pas avec elle ! La connaissance qu'elle a du village est sa plus grande satisfaction. »

Clarice avait sans doute raison. Lui-même n'ayant encore jamais eu à traiter avec des domestiques, il ne leur avait jamais prêté grande attention.

Il était temps que les choses changent. Dominic se leva et alla rejoindre Clarice, qui était dans la cuisine en train de chauffer des fers sur le fourneau et s'apprêtait à repasser ses chemises qu'elle avait lavées la veille. Le chat et le chien étaient blottis l'un contre l'autre dans un panier près du poêle. Dominic regarda sa femme avec un sentiment de culpabilité. À part ses yeux, elle n'était pas belle au sens classique du terme. Son visage offrait pour cela beaucoup trop de caractère, et elle était toujours prête à rire ou à se mettre en colère. Il ne comptait plus le nombre de fois où elle l'avait mis dans l'embarras. Mais elle était aussi généreuse et prompte au pardon. Elle ne possédait pas une once d'arrogance, et il ne l'avait jamais vue faire une promesse sans la tenir.

Clarice aurait pu épouser un homme qui aurait eu les moyens de lui donner une grande maison et des domestiques veillant à chacun de ses désirs. Elle aurait pu avoir un attelage, des vêtements à la mode et des invitations dans le monde. Était-elle vraiment aussi heureuse qu'elle le paraissait en cet instant, avec ses joues empourprées et son tablier noué autour de la taille, en train de vérifier la température des fers ?

Elle releva la tête et lui sourit.

— Je vais aller voir Mrs. Wellbeloved, annonça Dominic. Il me faut son avis sur qui aller voir par ce temps. Elle saura me le dire.

— Excellente idée, approuva Clarice avant de se rembrunir. Mais tâche d'user de tact avec elle. C'est une drôle de créature.

Dominic se mordit la lèvre pour ne pas rire.

— Je l'avais remarqué, ma chère.

— Et couvre-toi bien. Le froid est mordant.

— Ça aussi, je l'avais remarqué.

Il l'embrassa rapidement sur la joue et, sans lui laisser le temps de le retenir, il se dirigea vers l'entrée.

Il mit une grosse écharpe en laine, puis son manteau, des gants et un chapeau. Bien que chaudement habillé, la rafale d'air glacé qui s'engouffra lorsqu'il ouvrit la porte le surprit. Au froid de la veille s'ajoutait un vent cinglant, et la luminosité de la neige était si forte qu'elle l'obligea à plisser les yeux. Dès qu'il se mit en marche, il entendit ses pas crisser sur le sol gelé. Ç'eût été très agréable de changer d'avis et de faire demi-tour, sauf qu'il ne pouvait pas se le permettre. Être pasteur consistait en partie à ne pas commettre d'erreurs, à ne pas écouter la petite voix tentatrice qui vous soufflait de remettre les choses au lendemain ou que quelqu'un d'autre s'en chargerait. Il était l'homme dont les gens du village attendaient qu'il fasse le travail de Dieu, et il ne devait pas les décevoir.

Dominic traversa la place du village, où il ne vit que de rares empreintes sur la fine couche de neige durcie. La mare était en partie gelée, et le banc installé au bord déserté. Le ciel avait viré au gris. Des maisons recroquevillées sous leurs toits blanchis s'élevaient de minces filets de fumée qui barbouillaient le ciel. Seule la lueur rougeâtre de la forge paraissait accueillante. Au-delà du village, la forêt n'était qu'un entrelacs de branches, d'un noir plus dense aux endroits où les sapins se serraient, parsemées de blanc là où la neige s'accrochait.

Il croisa une vieille femme chargée d'un fagot à laquelle il souhaita le bonjour, mais elle lui répondit en marmonnant de sorte qu'il ne comprit pas ses propos. Il accéléra le pas et sentit la chaleur revenir dans son corps, bien qu'il ait les pieds engourdis et les doigts endoloris par le froid.

Dix minutes plus tard, il frappait à la porte de Mrs. Wellbeloved. Il se sentit soulagé quand elle ouvrit et l'invita à entrer. Il pénétra dans un vestibule sombre et bien chauffé qui sentait la cire et le feu de bois.

— Eh bien, Mr. Corde, fit-elle vivement – elle se refusait à l'appeler « monsieur le pasteur » –, que puis-je pour vous ?

Vous allez devoir vous occuper vous-même de la maison, j'en ai peur. Comme je vous l'ai dit, j'attends du monde.

— J'aurais besoin de votre avis, Mrs. Wellbeloved, répliqua Dominic, qui vit son expression changer sur-le-champ et se retint de sourire.

— Ah, ça, je peux vous le donner, Mr. Corde ! dit-elle en lissant son tablier sur ses hanches. Que voulez-vous savoir ? Venez donc vous asseoir un instant. Je peux bien vous consacrer un moment.

Elle le fit entrer dans un salon très soigné, où l'on venait d'allumer un feu, et où Mr. Wellbeloved, un homme robuste au visage buriné surmonté d'une tignasse de cheveux gris, était en train de tailler un sifflet dans un morceau de bois. Une pile de copeaux s'entassait sur un bout de papier posé par terre à ses pieds. Des blocs de bois peint étaient rangés en tas à côté de lui.

Une fois les présentations faites, et après que Mr. Wellbeloved lui eut expliqué qu'il sculptait des cadeaux de Noël pour ses petits-enfants. Dominic demanda à sa femme par qui elle pensait qu'il devait commencer ses visites. Il nota ses réponses, ainsi que les adresses, dans le carnet qu'il avait apporté.

— Et vous feriez bien de demander aussi à Mr. Boscombe, lui conseilla Mr. Wellbeloved. Il habite au bout de la petite rue quand on vient du côté sud. Une grande maison avec trois pignons. C'était lui le bras droit du pasteur jusqu'à il y a encore six mois. Il savait tout ce qu'il fallait savoir.

Mrs. Wellbeloved confirma d'un signe de tête.

— Pour ça oui… Un brave homme, Mr. Boscombe. Il vous recevra.

— Jusqu'à il y a encore six mois ? s'étonna Dominic.

Mr. Wellbeloved jeta un bref coup d'œil à sa femme, avant de reporter son regard sur Dominic, son couteau suspendu en l'air.

— Oui, c'est cela.

— Que s'est-il passé à ce moment-là ?

De nouveau, le couple échangea un regard.

— On n'en sait rien, répondit Mrs. Wellbeloved. C'est une affaire entre le pasteur et Mr. Boscombe. Il a abandonné toutes ses fonctions à l'église. N'empêche que c'est un brave homme… et très sympathique. Y a rien à lui reprocher. Allez donc le voir. Il vous dira tout ce que moi je ne sais pas.

Et Dominic dut se contenter de cela. Il les remercia et repartit sans enthousiasme dans l'air glacial. Fort de leurs indications, il parcourut à bonne allure près d'un kilomètre en luttant contre le vent et arriva devant la grande maison à toit de chaume où John et Geneviève Boscombe vivaient avec leurs quatre enfants.

Il fut accueilli de manière timide, mais avec une chaleur et une gentillesse qui le mirent aussitôt à l'aise. John Boscombe était un homme élancé à la voix douce et aux cheveux blonds – qui commençaient à se raréfier quelque peu. Sa femme était particulièrement jolie : le teint sans défaut et le sourire prompt, ses rondeurs et ses mèches en bataille ne faisant qu'ajouter à son charme.

Dominic entendit fuser des rires joyeux à l'étage, et au moins trois paires de pieds qui couraient. Un grand chien d'une race indéterminée était couché devant le fourneau de la cuisine, qui sentait bon le pain en train de cuire et le linge propre. Une pile de vêtements à recoudre attendait dans un panier, parmi lesquels le corsage d'une robe de poupée.

— Que puis-je faire pour vous, monsieur le pasteur ? demanda Boscombe. Mais d'abord, voulez-vous une tasse de thé ? Il fait un froid à se geler les…

Il en resta là et rougit légèrement sous le regard que lui décocha sa femme.

— Du thé ? répéta-t-il en écarquillant ses yeux bleus.

— Merci, avec plaisir.

Geneviève s'empressa de retirer une pile de linge plié de sur une chaise et l'invita à s'asseoir à la table. Dominic n'avait nul besoin qu'on lui explique que la cuisine était la seule pièce chauffée de la maison. Les gens obligés de compter leurs sous n'allumaient pas plus de cheminées que nécessaire. Il le savait pour avoir pris lui-même cette habitude.

En haut résonna un cri, suivi d'éclats de rire.

— J'ai besoin de vos conseils, déclara-t-il d'emblée. Mrs. Wellbeloved m'a dit que vous étiez très proche du pasteur et que vous seriez en mesure de me signaler les personnes dont je devrais m'occuper en priorité : celles qui sont seules, malades, ou qui mènent une vie dure et misérable. Je ne vous demande pas de me faire des confidences, se hâta-t-il de préciser devant l'air inquiet de son interlocuteur. Seulement de m'indiquer par où je dois commencer et qui je ne dois pas oublier.

Boscombe fronça les sourcils.

— Le pasteur ne vous l'a pas dit ?

Debout devant le fourneau, Geneviève se retourna pour regarder Dominic, la bouilloire à la main.

— Non, répondit à regret celui-ci. Nous ne nous sommes jamais rencontrés. J'ai été envoyé ici par l'évêque. Je suppose que Mr. Wynter l'a prévenu assez tard. Peut-être que l'envie de prendre un congé lui est venue de façon subite – un parent malade ou dans le besoin ? On ne m'a fourni aucun détail. J'étais content de venir.

— Oh ! s'exclama Boscombe d'un air surpris, doublé d'un curieux soulagement. C'est très gentil à vous d'être venu, s'empressa-t-il d'ajouter. Oui, bien entendu, nous ferons de notre mieux pour vous aider.

— Merci. Je voudrais vous parler un peu des sermons du pasteur, notamment de ceux qu'il a prononcés lors des précédents Noëls. Je ne tiens pas à répéter ni ses mots ni son message exacts, mais j'aimerais être…

Soudain, il ne sut plus trop ce qu'il voulait dire. Familier, mais original ? Encourageant et novateur, mais sans être dérangeant ? C'était absurde. Il fallait qu'il fasse un choix, qu'il décide entre la sécurité et l'audace. Noël devait-il être sans risque et confortable ? Rien de plus que la réaffirmation de vieilles croyances ?

— Oui ? le pressa Boscombe.

Dominic esquissa un sourire gêné.

— J'aimerais que… mon sermon convienne.

Ce bref séjour à Cottisham revêtait pour lui une immense importance, et il était en train de tout gâcher en étant banal.

Boscombe sembla se détendre.

— Bien entendu. Tout ce que je pourrai vous dire. Même si ces derniers mois je n'ai pas été… dans les confidences du pasteur. Du moins, pas aussi proche que je l'ai été. Mais je suis sûr de pouvoir vous aider. Que vous a conseillé Mrs. Wellbeloved ? Je verrai ce que je peux ajouter. Je vis ici depuis un bon bout de temps et Geneviève est née au village.

Et il décrivit à Dominic la vie du village, lui indiquant notamment quelles personnes auraient besoin ou pas de lui, lesquelles seraient partantes et en mesure de l'aider. Il parla de chacune avec gentillesse, mais en ayant une vision claire de leurs points faibles. Il résuma également plusieurs sermons parmi les plus remarquables du pasteur afin que Dominic puisse se faire une idée de leur teneur.

Mais, le soir venu, lorsque Dominic s'installa avec Clarice devant sa propre cheminée, alors qu'ils écoutaient le vent gémir sous les toits, de plus en plus strident et insistant, et que Harry ronflait doucement près de l'âtre, ce fut l'inquiétude de Boscombe qui lui revint à l'esprit. Il essaya de l'expliquer à sa femme, mais cela paraissait manquer à tel point de substance – une suite d'hésitations qu'on aurait facilement pu prendre pour de la timidité, voire de la discrétion – qu'il se sentit ridicule d'y avoir repensé.

Il interrogea Clarice sur sa journée : comment trouvait-elle la maison, le travail n'était-il pas trop lourd ? Quelle que soit la vérité, il savait qu'elle lui répondrait que non. C'était une des choses pour lesquelles il l'admirait, et dont il lui était reconnaissant, mais cela ne faisait qu'augmenter son sentiment de culpabilité de ne pouvoir lui offrir le niveau de confort auquel elle était habituée avant qu'ils soient mariés.

— Oh, très bien, dit-elle d'un ton las. C'est une jolie maison.

Elle faillit ajouter autre chose, puis se ravisa. Dominic devina ce qu'elle se retenait de dire : qu'elle aimerait qu'ils puissent rester dans cette maison, beaucoup plus agréable que le logement sinistre qu'ils occupaient à Londres – puisque, naturellement, Spindlewood et sa femme habitaient le presbytère. Dans un coin de sa tête, Dominic avait toujours conscience d'avoir fait preuve jadis d'insensibilité à l'égard de sa première femme. À l'époque, il n'y avait pas vu une trahison, pourtant c'en avait été une, à la fois profonde et amère. Peut-être que s'il s'était montré loyal envers elle, avec ou sans amour, elle ne serait pas morte assassinée.

Il ne méritait pas une seconde chance. En voyant Clarice dans le fauteuil en face de lui, le chat sur les genoux, le visage grave, il se sentit submergé de gratitude.

— Excepté Harry, dit-elle, continuant à répondre à sa question. À présent, ça va, mais il a passé la moitié de la journée à bouder devant la porte de service.

— Peut-être voulait-il sortir, suggéra Dominic.

— Non, pas du tout ! Je sais quand un chien a besoin ou non de sortir, protesta Clarice. Il venait de rentrer. Il est resté là presque tout le temps, ou à errer dans la cuisine en grattant aux portes, même celles des placards.

— Est-ce qu'il aurait pu avoir faim ?

— Dominic ! Je l'ai nourri. Il a essayé le placard de l'entrée et la cave, pas seulement ceux où il y a de la nourriture. À mon avis, le pasteur lui manque.

— C'est probable. J'espère qu'il va s'habituer. En tout cas, la chatte a l'air heureuse.

Clarice sourit en caressant Etta, qui lui laboura les cuisses de ses griffes avec entrain avant de se rendormir.

Dominic se pencha pour attiser le feu, projetant des étincelles dans le conduit de cheminée. Clarice avait raison. C'était une jolie maison. Et elle lui semblait presque familière, comme s'il y avait auparavant vécu longtemps et savait d'instinct où chaque chose se trouvait. C'était un peu comme revenir à des origines tellement lointaines qu'on avait fini par les oublier.

Le troisième matin, le froid s'intensifia. Clarice aperçut la mare du village depuis le seuil au moment où Dominic partit faire ses visites. L'eau avait gelé et une fine couche de neige blanche la rendait presque invisible. Harry se précipita sur la glace et dut être ramené à la maison, le poitrail et le ventre couverts de neige, pour être ensuite séché devant le poêle de la cuisine – une attention qu'il apprécia au plus haut point.

Comme Clarice n'attendait pas Mrs. Wellbeloved ce jour-là, après avoir nourri Harry et Etta, elle décida de balayer et d'épousseter, autant pour se réchauffer et s'occuper que parce qu'il fallait le faire. La cheminée du salon devrait être nettoyée et ensuite rallumée, mais puisque les cendres étaient encore chaudes, il était inutile de les enlever trop vite. L'allumer pour elle seule aurait été du gaspillage alors qu'elle pouvait fort bien rester à la cuisine.

Un de ces jours, il faudrait nettoyer de fond en comble le poêle de la cuisine, polir l'acier avec du papier-émeri, de la brique de Bath et de la paraffine, frotter les parties en fer à la mine de plomb avant de les astiquer, puis lessiver et blanchir la pierre. Cela pouvait toutefois attendre. Un tel travail nécessitait de commencer à six heures du matin si l'on voulait être en mesure de rallumer le poêle à temps pour le petit déjeuner.

Clarice était en train de contempler cette perspective sans enthousiasme lorsqu'on sonna à la porte. Elle alla ouvrir.

Une femme se tenait sur le seuil. Elle était emmitouflée dans une grande cape et avait un châle sur la tête, mais d'après ce que Clarice pouvait voir, elle avait un beau visage, de grands yeux bruns, une lèvre supérieure fine et un menton rond d'une force extraordinaire.

— Mrs. Corde ? s'enquit-elle.

Sa voix était agréable, mais elle n'avait pas l'accent de la région.

— Oui. Je peux vous aider ?

— Je pensais plutôt que ce serait moi qui le pourrais… Je suis Mrs. Paget. Je connais Mr. Wynter et je connais bien le village. J'imagine que beaucoup de gens sont prêts à faire de leur mieux, surtout pendant Noël, mais vous ne savez peut-être pas qui est bon à quoi : les fleurs, les gâteaux, etc.

— Oh, merci ! dit Clarice avec gratitude. Entrez, je vous en prie. Vos conseils seront les bienvenus.

Mrs. Paget entra dans la maison comme si celle-ci lui était familière, et Clarice eut soudain l'impression qu'elle avait dû y venir souvent. Depuis que John Boscombe avait renoncé à ses fonctions à l'église, peut-être l'avait-elle plus ou moins remplacé.

Clarice l'emmena dans la cuisine, en lui expliquant qu'elle n'avait pas encore allumé le feu au salon, et lui offrit une tasse de thé. Etta, le poil hérissé, passa devant Clarice pour filer vers l'escalier. Mrs. Paget poussa un petit cri de surprise.

— Je suis désolée, s'excusa Clarice. Cette chatte est très étrange… Je crois que Mr. Wynter manque à ses deux animaux. Le chien n'arrête pas d'entrer et de sortir, et rien ne semble contenter la chatte. J'ai beau lui avoir donné à manger, un bol de lait et une couche bien chaude, elle reste plantée là comme une chouette.

— Je crains de ne pas connaître très bien les animaux…

Mrs. Paget s'installa sur une des chaises à dos droit et arrangea ses jupes.

— Je ne peux pas vous donner de conseil dans ce domaine. Je suppose que vous avez raison et que Mr. Wynter leur manque. C'est un homme merveilleux, très charmant et d'une extrême confiance. Il connaît les secrets de tout le monde, leurs doutes et leurs chagrins personnels, mais il n'en répète jamais un mot à personne. Je suis heureuse de l'aider comme je le peux, mais, même à moi, il ne confie jamais rien de ce qui doit rester d'ordre privé.

— Une qualité admirable, reconnut Clarice en remplissant la bouilloire avant de la mettre sur le feu. Et absolument indispensable. Ce que je voudrais savoir surtout, c'est qui est doué pour quoi… et qui ne l'est pas, cela va de soi !

Mrs. Paget esquissa un sourire.

— Oh, bien sûr ! fit-elle, se sentant vite à son aise et saisissant aussitôt. Cela peut être un véritable désastre. Évitez à tout prix les gâteaux de Mrs. Lampeter et la soupe de Mrs. Porter ! Et ne confiez jamais les fleurs à Mrs. Unsworth. Il suffit qu'elle touche les lys pour qu'ils jaunissent.

Elles éclatèrent de rire toutes les deux, puis elles se mirent à discuter compétences, tact, besoin et utilité générale. Harry resta à bouder dans son coin et Etta ne réapparut pas.

Dominic rentra à l'heure du déjeuner et ressortit aussitôt. Claricc passa l'après-midi à inventorier divers placards afin de voir quels cirages et brosses elle pouvait trouver, et s'il était possible de les ranger un peu mieux pour qu'ils prennent moins de place. C'était très embêtant d'ouvrir la porte d'un placard dont le contenu tombait à vos pieds, ou pire, vous dégringolait sur la tête du haut d'une étagère.

Au milieu de l'après-midi, elle nettoya la cheminée du salon et alluma un feu pour qu'il fasse chaud quand son mari rentrerait. Il serait sûrement frigorifié. Un peu plus tôt, elle avait préparé une soupe – meilleure, elle l'espérait, que celle de Mrs. Porter…

Clarice était en train d'épousseter les étagères derrière le canapé du salon lorsqu'elle aperçut une Bible reliée de cuir. Les pages dorées sur tranche étaient très abîmées, comme s'il s'agissait d'un objet personnel et non d'un livre mis à la disposition générale. Elle l'ouvrit et vit le nom du pasteur inscrit sur la page de garde, avec au-dessous une date qui remontait à cinquante ans. En le feuilletant, elle remarqua des annotations d'une écriture minuscule dans les marges, notamment dans le livre d'Isaïe et dans les quatre Évangiles du Nouveau Testament. Elle dut s'approcher de la lumière de la fenêtre pour les déchiffrer. Il s'agissait de notes extrêmement personnelles. La passion et la franchise qu'on y percevait la poussèrent à interrompre sa lecture. Ces remarques étaient très intimes, du genre de celles qu'un homme se fait à lui-même, elles n'étaient en aucun cas destinées à être lues par quelqu'un d'autre.

Clarice demeura devant la fenêtre dans le pâle soleil hivernal, tandis que la lumière devenait de plus en plus grise et que le feu flambait derrière elle. Pourquoi le pasteur n'avait-il pas pris sa Bible avec lui ? Un oubli involontaire ? Ce livre n'aurait pas dû être ici, mais dans sa chambre, ou sinon dans sa poche. Il avait dû le sortir dans l'intention de l'emporter et l'avait oublié.

Elle ferait mieux de dénicher son adresse pour le lui envoyer. Le service des postes était efficace ; il le recevrait dans un jour ou deux tout au plus. Ayant pris cette décision, elle alla dans le bureau chercher l'adresse de vacances de Mr. Wynter. Il ne lui fallut qu'une dizaine de minutes. Elle eut la surprise de découvrir qu'il séjournait dans une région du Norfolk qu'elle connaissait bien, avec d'immenses ciels superbes et de grandes plages bordant la mer du Nord. Ce serait un endroit magnifique pour dessiner. La région était connue pour attirer les artistes. Clarice sourit, imaginant le pasteur en train d'en absorber les splendeurs qu'il s'efforcerait ensuite de rendre sur le papier.

Elle relut l'adresse, celle d'un petit hôtel dans un village en bord de mer. Pourtant, quand elle-même s'y était rendue deux ans plus tôt, elle avait trouvé l'hôtel fermé, transformé en demeure particulière. Mr. Wynter ne pouvait pas être là-bas. Ce devait être une erreur, une adresse correspondant à de précédentes vacances – bien qu'elle n'ait remarqué aucun tableau représentant cette région dans la maison. Il ne lui restait plus qu'à enfiler son manteau et ses bottes pour aller se renseigner auprès de Mrs. Wellbeloved. Nul doute qu'elle connaîtrait la bonne adresse. Il fallait absolument qu'elle envoie sa Bible au pasteur.

Cependant, Mrs. Wellbeloved n'avait aucune idée de l'endroit où se trouvait le pasteur s'il n'était pas dans cet hôtel. Elle était désolée, et plus qu'ennuyée d'avoir été induite en erreur. Clarice devrait s'adresser à Sir Peter, qui saurait peut-être ce qu'il en était – elle ne voyait personne d'autre.

La lumière diminuait à l'approche du crépuscule, mais les nuages au nord-ouest s'étaient dissipés. Lorsque Clarice arriva en vue du manoir, le soleil très bas projetait une lueur écarlate sur la neige. Elle s'arrêta devant l'entrée : une grille en fer forgé entre deux magnifiques poteaux d'angle, surmontés chacun d'un griffon héraldique. Elle poussa la grille qui s'ouvrit aussitôt. Elle remonta l'allée de graviers qui s'incurvait, contourna les arbres taillés et découvrit la façade somptueuse de la demeure du début de l'époque Tudor, avec ses fenêtres à meneaux et ses cheminées encastrées. Les jardins étaient aménagés dans un style traditionnel : une esplanade de gazon et des parterres de fleurs entre des buissons bas taillés selon les dessins complexes d'un jardin élisabéthain. « Je parie qu'un labyrinthe se cache derrière, songea Clarice, par-delà les vieux cèdres et les chênes. »

Elle se sentit un peu présomptueuse de venir là sans invitation, mais elle avait une bonne raison. Le révérend Wynter avait besoin de sa Bible, de son propre exemplaire ; non pas d'un livre prêté par un inconnu mais du sien, qui renfermait ses passions, ses rêves et ses commentaires notés au fil des années.

Clarice frappa à la porte et attendit. Des banderoles de nuages mauves formaient un dais sur les ambres du soleil couchant. Rien ne se produisit. C'est alors que dans la lumière déclinante elle remarqua une tête de griffon à côté de la porte et réalisa qu'elle dissimulait une sonnette très élaborée. Elle tira dessus, et quelques instants plus tard, un majordome apparut.

C'était un homme âgé aux cheveux blancs et au visage émacié d'ascète qui exprimait une note d'humour étonnante.

— Oui, madame ? Puis-je vous aider ?

Clarice frissonnait.

— Je suis Clarice Corde, la femme du pasteur qui remplace Mr. Wynter pendant Noël.

— Bien sûr, madame. Sir Peter a parlé de vous. Voulez-vous entrer ? La soirée est particulièrement glaciale.

— Oui, particulièrement, convint Clarice en claquant des dents. Je dois demander un conseil à Sir Peter, si c'est possible.

— Naturellement.

Le majordome s'effaça, prit sa cape et son châle, puis la conduisit dans un salon lambrissé de chêne avec un plafond à caissons. Une tapisserie magnifique décorait le mur, et on aurait pu faire rôtir un cochon à la broche sur le feu qui flambait dans la cheminée.

Sir Peter, assis dans un énorme fauteuil en cuir devant l'âtre, se leva dès qu'elle entra.

Le majordome proposa à Clarice un thé, qu'elle accepta. Elle prit place en face de Sir Peter.

— Que puis-je faire pour vous ? lui demanda-t-il.

Elle lui parla de la Bible qu'elle avait trouvée, ainsi que de l'adresse qui ne pouvait pas être la bonne.

— Je me demandais si vous saviez où il était parti, conclut-elle. Sa Bible va certainement lui manquer, et je voudrais la lui envoyer.

— Je comprends, dit Sir Peter en se renfrognant soudain. C'est étrange qu'il ait oublié de l'emporter. Sans doute une négligence de sa part. Il doit déjà la chercher. Mais je crains de ne pas savoir où il se trouve. À vrai dire, j'ignorais même qu'il partait. Je lui aurais souhaité bon voyage. Je regrette de ne pas l'avoir fait.

Sa voix exprimait de la bienveillance, et la douceur de son regard un regret sincère.

Clarice se rendit compte de l'affection profonde qu'il avait dû éprouver pour Mr. Wynter, et qu'il était peut-être plus blessé par leur brouille qu'il n'avait bien voulu le reconnaître.

— Vous n'avez aucune idée de l'endroit où il a pu se rendre ? insista Clarice. Je pourrais lui écrire une lettre, et s'il répond, je saurai où lui envoyer sa Bible. Je ne voudrais pas prendre le risque qu'elle se perde.

— Non ! fit Connaught en se penchant en avant. Vous devez la garder en sécurité. Je vous en prie, ne prenez pas ce risque à moins de savoir avec certitude où le joindre. Une Bible de famille est un objet précieux… Elle représente tant de souvenirs… Vous ne vous seriez pas trompée d'hôtel ?

— Non.

Là-dessus, Clarice n'avait aucun doute. Elle-même avait été navrée, et embêtée, de découvrir l'établissement transformé. Elle lui fit part de son expérience. Sans préciser que ce qu'elle avait trouvé était la Bible personnelle du pasteur et non une Bible familiale.

Une ombre passa sur le visage aux traits délicats de Sir Peter.

— Je vois. Alors, il n'y a pas de doute possible. Je suis désolé, mais je ne sais pas du tout où le pasteur a pu aller. J'aurais aimé vous aider.

La branche d'arbre qui brûlait dans l'âtre se tassa quelque peu, faisant jaillir une gerbe d'étincelles qui s'éleva dans la cheminée. Clarice admira l'ancienneté de la pièce et sa beauté en se demandant combien de générations de Connaught s'étaient installées là pour écouter les histoires de ce village qu'elles avaient dû aider, protéger, régenter, et aussi probablement utiliser et taxer. Ces murs avaient vu défiler l'histoire de l'Angleterre depuis une époque antérieure à l'Invincible Armada et la reine Élisabeth. Peut-être même qu'Henri VIII était venu ici avec l'une de ses six femmes. Ou que Walsingham y avait recruté ses espions. Peut-être existait-il un passage secret derrière la cheminée par lequel les catholiques s'étaient enfuis du temps où ils étaient pourchassés et brûlés vifs. À quel camp les Connaught s'étaient-ils ralliés au moment de la guerre civile ? Ou pendant la révolution de 1688 ? Clarice aurait pu continuer ainsi jusqu'à l'époque présente.

Sir Peter lui souriait, le regard étincelant dans la lueur de l'âtre.

— Souhaiteriez-vous voir la maison ? proposa-t-il. Je serais ravi de vous la montrer.

— Avec grand plaisir, répondit Clarice sans façons.

Peter Connaught la guida de pièce en pièce, avec une sorte de doux orgueil qu'elle jugea touchant. Il ne se vanta qu'une seule fois, avant de se confondre aussitôt en excuses comme s'il venait de commettre une entorse aux bonnes manières.

— Vous avez le droit de vous sentir fier, observa Clarice avec franchise. Cette maison est si belle, et l'on voit bien qu'elle a été aimée durant des siècles. Merci d'avoir eu la générosité de me la faire visiter.

Sir Peter avait l'air content, et même un peu gêné.

— Vous êtes certaine de vouloir rentrer toute seule ? La nuit est tombée.

— Oh, mais oui ! fit-elle avec assurance. La distance n'est jamais que d'un kilomètre et demi.

— Je préférerais vous accompagner, au moins jusqu'à la place du village. Je me sentirais mieux.

Clarice ne discuta pas. Lorsqu'ils arrivèrent en vue des lumières du presbytère, qui semblaient déjà familières à Clarice, Sir Peter lui souhaita le bonsoir et retourna vers le manoir. Elle parcourut quelques mètres avant d'apercevoir une silhouette sombre qui venait dans sa direction, penchée pour lutter contre le vent en serrant son châle. Une silhouette si menue qui avançait à petits pas si pressés qu'il devait s'agir d'une femme.

— Bonsoir, dit Clarice d'une voix forte, pensant que la femme ne l'avait pas vue et risquait de la heurter à moins qu'elle ne s'écarte du chemin pour marcher dans la neige fraîche.

— Oh, mon Dieu ! Vous m'avez fait peur ! s'exclama la femme. J'étais perdue dans mes pensées. Puisque je ne vous connais pas, vous devez être la femme du nouveau pasteur.

— Oui. C'est moi. Clarice Corde, se présenta-t-elle en tendant la main.

— Enchantée, dit la femme d'une voix un peu éraillée qui avait dû être grave dans sa jeunesse. Je m'appelle Sybil Towers. Soyez la bienvenue à Cottisham. Je suis sûre que vous vous y plairez. Nous aimons tous beaucoup Mr. Wynter, et nous vous ferons bon accueil.

— Mrs. Towers, demanda soudain Clarice sur une impulsion, vous ne sauriez pas où Mr. Wynter est parti en vacances ? Il a laissé une chose que j'aimerais beaucoup lui envoyer, mais la seule adresse dont je dispose n'est pas celle où il est allé cette année.

— Non, je n'en ai pas la moindre idée, répondit Mrs. Towers. À la vérité, je ne savais même pas qu'il partait. Je suis navrée.

Comme il eût été inexcusable de laisser la vieille dame plus longtemps dans le vent qui redoublait, Clarice lui souhaita le bonsoir et regagna en hâte le presbytère.

Dominic, qui était déjà rentré, fut tellement soulagé de la voir arriver qu'elle ne trouva pas un instant pour lui parler de la Bible, ni du fait que personne ne semblait connaître l'adresse de vacances du pasteur.

Le lendemain matin, la température s'était radoucie, et une neige lourde et mouillée recouvrait le sol. Dans l'air tourbillonnaient des flocons blancs qui dissimulaient la place du village, de sorte que les maisons les plus éloignées demeuraient invisibles. Le monde n'était plus qu'ombres et mouvements perçus à travers la brume.

Dès que Dominic partit rendre visite aux personnes malades et isolées, Clarice s'attaqua aux tâches ménagères indispensables. Il était inutile d'envisager de faire une lessive en dehors des chemises et des sous-vêtements. Rien d'autre n'aurait séché.

Il fallait qu'elle aère la chambre du pasteur. Les pièces qui restaient closes, surtout par ce temps, sentaient vite le renfermé. Elle n'avait pas envie que Mr. Wynter revienne dans cette atmosphère confinée qu'ont les pièces inoccupées. La chatte trottinait derrière elle en fourrant son nez partout, éveillant chez Clarice le soupçon désagréable qu'il y avait peut-être des souris. Quant au chien, il était retourné dormir devant le fourneau de la cuisine comme s'il continuait à bouder. Très tôt le matin, il était sorti avec Dominic, mais il refusait depuis lors de remuer la queue ou de réagir d'aucune façon.

La première chose que Clarice remarqua dans la chambre – après avoir ouvert les fenêtres afin de faire circuler du bon air froid – fut un dessin d'arbres aux branches nues sous la neige. Malgré l'absence totale de couleurs, il s'en dégageait une grâce de mouvement qui retint son attention. Elle le contempla longuement, puis elle frissonna : la fenêtre était restée grande ouverte. Elle la referma aussitôt et retourna devant le tableau. Ce dessin était une autre œuvre du pasteur. Elle avait reconnu son style avant même de déchiffrer sa signature dans le coin en bas.

Clarice se félicita que le presbytère, conçu en vue d'héberger une famille, soit assez vaste pour qu'ils n'aient pas eu à s'installer dans cette chambre. C'était celle de Mr. Wynter, et il n'avait pas eu besoin de déménager ses affaires pour leur faire de la place, à elle et à son mari. Elle examina la pièce avec plaisir, étonnée de ressentir autant d'affection envers un homme qu'elle n'avait jamais rencontré. Les gens disaient tellement de bien de lui, il était à l'évidence un homme d'une grande compassion. Même si, compte tenu de sa vocation, cette caractéristique n'avait rien de singulier. En revanche, la délicatesse et la grâce pleine de simplicité de ses dessins révélaient sa nature profonde. Cet homme savait voir une beauté extraordinaire dans une simple branche nue ou les fines brindilles sur lesquelles jouait la lumière et rendre toute la force d'un tronc dépouillé de sa splendeur estivale.

Elle observa les autres dessins accrochés aux murs. Chacun était différent, mais ils possédaient tous les mêmes qualités intrinsèques. Elle se demanda s'il était occupé à en faire d'autres. Était-il en train de marcher dans la neige quelque part en East Anglia, à la recherche d'une scène idéale sous les ciels immenses du Norfolk ? Peut-être dessinerait-il la côte sauvage bordée de joncs, les ciels déchirés par le vent, les nuages qui s'étiraient en longs rubans au-delà des vagues.

Clarice s'arracha à regret à sa contemplation pour vérifier que les fenêtres étaient bien fermées, puis elle redescendit au rez-de-chaussée.

Alors qu'elle remettait de l'ordre dans le bureau, elle aperçut un crayon à mine douce taillé avec soin posé sur le chiffonnier près de la fenêtre. Elle crut d'abord que Dominic avait taillé un crayon du pasteur avant de s'apercevoir de son erreur.

Elle ferait mieux de le ranger. Sans doute sa place était-elle dans un des tiroirs. Dans celui du haut, elle trouva une douzaine d'autres crayons, tous impeccablement taillés. Il y avait aussi des fusains de diverses grosseurs, des crayons blancs, des gommes, une lame aiguisée – en bref, tout le matériel nécessaire pour dessiner. Des fournitures de réserve ?

Clarice referma le tiroir et ouvrit celui du dessous. Il était rempli de blocs de papier pour aquarelle encore jamais utilisés. Le pasteur devait en avoir une sacrée quantité pour en laisser autant chez lui ! Sans réfléchir, elle ouvrit le placard. Un frisson la parcourut quand elle aperçut le chevalet replié dans un coin. Comment avait-il pu ne pas l'emporter ? Un chevalet et des crayons étaient pourtant les outils de base de son art !

Intriguée, Clarice remonta dans la chambre, où elle ouvrit sans vergogne l'armoire. Quatre paires de bottines y étaient rangées : d'élégantes bottines noires pour le dimanche, des marron, une autre paire de noires plus anciennes et des bottines solides pour la campagne qui montaient à la cheville, avec des semelles épaisses comme il en aurait fallu un jour comme aujourd'hui.

Des vêtements d'hiver étaient suspendus sur la tringle, notamment un très beau pardessus en laine – pas pour la ville, d'un style plus décontracté –, avec un grand col qui vous protégeait des intempéries. Exactement le genre de manteau qu'un homme aurait apprécié pour se promener dans la campagne ou au bord de la mer.

Pourquoi Mr. Wynter ne l'avait-il pas emporté ? Et ses bottines ? Ainsi d'ailleurs que le solide bâton de marche appuyé contre le mur ? Oublier la Bible pouvait être de la négligence, voire les crayons ou même le papier, mais pas les vêtements d'hiver ! Quelque chose n'allait pas. Le pasteur était parti à la hâte, et sûrement pas pour son plaisir comme on l'avait dit à Dominic. Une urgence familiale ? Un deuil ? Resterait-il absent jusqu'à ce que la situation, quelle qu'elle fût, ait été résolue ? Un frère ou une sœur qui avait des ennuis ? Ou peut-être une soudaine et grave maladie ?

Lorsque son mari rentra, à une heure tardive et glacé jusqu'aux os, Clarice commença à lui parler, mais se rendit compte très vite qu'il ne l'écoutait pas. Certes, il entendait les mots qu'elle prononçait, mais sans en comprendre le sens. Trop absorbé par la crainte de ne pas être capable d'écrire un sermon qui serait à la fois fort et nouveau à adresser à ses paroissiens, Dominic ne remarqua pas l'inquiétude de sa femme. Dans deux jours, on serait dimanche, jour où il ferait son premier sermon.

— Ce sont de braves gens, dit-il, debout dans le salon, le dos tourné vers le feu qui flambait vivement, chassant le froid qui engourdissait tout son corps. Ils connaissent leurs Évangiles au moins aussi bien que moi. Mr. Wynter leur a fait des prêches enflammés pleins d'éloquence, et pas seulement à Noël mais tout au long de l'année.

Une ombre passa dans son regard, ses mâchoires se crispèrent.

— Que pourrais-je leur dire qui ne soit pas qu'un écho de ce qu'il a déjà dit ? demanda Dominic à sa femme. N'importe lequel d'entre eux pourrait monter en chaire et raconter l'histoire de Noël aussi bien que moi. Clarice, que puis-je leur dire qui résonnerait de façon nouvelle ?

Elle vit la lueur affolée dans son regard, la peur de ne pas être à la hauteur de cette tâche qui lui importait tellement. Ce village était ancien, paisible et attaché à ses habitudes. Sans avoir conscience qu'il pût exister d'autres besoins à satisfaire, des zones d'ignorance ou d'obscurité en attente de lumière. Ces gens voulaient rester tels qu'ils étaient, et qu'on les rassure en leur affirmant que tout allait bien. N'importe qui pouvait le faire, se contentant de passer sans laisser de trace, comme le vent glisse sur l'eau.

Clarice brûlait d'envie d'aider son mari. Pour la première fois elle voyait le besoin qui l'animait : non pas le désir d'effectuer un travail ou d'accomplir un devoir, mais une soif de réussir qui ne le laisserait pas en repos, ni exempt de douleur, si jamais il échouait.

— Quelle est la meilleure chose au sujet de Noël ? demanda-t-elle, s'efforçant d'exclure les banalités, les choses déjà mille fois répétées. Qu'est-ce que cela symbolise réellement pour nous ? À quoi ça sert ? Ce n'est pas que la bonne volonté, une brève période de paix ou de générosité. Ce doit être davantage que cela.

— C'est le commencement de notre foi. Le moment où le Christ advient au monde, dit Dominic comme si c'était une évidence.

— Je sais bien, répliqua Clarice, accablée de constater qu'elle le décevait. Mais pourquoi, ensuite, tout est-il différent ?

Le feu lui brûlait le dos. Il s'en éloigna.

— Je ne sais pas vraiment comment répondre à cette question. Ça me paraît… ça me paraît trop comme une réponse académique, et ce n'est pas ce qu'il leur faut. Ce que je cherche, c'est une réponse spirituelle, une joie qui vienne de l'âme.

Clarice ne trouva rien de mieux à ajouter. Se sentant inutile, elle fit volte-face et partit dans la cuisine.

Clarice se réveilla dans un monde blanc et silencieux enfoui sous la neige. L'air était immobile, et quand elle ouvrit la porte de service pour laisser Harry sortir dans le jardin, le froid vif lui brûla les poumons. Stupéfaite devant tant de beauté, Clarice retint son souffle. Le vieux pommier chargé de neige semblait avoir entrepris une extravagante floraison. D'autres arbres, droits comme des flèches, étaient nus, trop fins pour retenir la neige qui scintillait sous le ciel d'émail.

Néanmoins, c'était une beauté dangereuse, un froid qui paralysait, une épaisseur de neige qui trempait les lourdes jupes et épuisait les vieilles jambes fragiles. Le soleil bas de l'hiver était presque aveuglant.

Clarice referma la porte et, quand elle se retourna, elle se retrouva face à Dominic qui souriait d'un air triste.

— Tu sors, dit-elle, d'un ton qui était plus une affirmation qu'une question.

Elle le regrettait, mais s'il avait inventé des prétextes pour rester à la maison, elle se serait sentie encore plus blessée. À quoi bon prêcher ou prier si on n'était pas prêt à agir ?

— J'essaierai de ne pas être trop long, dit-il. Mais par ce temps, il y a des gens qui ne devraient pas mettre le nez dehors, même pour aller chercher du bois, sans parler de pain ou de lait.

— Je sais.

Elle lui donna un rapide baiser en le serrant dans ses bras, puis retourna vaquer à ses occupations dans la cuisine. Là, il faisait bon, et elle avait de l'eau chaude, ce en quoi elle avait plus de chance que pas mal de gens.

Cependant, en milieu de matinée, elle constata avec surprise que le seau à charbon près du poêle était vide, tout comme celui de coke. Elle allait devoir descendre à la cave en chercher. Le peu qu'il restait ne suffirait pas jusqu'au retour de Dominic.

Clarice ramassa le seau et alla dans l'entrée. La porte de la cave était fermée, mais elle avait la clé sur le gros trousseau, et elle s'ouvrit sans difficulté. La bouffée d'air froid qui l'enveloppa aussitôt la fit frissonner et battre en retraite. Quelque chose lui frôla les chevilles, et elle vit Etta disparaître en bas de l'escalier dans l'obscurité.

— Des souris ! s'exclama Clarice avec dégoût. Je suppose que c'est ton travail, mais tu es vraiment agaçante… Bon, inutile de prendre une chandelle. Elle va s'éteindre, et je ne retrouverai pas mon chemin.

Elle posa le seau et alla chercher une lampe à huile. Elle se souvenait en avoir repéré une dans l'arrière-cuisine, à côté de la porte de service. Elle l'alluma, rabattit le verre pour protéger la flamme, puis retourna à la cave. Etta n'était nulle part en vue.

Il ne lui fallut qu'une dizaine de minutes pour remplir le seau de coke, le remonter à la cuisine et remplir ensuite le seau de charbon pour la cheminée du salon.

— Etta ! appela-t-elle d'un ton engageant. Viens, Etta ! Un bon feu t'attend là-haut, et je vais te donner du lait frais ! C'est bien meilleur que les souris…

Il n'y avait pas un bruit, rien que les pattes de Harry sur le carrelage de l'entrée. Il arriva en trottinant, l'air enfin intéressé, la tête inclinée de côté, les sourcils dressés.

— Etta est descendue chasser les souris, lui expliqua Clarice, avant de se dire qu'elle était ridicule de parler à ce chien comme s'il la comprenait.

À vrai dire, elle était très contente qu'il lui manifeste enfin de l'attention. Il se faufila dans l'entrebâillement et disparut en bas de l'escalier.

— Fais-la remonter ! lui lança-t-elle. Je ne vais pas laisser cette porte ouverte toute la matinée, il fait beaucoup trop froid.

Elle attendit quelques minutes, mais ni le chien ni la chatte ne réapparurent.

— Zut !

Clarice avait beau être passablement gelée et à bout de patience, elle n'avait pas le cœur de les enfermer dans la cave. Ils étaient ici chez eux. C'était elle l'intruse. N'y tenant plus, elle redescendit l'escalier.

Le chien et la chatte n'étaient nulle part. Elle leva la lampe pour éclairer le mur du fond, dans le coin duquel elle aperçut un passage étroit qui menait à une seconde cave. Harry et Etta devaient s'y trouver. Sans doute y avait-il là plus de souris. Elle ne savait pas que les chiens en étaient friands eux aussi, à moins qu'il n'ait été voir que par curiosité…

Quand elle entra, ses jupes frôlèrent les murs du passage. Les animaux allaient être couverts de noir de charbon ! La poussière se brosserait sans doute sans laisser de trace, mais il faudrait quand même qu'elle passe le balai…

— Harry ! appela Clarice d'un ton sévère. Etta !

Elle brandit sa lampe et les repéra aussitôt. Ils se tenaient côte à côte, la chatte la queue hérissée et dressée en l'air, le chien la queue basse. Ce dernier laissa échapper un long gémissement.

Soudain, derrière eux, Clarice aperçut une forme avachie, un tas sombre qui n'était pas du charbon. Son estomac se serra, et sa main trembla si fort que la lumière dansa dans tous les sens. Elle s'avança jusqu'à ce que tout devienne d'une horrible clarté. Un homme âgé gisait sur le dos au milieu des restes d'un vieux tas de charbon. Ses yeux étaient fermés, son visage décharné maculé de poussière et d'ombres qui auraient pu être des ecchymoses. Une entaille lui barrait le nez, mais le sang qui avait coulé avait depuis longtemps séché en prenant une couleur foncée.

Clarice respirait par à-coups. Son corps se vida de toute sa chaleur, comme si on l'avait aspirée. La chatte et le chien s'étaient rapprochés à se toucher, comme pour se réconforter. Elle n'eut pas à se demander si cet homme était leur maître. Le râle plaintif du chien lui apportait la réponse. D'ailleurs, qui d'autre aurait-il pu être ? Malgré la poussière de charbon, elle distinguait en partie le blanc de son col d'ecclésiastique.

De toute évidence, elle ne pouvait plus rien pour lui. Lentement, les genoux en coton, à la lueur vacillante de la lampe, Clarice remonta l'escalier. Arrivée en haut, elle aspira une grande bouffée d'air et s'appuya au linteau de la porte dans la lumière grisâtre. Il fallait qu'elle signale la mort du pasteur. Le pauvre homme avait dû succomber à une crise cardiaque ou à quelque chose de ce genre. Tout le monde le croyant parti, personne ne s'était inquiété de son absence. Quelle triste façon de mourir… Tous s'accordaient à dire qu'il avait été un homme bien, profondément aimé, et à juste titre.

Elle pouvait attendre le retour de Dominic, mais, compte tenu du mauvais temps et de tout ce qu'il avait à faire, il risquait de ne pas rentrer avant un bon moment. Clarice n'avait aucune envie de rester ici toute seule en sachant ce qu'il y avait là en bas. Elle était parfaitement capable d'enfiler ses bottes et sa cape, et de se rendre elle-même chez le médecin. Elle savait où il habitait ; c'était une des informations que lui avait données Mrs. Wellbeloved. Cela représentait une rude marche, mais en suivant une grande route tout le long du parcours. Même dans la neige, elle y serait en une demi-heure, et peut-être que le médecin disposerait d'une voiture à cheval pour la ramener…

Clarice éteignit la lampe et laissa la porte de la cave entrouverte, de façon que Harry et Etta puissent sortir s'ils le décidaient, ou rester à pleurer leur maître si c'était ce que leur dictait leur nature. Peut-être d'ailleurs serait-ce mieux. Elle espéra qu'ils le feraient. Puis elle mit ses bottes, s'emmitoufla dans sa cape et sortit de la maison, en proie à un tel sentiment de pitié qu'elle remarqua à peine le froid et l'épaisse couche de neige que foulaient ses pieds.

— Le pauvre homme, une crise cardiaque l'a terrassé, déclara le Dr Fitzpatrick lorsqu'il remonta de la cave.

La chatte et le chien, qui s'étaient laissés persuader non sans mal, étaient serrés l'un contre l'autre devant le poêle de la cuisine.

— La seule consolation, c'est qu'il ne s'est sans doute rendu compte de rien, enchaîna le médecin, un homme volubile arborant une grosse moustache. Vous vous sentez bien, Mrs. Corde ? Vous avez dû vivre un moment horrible… Que diable faisiez-vous en bas ?

Clarice le lui avait déjà expliqué, du moins en avait-elle l'impression, mais peut-être avait-elle été plus incohérente qu'elle ne le pensait.

— J'étais descendue remplir le seau de charbon. La chatte m'a suivie, et ensuite, je n'ai pas pu la retrouver.

Fitzpatrick hocha la tête.

— Elle a dû flairer quelque chose. À moins qu'elle n'en ait eu qu'après les souris…

Il contempla ses mains noires de charbon.

— Oh, jc suis désolée, s'excusa Clarice. Je vous en prie, venez vous laver dans la cuisine. Et peut-être voudriez-vous une tasse de thé ?

Elle jeta un œil à son pantalon trempé sur lequel la neige avait fondu dans la chaleur de la maison, puis sur ses propres jupes lourdes d'humidité.

— Volontiers, accepta le médecin avec empressement. Merci.

Clarice mit de l'eau dans la bouilloire, réchauffa la théière, alla chercher du lait dans le garde-manger glacial, puis elle lui proposa une tranche de cake, qu'il accepta également.

— Je me charge des dispositions à prendre, dit-il, la bouche pleine. À mon avis, ils ne pourront pas l'enterrer avant plusieurs jours, avec ce vilain temps. Et quoi que décide l'évêque, je vais faire enlever le corps et procéder aux déclarations nécessaires. Ne vous inquiétez pas, Mrs. Corde. Je m'occupe de tout. Mais je vous serais obligé de n'en parler à personne pour l'instant. Il y a un ordre des choses à respecter.

— Je vous remercie, docteur.

Clarice se sentait soulagée, mais infiniment triste. Quelle façon solitaire et indigne de partir… Non que Mr. Wynter ait dû s'en apercevoir. Il avait bien vécu, même très bien, et, au bout du compte, c'était la seule chose qui importait.

— Je vous remercie, répéta Clarice. Mon mari prendra sans doute contact avec l'évêque. Il… il voudra peut-être que nous restions un peu plus longtemps.

En prononçant ces mots, elle réalisa à quel point elle espérait qu'il le leur demande – beaucoup plus longtemps, peut-être même toujours…

Dix minutes plus tard, alors que le médecin en était à sa deuxième tasse de thé, Dominic arriva. Il claqua la porte d'entrée et traversa le vestibule à grandes enjambées en répandant de la neige un peu partout.

— Clarice ! s'écria-t-il, la voix vibrante d'appréhension. Clarice !

Aussitôt, elle se précipita sur le seuil de la cuisine où elle faillit se cogner contre lui. Le manteau de Dominic était mouillé, son visage rougi par le froid, son regard affolé. Dès qu'il l'aperçut, un profond soulagement l'envahit.

— On m'a prévenu que tu étais allée chercher le médecin en urgence. Qu'y a-t-il ? Se serait-on trompé ?

Clarice ne put s'empêcher de sourire. Elle trouvait merveilleux, et toujours un peu surprenant, de constater qu'il tenait à elle à ce point.

— Je vais tout à fait bien, le rassura-t-elle, sa voix ne tremblant presque plus. Je suis allée chercher du charbon, et la chatte a filé dans une seconde cave qui se trouve juste derrière. C'est là que j'ai découvert le cadavre du pasteur. Le pauvre homme, il semble qu'il soit descendu et ait succombé à une crise cardiaque. J'ai pensé que le médecin était la première personne à prévenir.

Elle accrocha son regard, pour voir s'il comprenait ce qu'elle venait de lui dire.

Un bref instant, Dominic sembla sous le choc.

— Mort ? Mr. Wynter ? Tu veux dire qu'il était en bas pendant tout ce temps ?

— Oui. Mais ne prends pas cet air-là, ajouta-t-elle avec gentillesse. Nous n'aurions rien pu faire pour lui.

Le médecin termina son thé et les rejoignit.

— Fitzpatrick, se présenta-t-il. Vous êtes sûrement Mr. Corde. Quelle triste histoire ! Je regrette que ce soit votre pauvre femme qui l'ait trouvé, dit-il en secouant la tête. Mais je vais m'occuper de tous les détails. Peut-être me donnerez-vous un coup de main pour remonter le pauvre homme, après quoi j'irai chercher la charrette du forgeron et le ferai emmener. Ma cariole est trop petite, voyez-vous.

— Oui, bien entendu, répondit Dominic en ôtant son gros manteau.

Remonter le cadavre ne fut pas une mince affaire et requit les deux hommes. Clarice passa devant eux en tenant la lampe. Une fois en haut, elle se dépêcha d'étendre une couverture propre sur la table de la cuisine afin qu'ils puissent y déposer le corps. Dès que ce fut fait, le médecin se rendit chez le forgeron.

— Je crois que je devrais le laver un peu, dit Clarice à voix basse.

Sa gorge lui faisait mal, et elle avait de la peine à avaler.

Dominic proposa de s'en charger, mais elle insista pour le faire. La toilette mortuaire était un travail de femme. Elle allait laver la poussière de charbon qu'il avait sur la tête, le visage et les mains. Elle le fit avec de l'eau chaude et du savon, très doucement, comme s'il pouvait encore ressentir la douleur. La mort avait creusé ses traits, qui avaient été fins et aquilins. Une vilaine écorchure sur son nez laissait penser qu'il s'était cogné en tombant – pourtant, elle l'avait trouvé sur le dos, et par ailleurs, il avait une profonde entaille derrière le crâne. Le pasteur avait dû faire une violente chute.

En lui étendant les jambes, Clarice nota aussi que son pantalon avait une petite déchirure au niveau du tibia, et que la peau en dessous était écorchée et bleuie.

— Comment s'est-il fait ça ? demanda-t-elle, intriguée.

— Cette blessure est antérieure à la mort, dit Dominic. Aucun bleu n'apparaît plus une fois le cœur arrêté. Il a dû trébucher dans l'escalier. Peut-être qu'il ne se sentait déjà pas très bien.

— Je me demande pourquoi il est descendu à la cave, s'interrogea Clarice d'un air songeur en tirant sur le tissu. Les seaux de charbon et de coke étaient pleins.

— Mrs. Wellbeloved les aura remplis, observa Dominic.

Elle le regarda d'un air un brin contrit.

— Si elle est descendue et que le pasteur avait pris les seaux, pourquoi ne l'a-t-elle pas trouvé ?

— Que suggères-tu par là, Clarice ?

— Je ne sais pas… Je me demande juste pourquoi il est descendu à la cave et pourquoi personne ne le savait.

— Ils le croyaient parti en vacances. Tout comme nous.

Clarice se renfrogna.

— Pourquoi ? Pourquoi l'évêque croyait-il qu'il partait en vacances ?

— Parce qu'il lui a écrit pour le lui dire, répondit Dominic.

Elle ne dit rien. Quelque chose la rendait extrêmement triste, mais elle ne savait pas quoi exactement.

Une voix retentit à la porte, appelant avec un certain affolement. Dominic retourna dans l'entrée.

— Que se passe-t-il ? Puis-je vous aider ?

— Oh, monsieur le pasteur ! s'écria une voix d'homme, profonde et inconnue. La pauvre Mrs. Hapgood a reçu de mauvaises nouvelles, et elle est si bouleversée que je ne sais pas quoi faire pour elle. Pourriez-vous venir ? Elle est dans un état épouvantable, la pauvre…

Hésitant, Dominic se tourna vers sa femme.

Elle savait combien c'était important : c'était l'occasion de prouver qu'ils étaient capables de faire tout ce qu'exigeait une paroisse.

— Oui, bien sûr, vas-y, dit-elle avec fermeté.

Dire à cet homme que Mr. Wynter était mort était inutile. Il avait ses propres soucis qu'il fallait d'abord soulager.

— Il n'y a rien ici dont je ne puisse me débrouiller, ajouta-t-elle.

— Oh, soyez bénie, madame ! s'exclama l'homme avec ferveur. Par ici, monsieur le pasteur…

Dès que le médecin revint avec le forgeron et sa charrette, les deux hommes transportèrent le corps enveloppé dans une couverture en faisant preuve d'autant de célérité que de discrétion. Après leur départ, Clarice retourna dans la cuisine laver le peu de vaisselle qu'ils avaient utilisée, l'esprit préoccupé. Quelque chose n'allait pas. Mais là, debout devant la paillasse, elle ne voyait pas quoi. Elle allait devoir redescendre à la cave, ce dont elle n'avait aucune envie. Et ce n'était pas seulement à cause du froid, ni même du souvenir de ce qu'elle y avait découvert.

— Allons, viens, Harry ! Tu me tiendras compagnie.

Clarice ralluma la lampe, et, curieusement, le chien lui obéit. C'était la première fois qu'il faisait ce qu'elle lui demandait. Ils allèrent ensemble à la porte de la cave, qu'elle ouvrit. Clarice s'engagea dans l'escalier la première, et Harry la suivit. Arrivé à mi-chemin, le chien s'arrêta pour renifler.

— Qu'est-ce qu'il y a ? fit-elle en retenant son souffle, la main tremblante de sorte que la lumière dansa sur les murs.

Harry renifla de plus belle, puis la regarda.

Prenant sur elle, Clarice remonta jusqu'à l'animal et se pencha pour voir ce qui l'intéressait. Un minuscule bout de tissu, guère plus que quelques fils, était accroché à une écharde dans le bois. Elle se fit la réflexion qu'il était étrange que le chien l'ait remarqué, lorsqu'elle aperçut la tache de sang. Elle n'était pas beaucoup plus sombre que les marches couvertes de poussière de charbon, mais quand elle lécha le bout de son doigt pour le passer dessus, il se teinta de rouge. Était-ce là que le pasteur était tombé, avant de dégringoler le reste de l'escalier ? Comment le savoir ?

Elle abaissa la lampe afin d'examiner les marches de plus près. Des années de poussière de charbon accumulée, à force que des petits morceaux s'échappent du seau rempli à ras bord, les avaient noircies. Mais elle eut beau regarder avec attention, elle ne distingua que des traces récentes : un creux laissé par un talon et l'empreinte d'une semelle. Elles auraient pu appartenir à n'importe qui : à Dominic, au médecin ou même à Mrs. Wellbeloved.

Clarice descendit l'escalier et examina de nouveau la cave, ne s'attendant pas à trouver quoi que ce soit, ou sachant ce que cela signifierait dans le cas contraire.

C'est alors qu'elle aperçut un petit réseau d'empreintes bien nettes qu'elle reconnut sans mal : des pattes de chat. Etta était passée par là. Elle suivit les empreintes, sans autre raison qu'elles menaient à la seconde cave et étaient faciles à repérer, étant donné que le sol était lisse, comme si quelqu'un en avait effacé les anciennes traces d'un coup de balai. Pourquoi quelqu'un aurait-il balayé un simple passage qui ne mesurait pas plus de cinquante centimètres de large ? D'autant que ce n'était même pas propre, seulement brossé une fois. Sur le côté, en plusieurs endroits, on distinguait des empreintes de pas.

Tout à coup elle comprit. Le sol n'avait pas été balayé, ces marques étaient celles laissées par quelque chose que l'on avait traîné. Quelqu'un avait tiré quelque chose de lourd depuis le bas de l'escalier jusqu'à la seconde cave.

Mr. Wynter avait-il pu se cogner la tête en tombant, devenir confus au point de ne plus savoir où il était et se traîner dans la mauvaise direction ?

Non. C'était idiot. Il n'y avait aucune empreinte de mains dans la poussière. Et puis il aurait eu les mains sales, or elles ne l'étaient pas. Seulement quelques traces ici et là, sur le dos des mains et sur les paumes.

Clarice se tenait à présent dans la cave du fond. Quand elle avait trouvé le pasteur, il était étendu sur le dos. Mais il avait une égratignure sur le nez, comme s'il était tombé en avant. Et il avait de la poussière de charbon sur lui, devant comme derrière. La blessure la plus profonde se trouvait à l'arrière de sa tête.

— On l'a tué, Harry, murmura-t-elle en caressant la fourrure douce du chien. Quelqu'un l'a frappé derrière la tête, l'a tiré jusqu'ici et l'a abandonné. Pourquoi faire une telle chose ? C'était un vieil homme que presque tout le monde aimait. Que savait-il donc de si terrible ?

Le chien gémit en se frottant contre sa jambe.

— Je suppose que tu n'en sais rien… et même si tu savais quelque chose, tu ne pourrais me le dire.

Elle lui parlait histoire de ne pas se sentir seule.

— Je vais donc devoir le découvrir sans toi. *Nous* allons devoir le découvrir, se corrigea-t-elle. J'en parlerai à Dominic dès qu'il rentrera. Pour l'heure, si jamais quelqu'un vient, je pense qu'il vaut mieux faire semblant de ne rien savoir du tout. Viens ! Il fait froid, et il ne faut pas rester là. C'est dangereux.

Lorsque Dominic rentra de ses visites, épuisé et transi, Clarice n'eut d'autre choix que de lui parler aussitôt. On était déjà au milieu de l'après-midi ; d'ici un peu plus d'une heure, la lumière déclinerait et il gèlerait à pierre fendre.

— Comment ? fit-il, l'air incrédule, assis à la table de la cuisine, en train de se réchauffer les mains sur la tasse de thé qu'elle venait de lui préparer. Tu en es certaine ?

— Oui, certaine, acquiesça Clarice en soutenant son regard. Et ne va pas croire que je me laisse emporter par mon imagination, Dominic. Tu te rappelles les marques qu'il avait au visage et à la tête ? Et le peu de poussière de charbon qu'il y avait sur ses mains ou sur ses genoux ? Mais son pantalon avait un accroc au niveau du tibia et était poussiéreux à l'arrière, là où on l'a traîné. Descends voir dans la cave. Le bout de tissu y est encore.

Dominic hésita.

— S'il te plaît, insista Clarice. Je ne veux pas être la seule à l'avoir vu. D'ailleurs, je ne pense pas que le médecin m'écoutera.

Et en cela, elle avait parfaitement raison – le Dr Fitzpatrick ne les crut ni l'un ni l'autre.

— Cette hypothèse est grotesque, s'indigna-t-il d'un air agacé en tirant sur sa moustache. Il s'agit d'un drame domestique des plus banal : un homme âgé fait une crise cardiaque et tombe dans l'escalier de sa cave. À moins qu'il ait trébuché et que ce soit le choc de la chute qui ait provoqué une attaque… Sans doute était-il confus, ou blessé, et aura-t-il rampé dans la mauvaise direction. Vous essayez de transformer en horreur une chose qui n'est que triste. Et, si je puis me permettre, c'est là une attitude tout à fait irresponsable.

Clarice respira un grand coup pour affronter sa colère.

— Pourquoi Mr. Wynter est-il descendu à la cave ? interrogea-t-elle.

— Chère Mrs. Corde, c'est évident, rétorqua Fitzpatrick. Pour la même raison que vous y êtes vous-même descendue ! Pour remonter du charbon !

Clarice soutint son regard sans ciller.

— Je me suis munie d'une lampe et d'un seau, lui rappela-t-elle. Et j'ai laissé la porte ouverte en haut.

— Alors peut-être y est-il allé pour une autre raison. N'avez-vous pas mentionné quelque chose à propos du chien ? Il a dû descendre le chercher.

— Pourquoi descendrait-on à la cave sans lampe ? questionna Dominic. Ça n'a pas de sens.

— Il a dû se poster en haut de l'escalier pour appeler son chien, répondit le médecin, l'air de plus en plus ennuyé.

Son visage était crispé, ses lèvres serrées.

— Vous êtes ici un invité, monsieur le pasteur. Du fait de la mort de ce pauvre Wynter, il est possible que vous le restiez beaucoup plus longtemps que vous ne l'escomptiez au départ. À présent, il vous revient de guider le village dans ce moment triste et particulièrement éprouvant. En tant que berger des paroissiens, votre devoir est de les soutenir, de les réconforter et de leur remonter le moral, pas de vous laisser aller à ce qui, je dois le dire, n'est que vagues spéculations malsaines sur la mort d'un homme très apprécié. Je regrette que ce soit à moi de vous le rappeler. Ne m'obligez pas à aller plus loin.

Le visage de Dominic s'enflamma, mais il tourna les talons et s'en alla sans réagir. Ainsi que le médecin venait de le lui rappeler, il ne pouvait pas se le permettre.

Clarice suivit son mari, n'osant pas croiser le regard de Fitzpatrick, de peur qu'il voie la rage qu'elle ressentait à son égard. Il venait d'humilier Dominic, et elle ne savait comment y remédier, aussi ne pouvait-elle le lui pardonner. Lorsqu'elle sortit dans la neige, elle se souvint de ce que son père lui disait toujours : quand on cherche la fortune ou la célébrité, les autres peuvent vous en vouloir, mais si on ne cherche qu'à faire le bien, personne n'est votre ennemi. Comme il avait eu tort ! Le bien était un miroir tendu vers le cœur d'autrui, et ce qu'il reflétait était trop souvent peu flatteur. Les gens en venaient à vous détester pour cela plus que pour quoi que ce soit d'autre.

Elle rattrapa son mari et le prit par le bras, auquel elle s'agrippa quand il tenta de se dégager. Il avait honte de ne pas avoir trouvé le moyen de défendre la vérité. Elle chercha ce qu'elle pouvait dire pour arranger les choses au lieu de les aggraver. L'abreuver de banalités serait pire que le silence ; cela équivaudrait à traiter Dominic avec condescendance, comme si elle ne le croyait pas suffisamment fort pour affronter l'échec. Cependant, elle mourait d'envie de le consoler. Si elle ne pouvait pas faire au moins cela, à quoi servait-elle ?

— Je suis désolée, dit-elle, un brin abrupte. Je n'aurais pas dû te pousser à lui parler aussi vite. Si nous avions attendu jusqu'à demain pour réfléchir encore, peut-être aurions-nous réussi à le convaincre.

— Non, sûrement pas, répliqua Dominic d'un ton morose. Il se refuse à envisager que quelqu'un aurait pu tuer Mr. Wynter.

— Moi aussi ! s'exclama Clarice avec fougue. Cette idée me fait horreur. Mais je dois suivre ce que me dicte le bon sens. Et je ne crois pas qu'on descend tout seul dans une cave obscure pour aller chercher du charbon, un chat, un chien ou autre chose. Si le pasteur était tombé, Mrs. Welbeloved l'aurait trouvé. La porte serait restée ouverte…

— Et si le vent l'avait fait claquer au moment où elle est arrivée ?

— La porte pivote dans l'autre sens. Le vent l'aurait ouverte encore plus grand.

— Que crois-tu qu'il se soit passé ? demanda-t-il.

Ils marchaient côte à côte sur la route, leurs pas laissant les seules empreintes dans la neige fraîche. À l'est, le ciel s'assombrissait.

— Je pense que quelqu'un est venu, a dit ou fait quelque chose pour engager Mr. Wynter à descendre dans la cave et l'a ensuite poussé. Quand il a atterri en bas, sans doute plié en deux et à moitié assommé, on l'a frappé derrière le crâne avec assez de force pour le tuer, qu'on en ait eu l'intention ou pas. Enfin, je ne vois pas pourquoi on aurait fait cela si ce n'était pas dans le but qu'il meure…

Son esprit fonctionnait à toute allure. La bise glaciale l'obligeait à plisser les yeux.

— Et ensuite, on l'a tiré dans l'autre cave, afin que personne ne découvre trop vite le cadavre…

— Pourquoi ? Qu'est-ce que cela aurait changé ?

— Pour que personne ne sache quand le crime a eu lieu, répondit Clarice, les idées lui venant au fur et à mesure qu'elle parlait. Comme ça, impossible de prouver que quelqu'un était présent à ce moment-là. Et après avoir refermé la porte, on a sans doute emporté ses bagages de manière que les gens le croient déjà parti en vacances. Sauf qu'on a oublié de prendre son matériel de peinture… et sa Bible préférée.

Dominic fronçait les sourcils.

— Tu le penses vraiment ? Pour quelle raison ? Ça ne ressemble pas à un dérapage au milieu d'une dispute. Il s'agit d'un acte délibéré, commis de sang-froid.

— Oui, c'est vrai, admit Clarice à contrecœur. Je suppose que Mr. Wynter devait savoir quelque chose sur un des habitants du village, une chose si terrible que cette personne ne pouvait se permettre de se fier à sa discrétion.

— Il n'aurait pas pu la divulguer, contra Dominic. Tout le monde le sait. Pas si cette chose lui a été révélée en confession. Aucun prêtre ne le ferait.

— Peut-être que ce n'est pas en confession qu'il l'a apprise, argua Clarice, qui refusait de lâcher son idée. Peut-être que Mr. Wynter l'a su d'une autre manière. Il savait des quantités de choses sur toutes sortes de gens. Forcément. Il est installé à Cottisham depuis des lustres. Il a dû voir des milliers de choses.

— Qu'est-ce qui aurait valu la peine qu'on le tue ? s'interrogea Dominic dans une dernière tentative pour résister.

— Je ne sais pas. C'est ce que nous allons devoir découvrir.

— Mais il a écrit à l'évêque qu'il partait en vacances. C'est donc qu'il en avait l'intention. Serait-ce une coïncidence ?

— Ah bon, il lui a écrit ? Et si quelqu'un avait écrit à sa place en imitant son écriture ? Ce ne serait pas très compliqué. Si l'évêque n'y a pas regardé de très près ou n'a pas comparé sa lettre avec les précédentes, ce serait même assez facile. Nombre de gens au village pourraient être en possession de lettres ou de billets que Mr. Wynter leur a envoyés à un moment ou à un autre.

Sans un mot, Dominic avançait d'un pas lourd et régulier dans la neige. La lumière diminuait rapidement, les ombres sous les arbres étaient déjà impénétrables.

— Il faut qu'on le découvre, murmura Clarice, la voix chargée du fardeau de ses pensées.

Elle aurait préféré pouvoir dire qu'ils devraient laisser tomber, se comporter comme s'ils n'avaient jamais rien su, mais ce serait un mensonge qui ne ferait que grossir de plus en plus, telle une ampoule sur la peau tendre des pieds.

— Le Christ était bon, reprit-elle. Il pardonnait. Mais il ne minimisait pas la vérité pour que les gens L'aiment, pas plus qu'Il ne prétendait que tout allait bien quand les choses n'allaient pas, au prétexte que c'eût été plus simple. Je crois que Mr. Wynter a été tué à cause d'une chose qu'il savait. Qu'en penses-tu ?

Elle respira un grand coup avant de dire ce qui lui était le plus difficile.

— Je me rangerai à ta décision.

Dominic eut un petit rire bref.

— Tu ne peux pas faire ça, Clarice ! Tu en viendrais à me détester. Je pense qu'il est probable qu'on l'a tué. Quoi qu'il en soit, il m'est impossible de faire comme si je ne le savais pas. Mr. Wynter mérite mieux, et si on l'a tué, il mérite que l'on parle. Le coupable a plus besoin de justice que lui. La justice finit par apaiser, si on lui en laisse la possibilité.

Il parcourut quelques mètres en silence, puis :

— J'imagine qu'il va nous falloir découvrir ce que savait Mr. Wynter… et sur qui.

Une vague de soulagement envahit Clarice.

— Nous commencerons par le village, décida-t-elle. De toute façon, il nous est impossible d'en sortir pour l'instant.

— À qui ferons-nous confiance ? demanda son mari en lui jetant un bref regard.

— À personne, répondit-elle simplement. Nous ne pouvons pas nous le permettre. Nous n'avons aucune idée de qui est le coupable.

Ils passèrent une longue soirée paisible au coin du feu. Ni l'un ni l'autre ne se montra très bavard, mais ce moment se révéla l'un des plus agréables dont Clarice gardait le souvenir, malgré la tâche rebutante qui les attendait le lendemain. Les flammes crépitaient, le charbon rougeoyait dans l'âtre. Dehors, les flocons tombaient en abondance dans un silence enveloppant, uniquement troublé par le bruit que faisait la neige devenue trop lourde sur le toit pentu en glissant au sol. D'ailleurs, il n'y avait rien dont ils eussent à discuter, puisqu'ils étaient d'accord.

Le lundi, le vent qui soufflait de l'est avait le tranchant d'une lame. Dès le petit déjeuner terminé, Dominic s'en alla effectuer ses visites.

La journée du dimanche avait été épouvantable. Son mari était si inquiet qu'il lui adressa à peine la parole avant de partir à l'église. Il sélectionnait des livres pour les reposer aussitôt, choisissait des citations pour immédiatement les écarter. Une seconde il voulait se montrer audacieux, confronter les gens à une nouvelle pensée, et celle d'après leur apparaître aimable, les rassurer dans leurs vieilles convictions, consoler les maux qu'engendraient la solitude et l'incompréhension, sans rien dire qui pût éveiller des idées dérangeantes ou réclamer le moindre changement.

Une douzaine de fois, Clarice se retint de lui dire qu'il n'avait pas le temps en trois courtes semaines de se cantonner dans des limites raisonnables. Personne ne l'écouterait, ni ne se souviendrait par la suite de quoi que ce soit.

Elle faillit le lui dire quand elle vit blêmir les jointures de sa main fine posée sur le dossier de la chaise. Ce n'était pas le bon moment. Elle craignait toutefois que ce ne le soit jamais. Le prochain sermon qu'il prononcerait serait celui du jour de Noël. Un sermon terre à terre terne et sans risque serait sans doute le meilleur moyen de perdre leur sympathie et leur espoir.

— Évite les citations, lui dit-elle soudain. N'utilise pas les mots des autres. Quels qu'ils soient, ils les auront déjà entendus.

— Les gens adorent la répétition, argua Dominic avec un sourire désolé, le regard assombri par l'anxiété et le poids écrasant du doute que Spindlewood lui avait instillé.

À cet instant, Clarice détesta Spindlewood pour ce qu'il avait fait, avec son esprit étriqué et opportuniste.

— Parle-leur de ce que tu m'as dit à propos du courage, et du fait que c'est la vertu sans laquelle toutes les autres ne valent rien, l'encouragea-t-elle. Puisque tu le penses, dis-leur !

Dominic s'y appliqua, avec autant de passion que d'éloquence, sans jamais se répéter. Quant à savoir si les fidèles étaient ou non impressionnés, il n'en avait aucune idée. Après la messe, ils lui parlèrent poliment, et même avec chaleur, mais sans grande aisance. Ils avaient tous revêtu leurs habits du dimanche, et ils repartirent chez eux dans la neige en silence.

Clarice commença par la chose qu'on lui avait assuré depuis toujours être à l'origine de tous les maux, même si elle pensait que c'était plutôt l'égoïsme, ou l'autosatisfaction, qui n'était pas très différente, à bien y réfléchir. Néanmoins, l'argent était plus facile à mesurer, et puis les livres de comptes du pasteur étaient aisément consultables, ceux de l'église comme ceux de la maison.

Alors qu'elle venait de commencer à les examiner, Clarice fut interrompue par l'arrivée de Mrs. Wellbeloved, chargée de deux choux et d'un chapelet de gros oignons. L'air très contente d'elle, elle tapa des pieds sur le carrelage en mettant de la neige un peu partout.

— Il fait un froid… Un arbre est tombé sous le poids de la neige, si bien que la route du sud est coupée, annonça Mrs. Wellbeloved comme s'il s'agissait d'une victoire personnelle. À moins de vouloir faire le tour par Hertford. Mais rien ne dit qu'on peut passer par là. Il est bien possible que la route soit fermée.

— Nous avons beaucoup de chance d'avoir du charbon et de la nourriture en réserve, répliqua Clarice avec chaleur.

— Des oignons, commenta Mrs. Wellbeloved en les posant sur la table – comme si on risquait de les confondre avec autre chose.

— Merci, dit Clarice en lui souriant.

Au bref coup d'œil qu'elle avait jeté sur les comptes, elle savait déjà que Mrs. Wellbeloved se chargeait de toutes les courses du pasteur. Clarice aurait voulu lui parler de la découverte du cadavre dans la cave, mais Fitzpatrick les avait priés de s'en abstenir, et son insinuation avait été on ne peut plus claire. Pourtant, Clarice se sentit coupable de ne rien dire.

— C'est très gentil à vous, ajouta-t-elle.

Mrs. Wellbeloved sourit, les joues roses. Elle commença à enlever son manteau et se prépara à nettoyer le sol.

Il était onze heures et demie passées quand Clarice put se replonger dans le livre de comptes, qu'elle éplucha avec beaucoup d'attention. Elle le parcourut deux fois avant de relever de minuscules anomalies. Celles-ci correspondaient parfois à un ou deux shillings, mais plus souvent à quelques pennies. Les erreurs semblaient concerner l'argent de Mr. Wynter, dont il tenait un compte soigneux, comme le doit toute personne qui perçoit un traitement de l'Église. Clarice elle-même savait où partait le moindre sou. L'expression « pauvre comme une souris d'église » n'était pas qu'une image...

Les comptes de l'église, notamment les dons consignés par John Boscombe jusqu'à il y avait encore quelques mois, et ensuite par William Frazer, tombaient juste, puis ne tombaient plus juste, avant de nouveau retomber juste. Néanmoins, la somme finale était toujours la bonne.

Clarice comprenait pourquoi certains finissaient par mordiller leur crayon. C'était absurde. Pourquoi diable voler deux pence ou même moins ? Il ne s'agissait pas de négligence, elle en était convaincue, car les mêmes chiffres revenaient dans ce qu'elle réalisa être une succession. Elle les disposa côte à côte en fonction de la date et vit apparaître une certaine logique. Les quelques pence manquaient dans les comptes de l'église, puis dans ceux de Mr. Wynter. Pour finir, les comptes de l'église redevenaient exacts. Quelqu'un prélevait des sommes minuscules sur l'argent mis dans le tronc pour les pauvres, dont le montant était irrégulier et toujours infime. Mr. Wynter remplaçait ces sommes en les prélevant sur son propre argent.

Mais pour quelle raison ? La meilleure chose à faire n'aurait-elle pas été de confondre le voleur – si toutefois le terme n'était pas trop sérieux pour des sommes aussi minimes ? S'agirait-il d'un enfant ? Peut-être ne voulait-il pas lancer une telle accusation, qui ferait plus de dégâts qu'un simple problème de discipline familiale.

À qui le demander ? Peut-être que William Frazer le saurait ou en aurait une idée. Il habitait près de l'épicerie du village et, malgré le temps, il lui serait facile de s'y rendre. Elle prendrait soin de ne pas traverser la place. Étant donné qu'on distinguait à peine les contours de la mare, mieux valait éviter de marcher sur la glace recouverte de neige, au risque de passer au travers.

Cependant, Frazer n'en avait pas la moindre idée.

— Je suis désolé, Mrs. Corde, s'excusa-t-il lorsqu'elle prit place près du feu dans le petit salon encombré.

Le vent semblait se faufiler à travers la cape la plus épaisse, et un chapeau ne servait en rien à protéger le cou ou les oreilles. À présent, elle n'était pas loin de roussir sur le devant, mais son dos était encore imprégné du froid des rafales.

— Vos comptes sont impeccables, dit-elle de son ton le plus flatteur. Finalement, la somme d'argent est toujours exacte, mais quelque part dans l'intervalle, plusieurs pennies disparaissent, avant de réapparaître. On dirait que Mr. Wynter compense lui-même la différence.

Frazer parut surpris, son visage rond pâlit d'inquiétude.

— Pourquoi diable ferait-on une chose pareille ? John Boscombe ne m'en a jamais touché mot, et pourtant, il n'y a pas homme plus honnête. Demandez à n'importe qui. S'il avait remarqué des irrégularités, il me l'avait signalé.

— Si Mr. Wynter savait de qui il s'agissait, peut-être a-t-il demandé à Mr. Boscombe de ne pas en parler, suggéra Clarice, elle-même perplexe.

— Pourquoi l'aurait-il fait ? s'exclama Frazer d'une voix aiguë. Le plus probable, c'est que le pasteur aura perdu quelques sous ici ou là. Ça arrive à tout le monde. Ou de mal rendre la monnaie, par exemple. Ou de la laisser tomber dans la rue et de ne pas la retrouver. Moi-même, ça m'est arrivé. Rien que des pennies, dites-vous ?

— Oui.

— Ne vous inquiétez pas. Je parie que vous tiendrez mieux vos comptes, étant donné que vous êtes plus jeune et que vous y voyez plus clair. Peut-être qu'il lui faudrait des lunettes.

— Peut-être.

Toutefois, Clarice ne partageait pas son avis. Elle le remercia et repartit dans le vent cinglant pour se rendre chez John Boscombe. Elle le trouva également chez lui, la neige qui recouvrait tout l'empêchant de travailler dans les champs.

— Entrez, entrez ! l'invita-t-il avec chaleur en la tirant dans le vestibule avant de claquer la porte contre le vent. Quelle journée ! Si ça continue, ce sera un dur Noël… Vous devez être gelée. Enlevons cette neige avant qu'elle fonde et que vous soyez mouillée.

Sans attendre son accord, il joignit le geste à la parole, envoyant promener de la neige partout dans l'entrée. Une chance que le sol soit en pierre polie et qu'il suffise d'y passer une serpillière…

— Venez dans la cuisine, enchaîna Boscombe, une fois satisfait de son œuvre. Prenez donc un peu de soupe. À cette période de l'année, on en garde toujours une marmite au chaud. Les enfants sont sortis jouer. Ils ont construit un bonhomme de neige plus grand que moi… Genny ! La femme du nouveau pasteur est là !

Geneviève Boscombe se tenait au milieu de la cuisine, les mains plongées dans un grand récipient rempli de pâte. Le sourire aux lèvres, elle ne fit pas mine de s'interrompre dans sa tâche.

— Soyez la bienvenue ! dit-elle joyeusement. Je ne vous serre pas la main, sans quoi vous serez pleine de farine. John va vous servir une assiette de soupe. Ce n'est jamais qu'un bouillon avec de l'orge et des os, mais il est bien chaud.

La légère rougeur de défi qui colorait ses joues n'était pas seulement due à l'effort que nécessitait de pétrir la pâte.

Personne ne se tient jamais sur la défensive à moins de se sentir vulnérable. Clarice le savait d'expérience. Elle-même avait toujours eu conscience de sa maladresse face à ses sœurs et à sa mère si gracieuses. La comparaison, même quand elle était faite avec ce qui se voulait de l'humour, l'avait souvent blessée au plus profond. Une ou deux fois, lorsqu'elle s'était crue amoureuse, elle l'avait ressentie d'autant plus fort.

Clarice sourit à Mrs. Boscombe, évitant volontairement de regarder la cuisine, bien qu'elle ait noté que les draps en beau lin pendus sur le fil à linge avaient été découpés dans la partie usée du milieu puis retournés et recousus sur les côtés – de manière à en prolonger l'usage. La porcelaine posée sur le vaisselier était ravissante, mais plusieurs pièces étaient ébréchées, et une ou deux autres cassées et recollées avec soin. Les Boscombe avaient eu de l'argent et s'arrangeaient désormais comme ils le pouvaient. Et la robe de Geneviève indiquait la même chose. Elle était de belle qualité, mais n'était plus à la mode depuis déjà au moins deux ans.

— Merci. Avec grand plaisir.

Elle faillit ajouter que l'orge était léger et agréable au goût, mais elle changea d'avis, de peur de leur paraître condescendante.

— En fait, je suis venue dans l'espoir que Mr. Boscombe pourrait m'éclairer sur un point concernant la tenue des comptes de l'église, enchaîna Clarice. Je voudrais tellement ne pas me tromper… Je suis allée voir Mr. Frazer, mais il n'a pas pu m'aider.

— Quel est le problème, Mrs. Corde ? interrogea Boscombe d'un air soucieux.

Geneviève servit la soupe dans un bol bleu et blanc et le posa sur la table devant Clarice, qui la remercia. Tout à coup, elle réalisa combien il était difficile d'expliquer son problème sans mentir, ou du moins sans rien insinuer.

Boscombe, les yeux arrondis, attendait.

Il fallait qu'elle se décide…

— Je… j'ai regardé les livres de comptes de Mr. Wynter et j'ai découvert quelques…

John Boscombe la dévisageait, une lueur sombre dans le regard.

Elle ne trouvait rien pour excuser ce qu'elle avait fait, sinon dire la vérité. Fitzpatrick ne jouissait d'aucune autorité pour lui ordonner le silence. Tôt ou tard, tout le monde devrait être mis au courant, sans doute dès le lendemain. Elle se lança.

— Mr. Wynter est mort, annonça-t-elle très calmement, bien que submergée de tristesse. Nous avons découvert son corps par hasard… dans la seconde cave.

Clarice vit la stupeur sur le visage de Boscombe, immédiatement suivie d'un profond regret. Son regard se posa une seconde sur sa femme, qui avait cessé de pétrir sa pâte pour l'écouter, puis revint sur Clarice.

— Je suis désolé, dit-il, la voix enrouée. Que s'est-il passé ? Je… je n'étais pas au courant.

— Personne ne l'est, dit-elle tout bas. Le Dr Fitzpatrick nous a demandé de ne pas en parler avant que l'évêque en ait été informé, mais…

Cette partie était la plus difficile.

— … mais nous ne sommes pas d'accord sur ce qui s'est passé. Néanmoins, je vous serais reconnaissante de ne répéter à personne que je vous l'ai dit, du moins, pas encore.

— Bien entendu. Est-ce pour cette raison que vous avez examiné les livres de comptes ?

Boscombe avait toujours l'air aussi intrigué, mais on sentait en lui un soulagement inexplicable, un peu comme si ce n'était pas ce qu'il avait redouté.

— Oui.

Clarice savait qu'elle n'en avait pas encore dit assez pour qu'il comprenne. Désormais, c'était inévitable.

— C'est que, voyez-vous…

Ce qu'elle avait prévu semblait ridicule.

— Oui ?

Clarice sentit le rouge lui monter au visage.

— Voyez-vous, je ne crois pas que la mort du pasteur soit accidentelle.

Le son de sa voix l'épouvanta. Une voix tremblotante et absurde. Elle s'éclaircit la gorge.

— Je crois que quelqu'un l'a frappé. Mr. Wynter avait des blessures au visage et derrière la tête. Peut-être n'a-t-on pas eu l'intention de le tuer, mais…

Elle leur en disait beaucoup trop !

— … mais quelqu'un était présent et n'a rien dit à personne.

Elle se tourna vers Geneviève Boscombe.

— Il gisait par terre au fond de la cave, mais il n'avait pas pris de lampe, poursuivit-elle. Qui descendrait à la cave sans lampe ?

— Personne, murmura Geneviève. Mais pour quelle raison quelqu'un se serait-il disputé avec Mr. Wynter ? C'était l'homme le plus charmant…

Elle ne termina pas sa phrase.

Tous les trois restèrent un instant silencieux : Clarice et Boscombe assis à la table de la cuisine, Geneviève debout, son récipient de pâte dans les bras.

— Vous pensez que c'est à cause de l'argent dans les comptes de l'église ? demanda finalement Boscombe, le visage neutre, évitant sa femme du regard. Il n'y a quand même pas là de quoi provoquer une dispute ?

— Non, admit Clarice. Il ne manque que quelques pennies, un ou deux shillings tout au plus. Mais la chose s'est reproduite de nombreuses fois pendant une période d'au moins six mois.

Geneviève avait le regard fixé sur son mari.

Boscombe demeura impassible, le dos très raide.

« Il sait, songea Clarice, de plus en plus convaincue. Il sait que Mr. Wynter reversait l'argent manquant. » Mais le pasteur savait-il qui le prenait ? Était-ce ce qu'il avait tenté de découvrir au cours de ces derniers mois avant de finalement y parvenir ? Était-ce pour cela qu'on l'avait tué ? Non, c'était absurde. Comme elle l'avait déjà souligné, il s'agissait seulement de quelques pennies !

Boscombe la regardait, le visage tendu de concentration, attendant ce qu'elle allait dire.

— Vous le saviez, n'est-ce pas ? dit Clarice avec douceur. Est-ce… est-ce pour cette raison que vous avez arrêté de travailler avec Mr. Wynter ? Parce que vous saviez qu'il protégeait quelqu'un qui…

Boscombe avait les yeux écarquillés, ses traits exprimant une incrédulité presque comique.

— Vous n'avez pas… commença à dire Clarice, répondant à sa propre question.

— Non ! Oh, je savais qu'il manquait quelques pennies ici ou là, confirma-t-il en se trémoussant sur sa chaise. Au début, j'ai cru que c'était de la négligence de la part de Mr. Wynter, ou qu'il n'était pas très bon en calcul. Je me suis aperçu par la suite que les chiffres tombaient toujours juste, et qu'il savait donc que quelqu'un prenait un peu d'argent. Mais je ne lui ai fait aucune remarque sur sa manière de régler le problème.

— Savait-il de qui il s'agissait ?

Boscombe sourit.

— Il ne me l'a pas dit.

Clarice devina qu'il disait la vérité, mais qu'il y en avait une autre derrière, plus entière et plus franche, qu'il dissimulait.

— Mais il le savait, insista-t-elle. Vous aussi ?

— Non. Et même si je l'avais su, Mrs. Corde, je ne suis pas certain que je serais libre de vous le dire.

Clarice se pencha en avant, les coudes appuyés sur le bois délavé de la table mille fois frottée.

— Je pense que Mr. Wynter a été tué, Mr. Boscombe. Le geste n'était peut-être pas prémédité, n'empêche qu'on l'a frappé, et alors qu'il était mort ou mourant…

Elle le vit ciller, mais elle continua.

— … on l'a tiré au fond de la seconde cave et on a pris la lampe pour remonter en le laissant seul dans le noir pendant des jours et des jours. Peut-être est-ce sans rapport avec l'argent – une somme si infime –, mais il y a forcément une raison !

Geneviève frissonna.

— Si c'est vrai, John, alors il s'est passé une chose épouvantable. Peut-être devrais-tu le dire à Mr. Corde, si tu ne peux pas en parler à Mrs. Corde.

Enfin il la regarda.

— Mr. Wynter savait, reconnut-il. Du moins, je le crois, mais il y avait autre chose derrière, quelque chose de plus important, et il voulait découvrir quoi. Un plus grand péché.

— Et vous pensez qu'il l'a découvert ?

Boscombe se mordit la lèvre. Il était pâle comme un linge. Ils parlaient d'une chose si grave qu'elle avait entraîné la mort d'un brave homme, ainsi que sans doute la damnation d'un autre.

— Je préfère penser que non, répondit-il avec lenteur.

— Mais, John… intervint Geneviève avant de décider de se taire.

— Je ne sais pas, répéta Boscombe. Et c'est la vérité.

Clarice ne put rien en tirer de plus. Elle les remercia tous les deux et sortit au moment où les enfants rentraient du jardin, le visage radieux, les yeux brillants, la peau luisante de s'être tant donnés à leurs jeux. Leurs voix résonnèrent plus fort qu'ils ne s'en rendaient compte dans l'espace soudain confiné de la cuisine chauffée, avec sa table et son sol astiqués, sa vieille vaisselle précieuse, l'odeur des herbes et du linge qui séchait. La violence apparaissait ici comme un gros mot – et en aucune façon appropriée.

En début d'après-midi, Dominic décida de se rendre au manoir. Il fallait qu'il place sa confiance en quelqu'un, sinon autant abandonner l'espoir de trouver de quelle façon Mr. Wynter était mort. L'idée que quelqu'un ait pu le tuer lui paraissait toujours aussi absurde.

Même à cette heure, la température était inférieure à zéro, et ses pas crissaient sur la croûte de neige. Il marchait le plus vite possible, réfléchissant intensément. La décision qu'il prendrait risquait d'affecter le reste de sa vie et, ce qui lui semblait plus important encore, celle de Clarice. En l'épousant, elle avait renoncé à beaucoup de choses, et il ne voulait pas qu'elle eût un jour à le regretter. Il découvrit non sans étonnement qu'il l'aimait davantage à mesure que les mois passaient et qu'il apprenait à mieux la connaître. Sa franchise d'esprit et sa clairvoyance étaient plus grandes que ce qu'il avait imaginé. Il pensait la connaître, et voilà qu'elle disait ou faisait une chose qui le surprenait. Elle le faisait rire, même quand il n'était pas dans cette humeur. Elle ne se plaignait jamais du manque d'argent, ni des petits arrangements sordides qu'elle devait concéder à la pauvreté, pas plus de l'empressement aussi mesquin qu'excessif du révérend Spindlewood.

Parfois, confrontée à une injustice, elle explosait de colère et formulait d'une phrase irrémédiable ce que lui-même pensait exactement, mais qu'il avait été assez sage pour ne pas dire. Ou assez lâche ? À moins qu'il ne soit plus vieux et ne connaisse mieux les possibilités infinies de l'échec ?

Il ne voulait pas la décevoir. Elle était encore si amoureuse de lui. Il le voyait dans ses yeux, dans le rougissement soudain de sa peau lorsqu'elle le surprenait en train de la regarder à la dérobée en laissant transparaître ses émotions.

Serait-il jamais à la hauteur de l'opinion qu'elle avait de lui ? Être bel homme n'était pas toujours un bienfait. La beauté amenait les gens – les femmes – à attendre beaucoup de vous ; elle suscitait des rêves trop grands pour la réalité de ce qu'un homme pouvait être.

Le manoir se dressait devant lui, émergeant de la neige immaculée entre les arbres noirs de l'allée. On aurait dit un rêve de pierre. Peter Connaught ne ressentait-il jamais le poids écrasant de la gloire du passé ? Les fantômes n'étaient-ils pas trop exigeants ?

Clarice inventait-elle un meurtre affreux à partir d'une simple tragédie domestique, entremêlant les faits dans un tableau d'ensemble qui n'entraînerait que chagrin et injustice sans rien y changer ?

Pris d'un frisson, Dominic repensa à sa première rencontre avec la famille de sa femme, avec sa mère d'une beauté et d'un égoïsme dévastateurs, si enfermée dans l'obsession d'elle-même que la réalité cessait d'exister, déformant le moindre fait en vue de servir ses propres illusions sur Dominic et sur l'amour.

Clarice s'était montrée la plus courageuse, la plus déterminée à voir et à accepter la vérité, quels qu'en eussent été la souffrance ou le prix à payer.

Dominic allongea le pas. Cette fois, il la croirait. Mieux valait poursuivre la vérité et se tromper que se réfugier dans un confort aveugle et lui tourner le dos. Une telle erreur les marquerait de façon définitive.

Arrivé devant la porte en chêne, Dominic actionna la sonnette. Il recommençait à neiger, de gros flocons blancs pareils à des pétales.

La porte s'ouvrit sur le majordome qui l'invita à entrer. Sir Peter était dans son bureau, mais il vint aussitôt à sa rencontre avec un grand sourire, et lui proposa du thé et des *crumpets*, s'excusant qu'il n'y ait sans doute pas de gâteau.

— À cette saison, nous devrions avoir des tartelettes aux fruits secs, se désola-t-il en secouant la tête. Je veillerai à ce qu'il y en ait la prochaine fois que vous viendrez.

— Du thé m'ira très bien, merci, répliqua Dominic en suivant l'élégante silhouette de Peter Connaught dans le salon. Et je vous demanderai aussi un peu de votre temps.

La chaleur l'enveloppa comme une étreinte. Le chien couché devant l'âtre se leva, s'étira voluptueusement, puis s'approcha en trottinant pour voir qui il était et s'il était le bienvenu.

— Que puis-je pour vous ? demanda Peter lorsqu'ils furent assis. Comment se passe votre installation ?

— Je crains d'avoir de très mauvaises nouvelles, répondit Dominic. On m'a prié de n'en rien dire encore, mais…

— Vous n'allez pas partir ? s'affola Peter.

— Non. Pas dans l'immédiat.

Dominic s'étonna de constater à quel point il en était heureux. Il avait envie de rester ici, d'être son propre maître, libre de réussir – ou d'échouer ! – à partir de ses propres convictions, et non celles de Spindlewood.

— J'aimerais ne pas partir du tout, mais ce sera à l'évêque d'en décider.

— Je ne comprends pas, avoua Peter, perplexe.

Résumant au mieux les faits, Dominic lui raconta ce qui s'était passé, sans oublier la recommandation de Fitzpatrick de n'en parler à personne, et la raison pour laquelle il n'y avait pas obéi.

— Oh, mon Dieu ! murmura Peter, l'air effondré. Je l'aimais énormément, vous savez.

Dominic le crut sans hésiter. Le chagrin qu'éprouvait Peter était sincère – une souffrance que l'on percevait dans la pièce comme une troisième présence.

— Plus j'en apprends sur lui, plus je me rends compte combien il était aimé, dit Dominic. Moi-même, je ressens sa perte, alors que je ne l'ai jamais rencontré. C'est pourquoi j'ai l'intention de découvrir ce qui s'est passé. Or je ne sais à qui faire confiance, ni par où commencer.

Il sourit d'un air triste, un brin timide.

— J'ai un beau-frère qui est inspecteur de police, reprit-il. Je m'aperçois tout à coup de l'incroyable difficulté de son travail. Je ne possède pas de réelle autorité qui me permette de poser des questions à quiconque. Je ne suis ici qu'un étranger, quel que soit mon désir de m'intégrer, et pourtant, je me sens le devoir de découvrir la vérité sur la mort de Mr. Wynter.

Peter fronça les sourcils.

— Vous ne pensez pas qu'il s'agit d'un accident, que quelqu'un a paniqué, s'est senti coupable d'avoir provoqué une dispute et se refuse à l'avouer, ne serait-ce qu'à lui-même ?

Sa voix baissa au point de n'être plus qu'un murmure.

— La peur peut dévoiler notre côté le plus hideux. J'ai vu des hommes agir très différemment de ce que laissait croire leur tempérament.

— C'est certain, concéda Dominic. Mais il y a là une lâcheté, une sorte de brutalité à l'avoir abandonné pour que personne ne le découvre qui révèle un terrible égoïsme. Je n'ai pas l'intention de laisser les choses en l'état. Ce serait… ce serait comme si je reconnaissais qu'un tel acte n'a pas d'importance, or il en a.

— Cela va de soi, acquiesça Peter en regardant Dominic dans les yeux. En quoi puis-je vous aider ? Je n'ai aucune idée de qui aurait pu faire une chose pareille.

— Ni pour quoi ?

La bouche de Peter se pinça légèrement.

— Ni pour quoi, confirma-t-il.

Il prit sa respiration comme s'il allait ajouter autre chose, puis changea d'avis et garda le silence.

Dominic se demanda ce qu'il avait été sur le point de dire. Sans doute qu'il s'agissait d'un secret que Mr. Wynter avait appris, sûrement par hasard, mais auquel quelqu'un tenait tant, dont il avait si peur qu'il soit révélé, qu'il l'avait tué plutôt que courir le risque que ce secret soit découvert. Cette conclusion s'imposait, lorsqu'un prêtre était assassiné. Sir Peter n'en avait-il rien dit pour une autre raison que parce qu'il savait ou craignait que ce soit la vérité ?

Ce secret était-il le sien ? Celui de quelqu'un d'autre ?

À quel secret l'élégant, le charmant et le rassurant Peter Connaught pouvait-il tenir au point de commettre un meurtre ? Et sinon, de quel ami tolérerait-il un tel acte ?

Quoi ? Qui ? L'apparence la plus ordinaire pouvait dissimuler des histoires douloureuses qu'un étranger ne saurait imaginer. Peter Connaught s'était querellé avec Mr. Wynter, de telle sorte que, malgré la réelle et profonde affection qui les liait, il avait brusquement cessé de venir au presbytère, et que Wynter avait rangé le jeu d'échecs pour apparemment ne plus jamais y jouer.

Dominic envisagea une seconde de le questionner sur ce point, avant de décider de s'en abstenir, du moins pour l'instant.

— Sans doute pourrais-je rétrécir le champ des possibilités dans une certaine mesure, si je savais qui est passé voir Mr. Wynter après qu'on l'a vu pour la dernière fois en vie, dit-il tout haut.

Sir Peter se détendit un peu. Son changement de position dans le grand fauteuil fut si subtil qu'il ne se traduisit guère plus que dans la façon dont bougèrent les plis de sa veste, un détail qui n'échappa cependant pas à Dominic.

Des étincelles jaillirent d'une des bûches placées dans la cheminée. Sir Peter se leva et alla en mettre une autre, puis attendit un instant pour voir si elle n'allait pas tomber. Les flammes vinrent la lécher quelques secondes avant de l'embraser.

— L'idée me paraît bonne, dit-il en retournant s'asseoir. Si je peux vous aider, je serais heureux de le faire. Peut-être même pourrais-je mener une enquête discrète de mon côté.

— Je vous en serais reconnaissant.

Dominic ignorait jusqu'où il pouvait lui faire confiance, mais on en apprenait parfois autant d'un mensonge que de la vérité. Même les omissions vous apprenaient quelque chose.

— Merci, dit-il avec chaleur. J'espère que, comme vous le disiez, nous découvrirons qu'il ne s'agit de rien de pire qu'un tragique accident que quelqu'un aura manqué de signaler.

Peter Connaught sourit.

— Une faiblesse qui ne serait pas facile mais pas impossible à pardonner.

Dominic s'attarda une quinzaine de minutes avant de repartir dans le jour qui déclinait et un froid encore plus mordant. Les nuages s'étaient en partie dissipés et la lumière pâle avait pris la couleur ambrée du soleil très bas sur l'horizon. Les ombres s'allongeaient, et la bise lui piquait la peau et le faisait larmoyer.

Ses pieds dérapèrent sur le verglas lorsqu'il redescendit l'allée d'un pas lourd. En dehors de la neige accumulée sur les sapins qui s'écroulait en paquets sur le sol, tout n'était que silence dans le paysage lugubre.

Derrière les arbres, les lueurs jaunes du village scintillaient telles de petites taches dorées dans le gris bleuté du crépuscule. Quelqu'un ouvrit une porte sur un monde éclatant de lumière. Un chien trottina dehors pour rentrer aussitôt, et la lumière s'évanouit.

Dominic avait les pieds et les mains engourdis. Il rentra la tête dans les épaules. Ses oreilles lui faisaient mal, tout comme les os de son visage. Il s'arrêta une seconde le temps de renouer son écharpe.

C'est alors qu'il entendit un bruit de pas derrière lui. Il se retourna, l'air glacé pénétrant dans sa gorge et lui brûlant les poumons. À quelques mètres de distance, il distingua une silhouette qui traversait la place. Une silhouette courbée en deux, frissonnante et très petite. S'arrêtant à son tour, elle s'immobilisa, comme si elle hésitait à prendre la fuite.

Mais qui pourrait courir dans une neige aussi profonde ? D'autant que, comme Dominic, elle était sans doute trop engourdie par le froid pour seulement essayer.

Dominic s'avança vers la silhouette.

— Vous me cherchiez ? demanda-t-il d'un ton avenant.

— Oh, Mr. Corde…

— Puis-je vous aider ? Je ne crois pas que nous nous soyons déjà rencontrés.

— Je suis Sybil Towers. Non ! Je… je rentrais juste chez moi, dit la vieille dame sans bouger.

Dominic, qui avait entendu mentionner son nom au village, savait qu'elle était veuve.

— Peut-être pourrais-je vous raccompagner ? proposa-t-il. Juste pour m'assurer que vous rentrez chez vous sans encombre. Le froid est terrible, ce soir.

— Eh bien… c'est très aimable à vous.

Sa voix trahissait une sorte d'impatience. Dominic distinguait à peine son visage dans l'ombre du chapeau et de l'écharpe qui lui couvrait le cou et les épaules, mais il crut la voir sourire.

Il parcourut le peu de distance qui les séparait et lui offrit son bras. Sybil Towers le prit, en le tirant légèrement pour le diriger dans le bon sens. Marcher au rythme de la vieille dame lui fut difficile. Son pas manquait de l'énergie nécessaire au sang pour circuler.

— Y a-t-il quelque chose que je puisse faire pour vous, Mrs. Towers ? demanda-t-il, s'efforçant de deviner pourquoi elle lui avait donné l'impression de le suivre. Avez-vous besoin de rentrer du bois ? Ou du charbon ?

À l'instant où il posa la question, il se demanda s'il n'avait pas fait preuve de maladresse. Peut-être qu'elle n'avait rien pour se chauffer et que c'était justement là son problème.

— Oh, non, je vous remercie, fit-elle en secouant la tête et en frissonnant. J'ai tout ce qu'il me faut. Vous êtes très gentil, mais un bras pour ne pas glisser est la seule chose dont j'ai besoin.

Et comme pour donner du poids à ses propos, elle s'accrocha à lui plus fort.

Il avança en silence pendant quelques minutes, toujours persuadé qu'elle avait une chose à lui demander, si toutefois elle en trouvait le courage. Si c'était difficile, il aurait dû être capable de deviner. Un bon pasteur savait quels étaient les besoins, les comprenait avant même qu'ils aient été formulés.

Peut-être se sentait-elle seule. Presque tout le monde pourrait en dire autant. Je vous en prie, monsieur le pasteur, parlez-moi et brisez ce silence qui m'entoure. Peu importe ce que je dis ou ce que je pense, mais, par pitié, pendant une demi-heure, faites comme si ça importait. Écoutez-moi, posez-moi des questions, après quoi vous repartirez, et je me sentirai mieux…

Passerait-elle Noël toute seule elle aussi, sans autre sortie que la messe à l'église ? Il devrait l'inviter à venir prendre le thé. Mais il devrait l'inviter une fois avant cela pour que la gentillesse ne paraisse pas trop évidente. Personne n'avait envie qu'on l'invite par pure charité.

— Mrs. Towers, j'espère qu'un jour, quand il n'y aura plus autant de neige, vous viendrez prendre le thé avec nous. Ma femme et moi serions ravis de mieux vous connaître. Peut-être pourrez-vous nous parler du village, de son histoire et des gens qui ont vécu ici. Viendrez-vous ?

— Oh ! s'exclama la vieille dame, l'air étonné. Eh bien, dit-elle en s'agrippant à son bras comme si elle risquait réellement de tomber, ce serait sûrement très agréable. Dès que le temps s'améliorera, je serai très heureuse de venir. Quand il n'y aura plus autant de neige… Je vous remercie beaucoup. Me voilà presque arrivée chez moi. C'est là, juste à l'angle, dit-elle en dégageant son bras. Passez une bonne soirée. Bonne nuit, monsieur le pasteur ! Et merci encore pour votre gentillesse. C'était un plaisir de vous voir.

Sybil Towers accéléra le pas et disparut, avalée par les ombres des arbres et des haies, jusqu'à devenir impossible à distinguer dans la nuit.

Il n'y avait aucune raison de rester là comme si elle allait changer d'avis et revenir. Pourtant, Dominic était convaincu qu'elle avait voulu lui dire autre chose. L'en avait-il dissuadée en parlant trop ? Il lui avait seulement proposé de venir prendre le thé un de ces jours…

Savait-elle déjà que Mr. Wynter était mort ? Ou bien le craignait-elle ? Le pasteur s'était-il confié à la vieille dame ? Comme elle vivait seule et était désœuvrée, et qu'elle n'avait pas de famille à proximité, peut-être qu'elle observait et écoutait tout ce qui se passait au village. Ce ne serait pas par goût de l'espionnage, rien qu'une réaction instinctive chez une personne solitaire qui a du temps devant elle, mais il était possible qu'elle ait vu ou déduit toutes sortes de choses.

Il aurait dû le lui demander. Se pourrait-il qu'elle se soit sentie elle-même en danger ?

Dominic était gelé jusqu'aux os. Il commençait à trembler à force de rester immobile. Il fit demi-tour et repartit dans la neige en direction des flèches de l'église, qui se dressaient toutes noires sur un fond d'étoiles. Il savait que le presbytère se trouvait à droite, invisible au milieu des arbres, ses lumières allumées au minimum par souci d'économie.

Dès qu'il ouvrit la porte, une douce chaleur l'enveloppa, et au bout de quelques secondes, il sentit l'odeur d'un gâteau, des lampes à huile, du charbon et de la cire à la lavande.

— Clarice ! appela-t-il avec enthousiasme. Clarice !

Un instant plus tard, elle le rejoignit et le serra dans ses bras. Elle poussa un petit cri en sentant la glace collée sur son manteau lui mouiller le cou et la gorge, mais elle n'y prêta pas attention et le serra plus fort.

Après le dîner, ils s'assirent l'un en face de l'autre au coin du feu. Dehors, le vent qui avait redoublé fouettait les branches et projetait des brindilles contre la vitre. Il lui raconta son entrevue avec Peter Connaught.

— T'a-t-il dit quelque chose d'utile ? demanda Clarice, penchée en avant, le regard intense.

— Je ne crois pas.

Elle perçut son hésitation.

— Tu n'en es pas sûr ?

Dominic observa son visage, ses grands yeux emplis de tendresse et sa bouche vulnérable. L'avait-il à nouveau mise en présence d'un meurtre, de la violence et de la tragédie que déclenchait parfois la haine des hommes ? Il se souvenait comme elle avait été blessée la dernière fois, et comme lui-même avait eu peur. Elle n'avait jamais douté de lui, quels qu'aient semblé être les faits. Il se devait d'être franc avec elle, mais aussi de la protéger. Il ne voulait pas lui faire de mal, jamais. Cependant, s'il la laissait en dehors de cette histoire, il serait seul. Il ne pouvait pas lui servir des semi-vérités sans détruire le fil si précieux qui les liait.

— Ce n'est pas tant ce qu'il a dit que l'expression de son visage, dit-il, se sentant ridicule.

— Il t'a cru ! s'exclama-t-elle, comprenant aussitôt. Tu lui as annoncé que Mr. Wynter avait été tué, et il a su que tu disais vrai !

Dominic éprouva un sentiment de chaleur plus intense que n'aurait pu lui en procurer le plus beau feu.

— Il pense que quelqu'un a un secret, et que Mr. Wynter aurait pu le découvrir, expliqua-t-il.

Devait-il lui parler du reste, de l'impression à peine formée dans son esprit ?

Clarice attendait la suite. Elle-même avait quelque chose d'urgent à lui dire. Dominic le devinait à son regard, à la façon dont ses mains étaient crispées sur ses genoux.

— Je crois qu'il a presque été soulagé, dit-il. Comme s'il l'avait redouté, et que, maintenant que c'est arrivé et qu'il faut y faire face, il n'était plus tout seul.

— Il n'est pas tout seul, s'empressa-t-elle de dire. Je l'ai dit aussi à John et Geneviève Boscombe. Je n'ai pas pu m'en empêcher. Le Dr Fitzpatrick sera furieux, mais je ne voyais pas comment d'un côté solliciter leur aide et de l'autre leur mentir. De toute façon, ils ne m'auraient pas aidée, car je n'avais aucune explication raisonnable à donner à ce que j'avais fait.

Dominic parut troublé, assailli soudain par une vague crainte, infime mais indubitable.

— Qu'est-ce que tu as fait ?

Clarice battit des cils d'un air coupable en baissant les yeux.

— Je ne t'accuse de rien ! se défendit Dominic en se penchant pour lui prendre la main. Clarice ! Je voulais seulement dire…

Qu'avait-il voulu dire ? Il soupira, puis serra les dents.

— J'ai peur pour toi. Si quelqu'un dans le village a vraiment attiré Mr. Wynter dans l'escalier de la cave et l'a ensuite frappé si fort qu'il en est mort, il serait stupide de nous croire en sécurité si nous cherchons à découvrir le secret qui a poussé quelqu'un à un tel acte. Malgré la neige et la paix, la bienveillance et l'approche de Noël, il se passe quelque chose de terrible. Ce n'est pas parce que nous n'avons pas vécu toute notre vie ici que nous sommes à l'abri. Nous sommes impliqués, désormais. Je suis désolé !

Elle lui prit la main et l'emprisonna dans la sienne.

— Non, ne sois pas désolé. Le seul moyen d'être à l'abri est de ne pas rester seul. Je serai très prudente.

— Non, tu ne le seras pas ! contra-t-il d'un ton vif. Je te connais ! Tu fonceras, tu feras ce qui te semblera juste. La sécurité, ou tout ce qui a à voir avec le bon sens, sera la dernière chose que tu auras en tête !

Clarice éluda le problème.

— J'ai examiné les livres, dit-elle. Avec beaucoup d'attention.

— Quels livres ? s'enquit Dominic, perplexe.

— Les livres de comptes ! s'impatienta Clarice. La comptabilité !

— Oh… Mais pour quelle raison ? Je suis sûr que nous arriverons à nous débrouiller jusqu'à ce que l'évêque ait pris une décision.

Il perçut la tristesse de sa propre voix. Il n'aurait pas voulu y accorder tant d'importance, et encore moins que Clarice s'en rende compte. Mais il avait envie de rester dans ce village, d'avoir son église, sa congrégation, être leur guide, et apprendre auprès d'eux. Il redoutait déjà de retrouver les façons molles et condescendantes de Spindlewood, son étroitesse d'esprit.

— Les comptes ne tombent pas juste, déclara Clarice. Des irrégularités apparaissent depuis six mois ou un peu plus.

Sa voix était basse, tendue, et elle le dévisageait, requérant toute son attention.

— Quelqu'un a volé des sommes minuscules sur l'argent des quêtes. Rien que quelques pennies, le plus souvent, jamais plus d'un ou deux shillings. Mr. Wynter reversait la somme manquante en la prélevant sur son propre argent. Ses comptes étaient équilibrés au moindre sou, excepté pour ces sommes. Si on regarde de près, les chiffres correspondant.

Dominic fronça les sourcils en s'efforçant de comprendre.

— Pourquoi ?

— Je ne sais pas, et John Boscombe non plus, mais il y a quelque chose de plus gros derrière, quelque chose d'important pour quelqu'un. Mr. Wynter le cachait. John Boscombe ne me l'a pas dit ouvertement, mais j'ai vu à son expression qu'il le savait. Je serai prudente, Dominic, je te le promets, mais il faut qu'on découvre ce que c'est. Comment pourrions-nous rester ici en faisant semblant que rien ne s'est passé ou que nous ne savons pas ? Nous savons !

— Mais peut-être…

Il n'alla pas plus loin.

Le regard de Clarice s'embrasa.

— S'il existe un Dieu – et je me refuse à croire qu'il n'en existe pas, en dépit de ce que raconte Mr. Darwin –, alors il sait que nous savons. Au bout du compte, c'est la seule chose qui importe, non ?

Il fallait maintenant qu'il réponde, pas seulement à cette question, mais à tout ce que celle-ci impliquait dans leur vie.

Dominic ferma les yeux une seconde, puis deux, puis trois… Sa femme avait une façon de pulvériser les faux-semblants qui ne laissait aucune échappatoire.

— Oui, c'est en effet la seule. Nous nous devons de découvrir la vérité et de l'affronter. Mais reste prudente, Clarice, je t'en prie. Qui que soit le détenteur de ce secret, il lui paraît si épouvantable qu'il est prêt à tuer un prêtre pour le préserver. Il pourrait s'agir de n'importe quoi, voire d'un autre meurtre que nous ignorons encore… Ou d'une chose qui nous semble insignifiante, mais qu'il juge si grave qu'il ne supporte pas l'idée qu'elle soit révélée. S'il t'arrivait du mal, cela me serait insupportable. Je t'aime tellement, je ne sais pas comment je serais d'une quelconque utilité sans toi, à moi-même ou aux autres. J'ai pu travailler seul plutôt bien par le passé, mais pas depuis que je t'ai rencontrée. J'ai connu quelque chose de trop merveilleux pour l'oublier.

Clarice sourit, mais ses yeux s'embuèrent de larmes.

— Je serai prudente, promit-elle, reniflant et clignant des paupières. Je suis beaucoup trop heureuse pour laisser qui que ce soit me priver de mon bonheur !

Le matin se leva sur un soleil radieux et une bise glaciale. Clarice et Dominic étaient à Cottisham depuis maintenant un peu plus d'une semaine, bien que le temps leur ait semblé beaucoup plus long. Alors qu'elle débarrassait la table du petit déjeuner en se demandant si Mrs. Wellbeloved viendrait ou pas, Clarice eut le sentiment qu'il y avait des mois qu'elle et son mari étaient arrivés dans le vestibule accueillant où elle s'était immédiatement sentie chez elle. À ce moment-là, la perspective d'un drame était inenvisageable. Le presbytère évoquait le souvenir chaleureux des familles qui s'étaient succédé ici sur plusieurs générations. Comme tout un chacun, ils avaient connu des joies et des chagrins, mais ils avaient eu la certitude de leur confiance dans cette petite communauté, qui vivait à l'ombre de l'église et au son de ses cloches.

Comment aurait-elle pu imaginer que là-dessous, dans l'obscurité de la cave, gisait le pasteur dont le corps se refroidissait au fil des heures ? La véritable chaleur reviendrait-elle un jour ? Pas tant qu'ils n'auraient pas découvert et affronté la vérité.

Dominic était parti voir le Dr Fitzpatrick. Un devoir qui était loin de l'enchanter, mais il restait trop de problèmes à régler. Le village devait être mis au courant de façon officielle de la mort de Mr. Wynter. Nul doute que les gens savaient déjà. Dominic devrait garder le silence pendant que le médecin ferait passer la cause du décès pour naturelle. Il avait écrit à l'évêque afin de l'informer de la mort du pasteur, mais la lettre ne lui parviendrait que si la neige n'empêchait une voiture attelée de sortir du village. Si des congères se formaient, même les routes principales deviendraient impraticables. Pour l'instant, il n'avait reçu aucune réponse, mais il ne lui en fallait pas moins organiser les funérailles.

Clarice se tenait au milieu de la cuisine, un torchon à la main, étonnée de réaliser combien elle craignait qu'on les remplaçât au presbytère. Elle en serait accablée : une déception si forte qu'elle la ressentirait presque dans sa chair, comme si quelqu'un l'avait meurtrie au plus profond d'elle-même. Elle voulait rester ici, et pas seulement parce que Dominic le désirait tant, mais également pour elle. Malgré la découverte sinistre qu'elle avait faite dans la cave, elle voulait vivre dans cette maison, assister à la renaissance du printemps dans le jardin. Elle voulait voir la mare quand arriverait le dégel et les canetons gambader sur leurs drôles de petites pattes dans l'herbe nouvelle. Elle voulait voir les pommiers en fleur, les enfants faire voler des cerfs-volants. Elle voulait être ici à Pâques, en été et pendant les moissons. Ce serait pour elle et son mari un accomplissement comme elle n'en avait encore jamais connu. Il y avait là du bon travail à faire. Dominic serait aussi aimé que l'avait été Mr. Wynter, elle y veillerait et l'y aiderait.

D'abord, ils devaient découvrir qui avait tué Mr. Wynter et pour quelle raison. Ils ne trouveraient pas la lumière s'ils n'avaient pas le courage d'explorer les ténèbres. Chacun avait ses secrets : c'était dans la nature de la vie, qu'il s'agisse de mauvaises actions ou de simples bêtises. La culpabilité et l'embarras pouvaient se ressembler. Mais lequel des deux avait été à l'origine de ce meurtre ?

Clarice repensa à sa visite de la veille chez les Boscombe tandis qu'elle rangeait la vaisselle et nettoyait la plaque du fourneau. Elle rechargea le poêle et mit les fers à chauffer avant de repasser les chemises de Dominic, qu'elle avait roulées encore humides dans l'arrière-cuisine en attendant de s'en occuper.

La maison des Boscombe respirait le bonheur, et pourtant, elle y avait perçu de la peur. Le mot était-il trop fort ? N'était-ce que de l'anxiété, du chagrin suite à la mort tragique d'un ami ? Elle n'avait pas imaginé le regard que le couple avait échangé, assez bref pour passer inaperçu, un moyen de communiquer sans mots. Pas plus qu'elle n'avait imaginé les signes discrets mais évidents de leur récente pauvreté.

Quelle mauvaise fortune les avait brusquement frappés ? Mr. Wynter était-il au courant ? Elle n'en avait aucune idée, mais c'était fort possible. En revanche, elle était certaine d'une chose : John et Geneviève Boscombe savaient tous deux que Mr. Wynter connaissait des secrets, dont l'un au moins représentait un danger. Ils avaient compris immédiatement à quoi correspondaient les larcins, et pour quelle raison le pasteur avait choisi de les dissimuler.

Se protégeaient-ils l'un l'autre ? Pourquoi se posait-elle cette question, alors qu'elle savait pertinemment que oui ?

Si Mr. Wynter avait connu un secret les concernant, de quoi pouvait-il s'agir ?

Clarice testa la température des fers. Ils étaient suffisamment chauds. Il fallait qu'elle se concentre sur sa tâche. Elle ne pouvait pas se permettre de brûler les chemises de son mari. Outre le fait qu'elle tirait une grande fierté d'être une bonne épouse, assez soigneuse pour ne pas abîmer ses vêtements, elles coûteraient beaucoup trop cher à remplacer. Elles dataient de l'époque où Dominic exerçait la profession de banquier, bien avant qu'il décide de devenir pasteur.

Clarice vérifia la température du fer sur un bout de tissu avant de commencer à repasser.

Si le pasteur avait su quoi que ce soit au sujet des Boscombe, ce devait être une chose à laquelle ils tenaient énormément, et elle avait de la peine à croire qu'il puisse s'agir d'argent. Quelle était la chose la plus précieuse au monde à leurs yeux ? Certainement pas les biens matériels. Pas plus que le pouvoir ou la renommée. Les Boscombe n'avaient jamais rien eu de tel et n'en voudraient pas. Ils chérissaient le bien-être de leur maison, les rires de leurs enfants quand ils jouaient, la certitude de la gentillesse et de la compagnie qu'ils s'apportaient, ainsi que les bonnes choses que toute personne saine désirait.

Qu'est-ce qui aurait pu mettre cela en péril ?

Le fer chauffait dans sa main. Elle le retira du col de la chemise et constata avec soulagement qu'aucune trace brune n'entachait la surface blanche.

Quelque chose n'allait-il pas dans le mariage des Boscombe, que le pasteur aurait su ? Geneviève avait-elle été trop jeune à l'époque ? Elle paraissait plus jeune que John de plusieurs années. Peut-être que son père n'avait pas donné son consentement, qu'ils s'étaient enfuis dans l'intention de se marier et qu'ils avaient menti pour obtenir l'autorisation. Leur union en était-elle illégale pour autant ? Geneviève venait-elle d'une famille fortunée qui avait promis sa main à un autre ? Cela n'invaliderait toutefois en rien leur union.

Un de leurs enfants avait-il été conçu ou était-il né en dehors des liens du mariage ? C'eût été un scandale, mais en rien irrévocable. Pour quelle raison Mr. Wynter s'en serait-il inquiété ? Même si c'était un péché aux yeux de l'Église, la chose était désormais révolue. Nul doute qu'une confession et une absolution auraient pu régler le problème.

Elle le saurait. Il lui suffisait de se rendre à l'église, qui se trouvait à côté, au bout du chemin après le cimetière. Les archives de l'église seraient là, entreposées dans la sacristie : les mariages, les baptêmes et les enterrements. Boscombe avait mentionné que Geneviève avait grandi à Cottisham. Elle avait dû s'y marier aussi.

Avec beaucoup d'application, Clarice finit de repasser la dernière chemise. Après avoir posé les deux fers à refroidir, elle emporta les chemises à l'étage.

Clarice se sentait un peu honteuse à l'idée d'aller fouiller dans les archives de la paroisse pour en exhumer des secrets, mais il fallait parfois se salir les mains pour accéder à la vérité. Et si elle découvrait qu'elle avait tort, tant mieux.

Elle enfila ses bottes, s'emmitoufla dans sa lourde cape, puis attrapa le trousseau de clés et sortit de la maison. La neige lui arrivait presque au genou aux endroits où le sol était plus bas et où s'étaient formées des congères. Les branches nues du chèvrefeuille qui s'entortillaient autour du porche d'entrée du cimetière scintillaient de stalactites, et le sentier entre les tombes était glissant. Dans le ciel dégagé, des pans de lumière agressive rendaient la place du village difficile à regarder, la neige renvoyant une blancheur éblouissante. Elle se demanda si quelqu'un avait pensé à nourrir les canards. Il faudrait qu'elle s'occupe de leur apporter de quoi manger.

Dans l'église régnait un froid glacial. Les vitraux qui représentaient le Christ marchant sur l'eau projetaient des taches de lumière bleue, verte et dorée sur le sol. La robe de saint Pierre dans son bateau était la seule couleur chaude : une flaque de pourpre. Combien de personnes au fil des siècles avaient-elles apporté ici leurs joies et leurs chagrins, fait des promesses et prié pour implorer le pardon ou exprimer leurs remerciements ?

Clarice fila droit à la sacristie, où étaient conservés les registres de la paroisse. Elle ouvrit l'armoire à l'aide d'une clé qui portait une étiquette et sortit le registre dans lequel il était le plus probable que soit enregistré le baptême de l'aîné des enfants Boscombe. Elle dut parcourir plusieurs années avant d'y arriver. La tâche fut rapide dans la mesure où le village était tout petit : guère plus de quatre ou cinq cents habitants. Puis elle commença à remonter dans le temps en cherchant le mariage de John et Geneviève Boscombe. Elle remonta sur dix années sans rien trouver. Vingt-trois ans avant la naissance de leur premier enfant, elle tomba sur le baptême de Geneviève. L'œil attentif, elle continua à feuilleter le registre. Elle repéra les baptêmes de deux sœurs de Geneviève, ainsi que l'enterrement de leurs deux parents. Les mariages des sœurs étaient enregistrés, mais pas les baptêmes de leurs enfants. Sans doute étaient-elles parties s'établir là où vivaient leurs maris.

Les enfants de Geneviève étaient donc baptisés. En revanche, Clarice ne trouva aucune mention de son mariage.

Ils avaient dû se marier ailleurs, mais l'odieuse pensée continuait à la tarauder qu'ils ne s'étaient peut-être pas mariés du tout. Pour quelle raison ? La seule qui lui vint à l'esprit fut qu'un obstacle les en avait empêchés. Le plus évident serait que l'un d'eux avait déjà été marié. Si c'était Geneviève, tout le village l'aurait sans doute su, par conséquent, ce devait être John.

Mr. Wynter l'avait-il appris ?

Clarice remit le registre en place avant de refermer l'armoire à clé. Elle traversa la sacristie et se retrouva dehors dans un univers de glace. La lumière miroitait sur les poignards d'eau gelée accrochés aux branches noires.

Ses pieds crissèrent sur le sol gelé. D'énormes nuages gris arrivaient par l'ouest, annonçant de nouvelles chutes de neige. De petites rafales de vent agitaient le sommet des arbres.

Quand Dominic revint déjeuner, Clarice lui fit part de ce qu'elle avait trouvé.

— Elle a pu se marier ailleurs, observa-t-il en prenant un morceau de pain frais et une autre tranche de viande froide. Dans son village à lui, par exemple. Il avait peut-être des parents trop âgés pour se déplacer.

Clarice lui passa les pickles.

— C'est possible. Mais les Boscombe vivent dans la gêne. Si on observe bien, des tas de petits signes en attestent.

Dominic lui sourit d'un air las, et elle vit la souffrance dans son regard. Eux-mêmes n'étaient pas dans cette situation, mais cela ne saurait tarder s'il restait vicaire encore longtemps. Elle regretta ce qu'elle avait dit, néanmoins, elle ne pouvait pas faire comme si elle n'avait pas vu la maison des Boscombe. Éviter le sujet de la pauvreté revenait peut-être à l'aggraver, comme si c'était un secret trop honteux pour l'admettre.

— Il arrive que les gens connaissent des temps difficiles sans qu'un sombre secret se cache derrière pour autant, remarqua-t-il avec tristesse.

— Je sais.

Elle lui resservit du thé, bien qu'il n'en ait pas demandé. Un de ses plaisirs consistait à noter ses habitudes et à satisfaire ses désirs avant même qu'il les ait exprimés.

— Ce n'est qu'un petit élément d'information, enchaîna Clarice. Mais je pense qu'il concorde avec les pennies manquants dans les livres de comptes, tout comme avec le fait que John Boscombe a démissionné soudainement de son poste et qu'ils ont tous les deux peur de quelque chose. Rien de tout cela n'aurait d'importance si Mr. Wynter n'était pas mort. Mais puisqu'il l'est, il nous revient la responsabilité de découvrir la vérité et de rechercher une forme de justice. C'est ton village, du moins pour l'instant. Notre village, se corrigea-t-elle.

Dominic se rembrunit.

— En quoi le fait qu'ils ne soient pas mariés, et que le pasteur ait été au courant, aurait-il un rapport avec des fins de mois difficiles ou les pièces de monnaie volées à la quête ? Ça n'a pas de sens.

Clarice elle-même s'efforçait d'y voir plus clair dans la confusion qui lui brouillait l'esprit.

— Je pense que Boscombe était au courant des larcins avant d'avoir renoncé à s'occuper des comptes. Il était suffisamment proche du pasteur pour qu'ils se fassent confiance. Et puis quelque chose est arrivé, et John Boscombe est parti. Ils continuent à se rendre à l'église, comme tout le monde, mais rien de plus. Il se pourrait que leurs difficultés datent de ce moment. Avec les enfants, les draps s'usent vite. Il faut les laver une semaine sur deux, et les frotter. Souvent, le milieu devient tout fin. Mieux vaut alors retailler les draps avant qu'ils ne se déchirent.

— Une semaine sur deux ?

— Deux paires chacun, précisa-t-elle dans un sourire. Une sur le lit, l'autre à la lessive. Il faut deux ou trois jours pour laver, sécher et repasser le linge.

Dominic rougit.

— Oui, bien sûr.

— Et comme ils ont quatre enfants, ils doivent se passer les affaires. Elles étaient peut-être déjà pas mal abîmées il y a six mois.

— Et comment expliquer leur détresse ? Mr. Wynter les faisait chanter, ils ont payé une moitié de l'année et ensuite ils l'ont tué ?

Clarice cligna des yeux.

— Non ! Non, je ne crois pas… Mais si Mr. Wynter était au courant, peut-être que d'autres personnes l'étaient aussi. C'est possible, non ?

Dominic réfléchit un instant, les yeux fixés sur sa tasse sans y toucher.

— Oui, finit-il par admettre. Qui, par exemple ?

— Sa première épouse, répondit Clarice sans hésiter. Ou plutôt, son unique épouse.

— S'il l'a abandonnée, pourquoi n'est-elle pas venue l'en accuser ouvertement ?

— Oh, Dominic ! s'exaspéra Clarice. Ne sois pas aussi matérialiste. Mieux valait lui réclamer de l'argent pour qu'il se taise que de reconnaître devant tout le monde qu'il l'avait quittée pour une autre. Sauf que si Geneviève ne le sait pas, ou ne le savait pas à l'époque, c'est qu'il a dû s'enfuir tellement elle était épouvantable.

Il s'efforça de masquer son sourire. En vain.

— Clarice, on ne s'enfuit pas simplement parce qu'on a un mari ou une femme épouvantable, sans quoi pratiquement aucune personne mariée en Angleterre ne vivrait encore dans son foyer.

Elle haussa les sourcils.

— Merci. Je n'avais encore jamais pensé à m'enfuir… jusqu'à aujourd'hui.

Dominic secoua la tête. Il avait appris à faire la différence entre les plaisanteries de sa femme et les fois où elle se sentait réellement troublée ou blessée.

— Tu m'en vois ravi, dit-il sèchement. Mais je te rappelle qu'il fait froid, dehors. Tu crois vraiment que les Boscombe ont un secret ?

Elle fronça le nez.

— Oui. Et je pense que ça pourrait concerner leur mariage. C'est la seule chose qui a assez d'importance à leurs yeux pour qu'ils se battent de toutes leurs forces afin de la protéger.

Clarice croisa son regard et espéra qu'il lisait dans le sien qu'elle comprenait très bien les Boscombe. Elle-même se battrait avec toutes les armes dont elle disposait pour protéger son mariage. À ses yeux aussi, c'était la chose la plus précieuse qu'elle possédait.

Dominic se pencha au-dessus de la table et lui caressa la main.

— Je suis d'accord avec toi, dit-il. Et je commence à croire que Sir Peter Connaught cache lui aussi quelque chose.

Clarice parut étonnée.

— Sir Peter ? Tu en es sûr ? Tu ne crois pas qu'il est seulement… peiné ? Il avait l'air de beaucoup aimer Mr. Wynter. Et comme ils n'ont pas eu le temps de se réconcilier avant qu'il meure, il doit se sentir terriblement coupable.

— J'y ai songé, répliqua Dominic en tripotant son couteau, mais il y a des détails qui ne collent pas ; des divergences dans les histoires qu'il raconte sur ses parents. Peut-être sont-elles sans importance, il n'empêche que je les ai remarquées.

Il sembla sur le point de dire autre chose, mais se ravisa. Il avait l'air malheureux.

— Qu'est-ce qu'il y a ? interrogea Clarice. À quoi penses-tu ?

— Je ne sais pas, répondit Dominic en haussant une épaule. Il arrive que les gens se vantent, qu'ils exagèrent leurs talents, leur fortune ou n'importe quoi. Mais Sir Peter n'en a pas besoin. Il possède manifestement une grande fortune, sans quoi il ne pourrait pas entretenir un manoir. Or il est superbement entretenu. En outre, il fait des dons généreux au village – je le sais à cause des remarques de Mr. Wynter dans ses notes. Et toute la famille Connaught est irréprochable. Leur histoire est connue de tous.

— Ils pourraient quand même avoir des secrets, argua Clarice. Presque toutes les familles en ont.

Elle se mordit la lèvre.

— Pour l'amour du ciel, nous-mêmes en avons ! Je serais prête à aller très loin pour empêcher quiconque à Cottisham de connaître ma mère…

Elle se sentit honteuse de dire une telle chose, même à Dominic qui savait déjà tout sur la question. C'était de lui que sa mère s'était entichée, convaincue d'être amoureuse de lui elle aussi, et il avait été très près de se voir accuser de meurtre. Clarice savait ce que pouvaient coûter les secrets, et à quels extrêmes il arrivait que l'amour et la peur vous entraînent.

— Dominic, il est possible que les Connaught aient eux aussi un secret qu'ils paieraient très cher pour garder caché, reprit-elle. C'est très difficile de vivre avec des gens qui se mêlent de vos affaires. Peut-être est-ce la cause de la querelle de Sir Peter avec Mr. Wynter. Ils étaient très proches. Ils jouaient aux échecs deux fois par semaine.

Dominic la regarda d'un air désolé.

— Mr. Wynter s'est disputé avec Peter Connaught et avec John Boscombe. Serais-tu en train de dire qu'il pratiquait une forme d'extorsion ou qu'il menaçait de tout révéler ?

— Je n'en sais rien. Parfois, « le méchant s'enfuit quand nul ne le poursuit[1] ». Peut-être le fait qu'il ait connu leurs secrets a-t-il suffi.

Dominic exprima à haute voix ce qu'ils pensaient tous les deux.

— À moins qu'il n'ait utilisé ce qu'il savait en trahissant de la façon la plus ignoble qu'on puisse imaginer : en faisant chanter ceux qui lui avaient accordé leur confiance et s'étaient même tournés vers lui pour lui demander aide et pardon ?

Clarice lui attrapa la main par-dessus de la table.

— Nous ne le connaissions pas, dit-elle. Peut-être l'avons-nous imaginé comme nous aurions souhaité qu'il soit.

1. Proverbes, 28, 1. (*N.d.T.*)

— Tout le monde dit du bien de lui, lui fit remarquer Dominic en refermant sa main sur la sienne.

— Évidemment ! fit-elle en se mordant la lèvre.

C'était un prêtre, et il était momentanément absent. Qui irait clamer qu'il était brutal, un traître odieux qui faisait chanter les plus faibles ? Seuls ceux qui auraient été eux-mêmes ses victimes le sauraient, et souhaiteraient qu'il meure… ou qu'on l'assassine. Qui oserait avouer cela ?

— Personne, reconnut Dominic avec dépit. Plaise à Dieu que tu te trompes. Que nous trompions, se reprit-il.

Dominic ressortit rendre visite à un vieux monsieur qui était trop fragile pour sortir dans la neige et qui redoutait l'hiver.

Il resta un petit moment, assurant Mr. Riddington de son attention. Qui que dût être le pasteur de Cottisham, il prendrait toujours le temps d'aller vers ceux qui ne pouvaient pas venir à l'église. Après lui avoir dit au revoir, il suivit la petite rue qui menait vers la place. Et cette fois encore, il entendit des pas derrière lui. Des pas qui semblaient se rapprocher, comme si la personne essayait de le rattraper.

Dominic s'arrêta et se retourna. Il aperçut la silhouette pleine d'entrain de Mrs. Paget qui se hâtait, soufflant de la vapeur blanche dans l'air glacial.

— Je suis contente de vous voir, Mr. Corde ! dit-elle avec chaleur lorsqu'elle arriva près de lui. Vous êtes allé voir Mr. Riddington ? Le pauvre, il ne peut même plus aller jusqu'à son portail. Il a peur de glisser et de se casser une jambe. C'est plus sage qu'il reste chez lui. Une fracture à son âge, c'est souvent très mauvais. Mais je ne voudrais pas vous retarder. Je vais faire un bout de chemin avec vous.

Et sans attendre, elle se remit en marche, Dominic n'ayant d'autre choix que d'en faire autant.

— Mrs. Blount, la voisine, passe le voir tous les jours, l'informa-t-il.

— Ce n'est pas la même chose que de recevoir la visite du pasteur, rétorqua Mrs. Paget en secouant la tête. Personne d'autre ne peut vous apporter le réconfort des promesses spirituelles de l'Église.

— Croyez-moi, Mrs. Blount est bien meilleure cuisinière que moi. Et parfois, une tarte aux pommes toute chaude s'avère beaucoup plus efficace qu'un sermon.

— Vous pouvez toujours plaisanter, monsieur le pasteur, dit-elle avec sérieux, mais il existe des forces obscures contre lesquelles il faut lutter, plus obscures que la plupart des gens ne veulent bien le reconnaître.

Dominic ne sut pas trop comment lui répondre. Le vent avait repris. Il gémissait dans les branches au-dessus d'eux et de petits flocons de neige sèche voltigeaient sur la glace.

— Je connais la vérité, reprit Mrs. Paget, d'une voix basse mais très distincte. Mr. Wynter a été assassiné, n'est-ce pas ? Je vous en prie, ne cherchez pas à m'épargner en le niant. Fermer les yeux n'aide en rien. C'est ainsi que prospère le mal – en voulant être bons, nous finissons par être cruels.

Il voulut argumenter, mais elle avait raison. Il lui posa la question qui le taraudait.

— Comment le savez-vous, Mrs. Paget ?

Ce fut à son tour de rester silencieuse. Ils venaient de quitter la rue pour s'engager sur la place. La mare avait quasiment disparu, on ne distinguait qu'une surface blanche et lisse un peu plus basse que le bord envahi de broussailles. Dans le ciel qui s'assombrissait, des nuances de feu embrasaient l'ouest, et la pénombre était si dense que les maisons se fondaient les unes dans les autres. Il commença à penser qu'elle n'allait pas lui répondre.

— Mr. Wynter vivait à Cottisham depuis plus de trente ans, dit-elle enfin. Il connaissait beaucoup de choses sur beaucoup de gens, des choses qu'ils auraient parfois préféré que personne ne sache. Non que le pasteur en aurait parlé… Les prêtres ne répètent jamais rien, n'est-ce pas ?

Ce n'était pas vraiment une question, mais Mrs. Paget se tut, comme si elle attendait qu'il dise quelque chose, l'expression de son visage indistincte dans la pénombre.

— Non, confirma Dominic.

Cherchait-elle un moyen de lui dire que Mr. Wynter avait fait pire que se servir des connaissances dont il avait le privilège pour manipuler ou extorquer ? L'obscurité semblait se répandre en lui tout autant que dans le ciel et le givre des arbres.

— Mais ceux qui trahissent ne font confiance à personne, dit Mrs. Paget en regardant droit devant elle.

— Vous croyez que c'est pour cette raison qu'on a assassiné Mr. Wynter ? Parce qu'il connaissait des secrets ? C'est le lot de tous les prêtres.

— Quels sont les secrets d'un village ? Des erreurs stupides, quelques méchancetés… Rien dont on ne puisse se repentir. Mais il n'en va pas de même à Cottisham, assura Mrs. Paget avec une soudaine amertume. Il y a ici des choses qui enfreignent la loi divine et qu'un prêtre ne saurait laisser passer, ni pardonner.

— Dieu pardonne tous les péchés, lui rappela Dominic.

— À condition qu'on accepte de se racheter, rétorqua-t-elle d'un ton sévère. Pas quand on continue à les commettre et que des innocents en souffrent. Ne me dites pas que Dieu agit ainsi, car ce n'est pas vrai. Je le sais, et vous le savez comme moi, monsieur le pasteur.

— Oui, reconnut-il, un brin acerbe. Et Mr. Wynter en aurait fait la remarque à quiconque se serait entêté à mal agir.

— En effet, concéda Mrs. Paget en le regardant. Mais si cette personne n'avait pas voulu arrêter ? Si elle n'en avait pas eu l'intention, quoi qu'il advienne ?

Il n'avait pas envie de savoir, mais il ne pouvait pas se dérober au seul motif que c'était désagréable. Si un prêtre refusait de s'occuper du péché, à quoi servait-il et à qui ? Son rôle était précisément de s'occuper des faiblesses, que celles-ci soient d'ordre physique ou spirituel. Il devait y faire face, où que cela le mène.

— Ce que vous dites est vrai, Mrs. Paget. Mais j'imagine que vous attendez de moi que je fasse plus qu'être d'accord avec vous en théorie.

— Vous ne connaissiez pas Mr. Wynter, dit-elle après quelques pas.

Sa voix maîtrisait mieux son émotion, mais il ne voyait toujours pas son visage.

— C'était un homme bon. Courageux et honnête. Qui savait distinguer le bien du mal et ne rechignait jamais à faire ce qu'il devait, même quand cela ne lui plaisait pas.

— Savait-il des choses sur plus d'une personne ? demanda Dominic.

Il cherchait à éluder le problème, il le savait. Peut-être s'en rendait-elle compte elle aussi.

— Il aurait pu en savoir sur beaucoup de gens, admit Mrs. Paget. Mais il savait que John et Geneviève Boscombe vivent dans le péché. Il a abandonné sa première femme, l'a laissée se débrouiller toute seule. Le pasteur n'en a jamais dit mot, mais comme je ne suis pas de Cottisham, je connais d'autres villages. Je l'ai reconnu.

— Et vous l'avez dit à Mr. Wynter ?

— Non, pas du tout, répondit-elle avec froideur. Mais si je l'avais fait, j'aurais rendu service à ces pauvres enfants.

— En les désignant comme enfants illégitimes ? se récria Dominic, la voix durcie par l'incrédulité. Le scandale détruirait leurs parents et ferait d'eux des exclus. En quoi serait-ce un service à leur rendre, Mrs. Paget ?

— Il n'y aurait eu de scandale que si le pasteur en avait parlé, répondit-elle avec une patience exagérée. Ce que jamais il n'aurait fait. Vous l'avez dit vous-même.

On devinait chez elle un sentiment de triomphe, quoique mince et fragile, empreint de douleur.

— Vous n'êtes pas pasteur depuis très longtemps, n'est-ce pas ?

Dominic ressentit une brûlure malgré le vent glacial.

— Non. Que comptait faire Mr. Wynter, selon vous ?

Il voulait connaître la réponse pour lui-même, mais aussi parce qu'elle pourrait le mener à la personne qui avait tué Wynter.

— Les confronter, répondit-elle simplement. Les engager à régulariser leur situation. Retourner affronter Mrs. Boscombe, la vraie, et veiller sur elle, réparer ce qu'il a fait. S'il a de la chance, peut-être demandera-t-elle le divorce, pour adultère avec celle qui se prétend sa femme. Auquel cas, ils pourraient se marier et faire enfin de leurs enfants des enfants légitimes, en les adoptant ou je ne sais quoi… Les pauvres petits, ils n'y sont pour rien.

Dominic éprouva une immense pitié, plus qu'elle n'aurait été à même de le comprendre. Son premier mariage s'était révélé moins qu'heureux, comparé au bonheur qu'il connaissait aujourd'hui. Il n'avait pas quitté sa femme, mais plus d'une fois il l'avait trahie. Et même si elle devait s'y attendre, cela ne l'excusait en rien. Il lui restait à expier cette culpabilité, il le savait et l'acceptait. Cela le rendait plus prompt à pardonner aux autres, à comprendre la laideur et la bêtise, à tenter d'y remédier plutôt qu'à s'acharner sur le coupable.

— Vous avez tout à fait raison, dit-il avec bienveillance. Ce serait la solution la plus convenable, à défaut d'être la plus facile.

— Mr. Wynter n'a jamais manqué de courage, dit Mrs. Paget en continuant à marcher d'un pas régulier. Être prêtre demande du courage, Mr. Corde. On ne peut pas se contenter d'être gentil avec les gens.

— Oui. C'est certain.

— Me voilà arrivée… Bonne nuit, monsieur le pasteur.

— Mrs. Paget ! la rappela Dominic. Vous avez dit que Mr. Wynter savait des choses sur beaucoup de gens.

— En effet. Mais ne me demandez pas quoi, car je n'en ai aucune idée. Si je suis au courant de celle-ci, c'est parce que j'ai vécu dans d'autres villages. Bonne nuit, monsieur le pasteur.

Cette fois, elle tourna les talons et s'éloigna d'un pas vif dans l'allée.

— Bonne nuit, Mrs. Paget, dit-il, plus à lui-même qu'à elle.

Ce ne fut pas une bonne soirée. Dominic savait qu'il devrait passer voir John Boscombe après le dîner pour lui demander si ce qu'on lui avait raconté était la vérité. Il s'était creusé les méninges pour chercher un autre moyen, sachant cependant qu'il n'y en avait pas. Et quand Clarice avait proposé de l'accompagner, il avait refusé. Elle n'avait aucune raison de s'en mêler et il n'avait pas besoin de chaperon. Elle allait s'inquiéter, il le savait, s'imaginer toutes sortes de colères et de détresses, mais c'était le lot d'une femme de pasteur, et elle ne demanda pas à en être dispensée.

Marcher jusqu'à la maison des Boscombe n'eut rien d'aisé. Dominic avait mal au bras à force de tenir la lanterne contre le vent.

Il fut bien accueilli. Une bonne chaleur régnait dans la maison, mais pas autant qu'au presbytère où ils pouvaient se permettre de brûler davantage de charbon.

— Content de vous voir, Mr. Corde, lui dit aussitôt John Boscombe. Une vilaine soirée pour sortir. Qu'est-ce qui vous amène ? Quelqu'un est malade ou a besoin d'aide ?

Dominic faillit changer d'avis. Peut-être était-ce une affaire dont l'évêque devait s'occuper, ou toute personne qui s'installerait ici de façon permanente. Cependant, s'il se dérobait, Clarice n'aurait pour lui que du mépris. Il imaginait déjà sa déception.

Il suivit Boscombe au salon où Geneviève était en train de faire de la couture. Elle reprisait les manches d'une veste. Elle la reposa vite comme pour l'accueillir, mais il vit à la rougeur qui gagna ses joues qu'elle avait honte. Quelqu'un les faisait-il vraiment chanter ? Avaient-ils versé de l'argent au pasteur ? Mon Dieu, faites qu'il n'en soit rien !

Ou alors à quelqu'un d'autre… Dans le village dont venait Boscombe, peut-être ? Ou à Mrs. Paget ? Mais c'était Mr. Wynter qui était mort. Mrs. Paget était on ne peut plus vivante !

— Genny, s'il te plaît, va chercher une tasse de thé ou un bol de soupe pour le pasteur. Que préférez-vous ? demanda Boscombe.

Comment Dominic osait-il accepter l'hospitalité de cet homme, compte tenu de leurs faibles moyens et de ce qu'il était venu dire ? La culpabilité faillit l'étrangler. D'ailleurs, qui était-il pour reprocher à un homme ce qu'il aurait si facilement pu faire lui-même s'il en avait eu la tentation ? Cependant, Sarah était morte, et il était libre d'aimer Clarice comme il le voulait. Mais il le devait au hasard, non à la vertu.

— Rien pour l'instant, je vous remercie, se déroba-t-il. Mais je souhaiterais vous parler en privé, Mr. Boscombe. Je vous en demande pardon, par un soir comme celui-ci.

— Ne vous en faites pas, monsieur le pasteur, s'empressa de dire Geneviève. J'ai à faire à la cuisine. Vous n'aurez qu'à m'appeler quand vous voudrez de la soupe.

— Qu'y a-t-il ? questionna Boscombe dès que sa femme eut refermé la porte en les laissant en tête à tête. Vous avez l'air bien sombre… De l'argent aurait-il encore disparu ? Ou vous avez trouvé qui l'a pris ? Je crois que Mr. Wynter avait tendance à laisser passer ce genre de choses, vous savez. Il voyait toujours le tableau d'ensemble, l'essentiel.

— Oui, je l'imagine. J'ai l'impression qu'il voyait par-delà l'embarras du présent pour se concentrer sur les ennuis susceptibles de surgir plus tard si les péchés présents, si compréhensibles fussent-ils, n'étaient pas amendés.

Boscombe pâlit, le regard fixé sur Dominic.

— Je suis désolé, murmura celui-ci. Il n'existe aucune trace de votre mariage dans cette paroisse. Si je m'adresse à l'évêque, en trouvera-t-il trace ailleurs ?

Boscombe parla d'une voix éraillée, les yeux emplis de désarroi.

— Non, monsieur le pasteur. Geneviève est la femme de mon cœur, elle ne l'est pas devant la loi. Mr. Wynter le savait, et il voulait trouver une solution pour que nous rectifions les choses, mais je n'ai pas pu garder mon poste à l'église après qu'il l'a appris.

— Mais vous l'avez pu avant ?

À l'instant où ces mots franchirent ses lèvres, Dominic regretta de les avoir prononcés. Boscombe n'avait pas besoin de ce genre de remarque, si justifiée fût-elle.

Boscombe rougit et baissa les yeux sur ses grosses mains.

— Ce n'est pas moi qui le lui ai dit. Je n'y arrivais pas. Je voulais être heureux, dit-il tout bas. C'est ainsi que se comportent les lâches, sans doute. Mais il m'a demandé de l'aider avec les comptes et à d'autres tâches à l'église. Je voyais mal comment refuser sans lui expliquer pourquoi.

Il se tordit les doigts si fort que ses articulations blanchirent.

— Je ne pensais pas que vous le découvririez aussi vite, ajouta-t-il.

— Avez-vous tué Mr. Wynter ?

Boscombe redressa la tête d'un geste brusque, les yeux écarquillés.

— Non ! Dieu du ciel, comment pouvez-vous me soupçonner d'une telle chose ? Le pasteur était mon ami ! Il voulait que nous régularisions la situation, et je lui ai assuré que pour rien au monde je ne quitterais Geneviève, Église ou pas Église. Et qu'il n'était pas question que je retourne auprès de ma première femme. Si Dieu m'expédie en enfer, j'aurai au moins vécu une vie avant. Mais retourner avec elle, ce serait l'enfer dès maintenant. Et puis qui ferait vivre Genny et les enfants ?

— Qui subvient aux besoins de votre première femme ? rétorqua Dominic.

— Elle avait de l'argent à elle et nul besoin du mien, répondit Boscombe avec amertume. Elle me l'a assez répété…

— Si elle divorçait pour cause d'adultère et d'abandon, vous seriez libre d'épouser Geneviève et de reconnaître vos enfants. Devant la loi, sinon devant l'Église. Ne serait-ce pas préférable ?

— Vous croyez que je ne lui ai pas demandé ? s'exclama Boscombe. Elle n'est pas femme à pardonner, Mr. Corde. Jamais. Tant qu'elle vivra, elle me tiendra en esclavage. Je n'ai d'autre choix que de vivre dans le péché avec Geneviève, la femme la meilleure, la plus douce et la plus fidèle que je connaisse, ou de vivre dans une vertu froide comme la glace auprès d'une femme qui me hait, et qui me fera payer chaque jour et chaque nuit de ma vie le fait que je ne l'aime pas. Mr. Wynter voulait que je régularise la situation, pour le bien de Geneviève et de mes enfants. Il m'a expliqué qu'ils n'auraient rien si je mourais, et je sais que c'est la vérité, dit-il en clignant des yeux. Il ne me reste qu'à prier pour ne pas mourir. Le pasteur cherchait un moyen pour arranger le problème avec Dieu, mais il ne l'a jamais trouvé avant sa mort. Je ne sais pas qui l'a tué, mais je vous jure devant le Seigneur qui a créé la terre et tout ce qu'il y a dessus que ce n'est pas moi. J'aimais beaucoup Mr. Wynter, et j'en ai déjà l'âme assez chargée sans y ajouter la violence.

Dominic le crut. Son histoire correspondait à ce que Mrs. Paget lui avait dit, et à ce qu'il savait de Wynter. Dans un moment de désespoir, Boscombe aurait pu penser que, une fois le pasteur mort, il pourrait vivre en paix. Mais il aurait su que ce ne serait qu'une question de temps avant qu'il soit découvert. Avec un meurtre sur les mains et sur le cœur, il n'y aurait plus de bonheur possible pour lui, ni pour la femme et les enfants qu'il aimait tant. Dominic trouverait-il une solution au problème de Boscombe ? Si Wynter qui avait passé sa vie au sein de l'Église n'y était pas parvenu, comment lui, un novice, le pourrait-il ?

— Je tâcherai de trouver une solution afin d'arranger votre situation, promit-il sans réfléchir. Merci de votre franchise.

— S'il en existait une, nous l'aurions déjà trouvée, dit Boscombe avec tristesse. Qu'allez-vous dire à l'évêque ?

— Rien, répondit Dominic avant de se lever. Je tiens à découvrir qui a tué Mr. Wynter. Le reste ne regarde que Dieu et vous. Vivre avec une femme sans être marié est certes un péché, mais ce n'est pas contre la loi. Nous réglerons ce problème plus tard. Peut-être qu'on m'enverra ailleurs après Noël. J'espère que non, mais ce n'est pas moi qui choisis.

Il perçut le profond chagrin qu'exprimait sa voix et s'en voulut. De quoi se désolait-il, alors qu'il retournait auprès de la femme qu'il aimait sans que ne plane entre eux aucune ombre, sinon celle que lui-même pourrait amener en se révélant moins à la hauteur que Clarice ne le croyait ?

— Célébrons d'abord la naissance du Christ et remettons le reste à plus tard.

Boscombe lui tendit la main en clignant encore une fois des yeux.

— Merci.

Dominic lui serra la main avec fermeté.

— Mais si je reste, nous devrons trouver une solution.

— Je sais, dit Boscombe. Je sais.

La veille de Noël, le jour se leva sous un soleil resplendissant. Le ciel bleu pâle avait été lavé par le vent et la couche de glace sur l'étang était presque assez dure pour supporter le poids d'un enfant. Les quelques canards de sortie, avides de trouver du pain, s'aventurèrent dessus sans même la faire craquer. Quelqu'un avait eu la bonne idée de leur mettre de l'eau, mais il faudrait la faire fondre toutes les deux heures.

Clarice avait fait cuire du pain, talent dont elle n'était pas peu fière dans la mesure où il n'avait rien eu pour elle de naturel. Dominic emporta une miche à Mr. Riddington, qu'il trouva recroquevillé au fond de son fauteuil. Le vieil homme le remercia avec gratitude de lui avoir apporté du pain, mais plus encore de la compagnie qu'il lui offrait dans ce monde glacé et presque silencieux. Après avoir rentré du bois et du charbon, Dominic leur prépara à chacun une tasse de thé. Il s'écoula plus de deux heures avant qu'il juge décent de prendre congé du vieux monsieur.

Il passa ensuite chez la voisine, Mrs. Blount, qu'il remercia vivement pour sa gentillesse. Puis il rentra chez lui.

Il arrivait encore une fois près de la place quand il entendit des pas derrière lui. Il percevait le moindre crissement sur la glace. En se retournant, il vit Sybil Towers qui s'efforçait de le rattraper. Ses mains s'agitaient maladroitement afin de garder l'équilibre, sa cape flottait en biais, son chapeau vaguement de travers.

Bien que ce fût la dernière chose dont il eût envie, il rebroussa chemin pour aller à sa rencontre. Elle avait l'air si agitée et si seule qu'il n'avait guère le choix.

— Bonjour, Mrs. Towers. Vous allez bien ? demanda-t-il en lui offrant son bras. Ce n'est pas un temps pour courir, vous savez. Où allez-vous ? Je peux vous accompagner pour veiller à ce que vous ne tombiez pas.

— Vous êtes trop gentil, Mr. Corde, dit-elle en s'agrippant à son bras comme à une bouée au milieu d'une mer déchaînée. Ces pauvres canards… Je sais que Mrs. Jones leur met du pain et un peu de lard. C'est une brave femme.

— De quel côté allez-vous, Mrs. Towers ? demanda-t-il de nouveau.

— Oh, par là ! fit-elle, le geste qu'elle esquissa de son bras libre manquant lui faire perdre l'équilibre. Vous êtes bien installé ? Mrs. Corde trouve-t-elle le presbytère à son goût ? C'est si important, une maison… c'est ce que j'ai toujours pensé.

— Elle nous plaît beaucoup à tous les deux.

— Un beau jardin, enchaîna-t-elle. Les vieux arbres suffisent à faire un jardin, vous ne pensez pas ?

— Oui. Ils doivent être magnifiques au printemps.

Mrs. Towers lui précisa combien d'arbres fleurissaient, ainsi que les différentes fleurs qui apparaissaient à chaque saison, jusqu'aux chrysanthèmes fauves et aux asters violets, puis lui proposa une excellente recette de gelée de pomme sauvage.

— C'est ma préférée, je l'avoue, dit-elle avec enthousiasme. Je préfère l'acide au très sucré, pas vous ?

Ils avaient traversé la place et venaient de s'engager sur la petite route qui partait de l'autre côté. Après être passés devant plusieurs cottages, ils s'approchaient d'un chemin serpentant à travers les arbres au milieu des bois. Il devait déboucher sur des champs et conduire à une ou deux fermes. Dominic avait réalisé depuis cinq cents mètres que Mrs. Towers n'allait en fait nulle part. Elle avait besoin de lui parler, mais elle avait du mal à aborder le sujet. Il avait les mains engourdies et les pieds si froids qu'il ne les sentait plus ; en revanche, il sentait l'envie de se confier de la vieille dame avec autant de force que le vent secouait les branches au-dessus d'eux. Savait-elle quelque chose sur la mort de Mr. Wynter ? Était-ce qu'elle cherchait à lui dire ?

— Nous ne resterons pas très longtemps à Cottisham, lança-t-il, encore une fois surpris par le regret dans sa voix. Dès que l'évêque aura trouvé un remplaçant permanent à Mr. Wynter, nous repartirons à Londres. D'après ce que j'ai pu entendre, c'était un homme remarquable, il ne sera pas facile de prendre sa suite.

— Oh oui… tellement gentil. Et d'une telle patience. On savait qu'on pouvait lui faire confiance.

Elle reprit sa respiration en frissonnant.

— Mais j'ai le sentiment que vous êtes comme lui, Mr. Corde. Vous me donnez l'impression d'être un homme qui comprend la douleur.

Mrs. Towers détourna le regard, et il devina qu'elle craignait d'avoir fait preuve de trop d'audace.

Il s'empressa de la rassurer.

— Merci. C'est très aimable à vous de me dire ça, Mrs. Towers. J'essaierai de me montrer à la hauteur. Je peux dire en tout cas que je comprends la solitude, et la douleur que l'on ressent quand on a conscience d'avoir fait quelque chose de mal. Mais je sais aussi qu'il existe un chemin dans l'autre sens.

Ils parcoururent quelques mètres en silence. Des corbeaux tournoyèrent dans le ciel, poussant des cris stridents, puis redescendirent en planant vers les branches basses.

— Je m'apprêtais à parler à Mr. Wynter, finit par dire la vieille dame. Je voulais me confesser, mais…

— Je crois qu'il le savait, termina Dominic à sa place, s'arrêtant de marcher sans lui lâcher le bras. Faisons demi-tour, sinon nous risquons de trop nous éloigner. La terre entière est la maison de Dieu. Il n'est pas nécessaire de parler dans une église pour qu'une confession soit sacrée.

— Non, non, sans doute pas… Je ne cessais de faire de vilaines petites choses, voyez-vous, pour voir s'il les pardonnerait, avant de… avant de lui dire la chose essentielle.

Il avança encore un instant, environ trente ou quarante mètres, avant de la relancer.

— C'est vous qui avez prélevé les pennies de la quête destinée aux pauvres ?

Mrs. Towers retint son souffle en lâchant un petit cri.

— Oh, ce n'était que des pennies ! Et je compensais toujours ! Je donnais en plus…

Dominic posa son autre main sur son bras, la tenant plus fermement.

— C'est sans importance. Rien ne manquait dans les comptes, je le sais. Mais vous vouliez lui parler et vous n'avez jamais pu vous y résoudre, dit-il en s'abstenant de prononcer le mot « courage ». Peut-être maintenant serait le bon moment ?

Elle sursauta de nouveau.

— J'ai… j'ai commis un terrible péché dans ma jeunesse. Je me sens si honteuse, surtout que rien ne pourra jamais le réparer. Je voulais me confesser, mais… mais je… Mr. Wynter était un homme si bon, j'avais peur qu'il me méprise…

— Parlez-moi, Mrs. Towers. Je ne suis pas aussi bon que lui. Je sais très bien ce qu'est le péché, et le repentir.

— Je me repens, oh ça oui !

— Alors confiez-vous au Seigneur, et libérez-vous.

— Mais je dois payer !

— Ce n'est pas à vous d'en décider. Qu'avez-vous fait qui vous est si lourd à porter ?

— J'ai eu une histoire d'amour, murmura la vieille dame. Oh, comme je l'aimais… C'est que je ne suis pas Mrs. Towers, voyez-vous. Je n'ai jamais été mariée. Et… et…

Une fois de plus, elle n'arriva pas à trouver les mots.

— Vous avez eu un enfant ? devina Dominic.

Elle hocha la tête.

— Oui.

Elle parcourut quelques pas avant d'ajouter :

— Je n'ai vu ma fille qu'un instant avant qu'on ne me l'enlève. Une petite fille si belle…

Des larmes roulèrent sur ses joues. Dans quelques secondes, le vent les ferait geler sur sa peau glacée. Elle devait avoir près de soixante-dix ans, et pourtant le souvenir restait aussi vif que si c'était arrivé la veille.

Dominic brûlait de faire quelque chose pour soulager sa peine. La compassion qu'il éprouvait pouvait-elle parler pour Dieu ? Dieu devait être meilleur, plus grand qu'il ne l'était.

— C'est tout ? demanda-t-il.

— N'est-ce pas suffisant ? s'étonna Mrs. Towers.

— Si. Et la pénitence que vous avez déjà payée est suffisante également. Plus que suffisante. Dieu vous a depuis longtemps pardonné. Et s'il était encore là, c'est ce que vous aurait dit Mr. Wynter.

— Je regrette de ne pas avoir eu le courage de lui parler, fit-elle en déglutissant avec peine.

— N'avait-il pas deviné ?

— Oh non… Il se doutait que je souhaitais lui parler de quelque chose, mais il ne savait pas de quoi il s'agissait, répondit-elle avec assurance.

— Il connaissait les secrets de beaucoup de gens.

Ils étaient de retour à l'extrémité de la place.

— Vous ne croyez pas que le père de l'enfant aurait pu se confier à lui ?

— Oh non, certainement pas ! Le père… n'a jamais rien su. Il lui aurait été impossible de m'épouser, alors il n'y avait pas de raison que je lui en parle. Je me suis contentée de partir. C'est ce que font les filles, vous savez.

— Oui, oui, je sais.

Il n'en dit pas davantage. C'était une histoire d'amour et de souffrance vieille comme le monde, au goût de trahison, et de drame. Une histoire comme il en était arrivé d'innombrables fois et comme il en arriverait encore. S'était-elle passée ici à Cottisham ? L'homme en question était-il le père de Peter Connaught, un homme bien né et un héritier que l'on n'aurait jamais autorisé à épouser une fille de village, une fille qui ne se serait pas présentée vierge devant l'autel ? Que l'enfant fût le sien n'y aurait rien changé.

Pendant toutes ces années, Mrs. Towers avait protégé cet homme. Ce n'était pas aujourd'hui qu'elle allait le trahir, et sa pénitence ne l'exigeait pas.

Dominic, qui tenait toujours le bras de la vieille dame, le serra un peu plus fort quand ils s'engagèrent sur la route verglacée creusée d'ornières aux endroits où des roues avaient tassé la neige.

— Je vous remercie de m'avoir parlé, dit-il avec sincérité. N'y pensez plus, je vous en prie, ou seulement avec de l'amour ou du chagrin, mais plus jamais en vous sentant coupable.

Sybil Towers acquiesça d'un signe de tête, incapable d'articuler un mot.

Il la laissa devant sa porte, puis s'en retourna vers le presbytère. Il était presque certain de lui avoir parlé comme l'aurait fait Mr. Wynter, et l'admiration que lui inspiraient la sagesse et la compassion du vieux pasteur s'en trouva renforcée.

Comment lui, Dominic, ferait-il pour marcher sur ses pas, pour guider et réconforter les gens de ce village, se montrer fort à leur place, juger avec sagesse, connaître les cœurs et pas seulement les mots ?

Il serait ici à Noël – c'était sa seule certitude. Que pouvait-il dire de passionné et d'honnête qui traduise vraiment la splendeur de Noël ? Comment leur faire voir que c'était le plus grand cadeau que Dieu avait fait au monde ? Il y aurait des bûches, des chants et des cloches, du vin chaud, des cadeaux, des sapins décorés et des lumières sur la neige – les signes extérieurs de la joie. Mais comment leur faire voir aussi clairement les signes intérieurs ?

Il voulait que Clarice se sente fière de lui, il le voulait plus que tout. Il devait lui offrir le cadeau qu'elle aussi désirait le plus – en allant chercher ce qu'il y avait de meilleur en lui pour eux deux.

Bien entendu, il ne répéta rien à sa femme de ce que Sybil Towers lui avait dit, ce qui s'avéra une épreuve. Il aurait aimé connaître son avis, mais pas une seconde il n'envisagea de trahir la confiance placée en lui.

En revanche, pendant le déjeuner, Clarice lui raconta que Mrs. Wellbeloved était passée dans la matinée, qu'elle avait apporté encore des oignons, ainsi qu'un chou dur comme de la pierre qu'elle ne parviendrait à couper qu'à la force du poignet et à l'aide d'un couteau bien aiguisé. Les oignons et le chou mélangés à une purée de pommes de terre, puis légèrement frits et grillés, donnaient un plat délicieux. Mrs. Wellbeloved n'arrêtait pas de parler de la mort de ce pauvre Mr. Wynter, et du fait que John Boscombe avait eu une terrible dispute avec lui peu de temps auparavant. Le village ne parlait que de cette querelle, sans que personne eût la moindre idée de ce qui l'avait provoquée.

— Son mariage, je pense, ou plutôt son absence de mariage, répliqua Dominic.

Puisque c'était Clarice qui avait découvert ce fait, il ne s'agissait pas d'une confidence entre lui et Boscombe.

— Pauvre homme…

— Tu compatis avec lui ? s'étonna Clarice.

— Pas toi ?

— Je compatis avec Geneviève, si elle ne le savait pas. Et beaucoup moins si elle savait.

Dominic sourit.

— Si j'avais fait un mariage malheureux et que je t'avais rencontrée, peut-être aurais-je agi comme lui.

— Oh…

Clarice ne savait pas si elle devait sourire ou désapprouver. Elle essaya les deux, sans trop de succès.

Voyant le conflit qui la déchirait, Dominic éclata de rire.

— Parce que tu t'imagines que j'aurais quand même vécu avec toi ? s'enflamma-t-elle.

Prenant une profonde inspiration, elle piqua une carotte du bout de sa fourchette.

— Tu as sans doute raison.

Dominic lui sourit de plus belle, ressentant au fond de lui une infinie tendresse, mais il eut la sagesse de ne pas répondre.

Un peu avant deux heures, il se prépara à partir au manoir. Il avait une ou deux faveurs à solliciter concernant des villageois nécessiteux, mais surtout, il se demandait si le père de Sir Peter avait pu être l'amant de Sybil Towers. Si Mr. Wynter l'avait su, un tel secret aurait-il valu la peine qu'on le tue ? En valait-il la peine aujourd'hui, après tant d'années ? Un scandale aurait éclaté, or Peter tirait un orgueil peu ordinaire de sa famille et de la tradition d'honneur et d'attention qu'elle avait maintenue au village. Ce n'était certes en rien sa faute, mais cette tache l'aurait éclaboussé dans la mesure où c'était lui qui vivait ici. Était-il jaloux de la bonne réputation de son père au point de tuer afin de l'épargner ?

Et si Peter Connaught savait qui était la fille de Sybil ? En tant qu'enfant illégitime, elle ne pouvait rien réclamer sur un plan légal, même si elle parvenait à prouver son ascendance, une démarche sans doute impossible. Mais dans une communauté aussi petite que Cottisham, peu importait la preuve. Seule comptait la réputation.

Le temps s'était détérioré. Le vent se levait, et les nuages massés à l'ouest qui assombrissaient le ciel présageaient d'abondantes chutes de neige dans la soirée.

Comme toujours, Dominic fut accueilli avec amabilité au manoir, puis introduit dans le grand salon où un feu de bois flambait dans l'âtre. L'après-midi étant sombre, on avait allumé les candélabres, ce qui conférait une atmosphère de fête à la pièce.

Il accepta le thé qu'on lui proposa, impatient de se réchauffer les mains sur la tasse brûlante plus encore que de le boire. Dominic et Sir Peter discutèrent des affaires du village. L'aide devrait être distribuée avec discrétion – même les plus nécessiteux n'aiment pas sentir qu'on leur fait la charité. Nombre d'entre eux préféreraient mourir de froid ou de faim que d'accepter la pitié. La nourriture pourrait être répartie entre tous, ainsi personne ne ferait l'objet d'un traitement spécial. Ils s'arrangeraient pour que le forgeron aille déposer des bûches à la nuit tombée sur le tas de bois de certaines personnes.

Le majordome apporta le thé, ainsi que des petits gâteaux fourrés de raisins de Corinthe et nappés de beurre fondu. Les deux hommes n'en laissèrent pas une miette.

Dominic dut alors se résoudre à aborder le sujet de Sybil Towers. Il avait beau y avoir réfléchi, envisageant tour à tour toutes les hypothèses, il n'avait trouvé aucune réponse qui le satisfasse pleinement, mais il ne pouvait pas trahir la confiance de la vieille dame.

— J'ai une question très dérangeante à vous poser, annonça-t-il d'emblée.

Il était maladroit, il s'en rendait compte, mais il ne voyait pas comment s'y prendre autrement.

— J'ai appris quelque chose, sans l'avoir du tout cherché, et comme je ne peux pas vous en dire davantage, ne me le demandez pas.

— Comptez sur ma discrétion, dit Peter en fronçant les sourcils. De quoi s'agit-il ?

Bien qu'il eût préparé son mensonge avec soin, Dominic ne s'en sentait pas moins troublé.

— Il y a de cela de nombreuses années, une jeune femme du village a eu une liaison avec un homme qui se trouvait dans l'impossibilité de l'épouser. Un enfant est né. Je crois que le père ne l'a jamais su.

Il observait le visage de Sir Peter, mais il n'y lut rien d'autre que de la sympathie et une certaine résignation. Nul doute qu'il avait entendu maintes fois des histoires de ce genre.

— Je suis désolé, dit Sir Peter. Mais si cela remonte à si longtemps, pour quelle raison en parler aujourd'hui ?

— Parce que Mr. Wynter aurait pu être au courant, répondit Dominic avec franchise, sans cesser d'observer son interlocuteur. Et parce qu'on l'a assassiné.

— Vous en êtes absolument sûr ? rétorqua Sir Peter d'une voix rauque. Vous pensiez l'autre jour qu'il s'agissait peut-être d'un accident, et Fitzpatrick ne m'a pas du tout parlé d'un meurtre !

— Je sais. Le Dr Fitzpatrick refuse de faire face à un tel désagrément. Mais je crois que Mr. Wynter était un homme bien, et que sa mort ne doit pas être traitée autrement qu'avec honnêteté juste parce que cela nous arrange. Il méritait mieux.

— Qu'est-ce qui vous fait penser que c'est un meurtre, Corde ?

Peter Connaught se pencha pour prendre le tisonnier qu'il attrapa d'une main ferme et plongea au milieu des braises. Une bûche bascula et s'immobilisa dans un jaillissement d'étincelles. Il remit le tisonnier en place, puis ajouta une bûche.

Dominic se surprit à frissonner malgré la chaleur.

— Mr. Wynter est tombé dans l'escalier de la cave, répondit-il. Des traces attestaient qu'on l'avait traîné par terre, et son corps qu'on a retrouvé dans la seconde cave portait des blessures au visage ainsi que derrière la tête. La porte de la cave était fermée, et il n'avait pas de lampe avec lui.

Le silence emplit la pièce. Derrière les épais rideaux et les vitres, même le bruit du vent sembla s'assourdir.

— Je vois, finit par dire Sir Peter, l'air sombre dans la lueur du feu. Je dois me ranger à votre avis. Ce ne pouvait être un accident. Quelle tragédie… C'était un homme bien : sage, brave et honnête. Qu'est-ce qui vous incite à penser que cette malheureuse femme a un quelconque rapport avec cette histoire ? Vous ne suggérez pas que Mr. Wynter était le père de cet enfant ? Je me refuse à le croire. S'il avait commis cette faute – ce qui demeure bien entendu possible, car nous sommes tous capables d'amour et de haine –, il l'aurait avouée. Jamais il n'aurait menti ou fui ses responsabilités.

— Non. Je pense toutefois qu'il aurait pu connaître en partie la vérité, et que quelqu'un ne supportait pas l'idée qu'il risque de la révéler. Peut-être même souhaitait-il que cette personne assume ses responsabilités d'une façon à laquelle elle n'était pas prête.

— C'est très triste. En quoi puis-je vous aider ? Je suppose que vous ne me direz pas le nom de la femme et de l'enfant.

— Je ne vous dirai pas le nom de la femme, confirma Dominic. Il doit rester confidentiel. Quant à celui de l'enfant, je ne le connais pas, mais je crains qu'il s'agisse d'une personne qui est revenue au village dans l'intention de se venger.

— Oh, mon Dieu ! Et elle aurait tué le pauvre Wynter parce qu'il était le pasteur à l'époque et qu'il n'a pas agi comme elle l'aurait voulu ou estimé juste ?

— La chose paraît possible, répondit Dominic.

Et il le pensait. Plus il y réfléchissait, plus l'idée lui semblait probable. L'argent manquant et la dispute de Wynter avec John Boscombe avaient déjà été expliqués.

Peter Connaught attendait toujours une réponse à sa première question.

— Vous devez vous montrer prudent, poursuivit Dominic avec douceur. Si c'est cette femme qui a tué, elle s'y prend avec beaucoup de discrétion et d'habileté. Il pourrait s'agir de quelqu'un que personne ne soupçonne.

— Pourquoi me voudrait-elle du mal ? s'étonna Sir Peter. Il y a quarante ans, je n'étais moi-même qu'un enfant. À la vérité, je n'étais même pas en Angleterre. C'était l'époque où mes parents vivaient en Orient, avant… avant la mort de ma mère.

Il baissa les yeux, et une légère rougeur empourpra ses joues.

— Votre père n'est-il jamais revenu en Angleterre pendant cette période ?

Sir Peter releva la tête d'un mouvement brusque. Le ton de leur conversation avait changé. Son visage exprimait la souffrance, mais aussi la colère. Il se tenait très raide dans son fauteuil.

— Que me demandez-vous exactement, Corde ?

— Cette femme n'a pas pu l'épouser parce qu'il appartenait à une classe sociale très supérieure à la sienne. À

Cottisham, un homme de ce statut aurait fort bien pu être votre père.

Peter Connaught pâlit, comme si le sang s'était retiré de ses veines. Ce fut d'une voix tremblante qu'il reprit la parole.

— Mon père était entièrement dévoué à ma mère ! Que vous osiez insinuer une chose aussi révoltante est monstrueux ! Qui est cette femme ? J'exige de savoir qui a… Non, pardonnez-moi. Vous n'avez pas le droit, je le sais, dit-il, les mains crispées sur les accoudoirs de son fauteuil. Mais cette femme est une menteuse de la plus vile espèce. C'est faux !

Dominic fut surpris par la virulence de son déni. Il n'était pas si rare qu'un homme fortuné fasse des enfants illégitimes. Dominic en vint à se demander si ce n'était pas à ce propos que Sir Peter s'était disputé avec Mr. Wynter. Charmant comme il était, aussi généreux que diligent dans ses devoirs, était-il concevable que son orgueil familial soit tel qu'il explose de rage à l'idée que son père ait pu engendrer un autre enfant que lui ?

— Cette idée semble vous mettre dans une colère inexplicable, Sir Peter, constata Dominic. Elle ne menace pourtant ni votre héritage ni votre titre, ce n'est qu'une lointaine possibilité. Je vous en parle au cas où vous seriez vous-même en danger. Votre accès de colère m'oblige à me demander si cette même supposition n'a pas été la cause de votre différend avec Mr. Wynter, à qui vous ne l'auriez pas pardonné.

Sir Peter le dévisagea. Peu à peu, le sens terrible de ce que Dominic venait de dire lui apparut.

— Dieu du ciel ! Seriez-vous en train de dire que vous me soupçonnez d'avoir tué ce pauvre Wynter parce qu'il croyait que mon père avait engendré ce… cet enfant ? Ce n'est pas possible !

Il reprit son souffle, déglutit péniblement, puis éclata de rire. Un rire affreux, arraché à ses entrailles avec douleur.

Dominic était horrifié. Il avait envie de prendre ses jambes à son cou, de fuir cet étalage d'émotion, mais il devait rester, découvrir la vérité et l'affronter.

— Est-ce vraiment si absurde ? demanda-t-il quand Sir Peter se fut quelque peu recomposé.

— Oui ! Oui ! s'emporta celui-ci, proche de l'hystérie. Jamais mon père n'aurait pu avoir un enfant illégitime. Plaise à Dieu qu'il l'ait pu !

Ces propos n'avaient apparemment pas de sens. Néanmoins, peut-être y avait-là l'amorce d'une explication.

— Pourquoi cela ? s'enquit Dominic.

Sir Peter se pencha en avant, le front perlé de sueur, le regard sombre.

— Vous le savez, n'est-ce pas ? Wynter a-t-il laissé quelque chose que vous auriez trouvé ? Il m'avait pourtant juré de ne pas le faire, mais que vaut sa parole ? Et que vaut la vôtre, monsieur le pasteur ?

— Pourquoi voudriez-vous que votre père ait pu engendrer un enfant illégitime ? insista Dominic avec le plus grand calme, s'efforçant de mettre un terme à la confusion qui régnait dans son esprit.

— Voulez-vous que cette femme soit votre sœur ? Savez-vous qui elle est ? Est-ce elle qui a tué Wynter ?

— Je n'ai aucune idée de qui a tué Wynter, ni pourquoi ! s'enflamma Sir Peter, articulant avec peine. Et mon père n'est pas celui dont parle cette femme. En tout cas, ce n'est pas Sir Thomas Connaught. Il était stérile. Dieu seul sait qui était mon père… Moi, je ne le sais pas.

Dominic en resta stupéfait. Était-ce pour cette raison que Sir Peter défendait tant sa mère, la femme magnifique morte de façon tragique quelque part en Orient ? Thomas avait-il découvert qu'elle lui était infidèle et l'avait-il tuée ? Non, c'était impossible. S'il savait qu'il ne pouvait pas avoir d'enfants, il l'aurait tuée quand elle était enceinte, pas après la naissance de l'enfant. Tout cela n'avait aucun sens…

— Il l'a tuée ? demanda-t-il, cherchant désespérément un début de logique.

— Imbécile ! s'écria Peter avant de se couvrir le visage des mains. Bien sûr que non ! Il ne l'a même jamais connue. J'étais un orphelin, un de ces milliers d'enfants qui vivent dans les rues. J'étais beau et intelligent. Sir Thomas m'a surpris en train de voler et a menti à la police pour me sauver. Il n'avait pas d'enfants et savait qu'il n'en aurait jamais. Il n'avait pas de femme non plus. Il m'a adopté. En termes de légalité et d'honneur, je suis son héritier. Mais je ne suis pas de son sang. Je ne suis pas plus que vous un Connaught de Cottisham Hall. Je suis un enfant illégitime, non désiré. Je n'ai ni père ni mère dont je me souvienne. Soit ma mère est morte, soit elle m'a abandonné. C'est désormais sans importance. Le fait est que je ne suis pas d'ici. Wynter le savait. C'est à ce sujet que nous nous sommes querellés. Il voulait que je cesse de me vanter de mon héritage. Je le détestais parce qu'il savait. Mais il était mon ami, et jamais je ne lui aurais fait de mal, je vous le jure sur le peu d'honneur qu'il me reste.

Dominic parla avec lenteur, en pesant chacun de ses mots.

— Mr. Wynter ne vous a pas dit que c'était la fierté du sang qui était une erreur ? Un homme est grand ou mesquin par ce qu'il est, non par ce qu'était son père. Sir Thomas Connaught vous a offert l'opportunité d'être son fils et de transmettre la tradition que lui avait transmise son père. Si vous avez agi ainsi, vos actes vous ont donné le droit de vivre ici. Le respect et l'affection des gens se gagnent, ils ne sont pas légués par quelqu'un d'autre.

— Vous, vous connaissez votre père ! répliqua Sir Peter d'une voix douloureuse, proche de l'accusation. Quoi que vous ayez fait, vous étiez une partie de lui. C'est un lien qui ne s'invente pas, aussi fort qu'on le souhaite.

— Vous ignorez si j'ai connu mon père ou s'il me connaissait, lui fit remarquer Dominic. À vrai dire, je lui ressemblais, à tel point que je lui rappelais tout ce qu'il détestait en lui.

Le dire demeurait difficile.

— Mon père préférait de loin mon frère, qui était blond et avait un doux visage comme ma mère, qu'il adorait.

Dominic fut surpris d'y repenser encore aujourd'hui avec un sentiment d'exclusion, d'une perte à la fois étrange et inexplicable.

— Je suis désolé, s'excusa Sir Peter. Mon arrogance est monumentale. Comme si j'étais le seul au monde à ne pas se sentir bien dans sa peau et dans son existence ! Vous dites savoir qui est cette femme, la mère. Peut-être pourrais-je faire quelque chose pour l'aider. Vous pourriez vous en occuper discrètement.

— Vous n'êtes pas responsable, lui fit valoir Dominic.

— Ne venez-vous pas de me dire que là n'était pas la question ? demanda Peter, avec pour la première fois un petit sourire.

— Si. Si, sans doute. Vous me comprenez mieux que je ne me comprends moi-même. De quelque façon que ce soit, aidez-la. Elle ne dispose que de très peu de moyens. Lui donner de quoi se chauffer serait un merveilleux cadeau.

— Considérez que c'est fait. Ainsi que pour les autres personnes du village dans le besoin. Le domaine regorge de bois, et il ne trouvera pas meilleur emploi.

— Merci, dit Dominic, sincère, en lui souriant à son tour. Merci.

Pendant que son mari était au manoir, Clarice prit une lampe dans l'intention de retourner à la cave. Mrs. Wellbeloved avait balayé l'escalier, mais Clarice se souvenait sur quelle marche dépassait l'écharde qui s'était accrochée au pantalon de Mr. Wynter, et à quel endroit il avait dû atterrir en bas de l'escalier.

Sa lampe à la main, elle continua à descendre avec prudence. Personne ne pouvait venir ici sans emporter de quoi s'éclairer, et une chandelle aurait été soufflée par le courant d'air qui provenait de l'entrée.

Mais en compagnie de qui Mr. Wynter serait-il descendu à la cave ? Et quelle excuse cette personne lui avait-elle donnée ? Aller chercher le charbon avec lui sous prétexte que c'était lourd ? Non, c'était peu probable. D'habitude, Mrs. Wellbeloved se chargeait elle-même de cette corvée. Elle était costaude, mais pas autant qu'un homme. Et où était le seau à charbon ?

Qui qu'elle fût, cette personne avait traîné le corps de Mr. Wynter depuis le bas de l'escalier jusqu'à la seconde cave en laissant des traces dans la poussière de charbon. Pourquoi ? On avait essayé de les effacer, sans y parvenir complètement. Et pourquoi ces traces ? Le pasteur était un vieil homme frêle. Pourquoi ne pas l'avoir plutôt porté ?

Parce que l'assassin n'avait pas assez de force. Était-ce un homme de faible constitution ? Une femme ? Geneviève Boscombe ? L'idée était insupportable, mais Geneviève avait beaucoup à perdre. Une femme était prête à tout pour protéger ses enfants. Pour protéger ses oursons, une mère ourse tuerait sans réfléchir, et sans une once de culpabilité.

Lentement, Clarice se retourna et commença à remonter l'escalier, soulagée d'apercevoir la lumière du vestibule. En arrivant en haut, elle se retrouva nez à nez avec Mrs. Paget.

— Désolée de vous avoir fait sursauter, s'excusa celle-ci dans un sourire. J'ai pris la liberté d'entrer. La porte n'était pas fermée. Mr. Wynter la laissait toujours ouverte, lui aussi. Et dehors, il fait un froid épouvantable. Le vent est cinglant.

— Oui, vous avez bien fait…

Clarice eut l'impression qu'elle devrait s'excuser de ne pas se montrer plus accueillante. Après tout, le presbytère appartenait à l'ensemble du village, comme venait de le lui rappeler indirectement Mrs. Paget.

— Entrez, je vous en prie… Il fait meilleur dans la cuisine. Voudriez-vous une tasse de thé ?

— Très volontiers. Je vous ai apporté une bouteille de vin de sureau. J'ai pensé que peut-être vous l'apprécieriez avec votre repas de Noël. Le pasteur en raffolait.

Mrs. Paget lui tendit une bouteille au col entouré d'un ruban rouge, au liquide d'un beau violet clair.

— C'est très gentil à vous, dit Clarice.

Elle souffla la flamme de la lampe qu'elle posa sur l'étagère, puis prit la bouteille. Elle passa ensuite dans la cuisine où elle mit la bouilloire à chauffer sur le fourneau. Par chance, elle avait aujourd'hui un gâteau. Elle n'avait pas envie qu'on lui fasse la réputation de ne jamais rien offrir à ses hôtes.

Mrs. Paget s'installa sur une chaise.

— Je vois que vous êtes redescendue à la cave… Et pas pour en remonter du charbon, observa-t-elle en regardant le seau rempli près du poêle. C'est dur pour vous que ce soit arrivé ici.

— Oui, avoua Clarice, déconcertée par la franchise de son interlocutrice.

— Je suppose que vous cherchez à comprendre ce qui s'est passé ?

Devait-elle nier ? C'eût été inutile. Il était évident que c'était ce qu'elle avait été en train de faire, et Mrs. Paget le savait. Son regard le disait sans aucune ambiguïté.

— J'essaye.

— Le pauvre homme... C'est affreux, soupira Mrs. Paget en secouant la tête. Mais il arrive que les pasteurs apprennent des secrets que les gens ne supportent pas de leur avoir confiés. Soyez prudente, Mrs. Corde. Il y a dans ce village de la méchanceté là où vous n'iriez pas l'imaginer. Et faites attention à votre mari. Un visage avenant peut facilement tromper. Certains paraissent plus inoffensifs qu'ils ne le sont en réalité.

Clarice décida de se montrer tout aussi directe.

— En effet, Mrs. Paget...

Elle repensa aux traces dans la cave. Le pasteur avait accordé sa confiance à une femme à laquelle il n'aurait pas dû, une femme qu'il avait même peut-être aidée.

— ... Vous pensez à quelqu'un en particulier ?

Mrs. Paget hésita, mais on voyait à son expression concentrée qu'elle n'était pas offensée par la question.

La bouilloire siffla. Clarice ébouillanta la théière avant d'y mettre les feuilles de thé et de verser l'eau, puis elle la posa sur la table le temps de laisser infuser. Elle s'assit face à Mrs. Paget, attendant toujours sa réponse.

Cependant, celle-ci lui posa à son tour une question.

— Qu'avez-vous trouvé, en bas ?

Clarice n'était pas sûre d'avoir envie de lui répondre.

— Rien de concluant.

Cette fois encore, Mrs. Paget la surprit.

— Mon arrivée vous a dérangée. J'en suis désolée. J'ai frappé, mais pas assez fort pour que vous m'entendiez d'en bas. Peut-être que, si on regarde bien, on trouvera quelque chose. Ce pauvre Mr. Wynter mérite que justice soit faite, et ce vieil idiot de Fitzpatrick ne fera rien dans ce sens. Je viens avec vous, si vous voulez ? Je tiendrai la lampe.

Clarice sentit son estomac se nouer, mais elle ne voyait pas quelle excuse inventer pour refuser. En outre, elle ne pouvait se résoudre à mentir délibérément à Mrs. Paget. D'abord, cela se saurait trop facilement si quelqu'un descendait à la cave, et que pourrait-elle dire ? Il fallait qu'elle conserve la preuve, qui serait peut-être la seule de ce qui s'était passé.

— Merci. Bonne idée. Je n'ai pas vraiment eu le temps de regarder.

Lorsqu'elles eurent fini de boire le thé et de manger le gâteau, Clarice redescendit l'escalier avec précaution, suivie de près par Mrs. Paget, la lampe à la main. Bien entendu, elles trouvèrent exactement ce que Clarice avait déjà vu.

— C'est ici que je l'ai découvert, expliqua-t-elle en montrant la seconde cave.

— Donc, il est tombé ici, résuma posément Mrs. Paget, le doigt tendu vers le bas de l'escalier. Et quelqu'un l'a tiré d'ici jusque-là, observa-t-elle en suivant les traces.

— Oui, c'est ce que je pense.

Mrs. Paget examina le sol de plus près.

— Tiré par les épaules, à ce qu'il semble. Et ces empreintes doivent être celles de l'assassin… à moins que ce ne soient les vôtres ?

Clarice se pencha sur l'empreinte d'une bottine que l'on distinguait nettement à côté des traces.

— Ce sont peut-être celles du Dr Fitzpatrick, dit-elle en fronçant les sourcils.

— Des pas qui partent à reculons ? s'étonna gentiment Mrs. Paget, les yeux brillants. À moins qu'il ait tiré quelque chose, pourquoi aurait-il marché à reculons ? Sans compter que l'empreinte paraît un peu petite, non ?

Elle avait absolument raison. L'empreinte était celle d'une bottine de femme, ou d'un jeune garçon.

Comme si elle lisait dans ses pensées, Mrs. Paget dit la même chose.

— Tommy Spriggs, un des garçons du village, dit avoir aperçu une femme sortir précipitamment du presbytère le dernier jour où le pasteur a été vu vivant. Il vous le dira, si vous lui posez la question. Une femme qui courait.

— Qui était-ce ?

— Ah, ça, il ne le sait pas ! Mais ce pourrait être n'importe quelle femme capable de marcher vite et qui n'est ni très grande ni très petite.

— Vous pourriez m'amener chez lui ?

— Naturellement, répondit Mrs. Paget, avant de rassembler ses jupes pour remonter l'escalier. C'est unc bonne chose que vous soyez descendue à la cave, Mrs. Corde. Une bonne chose aussi que vous n'ayez pas l'intention de laisser passer l'injustice, uniquement parce que ce serait plus simple et, disons-le, plus confortable.

Dans la soirée, Clarice raconta sa journée à son mari, et notamment qu'elle était passée voir Tommy Spriggs, lequel avait confirmé les dires de Mrs. Paget.

— A-t-il une idée de l'identité de cette femme ? demanda Dominic.

— Aucune. Il ne savait rien de plus que ce qu'il avait déjà raconté à Mrs. Paget.

Clarice regarda son mari dans les yeux, tous deux redoutant d'en déduire la même conclusion. Mais ni l'un ni l'autre ne la formula.

En début d'après-midi, le froid devint si intense que les fenêtres étaient tapissées de neige fraîche, et que, même à l'intérieur, l'air vous engourdissait les doigts et les orteils. Dehors, les couleurs semblaient s'être évanouies. La terre, le ciel, tout était blanc. Les arbres noirs eux-mêmes avaient disparu sous un manteau blanc. Ici et là, des stalactites s'accrochaient aux branches. Quand donc le froid avait-il permis que se forment ces poignards de glace ?

Une tempête de neige arrivait par l'est, et ce fut dans cet univers saisi par le froid que Geneviève Boscombe se présenta à la porte et demanda à voir Dominic.

La cheminée du bureau n'ayant pas été allumée, il la reçut au salon. Il passa plusieurs minutes à attiser le bois et le charbon pour ranimer le feu jusqu'à ce qu'il s'en dégage davantage de chaleur. Ce n'est que lorsque Geneviève s'assit et qu'il l'observa avec plus d'attention qu'il comprit qu'aucune flambée au monde ne parviendrait à apaiser le froid intérieur qu'elle ressentait.

— J'ai tué Mr. Wynter, déclara-t-elle avec calme, d'une voix plate dépourvue d'émotion. Il allait le répéter à tout le monde, tout le village l'aurait su. Je n'ai pas pu supporter cette idée pour mes enfants.

Dominic en resta sidéré. Depuis leur conversation de la veille, Clarice et lui savaient qu'il existait une horrible possibilité que Geneviève Boscombe soit la coupable. Cependant, il avait de la peine à y croire. L'idée lui répugnait. Il les aimait bien tous les deux. Mais était-il apte à juger le vrai caractère sous les apparences de l'humour ou de la gentillesse, les bonnes manières, la capacité à voir le beau ? Par ailleurs, il compatissait avec elle. Il comprenait ceux qui aimaient de tout leur cœur et ne supportaient pas l'idée de perdre ce qui représentait toute leur vie.

— Je l'ai tué, répéta Geneviève, comme s'il avait pu ne pas l'entendre. Mais je ne suis pas venue me confesser, monsieur le pasteur. J'attends de vous que vous préveniez la police pour qu'ils viennent m'arrêter.

La jeune femme se tenait assise le dos très droit, les mains croisées sur les genoux. Ses yeux étaient rouges, mais elle ne pleurait pas. Dominic songea qu'elle avait sans doute déjà versé toutes les larmes de son corps, du moins pour l'instant.

— Comment vous y êtes-vous prise, Mrs. Boscombe ? questionna-t-il, encore réticent à accepter le fait et cherchant des circonstances atténuantes.

Geneviève afficha un air de surprise, même si celle-ci se manifesta par un simple battement de paupières.

— J'ai descendu le seau à charbon. Et je l'ai frappé avec. Quand il est tombé, je l'ai tiré dans la cave du fond pour qu'on ne le retrouve pas trop vite.

— Vous saviez pourtant qu'on le découvrirait à un moment ou à un autre.

— Je n'ai pas réfléchi… Je ne me souviens plus.

Et elle refusa d'en dire plus, se contentant de réclamer qu'il la dénonce afin qu'on vienne l'arrêter.

Cependant, il n'y avait pas de policier, rien que le forgeron chargé de représenter la loi au village. Geneviève insista pour aller chez lui avec Dominic. Après moult protestations, le forgeron l'enferma dans la grande remise adjacente à la forge, dans laquelle il faisait chaud.

Dominic repartit aussitôt annoncer à John Boscombe ce qui s'était passé en marchant d'un pas lourd dans la neige. Il avait froid, à l'intérieur comme à l'extérieur, même quand il se retrouva face à John Boscombe dans sa cuisine.

— Elle a menti pour me protéger ! s'exclama Boscombe, le visage hagard, le regard fou. Où est-elle ? Je vais la raisonner. C'est moi qui ai tué le pasteur. Je me suis disputé avec lui parce qu'il voulait que je me mette en règle vis-à-vis de la loi et de Dieu, expliqua-t-il d'une voix aiguë vibrante de désespoir. Cet été, j'ai eu un accident, et j'ai failli y rester. C'est à ce moment-là que le pasteur m'a dit que, si ç'avait été le cas, ma famille n'aurait rien eu, pas même la maison, parce qu'ils ne m'étaient rien légalement. Genny et les enfants devraient compter sur la charité, mais les gens ne seraient peut-être pas très gentils avec eux, étant donné que j'avais encore une femme en vie avec laquelle je n'avais jamais réglé les choses.

— Je comprends, dit calmement Dominic. Et vous avez cru que Mr. Wynter vous obligerait à le faire, quoi qu'il vous en coûte ?

Boscombe hésita.

— Vous l'avez cru ? insista Dominic.

— J'avais peur qu'il le fasse, dit Boscombe, esquivant une réponse directe.

Son regard était furieux, brillant de défi.

— C'est pour cette raison que je l'ai tué. Genny est innocente. Elle ne savait même pas que j'étais déjà marié le jour où elle…

Il se tut.

— Où elle a accepté de vivre avec vous sans être mariée ?

Boscombe était piégé. Nier reviendrait à laisser croire que Geneviève se moquait des sacrements du mariage, ce qui était naturellement ridicule.

— Le pasteur exerçait-il sur vous un chantage ? s'enquit Dominic.

— Dieu du ciel, non !

Boscombe semblait horrifié, néanmoins, le rouge lui monta au visage.

Dominic en devina la raison.

— Alors qui ? Je ne crois pas que vous ayez tué Mr. Wynter, pas plus que Geneviève. Mais puisque vous avez peur tous les deux que l'autre soit coupable, il doit y avoir une raison. Quelqu'un vous menace. Qui ?

Boscombe avait l'air misérable, honteux.

— Ma femme. Elle vit ici, à Cottisham. Et chaque semaine, elle nous réclame de l'argent. Elle finira par nous saigner à blanc.

Les pièces du puzzle commençaient enfin à se mettre en place.

— Mais elle est toujours en vie, observa Dominic. Pourquoi tuer Mr. Wynter et non pas elle ? Pourquoi auriez-vous agi ainsi, vous ou votre femme ?

Peu à peu, l'expression de Boscombe se fit moins sombre. Ses épaules se redressèrent, et il se pencha en avant comme s'il s'apprêtait à se lever.

— Ce n'est pas Geneviève… c'est Maribelle ! Le pasteur ne nous aurait pas obligés à régulariser les choses, il nous aurait seulement aidés. Mais si nous le faisions, Maribelle n'aurait plus rien eu ! Et il savait ce qu'elle manigançait ! Il voulait que tout soit révélé, exactement comme vous !

— Maribelle ? répéta Dominic, bien qu'il fût certain d'avoir déjà compris.

Son sang se figea à l'idée que Maribelle Paget s'était trouvée seule avec Clarice dans la cave où elle avait tué Mr. Wynter, mais il n'avait pas le temps de laisser libre cours à ces cauchemars.

— Maribelle Paget était ma première femme, confessa Boscombe. Et jamais femme plus cruelle n'a foulé cette terre.

— Venez, dit Dominic en se levant. Nous devons aller la voir.

— Mais… et Geneviève ?

— Elle est en sécurité. Nous avons d'autres choses à faire d'abord. Votre femme croit que c'est vous le meurtrier, et elle ne reviendra pas sur ses aveux tant que nous n'aurons pas prouvé le contraire.

Une fois Dominic parti avec Geneviève Boscombe, Clarice se posta devant la fenêtre de la cuisine en regardant la neige sur le pommier et repensa à ce que lui avait dit Mrs. Paget dans la cave. Elle n'arrivait pas à se débarrasser de l'impression que Mrs. Paget s'attendait à voir l'empreinte à l'endroit même où elle se trouvait, comme si elle savait déjà qu'elle était là. Et elle avait interprété les traces sur le sol sans l'ombre d'une hésitation, devinant tout de suite de quoi il s'agissait. Comment avait-elle pu le savoir avec autant de précision ? Et pourquoi était-elle si convaincue que la femme que l'on avait vue sortir du presbytère dans le vent et la neige avait un lien quelconque avec la mort du pasteur ? Cette femme aurait pu être n'importe qui.

La description qu'elle avait donnée du meurtre expliquait qu'il n'y ait pas eu de verre brisé. Elle avait même su à quelle marche de l'escalier le pasteur était tombé. Instinctivement, elle s'y était arrêtée.

Se détournant de la fenêtre, Clarice alla dans l'entrée où elle prit sa cape au portemanteau, s'enveloppa dedans et sortit dans la neige pour se rendre chez les Boscombe. Il fallait qu'elle prévienne Dominic que ni John ni Geneviève n'étaient coupables. Elle craignait que John Boscombe ne cède à la panique, voire qu'il ne s'en prenne à son mari quand il apprendrait ce qui s'était passé et ne commette un acte qui le condamnerait.

Clarice prit le raccourci en suivant le petit chemin entre les arbres. La rivière devait être gelée et serait facile à traverser. La maison des Boscombe se trouvait juste sur l'autre rive.

La couche de glace était dure. Pendant un moment, elle supporta son poids, puis craqua et lui fit perdre l'équilibre. Un vent violent gémissait dans les branches et précipitait de gros paquets de neige sur le sol. Un ou deux tombèrent près de Clarice, détournant son attention. Elle arriva devant les trois silhouettes, sombres et floues dans le paysage blanc, presque avant de les voir. Dominic et John Boscombe se tenaient face à Mrs. Paget.

Clarice se figea. La rivière, située sur sa droite, ne se distinguait plus que par un ruban à la surface égale qui serpentait entre les rives.

Ils avaient tous les trois dû la voir, mais Mrs. Paget, plus proche d'elle d'environ quatre mètres, réagit la première. Elle s'élança dans la neige épaisse en agitant les bras et parcourut la distance qui les séparait à une vitesse extraordinaire. Elle fondit sur Clarice, les traits déformés par la rage.

Clarice battit en retraite, mais pas assez vite. Mrs. Paget l'agrippa, ses doigts tel un étau, et l'entraîna vers la rivière, la tirant tout du long. Clarice n'eut pas le temps de réfléchir. Elle avait beau se débattre, ses poings ne rencontraient que le lourd tissu de la cape.

Dominic cria quelque chose, mais une nouvelle avalanche de paquets de neige engloutit ses paroles.

Maintenant qu'elles étaient au milieu de la rivière, il était plus facile d'avancer. Les broussailles du bord de l'eau n'étaient plus là pour les ralentir.

— La glace ne résistera pas ! hurla Mrs. Paget d'une voix triomphale à l'adresse de Dominic et Boscombe. Si vous mettez un seul pied dessus, nous finirons tous au fond !

Elle se tourna vers Clarice.

— Essayez de résister, et la glace cédera sous nous deux, madame la femme du pasteur qui se croit si maligne ! Et, croyez-moi, le froid qu'il fait là-dessous aura tôt fait de vous tuer !

Aussitôt, Clarice cessa de bouger.

— Bien, commenta Mrs. Paget d'un air satisfait. À présent, venez avec moi, doucement, et faites attention. Quand nous arriverons de l'autre côté, peut-être que je vous relâcherai… ou peut-être pas. Ils sont trop lourds pour nous poursuivre. Ils sont impuissants.

Elle tira Clarice d'un geste si brutal que celle-ci faillit tomber.

Boscombe et Dominic s'étaient arrêtés sur la berge, sachant que la glace se briserait sous leur poids.

Mrs. Paget éclata de rire, un rire aigu et mauvais. Puis elle empoigna Clarice par le bras et se remit en marche. Clarice tentait de résister, mais ses pieds glissaient sur la glace. Elle entendit le bruit avant de comprendre ce que c'était : un bruit sec comme un coup de feu, suivi d'un son pareil à celui d'un drap qui se déchire.

Mrs. Paget hurla et s'accrocha à Clarice en lui serrant la main si fort qu'elle lui arracha un cri de douleur. Mrs. Paget se retrouva les quatre fers en l'air. La glace tangua, puis bascula sur le côté en se craquelant de toutes parts, l'eau noire s'engouffra par-dessus, froide comme la mort, tandis que la grande cape emprisonnait Mrs. Paget dans ses plis.

Clarice sentit l'eau, et le choc fut tel qu'il lui coupa le souffle. Un froid inimaginable. Elle ne pouvait même plus crier.

Dominic s'avança sur la glace en appelant sa femme, indifférent au danger que lui-même courait. Boscombe se tenait au bord, de l'eau d'abord au genou, puis jusqu'à la taille, le bras tendu pour tenir Dominic par la main.

Clarice était paralysée par le froid, la main toujours prisonnière de celle de Mrs. Paget, comme dans les mâchoires d'un piège, aussi dures que de l'acier.

Dominic l'attrapa par l'autre main et la tira, mais Mrs. Paget ne voulait pas lâcher. Si elle se noyait, Clarice se noierait avec elle.

Dominic passa de l'autre côté. Il tenait une branche à la main. Il l'abattit sur les doigts de Mrs. Paget avec assez de force pour lui briser les os. Elle poussa un dernier hurlement avant d'aspirer l'eau noire et de disparaître.

Dominic et Boscombe sortirent Clarice de l'eau. À demi inconsciente, elle tremblait si fort qu'elle pouvait à peine respirer. Elle vit des lumières dans l'obscurité et perçut un brouhaha de voix avant de sombrer dans une sorte de sommeil.

Clarice se réveilla en sentant qu'on lui frictionnait les mains, les bras et ensuite les jambes. Quelqu'un d'autre approcha de ses lèvres du thé brûlant qu'elle avala tant bien que mal. Le liquide arriva dans son estomac comme du feu, et elle s'étrangla.

C'est alors qu'elle aperçut Dominic, le visage blême de peur.

— Ne sois pas bête, murmura-t-elle d'une voix rauque. Je ne vais pas me noyer. Je voulais seulement… jouer les détectives.

Il se mit à rire, mais les larmes qui embuaient ses yeux coulèrent sur ses joues.

— Bien sûr… Il faut que tu entendes mon sermon de Noël.

Il y eut des murmures d'assentiment, puis de nouveau du thé, après quoi tout se brouilla dans un flou lointain rempli de bonheur et de bienveillance.

La messe de minuit habituelle fut annulée, par déférence pour la mort de Maribelle Paget. Cependant, la nouvelle se répandit très vite sur les circonstances de sa disparition, à défaut de la raison de celle-ci. Et personne ne mentionna qu'elle n'avait été autre que Maribelle Boscombe.

Mais le lendemain matin, tous les hommes, les femmes et les enfants du village se réunirent à l'église pour célébrer Noël. Même le vieux Mr. Riddington était présent, enveloppé dans une couverture et abreuvé de généreuses rasades de vin de mûres.

Les cloches résonnèrent sur la neige, transportant le message de joie à travers les champs et les bois d'un clocher à l'autre dans tout le comté. Dans l'église, l'orgue joua les vieux classiques, et les voix chantèrent des cantiques – pour une fois à l'unisson.

Lorsqu'il monta en chaire, Dominic s'exprima avec simplicité et passion, sachant que chaque mot qu'il prononçait était vrai.

— Noël est le moment où nous offrons des cadeaux, plus particulièrement aux enfants. Nombreux sont ceux parmi vous qui ont passé de longues heures à les préparer avec amour et attention, en y mettant le meilleur d'eux-mêmes. Des poupées, des trains miniatures, un sifflet en bois, une nouvelle robe, des briques peintes…

Il vit les hochements de tête et les sourires.

Il se pencha au-dessus du pupitre.

— Nous sommes les enfants de Dieu, chacun d'entre nous. Voilà près de mille neuf cents ans qu'Il nous a donné le plus beau des cadeaux, plus beau que la vie même. Il nous a donné l'espoir : un moyen de réparer les erreurs que nous avons commises, que celles-ci soient monumentales ou minuscules, affreuses, stupides ou honteuses. Nul recoin de l'enfer n'est assez secret ou assez profond pour empêcher le retour, si nous sommes prêts à fournir l'effort nécessaire. Ce chemin peut s'avérer difficile et pentu, mais au bout se trouve la lumière, et la liberté.

Ce fut délibérément que Dominic ne regarda ni Sybil Towers ni Peter Connaught, pas plus que les Boscombe et leurs enfants, Mrs. Wellbeloved ou Mr. Riddington. Une seule fois, il jeta un coup d'œil à Clarice, et il vit sa joie et sa fierté. La seule récompense qu'il eût jamais souhaitée.

— Ne refusez pas ce cadeau, poursuivit Dominic. Acceptez-le pour vous et pour les autres. C'est là le sens de Noël : un espoir éternel, un chemin qui mène vers le meilleur de nous-mêmes et vers tout ce que nous sommes capables de devenir.

— Amen ! répondirent les paroissiens.

Puis, un à un, ils se levèrent en répétant avec ferveur :

— Amen !

Là-haut dans le ciel, les cloches carillonnèrent à toute volée.

TABLE

Du même auteur
aux Éditions 10/18

LISSON GROVE, n° 4333
DORCHESTER TERRACE, n° 4509

Série « William Monk »

UN ÉTRANGER DANS LE MIROIR, n° 2978
UN DEUIL DANGEREUX, n° 3063
DÉFENSE ET TRAHISON, n° 3100
VOCATION FATALE, n° 3155
DES ÂMES NOIRES, n° 3224
LA MARQUE DE CAÏN, n° 3300
SCANDALE ET CALOMNIE, n° 3346
UN CRI ÉTRANGLÉ, n° 3400
MARIAGE IMPOSSIBLE, n° 3468
PASSÉ SOUS SILENCE, n° 3521
ESCLAVES DU PASSÉ, n° 3567
FUNÉRAILLES EN BLEU, n° 3640
MORT D'UN ÉTRANGER, n° 3697
MEURTRES SUR LES DOCKS, n° 3794
MEURTRES SOUTERRAINS, n° 3917
MÉMOIRE COUPABLE, n° 4230
LA FIN JUSTIFIE LES MOYENS, n° 4446
UNE MER SANS SOLEIL, n° 4579

Série « Joseph et Matthew Reavley »

AVANT LA TOURMENTE, n° 3761
LE TEMPS DES ARMES, n° 3863
LES ANGES DES TÉNÈBRES, n° 4009
LES TRANCHÉES DE LA HAINE, n° 4024
À LA MÉMOIRE DES MORTS, n° 4140

Dépôt légal : novembre 2012
Imprimé en Italie
par la Tipografica Varese s.p.A.